現代日本の金融システム

パフォーマンス評価と展望

Uchida Hirofumi
内田浩史［著］

慶應義塾大学出版会

現代日本の金融システム・目次

目　次

ブックデザイン・坂田　政則

第1章　金融システムをどのように評価すべきか

1　これまでの金融システム評価の問題

日本の金融システムにはどのような問題があるのだろうか。今後の金融システムはどうあるべきなのだろうか。これからの金融システムの望ましいあり方を考えるために、これまでの金融システムをどのように評価し、将来に向けた示唆を得ればよいのだろうか。

金融システムが評価の俎上《そじょう》に載せられるのは、多くの場合、何らかの「問題」が発生している状況においてであろう。たとえば昨今では、「低金利・地方衰退の下での地域銀行のビジネスモデルの限界」「成長志向で高リスクのスタートアップ企業への資金提供の不足」などが日本の金融システムの問題として取り上げられ、金融システムにはたらきかける金融政策に関しても、「非伝統的金融政策の副作用」が指摘されている。また、時代を遡ると、「不良債権問題」「銀行危機」「資産価格バブル」といった問題も思い起こされる。他方で、日本では昔から「間接金融（銀行）依存の金融システム」が問題とされ、「貯蓄から投資へ」と資金の流れを変更する必要があるといわれてきた。

こうした「問題」は、その原因が追及され、問題を引き起こした（とされる）経済主体の行動や制度などが糾弾・批判され、対策が施される、という経過を辿ることが多い。しかし、こうした対策は往々にして表出した喫緊の問題に対するものに限られることが多く、その範囲も金融システムの特定部分に限られることが多い。金融システムのどの部分が、なぜ、どのような問題を起こしたのか、と客観的に考えてみると、一貫性のある対応が取られているとは限らない。

もちろん、こうした場当たり的な対処も、実務的にはある程度やむを得ない部分がある。喫緊の問題に緊急に対処しなければならない状況では、その問題に直接関わらない部分まで考慮している余裕はない。また、そもそも制度の変更は政治的なプロセスを経る必要があり、さまざまな利害を調整する必要がある。一度に大幅に変更することは難しいため、部分的な改善を積み重ねていかざるを得ない。

しかし、場当たり的な対症療法は往々にして近視眼的になりがちである。パッチワークの積み重ねはシステム内の不整合性を増し、かえって望ましくない結果を生む可能性がある。また情報通信技術の発展により情報が氾濫する現在では、目の前に現れる膨大な情報を処理するのに手いっぱいとなり、数年前のことですら顧みられることがなくなってきている。知らず知らずのうちにわれわれの見方はますます近視眼的になってきているが、その背後に、より根源的な問題が放置されている可能性はないだろうか。

2　望ましい金融システム評価の方法

こうした状況に陥ることなく金融システムのあり方を考えるためには、一歩引いた、客観的・中立的観点から、その全体像を長期的かつ包括的にとらえることが必要である。つまり、個別の問題だけでなくシステム全体の問題（システミック・プロブレム）も踏まえ、何が真の問題でありどのような対処が必要か、体系的な検討を行う必要がある。そのためにはシステムの全体像とそのはたらき、ならびにその問題を可視化し、理解するための枠組みが必要である。

こうした枠組みを示すためのアプローチの一つが、経済学の科学的アプローチである。ここでいう科学的アプローチとは、理論に基づいて現実をとらえ、その理論の妥当性をデータを用いて実証することで検証し、検証に耐えた理論から示唆・含意を得る、というアプローチである。近年注目されている、証拠に基づく政策形成（エビデンス・ベースト・ポリシーメイキング：Evidence-based policy making［EBPM］）も、この考え方を土台としている。経済学は、こうしたアプローチに従うことによって、人々の経済活動や経済システムを理解するための枠組みを提供してくれる。

ただし、こうしたアプローチに基づく研究自体も、近年では近視眼的で視野が狭まる傾向にある。研究者同士が匿名で互いの論文を評価し、認められた論文のみが掲載され評価される、という現代の経済学のパラダイムにおいては、その時どきの学界あるいは研究者の関心事となっている特定のトピックをいかに綿密に掘り下げ、詳細なデータで検証するかが競われるが、このことにより金融システムの全体像や、過去の世代の研究との整合性が見過ごされがちである。金融システムはそもそも何のために存在するのかを、膨大な理論研究を統合して包括的に把握し、その機能が実際に発揮されているのかを検証した膨大な実証研究を展望し、足りない部分は補いながら、データや歴史に学ぶ必要がある。

3　本書のアプローチ

こうした問題意識に基づき、本書は、これからの日本の金融システムのあり方を検討するために、

(1) **金融システムの評価を行うために必要な枠組みを示し、**
(2) **その枠組みを踏まえて現代日本の金融システムの変遷を概観し、**
(3) **金融システムの機能が適切に発揮されてきたかどうかを評価した上で、**
(4) **将来に対する示唆を得る**

ことを目的としている。こうした目的に向けて、本書には三つの疑問が通底している。第一の疑問は、**「金融システムとはどのようなシステムか」**である。そもそも金融システムは何のために存在するのか、その全体像はどのようなものかを明らかにしない限り、金融システムを適切に評価することは難しい。この第一の疑問に答えることで、**「現代日本の金融システムは適切に機能を発揮したの**

か、どのような問題を起こしてきたのか」という第二の疑問にも答えることができる。こうした問題に対してどのような対処が行われてきたかを踏まえた上で、**「今後の日本の金融システムはどのようにあるべきか」**という第三の疑問への答えを探ることになる。

本書の分析対象は、現代の日本の金融システムである。具体的な射程は、１９７０年代後半以降、特に１９８０年代後半から２０２０年までとする。始点となる１９７０年代後半は、戦後の高度成長が終わった時期であり、また、さまざまな分析を可能とするデータが利用可能となった時期でもある。このうち、本書では特に、日本の金融システムに大きな問題が発生した１９８０年代後半からの時期に注目する。これに対して終点は、体系的に検討するためのデータや研究がある程度蓄積されているという理由、ならびに社会・経済状況が一変した新型コロナウイルス感染症の感染拡大よりも前の状況に注目するため、２０２０年までとする。こうした時期の金融システムに関する検討に基づき、今後の金融システムのあり方に対する示唆を得ることにしたい。

本書のアプローチの特徴は、

(1) **理論に基づき、金融システムの全体像を踏まえ、適切な評価基準を設定すること**
(2) **部分最適ではなく、システムの全体像を意識した検討を行うこと**
(3) **近視眼的な評価に陥らないよう、長期的な視点から、歴史から学ぶこと**

にある。また、理論はあくまで可能性（仮説）を示すものであることに留意し、

(4) **データを用いて検証した実証研究を踏まえて検討すること**

で、机上の空論に陥らず、現実妥当性の高い評価を行うよう注意する。
このうち(4)に関してはより具体的に、

(i) **制度的な事実を踏まえ**

(ii) **各種統計から得られる実態を確認し**

(iii) **既存の実証分析（エビデンス）によって明らかになっている事実を整理する**

ことにする。(iii)の実証結果に関しては、近年の計量経済学の分析手法の発展を踏まえ、因果関係や内生性を考慮した識別が十分に行われているかどうか、といった観点から過去の実証研究の結果を再検討し、場合によってはより蓋然性が高いと考えられる新たな解釈に基づいて整理を行う場合もある。[1]

他方で、日本の金融システムに関しては膨大な実証研究が行われてきているものの、いまだに明らかになっていない点も多い。特に、学界で注目されるトピックスは、いったん多くの研究が行われるとすでに「終わった」トピックスとして新規性を失い、現行の業績評価の対象から外れていくため、その後研究が行われないことが多い。[2] また、そもそも日本では研究者の絶対数が不足していることから、カバーできていないトピックスも多い。そこで、本書では、

(iv) **エビデンスが示されていない部分についても、得られているエビデンスや関連するデータに基づき、行間を補って評価を行う**

こととする。その半面、実証されておらず、データの裏づけにも乏しい単なる理論的推論には重き

を置かない。

このような本書のアプローチは、学界が生み出す学術論文中心の研究成果と、学界以外から要請されている研究成果とのギャップを埋めようとするものである。現代の経済学は、精緻な理論分析と因果関係を特定するための緻密な実証分析を発展させ、ミクロレベルで信頼のおけるさまざまな知見を生み出している。

他方で上記の通り、その視点は狭く、示唆を求める学界外の要請に十分応えられるものではない。両者のギャップは容易に埋められるものではないが、筆者は本書のようなアプローチによって、ある程度埋められるのではないかと考えている。

こうしたアプローチを採るために必要なのは、膨大な研究成果を適切に評価し統合すること、その統合した結果を理論的な枠組みの中に適切に位置づけ、あるべき姿を描き出すことである。前者のためには高度な学術分析を理解する力とそれらを取りまとめる力が必要であり、後者のためには現実の金融システムに関する知識とともに、大局観あるいはビッグピクチャーを持ち、実現可能な政策等を構想する力が必要である。

このうち後者に関して筆者の頭に浮かぶのは、1980年代から90年代を中心として著された学術書、具体的には蠟山（1982）、池尾（1985, 1990）、館・蠟山編（1987）、貝塚・池尾（1992）などである。これらはその当時の金融システムの状況を踏まえ、多くの政策的課題に対し、学術的観点から示唆を示そうとした書籍である。また、学術的な記述は少ないものの、蠟山編著（2002）は政策当局の観点から著されたそうした書籍といえる。

しかし、こうした著作は近年の経済学の分析手法の発展以前に著されたものでもあり、理論的厳密さに欠けるとともに緻密なエビデンスに基づくものではない。こうした限界を克服した書籍としては、Hoshi and Kashyap（2001）（星・カシャップ［2006］）が著されているが、その分析は2000年代以前に限られており、依拠する実証研究も薄い。本書は理論と実証のバランスを重視しながら、こうした研究の後を追おうとした研究といえる。

4　本書の構成

本書は、本章を含めて9つの章から構成されている。まず次章（第2章）では、金融システムを評価するために必要な準備作業として、評価の枠組みを整理し提示する。金融システムの評価を適切に行うには、金融システムとはどのようなシステムであり、どのような基準で評価を行う必要があるのかを明らかにする必要がある。そのための枠組みとして、本書では金融システムをシステムとしてとらえ、経済学の金融分野で蓄積された理論分析を適用し、分析に用いる枠組みを体系化する。

続く第3章と第4章では、日本の金融システムを評価するために必要なもう一つの準備作業として、日本の金融システムを取り巻く外部要因、環境要因を確認する。第3章ではマクロ経済指標の動きを見ながらこの時期の金融を取り巻く経済環境を確認した上で、金融面での経済活動を規定する金融制度に関し、この時期の変遷を振り返る。その上で、第4章ではこうした経済環境や制度的枠組みの下で実現した日本の金融構造をとらえ、この時期の日本の資金循環構造の変化について検討する。そこでは、本書で扱う１９７０年代後半から２０２０年までの期間において、日本の金融構造は一貫して間接金融依存であり、それ以前と比べても変わっていないことを確認する。

しかし、このことは日本の金融システムの評価が時代を問わず一貫して行えることを意味してはいない。本書が分析対象とする１９７０年代後半から２０２０年まで、特に１９８０年代後半以降においては、実体経済や経済・社会環境が大きく変化し、金融システムの状況にも変化が見られた。そこで、続く第5章から第8章において、この時期の日本の金融に発生した特に大きな三つの動きを順に取り上げ、それぞれその実態と要因について検討し、日本の金融システムの評価を行う。

具体的には、１９８０年代後半から１９９０年代初めにかけて発生した資産価格バブルについて第5章で、バブル崩壊後の１９９０年代に預金取扱金融機関に発生した不良債権問題を第６章で、「失われた30年」と呼ばれる１９９０年代から２０１０年代にかけての実体経済の低迷に対する金融面の要因について、第7章と第8章で検討する。このうち第7章では金融機関による貸し渋りと追い貸し、第8章は金融政策に注目する。

最後に第9章では、これらの章の結果を取りまとめ、今後に向けての示唆を示す。そこでは、前章までの金融システムの評価を簡単に振り返ったあと、改めて間接金融依存の日本の金融構造についての評価を行う。その後、金融システムや金融制度を評価し、その設計を行うためにはどのようなアプローチを採ればよいのか、本書の各章で採ったアプローチに基づきまとめるとともに、望ましい金融システム評価を行うために、今後何が求められているかをまとめている。

【第1章　注】

（1）なお、日本の金融システム、特に金融政策に関しては、一般的な実証研究とは別に、政策効果等の将来予測を主眼とするシミュレーション分析も多数行われているが、本書のアプローチとは方向性が異なるため、本書では注目しない。

（2）たとえば、いわゆる「メインバンク」に関する研究は、１９９０年代あたりまでは日本の高度成長やバブルを支えたシステムとして世界的に注目されたが、その後は日本経済の低迷や地位の低下とともに学界の関心から外れていった。このため、いまだに30年以上前の研究結果に基づいた議論が展開されることがある。

第２章　金融システム評価のための道具立て（理論的枠組み）

本章では、次章以下で日本の金融システムを評価するための準備として、評価のための道具立てを行う。本章の内容は実際に評価を行う上での理論的な拠り所であり、次章以下の議論の土台を成すものである。ただし、本章をすべて理解してから次章以下に進む必要はなく、むしろ理論的枠組みの詳細にまで関心がない読者は、本章を飛ばして次章以下から読み始め、必要に応じて本章を参照して頂いてかまわない。

「金融システム」という言葉が指すものは、実は曖昧である。このため、この言葉を明確にすることこそが、金融システム評価の第一歩である。そこで、以下ではまず「金融」という言葉が意味するものを整理した上で、「金融システム」とは何か、何のためのシステムなのか（定義と目的）を明らかにする。その後、そのシステムはどのように成り立っているのか（構成要素）、どのような基準で評価すればよいのか（評価基準）、どのようなはたらきを通じて目的を達成しようとしているのか（機能）を整理する。他方で、金融システムは望ましくないはたらきをして問題を起こすこともある。そこで本章では最後に、金融システムにはどのような問題があり、それを防ぐためにどのような公的介入が行われているのかを説明する（問題と公的介入）。

1　日本の金融システムのパフォーマンスをどう評価するか

(1)　実は曖昧な「金融システム」

「金融システム」は文字通り「金融のためのシステム」である。ではその「金融のためのシステム」とは何だろうか。その答えは自明ではない。実は、金融に関する教科書でも、金融システムとは何かを明確に説明しているものは少ない。数少ない説明を拾ってみると、金融システムは「経済システムを支える1つのサブシステム」であって、「資金の循環を媒介として、経済諸活動の円滑な実現を期するための有機的組織体」（池尾ほか［1993］p.1）、あるいは金融取引に対する借手・貸手の「多様なニーズにできるだけ応え、金融取引を円滑に行うという働きを担う」ために用意されている「金融制度、金融規制、金融機関、金融市場」などの仕組みが「有機的に関係しあって」構成しているもの（岡村ほか［2017］p.3）、あるいは「経済システムの中で、貸借を通じた資金の循環や決済に関する部分」（内田［2024］p.220）などとされている。

これらの説明にはある程度の一貫性が見られるものの、「金融」が表すものには幅があり（「資金の循環」「金融取引」「決済」など）、また何をもって「システム」と呼ぶのか明確ではない。そもそも「システム」という言葉は、経済学あるいは金融の分野では明確に定義されずに用いられることが多く、それが指すものは曖昧である。

(2) 金融システムを「システム」としてとらえる

分析対象である「金融システム」を明確にするために、本書では他の学術分野、具体的にはシステム工学の分野における「システム」の定義を援用することにしたい。システム工学における「システム」とは「ある目的をもって要素を組み合わせたもの」(寺野［1985］p.6)、「複数の構成要素（人、もの、情報）からなるある目的を持ったひとまとまりの集合体で、各構成要素がほかの構成要素と相互関連を持っている結果、全体としてみると部分の総和以上の振舞いをするもの」(田村［1999］p.1)である。また井上ほか(2011)は日本工業規格の定義(ＪＩＳ)を引いて、「多数の構成要素が有機的な秩序を保ち、同一目的に向かって行動するもの」をシステムとしている。

これらの定義からすると、システムとは①複数の「構成要素」の集合体であり、②何かの「目的」を達成するために、③各構成要素が相互に関わり合いながら「振舞」ったり「行動」するものといえる。「構成要素」「目的」「振舞い」といった言葉は、金融分野で金融システムを扱う際にはまず目にすることのない言葉である。しかし、これらを明確にしていないがために、金融市場における資産価格バブルを問題視しているのか、銀行破綻による預金者への悪影響を懸念しているのか、など人によって考えている「金融システム」やその評価方法が実は異なり、議論がかみ合わない可能性がある。「構成要素」「目的」「振舞い」を整理することが、金融システム評価の第一歩だといえよう。

このうち、「構成要素」に関しては、金融システムがどのような構成要素から成り立っているか、「目的」に関しては金融システムが何のためのシステムなのかを整理すればよいだろう。後者に関しては、金融システムは金融のためのシステムなので、短絡的な答えは当然のことながら「金融が目的である」である。しかし、以下で見るように「金融」という言葉が意味するものには幅があり、どの範囲を考えるかを整理しておく必要がある。

「振舞い」に関しては、金融システムの「機能」を確認することでその整理に代えることができるだろう。機能とは、「物のはたらき。相互に連関し合って全体を構成している各要素や部分が有する固有な役割。またその役割を果たす作用」（広辞苑第七版）であり、機能がわかれば振舞い、はたらきもおのずと明らかになる。また、機能に関しては望ましくないはたらき（逆機能）も考慮する必要がある。金融システムはしばしば大きな問題を起こしており、その評価にあたっては、機能がなぜ、どのようにはたらかなかったのか、望ましくないかたちではたらいたのかを考えることも必要である。

以上のようなかたちで「金融システム」を明確にできると、そのシステムのパフォーマンスを評価するための「評価基準」も明らかになる。評価基準は、システムの目的がどの程度達成されているかを表すもの、機能が適切に発揮されているかどうかを表すものである。パフォーマンス（Performance）という語の定義は“how well or badly something works”（Oxford Advanced Learner’s Dictionary）である。このため、システムの評価基準を明らかにすることは、何をもってうまくはたらいている（いない）とするかを定めることにほかならない。

なお、金融・ファイナンスの分野では膨大な研究が行われてきており、金融システムに関連する研究も数多く行われている。こうした研究の中で、金融システムの「構成要素」「目的」「機能」「評価基準」に関する定まった整理がすでになされているのであれば、本書でもそれらを用いればよいはずである。しかし、「構成要素」「目的」「評価基準」に関しては、金融・ファイナンス分野では十分な整理は行われていない。

これに対して「機能」に関しては、経済学のアプローチを用いたさまざまな理論研究により知見が蓄積され、論文や教科書などで分類や整理が行われている。しかし、こうした既存の分類や整理には不十分な点が多く、互いに整合性を欠くことも多い。

整理が不十分な原因は、表面的には著者の視点のちがいにある。つまり、専門分野や興味のちがいに基づき、金融システムのどの部分をどれだけ強調するか、どこまで詳細なリストにするか、概念の抽象度をどのレベルに設定するか、といったちがいが生まれる。

ただし、こうした表面的なちがいの背景には、金融システムというものがあたかも自明の存在であり、説明を要しないかのように思われる半面、実際には多様な構成要素から成る複雑なシステムであって全体像を正確にとらえづらい、という根本的な問題があるように思われる。この問題を解決する上でも、「構成要素」「目的」「機能」「評価基準」という観点から金融システムをとらえなおすことが必要である。

2 「金融」とは何か

(1) 「金融」という言葉が表すもの

まずは、金融システムの「目的」を確認してみよう。「金融システム」は「金融」の「システム」であって、単純に考えるとその目的は「金融」、あるいはその「金融」を何らかのかたちで良くすることである。しかし、実はこの「金融」が曲者である。この言葉の意味が必ずしも定まっていないからである。ここではまずこの点を、辞書における関連用語の定義（表2－1参照）を踏まえつつ確認してみたい。

「金融」の辞書的な意味は、「金銭の融通、かねまわり。資金の貸借・資金の需要と供給の関係」である。「資金」は「何かの目的のために用いられる金銭」なので、金融は「金銭の融通。かねまわり。金銭の貸借」としてよいだろう。また、「融通」は「金銭の流通、お互いの間でのやりくり」であり、金銭の流通とかねまわりを同じものとすると、金融は「金銭の流通、やりくり、貸借」となる。

しかし、この定義は、対象とするもののレベルが定まっていない、目的のとらえ方が明確でない、という二つの点で曖昧である。第一の、レベルの不明確さとは、金銭の「やりくり」や「貸借」は金銭を持つもの・持とうとするものの個別の行動、つまり経済全体から見るとミクロレベルの行動

表2－1　金融関連用語の辞書的定義

用語	定義
金融	①金銭の融通。かねまわり。②経済社会における資金の貸借。また資金の需要と供給の関係。
資金	①営利・経営などの目的に使用される金銭。もときん。もとで。②特定の目的に使用される金銭。
融通	金銭の流通すること。また、金銭などをお互いの間でやりくりすること。
やりくり	不十分な物事を種々に工夫して都合をつけること。どうにか繰り合わせること。
貸借	貸すことと借りること。かしかり。

注：この表では各用語の定義のうち本章の内容に関連する部分のみを抽出している。
出所：『広辞苑』（第七版）岩波書店

を表すのに対し、「流通」はそうしたミクロレベルの行動の結果として、金銭が経済、つまりマクロのレベルでやり取りされるさまを表している、というちがいを指している。

関連して、マクロレベルの金銭のやり取りや流通を表す言葉には「資金循環」もある。資金循環とは「国民経済における通貨・信用」の二つの「流れ」、すなわち「財、サービスなどの売買取引に伴う実質的な流れ」と「預金、有価証券等の金融取引に伴う金融的な流れ」の「両者を総称」したもの（『金融辞典』東洋経済新報社［1994］）である。資金循環は、国（一国経済）レベルで「金融」をとらえる概念だといえる。

金融システム、という場合、とらえる「金融」のレベルは比較的明確である。金融システムは「システム」なので、ミクロレベルの個々の金銭のやり取りではなく、それらの総体としてのマクロレベルの資金の流れを支えるシステムを表している。言い換えれば、経済・国全体で金銭のやり取りが円滑に行われるシステムが金融システムだといえる。ただし、そのやり取りはさまざまなミクロレベルの金銭のやり取りの総体であって、システムの構成要素としての個別のやり取りを考慮する必要がある。

定義の曖昧さの第二の問題は、目的の不明確さである。金銭の「流通、やりくり、貸借」を、その目的という点から考えてみると、「流通」は何のための流通かを問うていないが、「貸借」は貸し借りという特定の目的のために金銭がやり取りされることを表している。これに対して「やりくり」は、十分に持っていない金銭をどう使うか、足りない場合にどう手に入れるかを表している。後者の場合、「貸借」はその方法の一つではあるが、借りてこなくても「稼ぐ」、あるいは「もらう」ことができればやりくりは可能である。また、前者はそもそも金銭を持っている個人の選択の問題であり、経済主体間での金銭のやり取りではない。この意味での「金融」は、少なくとも金融システムを考える場合には含めなくてよいだろう。[1]

こう考えると、「金融」とは少なくとも「金銭を手放す者と受け取る者とのあいだで金銭のやり取りをすること」、あるいは「資金を移動させる（送金する）こと」だとしてよいだろう。しかし、そのやり取り・移動の目的をどこまでとらえるかという点に関して幅があると考えるべきである。この「金融」に含まれるものの幅、あるいは範囲が明確でなければ、金融のためのシステムである金融システムもその範囲が不明確となり、適切な評価は難しくなる。このため、金銭・資金のやり取り・移動の目的を確認し、「金融」の範囲を確定する必要がある。

図2−1　金融とは:基本

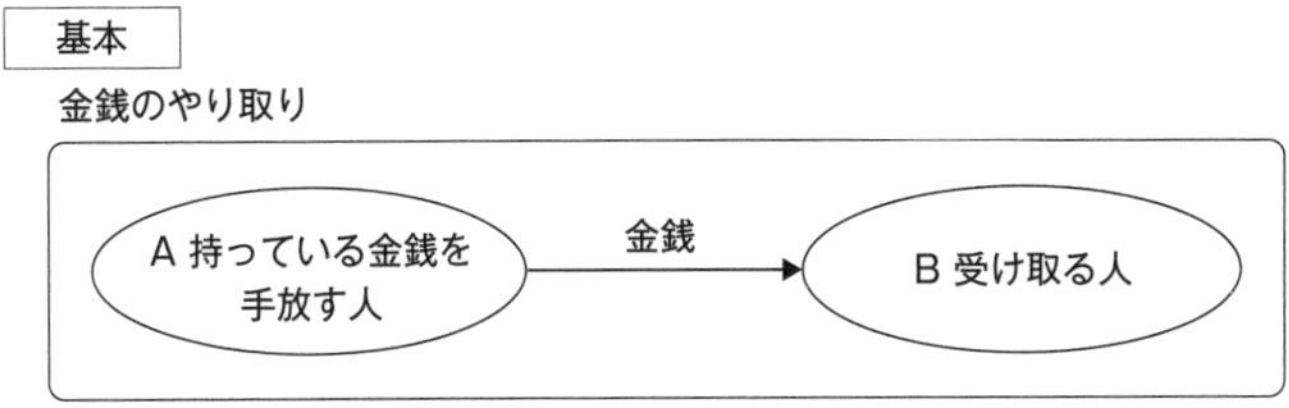

出所:筆者作成

(2) 資金移動の目的による「金融」の範囲のちがい

資金移動の目的に関して「金融」の範囲を最も広くとらえる場合には、あらゆる目的を含めることになる。つまり、あらゆる金銭のやり取り、あるいは資金移動を金融と呼ぶことになり、これが最も広い意味での金融の定義である。この意味での金融を、ミクロレベルで図に描いたのが図２－１である。この図のように、金銭を持っていて手放す人と、受け取る人とのあいだで金銭がやり取りされれば、それはすべて金融となる。この意味での金融のための金融システムは「資金移動システム」と呼ぶこともできる。

ただし、ここまで広い意味で「金融」という言葉を用いることは一般的ではない。最も一般的な「金融」は、「貸借」のための金銭のやり取り、すなわち借手が金銭を借りる際、あるいは将来返済する際のやり取りであろう。ただし、金銭のやり取りは貸借のみを目的として行われるわけではない（表２－２）。たとえば、仕送りや寄付、あるいは補助金や助成金などは、手放す側が見返りを求めず、一方的に行う資金移動である（表２－２の①）。こうした資金移動は通常は「金融」に

表2－2　金融とは：さまざまな目的

やり取りの目的	金銭を手放す人	金銭と引き換えるもの	金銭を受け取る人
①送金（仕送り・寄付・補助金等）	送金者・寄付者等	なし	被送金者・被寄付者等
②決済	買手	商品・サービス	売手
③借入（証券の一次取引）	貸手	新規発行証券（将来の④の約束）	借手
④返済	借手	債務の解消（配当支払い等を含む）	貸手
⑤証券の流動化（証券の二次取引）	既発行証券の買手（新たな貸手）	既発行証券（将来の④の約束）	既発行証券の売手（かつての貸手）
⑥派生証券の取引（保証・保険）	派生証券の買手（被保証人・被保険人）	派生証券（将来の⑦の約束）	派生証券の売手（保証人・保険人）
⑦派生証券の契約履行（保証の代位弁済、保険金支払い）	派生証券の売手（保証人・保険人）	（契約の解消）	派生証券の買手（被保証人・被保険人）

出所：筆者作成

は含めないだろう[2]。

資金移動の多くは、何かと引換えに金銭をやり取りするものである。たとえば、商品やサービス購入の見返りとして、つまり対価の支払いのために金銭のやり取りが行われることがある（同②）。この場合の金銭のやり取りは、特に決済と呼ばれる。決済のための資金移動は、商品・サービスと引換えに、支払う義務（債務）を負う購入者が、受け取る権利（債権）を持つ販売者に、金銭を支払うというかたちをとる。

これに対して、貸借のための金銭のやり取りは、借手が貸手に対して将来の返済を約束した上で、現在の資金を受け取るものである（同③）。このため、貸借が行われれば必然的に、返済のために行われる逆方向の資金移動（同④）が将来発生することになる。この点で、貸借のための資金移動は、一時点の資金移動しか発生しない①や②とは異なる[3]。

なお、ここでいう貸借には、一般に「（金融）投資」と呼ばれるものも含まれる。たとえば株式投資は一般には貸し借りとは呼ばないが、企業は資金を調達するために株式を発行し、投資家は見返りとして将来配当あるいはキャピタルゲインが得られることを期待して株式を購入する。このように、ここでいう「貸借」は広い意味での資金の提供あるいは調達を表している。

貸借あるいは資金提供・調達における将来の返済（配当等を含む）の約束は、金融契約と呼ばれる。金融契約は口約束のようなものも含むが、株式や債券、貸出証書など定型化された証券が用いられることが多い。証券は貸借が行われるたびに新たに発行され、その売買に伴って資金が移動する。こうした新規発行証券の売買は、証券の一次取引とも呼ばれる。証券の新規発行に伴う金銭のやり取りは、「金融」の範囲の中には常に含まれると考えてよいだろう。

ただし、通常「金融」という場合には、証券の二次取引に伴う資金の移動も含むことが多い（表2－2の⑤）。いったん発行（同③）された証券が、その後、返済（同④）より前の時点で再び売買されるのが、証券の二次取引である。証券の保有者が二次取引で証券を売却することは、証券の流動化とも呼ばれる。流動化は、証券が約束する将来の金銭のやり取り（金利、元本、配当等の支払い）（同④）が約束通りに行われないというリスクの負担を、他者に交代してもらうために行われる。負担から解放されるのが証券の売手（かつての貸手）であり、負担してもよいと考えて取引に応じるのが買手である。証券を発行して資金を調達した主体は、二次取引には直接は関わらない。

また、派生証券（デリバティブ）の取引に伴う金銭のやり取りも通常は「金融」に含まれるだろう。派生証券は、原資産と呼ばれる特定の資産の状態、たとえば貸借の返済の有無や証券価格の水準等に依存して金銭のやり取りを行うもので、現資産のリスク負担を変更できるようリスクの部分だけを独立に取引し、リスクヘッジを可能にするものである。保証や保険も経済的に類似の機能を発揮するため、派生証券と同様に扱うことができる。[4] 派生証券（や保証・保険）に関しては、証券の発行時点（表2－2の⑥）、ならびに定められた条件（保証の場合は債務不履行、保険の場合は事故）の発生時点（同⑦）で金銭のやり取りが発生する。

3　金融システムとは何か：定義と目的

(1)　「金融」「金融システム」の定義と目的

以上の検討を踏まえると、「金融」は少なくとも「金銭を、手放す者と受け取る者との間でやり取りすること」「資金を移動させる（送金する）こと」であり、その資金移動の目的に応じてどこまでを含めるかによって、定義に幅が生まれることがわかる。さまざまな目的のうち、少なくとも貸借（証券の新規発行［一次取引］と返済）を目的とする金銭のやり取り（表2－2③・④）は、常に「金融」の範囲に含まれるだろう。つまり、最も狭い意味での「金融」は、貸借のための証券取引に伴う金銭のやり取りだといえる。ただし、証券の二次取引に伴う金銭のやり取り（同⑤）や、派生証券の取引に伴う金銭のやり取り（同⑥・⑦）も含め、より広い意味での証券取引に伴う金銭のやり取りを「金融」とする場合も多い。この定義を狭義の定義と呼ぶことにしよう。

注意が必要なのは、決済に伴う金銭のやり取り（②）である。一般に、決済のための金銭のやり取りは、貸借に伴う金銭のやり取りとは別に考えることも多く、たとえば「決済システム」は必ずしも「金融システム」に含められるわけではない。しかし、決済は預金取扱金融機関によって提供されており、金融システムと独立に考えるべきものではない。

また、そもそも証券取引も、決済からまったく独立したものではない。③や④の取引でも、資金決済システムにおける資金の移動と同時に、証券決済システムにおける証券の移動が行われる。前者は決済のためのシステムにほかならないため、証券取引のための金融システムも、実は決済システムによって支えられているといえる。

こうした理由から、決済のための資金移動も含めて広く「金融」を定義することも必要だろう。そして、目的を問わず、あらゆる資金移動を含めて「金融」を定義することも可能であり、この定義が最広義の「金融」といえる。

以上より、金融という言葉が表すものとしては、以下の四つを使い分ければよいだろう。

金融（最広義）：（目的を問わない）　　金銭のやり取り・資金移動（表2－2①～⑦）
金融（広義）　：決済および証券取引に伴う　　金銭のやり取り・資金移動（表2－2②～⑦）
金融（狭義）　：証券取引に伴う　　金銭のやり取り・資金移動（表2－2③～⑦）

金融（最狭義）：貸借のための証券取引に伴う　金銭のやり取り・資金移動（表2－2③～④）

金融システムは「システム」であるため、こうした金銭のやり取り・移動を経済全体あるいは国全体といったマクロレベルで行うためのシステムだと定義することができる。つまり、金融システムはマクロレベルの資金移動、あるいは資金循環のためのシステムであり、ミクロレベルの個々の金銭のやり取り（「金融」）は、そのシステムの構成要素としてとらえられることになる。ただし、金銭のやり取りの目的のとらえ方によって「金融」の定義は異なるため、「金融システム」という言葉も以下のように幅広く定義することができる。

最広義の金融システム：マクロレベルで見た、　資金移動のシステム
広義の金融システム：　マクロレベルで見た、　決済および広義の証券取引に伴う資金移動のシステム
狭義の金融システム：　マクロレベルで見た、　証券取引に伴う資金移動のシステム
最狭義の金融システム：マクロレベルで見た、　貸借のための証券取引に伴う資金移動のシステム

金融システムの評価において、どの範囲の「金融システム」を対象とするのかは、評価の目的や

関心によって異なる。また、評価することのできる範囲は、評価の根拠となるデータの利用可能性によっても規定される。一般に金融システムという場合、多くは最狭義、あるいは狭義の金融システムだと考えられるため、本書でも次章以下で実際に評価を行う際には主としてこれらの意味での金融システムに焦点を当てることになる。しかし、以下で見ていくように、このように範囲を限定したとしても、日本の金融システムの長期パフォーマンスを検討する作業は膨大なものになる。

金融システムを上記のように定義すると、金融システムの目的は、いずれかの範囲のマクロレベルの資金移動について、それが望ましいかたちで行われるようにすること、つまり「マクロレベルの資金移動の円滑化」だといえる。ただし、「円滑さ」という表現も抽象的であるため、何をもって円滑（望ましい）とするかを定める必要がある。その基準こそが、金融システムの評価基準である。金融システムの評価基準については以下で詳しく説明するが、経済学のアプローチでは効率性あるいは安定性がその基準となる。

(2)　本来の目的を超えた金融システムの目的

このように、金融システムの目的は本来「マクロレベルの資金移動の円滑化」である。しかし、一般に「金融システムの目的」として挙げられるものは、これとは異なることも多い。まず、日本銀行が行う金融政策を考えてみると、教科書的な説明として、物価の安定、景気の安定、完全雇用の達成、国際収支の均衡、為替レートの安定など、金融システムを取り巻く実体経済やマクロ経済の安定に関する目的が挙げられることが多く、またそこに経済成長の促進、が加えられることもある。経済成長に関連して、特に発展途上国の金融システムについては経済発展への貢献がその目的として挙げられることもある。

金融政策は、中央銀行が金融システムにはたらきかけることでこれらの目的を達成しようとする政策であり、金融システムがこれらの目的の達成に寄与すると考えられているからこそ行われている。このため、マクロ経済の安定と経済成長・経済発展も、金融システムの目的に含まれる[5]。

他方で、近年の日本の金融システムを評価する際には、革新的なスタートアップ企業への資金供給、地域経済の活性化、地域の持続的発展、といった目的もしばしば挙げられる。こうした目的はしかし、独立した目的というよりも、ほかの一般的な目的の具体例と考えたほうがよいことが多い。つまり、金融システムがスタートアップ企業や地域の企業に対する金銭のやり取りを円滑化すること、あるいはそれを通じて国や各地域の経済成長を促進すること、が求められているといえよう。

ただし、地域の持続的発展、という場合、地方の衰退という社会問題の解決が目的とされているという側面もある。こうした目的は、ＳＤＧｓ（Sustainable Development Goals：持続可能な開発目標）に代表されるように、社会的・環境的課題の解決という、より大きな、達成の難しい目的だといえる。社会的・環境的課題の解決は、マクロ経済の安定や経済成長など経済システムに関する目的すら超えた、人間社会・地球環境レベルの目的である。金融システムの目的として伝統的に挙げられてきた目的とは質的に大きく異なるものと考えるべきだろう。

図2−2　金融システムの本来の目的とそれを超えた目的

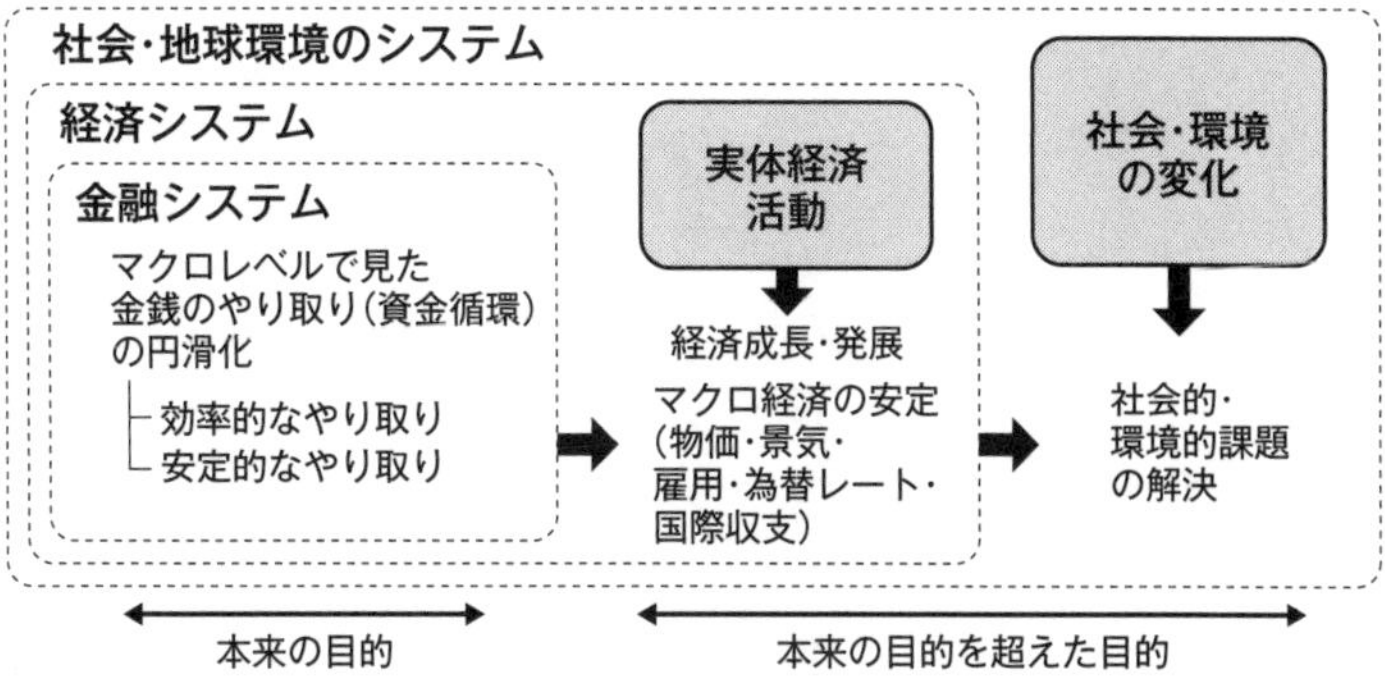

出所：筆者作成

以上のような目的を整理したのが図２－２である。図に示した通り、これらの目的は、単にマクロレベルの資金の流れを円滑にするだけに留まらず、その先の段階、すなわち資金が円滑に流れることによって実体面での経済活動が改善すること、さらには社会・地球環境が改善すること、を目的としている。資金の供給を受けた経済主体がその資金を用いることで、経済が成長・活性化し雇用が生まれること、資金のやり取りが安定的に行えることで物価や雇用、為替、国際収支や景気などの面で実体経済（マクロ経済）が安定化すること、さらには社会的・環境的課題の解決に資するかたちで資金が用いられ、そうでない使途に資金が回らないことで、課題が実際に解決すること、が目指されているのである。

こうした金融システム外の目的を、本書では金融システムの「本来の目的を超えた目的」と呼ぶことにしたい[6]。資金の流れの円滑化という本来の目的に留めるのか、その先にある幅広い目的も含めるのかによって、金融システムの評価は異なり得るため、どこまでを目的に含めるかは評価に先立って定める必要がある。本書では、主として本来の目的と実体経済に関わる目的に注目する。社会的・環境的課題の解決については、紙幅が限られていること、その取扱いが難しいこと、そして知見の蓄積が十分でないことから、将来的な課題としたい。

なお、本来の目的を超えた目的は、求められるものが時代や場所によって異なり得るため注意が必要である。たとえば、日本で経済発展への貢献が熱望されていたのは、戦後、つまり本書の分析対象期間以前のことである。高度成長を果たし、先進国の仲間入りをした日本において、さらなる成長は重視はされるものの、途上国にとっての経済発展ほどの必要性はなくなっている。上記のような幅広い目的を考える場合には、普遍的な目的と、時代に応じた目的とを区別する必要がある。

(3) 金融システムの責任の範囲

目的の範囲に関連して、目的の達成責任についても触れておく必要がある。金融システムは資金の流れを円滑にするためのシステムである。このため、その円滑化の達成に対する責任の多くを金融システムが負っている。しかし、資金のやり取りは、そもそもやり取りしようとする経済主体が存在して初めて成立するものである。どんなにすばらしい金融システムが整備されたとしても、それを利用する主体がいなければ円滑な資金循環は達成されない。利用される対象としての金融システムの評価は、利用する経済主体を含めて検討して初めて可能となるのであり、特に金融システムを実体経済と切り離して評価することは不可能である。

さらに、金融システムの外、つまり資金の流れの円滑化の先にある目的の達成は、金融システムだけでは不可能である。資金の流れの円滑化により実体経済が変化するかどうか、どのように変化するのかは、資金を得た経済主体がその資金をどう用いるかに決定的に依存する。たとえば、金融システムが最も経済成長に寄与する経済セクターに適切に資金を提供できたとしても、そのセクターでさえ収益率が低いのであれば十分な成長は起こらない。目的の範囲を広げれば広げるほど、その目的達成に対して金融システムが貢献できる度合いは減っていくのであり、達成できないからといって金融システムのみに責任を押しつけるのは正しい評価ではない。のちの章で見るように、この点は日本の金融システムを評価する上で最も注意すべき点の一つである。

4　金融システムはどのような要素から成り立っているのか：構成要素

(1)　構成要素のとらえ方：注目する側面とレベル

次に、システムとしての金融システムの構成要素について考えてみよう。金融システムの構成要素は、システムのどの側面から構成要素をとらえるか、どのレベルでとらえるかによって、さまざまなかたちで切り分けることができる。たとえば、行われる取引、という側面から構成要素をとらえる場合、先の表２－２に示したミクロレベルのさまざまな金銭のやり取りが構成要素となり、それを集計したものがマクロレベルの資金循環としてとらえられることになる。

これに対して登場人物の側面、つまり、誰がそのシステムを利用しているか、成り立たせているか、という、参加者やプレーヤーの側面から構成要素をとらえることもできる。この場合、ミクロのレベルでは多様な取引を行う主体、たとえば個々の貸手や借手などが構成要素となる。最もマクロのレベルでは、システム全体を誰かがコントロールしているわけではないため、登場人物を考えることは難しい。しかし、その中間のレベルでは、金融市場や金融機関を金融システムの構成要素として挙げることが多い。

「合成の誤謬」という言葉が示すように、個別構成要素のパフォーマンスを集計してもシステム全体のパフォーマンスを表すとは限らない。このため、金融システムをとらえる上では、最もミクロのレベルの取引や登場人物だけでなく、より上位のレベルでシステムをとらえることも不可欠である。こうした理由から、本章では、個別取引レベル、組織レベル、セクターレベル、システムレベル、という四つのレベルを区別し、各レベルの構成要素を整理することにしたい。

(2) 個別取引レベルの構成要素

ミクロの個別取引のレベルで見た場合、金融システムでは多様な経済主体がさまざまな目的で金銭のやり取りを行っている（表2－2）。こうしたやり取りを行う経済主体は、必然的に、登場人物という側面からみた金融システムの構成要素となる。たとえば、貸借のための金銭のやり取りの場

図2−3　個別取引レベルの構成要素

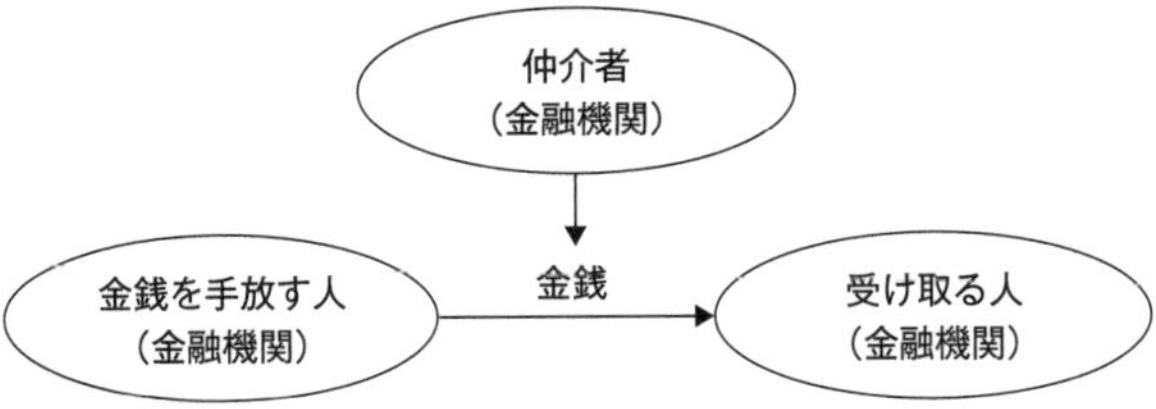

出所：筆者作成

合（表２－２の③）、金銭を手放す貸手、すなわち使い道がないため一時的に他者に金銭を提供することのできる経済主体と、金銭を受け取る借手、すなわち資金を持たないが使い道を持つ経済主体が構成要素となる。[7] 二次取引や派生証券の取引（表２－２の⑤、⑥）も同様であり、その取引において金銭のやり取りを行う主体が構成要素となるが、これらの主体は貸し借り（一次取引）を行っているわけではないため、貸手・借手ではなく証券の買手・売手である。

　他方で、こうした経済主体の多くはあくまで金融システムの利用者であって、システムを提供している経済主体ではない。つまりこれらの経済主体の多くは、基本的には金融システムの有無にかかわらず金銭のやり取りを行いたいと思っている経済主体であって、やり取りを円滑に行うことができるために金融システムを利用しているにすぎない。金融システムの登場人物としては、こうした利用者とは別に、システム自体を提供する経済主体も考える必要がある。その中心となるのが金融機関である。

　金融機関にはさまざまなタイプのものがある。狭義の金融に注目する場合、図２－３のように、やり取りを仲介するだけの金融機関（図の上）と、自ら金銭のやり取りに関わる金融機関（図の左下や右下）とに大別することができる。このうち仲介のみを行う金融機関は、他者の資金移動の手助けを行う金融機関であり、たとえば証券の売手と買手をつないで取引を成立させる証券会社（セラー・ブローカー業務）、売買の場を提供する証券取引所、金融機関同士の貸借を仲介する短資会社などがそれにあたる。また、格付会社や投資助言業者など、資金提供・調達に役立つ価格などの情報を提供する金融機関や、他者の資金運用を手助けする投資運用業者などもここでいう仲介者にあたる。

これに対し、自ら金銭のやり取りに関わる金融機関は、決済や証券取引において自ら取引に関わり、金銭を手放したり（図2－3左下の「金融機関」）受け取ったり（図2－3右下の「金融機関」）する。たとえば同じ証券会社でも、証券取引を成立させるために、買い注文に応じて在庫として保有している証券を売却して金銭を受け取ったり、売り注文に応じて証券を購入して金銭を支払ったりするものがある（ディーラー・アンダーライター業務）。また、企業に対して貸出を行う銀行は、将来の返済を期待して金銭を手放す。

こうした金融機関のうち、銀行などの金融機関は、自ら借手（資金を受け取る人）となって預金者等（資金を手放す人）から資金調達を行うのに加え、そこで得た資金を貸手（資金を手放す人）として企業等（資金を受け取る人）に貸している。このように、借手でもあり貸手でもある金融機関は、特に金融仲介機関と呼ばれている（内田［2024］第8章を参照）。

金融仲介機関には、民間の銀行や協同組織金融機関だけでなく、政府系の金融機関や中央銀行なども含まれる。しかし、金融仲介機関は自らの資金不足や余剰に対応するために取引を行っているわけでない。自ら取引を行うことで、余っている主体の資金が不足している主体に渡るよう手助けをしているだけである。金融仲介機関とそれ以外の資金提供者あるいは資金調達者を区別するために、後者は最終的貸手あるいは最終的借手、または黒字・赤字主体と呼ばれる。

さらに、金融仲介機関は預金取扱金融機関とその他の金融仲介機関に分けられる。前者は預金を使って資金を調達する金融仲介機関であり、銀行や信用金庫等が含まれる。後者は資金調達に預金を用いない金融仲介機関であり、保険会社がその代表である。預金取扱の有無が重要なのは、預金が貨幣、つまりやり取りされる金銭そのものとして用いられているからである。

貨幣（金銭）は本来法律で定められた法貨のみであるはずだが、現代社会において、預金は法貨ではないにもかかわらず社会的信認を得て貨幣（金銭）として用いられている。また、近年では資金移動業者が提供する電子マネーも預金と同様の資金移動手段として用いられるようになり、預金取扱金融機関の役割の一部を担うようになっている。こうした金融機関は、決済のための金銭のやり取り（表２－２の②）において、金銭自体を提供するとともに、そのやり取りを仲介する金融機関（図２－３でいう仲介者）だといえる。

(3)　組織レベルの構成要素

個別取引レベルで見た場合、金融システムのパフォーマンスは、個別の金融取引がいかに望ましいかたちで行われるか、で測られる。しかし、この望ましさを測るためには、個別の取引を見ているだけでは不十分である。たとえば他者の金融取引を仲介する金融機関は、大量の取引を効率的に仲介するシステムを提供したり、多数の利用者に提供することのできる情報をまとめて収集するなど、規模の経済性や範囲の経済性を発揮して仲介を行っている。このため、そのパフォーマンスを評価するには、提供しているサービスを総体的に、組織レベルで把握する必要がある。

金融仲介機関の場合、組織レベルでパフォーマンスを把握することは、さらに重要である。上記の通り、金融仲介機関は借手でも貸手でもあり、これらを同時に行うことこそが金融仲介機関の特徴である。このため、金融仲介機関の機能はこれらの側面の一方だけを見ていては理解できない。また、たとえ一方のみに注目するとしても、金融仲介機関は多数の資金調達者に資金を提供することにより、分散化のメリットを活かして返済のリスク（信用リスクや市場リスク）を削減している。数多くの取引を同時に提供することでさまざまな機能を発揮する金融機関は、個別取引ではなく組織全体のレベルでとらえる必要がある。

組織としての金融仲介機関を考えるのであれば、それと対比するかたちで集団投資スキームについても考慮する必要がある。集団投資スキームとは、多くの投資家の資金をプールし、専門家として運用・管理する仕組みであり、その代表が投資信託である（内田［2024］10．2．3節参照）。集団投資スキームは、仕組み全体としては金融仲介機関と実質的に同じ機能を発揮するが、単一の組織（企業）から成るものではなく、必要な業務を異なる金融機関（金融仲介機関以外の金融機関）

が分担している。

たとえば投資信託の場合、投資信託受益証券の販売は証券会社や銀行等、投資先の決定は投資信託委託会社などの運用会社、資産管理は信託銀行が担っている。しかし、全体として見てみると、多くの投資家から資金を調達し、その資金を多くの企業等に分散投資する仕組みであり、組織としての金融仲介機関が発揮するのと同様の機能を発揮している。

(4) セクターレベルの構成要素

① 金融システムを構成する三つのセクター

さらに焦点を広げると、組織を超えた、よりマクロのレベルの構成要素を考える必要もある。まず金融仲介機関に関しては、個別取引だけを見ても金融仲介機関という組織全体のパフォーマンスをとらえることが難しいのと同様に、個別金融仲介機関のパフォーマンスだけを見ていても複数の金融仲介機関が集まって初めて発揮される機能はとらえられない。本章ではこうした集まりを金融仲介機関の「セクター」ととらえ、よりマクロのレベルでみた金融システムの構成要素と考える。(8)なお、機能の上では集団投資スキームも金融仲介機関と同様の役割を果たすため、金融仲介セクターは金融仲介機関と集団投資スキームによって構成されるセクターとする。(9)

金融仲介セクターのほかに、本章では金融システムを構成するセクターとして二つのセクター、すなわち預金取扱金融機関セクターと金融市場セクターを考える。預金取扱金融機関セクターは、多数の預金取扱金融機関により構成されるセクターである。預金取扱金融機関は金融仲介機関の一種であるため（内田［2024］第8章参照）、金融仲介セクターに含まれる。しかし、他の金融仲介機関とは異なり、預金の受入を行うことで、決済等を目的とした金銭のやり取り（表2－2の①・②）を仲介するという特別な役割も発揮している。そのやり取りは多くの預金取扱金融機関が集まって提供する決済システムを通じて行われるため、セクターレベルで把握することは特に重要である。

本章で考えるもう一つのセクターが、金融市場セクターである。「金融市場」という言葉は当たり前のように使われるが、物理的に存在する特定の場所を表しているわけではなく、非常に抽象的な概念であって、構成要素となる組織は明確ではない。しかし、株式市場を考えればわかるように、「市場」での取引においては、資金提供者・調達者あるいは証券の売手・買手が、注文を取り次ぐ証券会社や情報を提供する格付会社など自ら取引に関わることのない金融機関（金融仲介機関ではない金融機関）を利用して、取引を行っている。こうした金融機関により大量の取引を効率的に成立させるために整備された場が金融市場である（内田［2024］第9章参照）。そこで、これらの金融機関により整備され、貸手や借手、投資家が利用する場を、金融市場セクターとしてとらえることにする。

②　金融仲介・金融市場セクターと直接金融・間接金融との対応関係

以上のような意味での金融仲介セクターと金融市場セクターは、いわゆる間接金融と直接金融と

図2−4　直接金融と間接金融

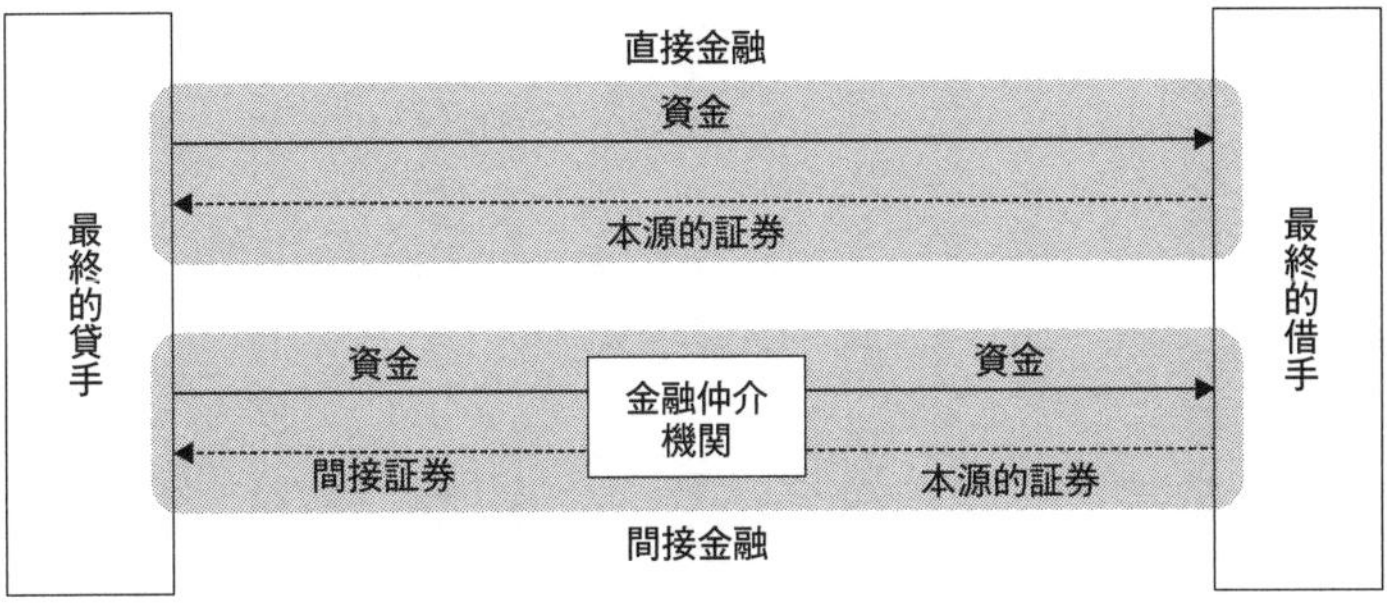

出所：内田（2024）図8−2

密接に関連している。直接金融と間接金融は、貸借に伴う資金の流れ（表２−２の③、④）をマクロレベルでとらえ、最終的貸手から最終的借手へ資金が流れるルートとして表す概念である（ガーレイ・ショー［1967］）。これを図示したのが図２−４であり、図では資金（金銭）の流れを実線の矢印で、それに対応する新規発行証券の流れを点線の矢印で表している。

このうち両者の間で資金が直接流れる場合が直接金融であり、両者の間に金融仲介機関が介在し、金融仲介機関が最終的貸手から資金を調達し、その資金を最終的借手に貸すかたちで資金が流れる場合が間接金融である。間接金融の場合、金融仲介機関が資金を調達するために発行する証券（預金など）は、最終的借手が発行する証券（株式など）とは質的に異なるため、前者の証券は間接証券、後者の証券は本源的証券と呼んで区別される。

本章で考える金融市場セクターと金融仲介セクターは、基本的にはこの直接金融と間接金融とにそれぞれ対応している。

間接金融の資金の流れは、間接証券を発行するさまざまな金融仲介機関によって生み出されている。また、集団投資スキームも同様に間接証券を発行するため、間接金融を担う仕組みである。このため、間接金融は、金融仲介セクターを通じた資金の流れである。

これに対して、金融市場セクターは直接金融に対応する。ただし、厳密にいえば、その対応は完全ではない。ガーレイ・ショーのいう直接金融を、「金融仲介機関を通じない資金の流れ」とすると、その流れは必ずしも「金融市場」を通じるとは限らないからである。

先に述べたように、ここでいう金融市場は、さまざまな金融機関が関わることによってつくり上げられた「整備された証券取引の場」である。しかし、たとえば中小企業の未上場株式を創業者が取得する場合など、この意味での「金融市場」を通じないかたちで資金が流れるケースは数えきれない。こうした資金の流れは直接金融に含まれるが、「金融システム」の外で行われるものであるため、本書でいう金融市場セクターを通じた流れには含まれない。ただし、直接金融を「金融市場セクターを通じた資金の流れ」と定義すると、当然のことながら対応は完全である。以下本書ではこの意味で、直接金融という言葉を用いることにする。

③「金融市場」のとらえ方

関連して、「金融市場」のとらえ方についても整理しておこう。図2－5に示すように、金融市場を最も広く定義する場合には、「何らかのかたちで証券取引が行われる場」（図の◎）となる。この

図2−5　金融市場のとらえ方

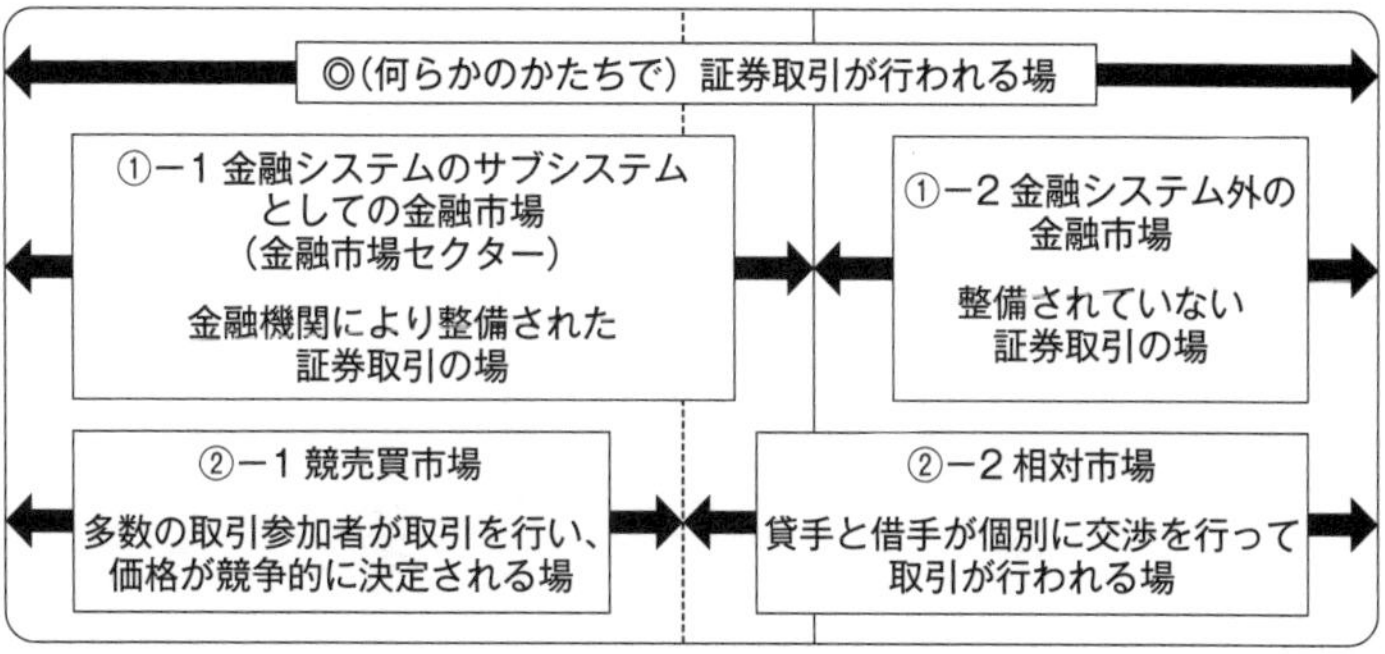
◎（何らかのかたちで）証券取引が行われる場
①−1 金融システムのサブシステムとしての金融市場（金融市場セクター）
金融機関により整備された証券取引の場
①−2 金融システム外の金融市場
整備されていない証券取引の場
②−1 競売買市場
多数の取引参加者が取引を行い、価格が競争的に決定される場
②−2 相対市場
貸手と借手が個別に交渉を行って取引が行われる場

出所：筆者作成

場合、金融仲介機関が関わる取引も含め、あらゆる証券取引が行われる場を金融市場と呼ぶことになる。ガーレイ・ショーのいう直接金融は、この最広義の金融市場（図の横幅全体）のうち、金融仲介機関が関与しない部分を通じた資金の流れを表すものである。

　これに対して本書でいう金融市場（セクター）は、図の①−１に示した「金融機関により整備された証券取引の場」であり、金融システムの構成要素（サブシステム）である。「整備された証券取引の場」としての金融市場を通じない証券取引（金融仲介機関が関わる取引や、創業者による未上場株式の取得など）は、「システム」化されていない金融市場（図の①−２）での取引である。

　他方で、「市場」という言葉は多数の取引参加者が取引を行い、価格が競争的に決定される場、を指すこともある。この場合の「市場」は「競売買市場」と呼ばれるものである（図の②−１）。これに対比されるのは、貸手と借手が個別に交渉を行って取引が行われる「相対《あいたい》」での取引である（図の②－２）。相対の証券取引であっても証券会社等による仲介が行われることは多く、そうした場合は本章でいう「金融機関が整備する証券取引の場」としての「市場」（図の①－１）に含まれる。このため、競売買市場と相対市場を分ける境界（点線）は①－１と①－２の境界（実線）とは異なる。

(5) システムレベルの構成要素

① 本書における金融システムのとらえ方

以上のような整理を踏まえ、本書における、システムレベルの（狭義の）金融システムのとらえ方を図示したのが図２－６である。図では、資金の流れを実線の矢印で、証券の流れを点線の矢印で描いている。この図における金融市場セクターは、「さまざまな金融機関が整備した効率的な証券取引の場」（図２－５の①－１）であり、株式市場や債券市場などの資本市場を念頭に置いている。これに対して金融仲介機関・集団投資スキームを通じた資金の流れ（間接金融）を描いているのが、金融仲介セクターを通じる矢印である。最終的貸手・証券の買手と最終的借手・証券の売手との取引は、いずれかのセクターを通じて行われる。

この図では、資金や証券の流れを表す矢印を、金融市場セクターを通り抜けるかたちで描いている。これは、同セクターを構成する組織自体が証券を売買するわけではないということを表すためである。[10] これに対し、金融仲介セクターを通じる矢印は、同セクターを通り抜けてはいない。これ

図2−6　金融仲介セクターと金融市場セクター

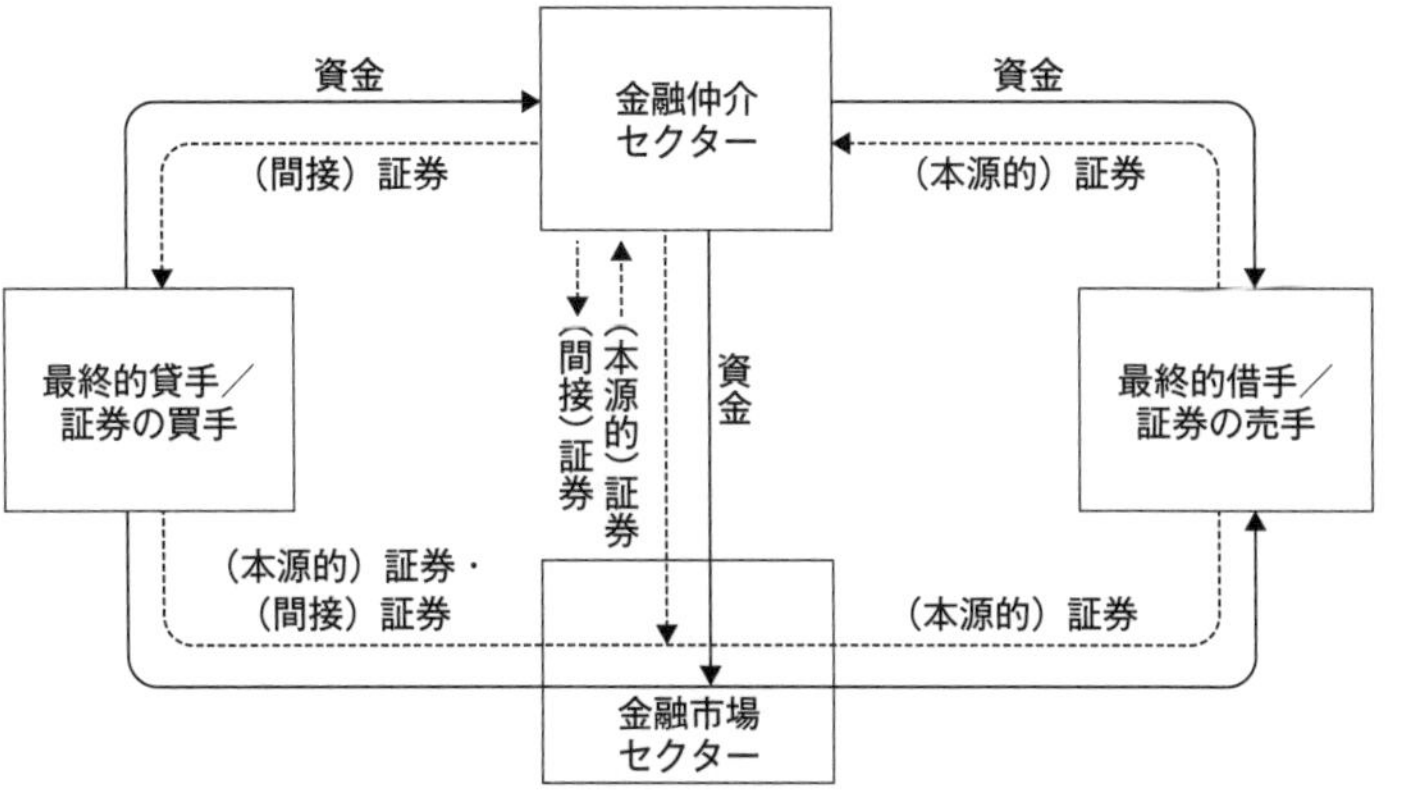

出所：筆者作成

は、金融仲介機関や集団投資スキームが間接証券を発行して最終的貸手から資金を調達し、最終的借手に本源的証券を通じて資金を提供すること、つまりセクター（を構成する組織）自体が証券を売買することを表すためである。

この図に示した本書における金融システムのとらえ方と、図2－4における直接金融と間接金融のとらえ方との間には、大きなちがいが二つある。第一のちがいは一次取引以外の証券取引を含めていることである。直接金融と間接金融は、最終的貸手と最終的借手の間の貸借に伴う資金の流れ（表2－2の③）のみを表している。しかし、金融システムでは証券の流動化（二次取引）（表2－2の⑤）や派生証券の取引（表2－2の⑥）も行われている。こうした取引も含まれるよう、図の点線の矢印は証券一般の取引を表している。逆にいえば、直接金融と間接金融は、証券の一次取引だけでなく、二次取引や派生証券の取引に関しても定義することができる[11]。

関連して、図2－6では預金取扱金融機関セクターを明示的に示していない。この図では、派生証券まで含めた広い意味での証券取引を表しているが、証券取引以外の目的で行われる資金の流れ、つまり表2－2でいう①や②は描いておらず、決済に伴う資金の流れを仲介する預金取扱金融機関や預金取扱金融機関セクターもこの図には含まれない。図2－6はあくまで証券取引に伴う資金の流れに絞って描いた図である。

図2－4と図2－6の間の第二の重要なちがいは、図2－6では金融仲介セクターと金融市場セクターとの間のやり取りを表していることである。証券の二次取引や派生証券の取引に限らず、一次取引の仲介においても、金融仲介セクターと金融市場セクターは互いに完全に独立しているわけではない。たとえば銀行が債券を発行する場合や企業の新規発行証券に投資する場合、金融市場セクターを通じて、つまり証券会社など金融仲介機関ではない金融機関の仲介により、資金がやり取りされる。このように、金融仲介セクターを構成する金融機関はさまざまなかたちで金融市場セクターを利用しており、二つのセクターをともに通じる資金の流れは非常に太い。

② 市場型間接金融とは何か

二つのセクターを経由する資金の流れに関し、市場型間接金融と呼ばれる考え方にも触れておこう。市場型間接金融は、論者によって微妙に定義が異なるが、一般的には間接金融のうち金融仲介機関が資金の調達側、あるいは運用側において市場を利用するケースを指す（池尾・柳川［2006］）。具体的には、運用側で市場を利用する投資信託やファンド、調達側で市場を利用する証券化の仕組みなどが市場型間接金融の例とされる。図２－６では、二つのセクターを結ぶ矢印を通じて最終的貸手から最終的借手に資金が流れるケースが市場型間接金融に相当する。

市場型間接金融は２０００年代半ばの日本において注目を浴びた概念である（本書第９章２節も参照）。この注目の背景には、間接金融への過度の依存が日本の金融システムの機能不全をもたらした、という問題意識が広まっていたことがある。しかし、この概念はその後、巷間に流布することがなくなった。これは、その後に発生した世界金融危機（日本ではいわゆるリーマン・ショック）において、市場型間接金融の典型例の一つである証券化商品が、危機発生に大きく関与していたことが影響しているのではないかと考えられる（本書第６章３節参照）。

(6)　金融システムの構成要素としての制度と環境

①　金融システムを支える制度

金融システムの構成要素に関しては、経済主体（登場人物）とは異なる側面として、制度と環境という側面も重要である。金融システムは、システムのあり方を定める法制度や慣行といった制度の下で、さまざまな登場人物が一定のルールの下に、金融活動を行う場である。制度に関しても、多様なレベルの制度を考えることができる。たとえば金融契約に関連する法制度など個別取引を規定する取引レベルの制度もあれば、会社法など組織を規定する組織レベルの制度、金融業の各業態を定めるいわゆる「業法」などのセクターレベルの制度もある。

制度という側面を意識すると、登場人物として追加的に考慮すべき構成要素が存在することもわかる。それは、制度を定める主体、制度の下で他者の資金のやり取りに影響を与える主体、制度を支える主体などである。たとえば、政治家や官僚、自主規制団体などは制度を定める主体、規制当局や中央銀行などは、制度の下で資金のやり取りに影響も与える主体、弁護士、会計士、税理士などは、制度を支える主体といえる。こうした主体も、登場人物という側面から金融システムをとらえる場合の重要な構成要素として考慮する必要がある。

こうした主体の中でも、制度の制定や規制・政策などを通じ、金融面での民間の経済主体の活動に影響を与える、国（中央政府）、地方政府、公共団体、政府関係機関といった公的当局は特に重要である。金融システムに問題が発生した際には、それを引き起こした政策や規制、それに対処するために公的当局が行った介入が評価の対象となり得る。公的当局の評価に関しては、金融システムの問題を議論したあとで、もう少し詳しく触れることにしたい（本章8節）。

② 金融システムを取り巻く環境

金融システムを取り巻く環境も、金融システムのパフォーマンスを評価する上で考慮すべき、重要な要因である。金融システムは経済システムの一部であり、実体経済と密接な関係を持つため、そのはたらきは経済環境によって規定される。金融システムのパフォーマンスが外部の環境に影響を与えることもある。

外部環境を考慮することは、金融システムの評価においては不可欠である。先に触れたように（3節(2)項）、金融システムは本来の目的である資金のやり取りの円滑化だけでなく、物価・景気の安定、完全雇用、経済成長など実体経済へのはたらきを通じて初めて達成可能な、本来の目的を超えた目的の追求も求められる。

こういった目的に照らして金融システムのパフォーマンスを評価する場合、金融システムと実体経済の相互関係を考慮することが不可欠である。他方で、金融システムの問題とされるものの中にも、それを取り巻く経済・社会環境に起因するものも多い。このため、外部環境を含めた多面的な評価が必要であり、金融システム内の経済主体だけを考えて犯人探しをするのは適当ではない。

5　金融システムはどのような基準で評価すべきか：評価基準

(1)　資源配分の効率性という基準

①　資源配分の効率性とは何か

以上のような目的と構成要素から成る金融システムのパフォーマンスは、どのような基準で評価すればよいのだろうか。先に確認したように、金融システムの目的はマクロレベルで見た資金移動を円滑にすることである。このため、この円滑さを測る基準が金融システムの評価基準となる。そうした基準として経済学が中心的に用いるのは、資源配分の効率性である[12]。

資源配分の効率性（あるいは単に効率性）は、天然資源や人的資源などの希少な資源を、いかに無駄なく組み合わせて利用するかを表す概念である。たとえば、ある商品をある量だけ作るのに、まったく同じ工場でまったく同じ人数を雇って作ったにもかかわらず、ある企業では10日かかるのに対し、別の企業では1時間でできたとしよう。この場合、後者の企業のほうが効率性が高いといえる。

多くの資源は無尽蔵ではなく、希少性を持つため、資源の無駄遣いはできるだけ少なくすることが望ましい。現代の経済学において、資源配分の効率性は規範的な判断、つまり良し悪しに関する判断を行う場合に最も重視される判断基準である。このため、経済学は希少な資源をいかに有効に利用するかを考える学問だ、といわれる。

効率性の程度は、同じだけの資源を用いて行われる経済活動の結果、生み出される価値の大きさ、によって表される。その価値を表す指標として用いられるのが、人々が感じる効用である[13]。効率性はまた、同じだけの価値を生み出すために必要とされる資源の少なさ、として表されることもある。所与の資源を用いて最大の効用（価値）が生み出される状態は、その効用（価値）を生み出すために必要な資源が最小となっている状態であるため、二つの表現は実質的に同じ状態を表している[14]。資源の無駄遣いに注目する場合、同じ経済活動を行うのに余分に必要とされる資源は費用としてとらえられ、取引費用と呼ばれる。このため、資源配分の効率性の向上は、取引費用の軽減、とも表現される[15]。

なお、一般に「効率性」という場合、もっぱら費用の削減やコストカットの望ましさのみを表すことも多い。この意味での効率性は、上記のうち前者ではなく後者の意味での効率性、すなわち「同じだけの資源を用いて行われる経済活動の結果、生み出される価値（効用）の大きさ」ではなく「同じだけの価値を生み出すために必要とされる資源の少なさ」に対応している。

ただし、ここで重要なのは、「同じだけの価値を生み出す」という部分である。効率性、という場合、用いる資源をできるだけ少なくする、安くあげることばかりが強調されがちであるが、生み出す価値が異なる場合、費用だけを見て判断するのは適切でない。少ない費用で小さな価値を生むよりも、大きな費用でより大きな価値を生むほうが望ましい場合もある。こうした判断は、コストだけに注目していては見逃されてしまうのである。

効率性に基づいて金融システムを評価する場合、資金（金銭）という希少な資源がいかに効率的に配分されているか、という評価を行うことになる。効率性の一般的な定義からすると、同じだけの資金を用いて行われる経済活動の結果、生み出される価値（効用など）の大きさ、あるいは一定の価値を生み出すために必要とされる資金の少なさが、効率性から見た金融システムの評価基準となる。ただし、本章2節(2)項で触れた通り、金融は送金、決済、貸借などいろいろな目的で行われる。目的に応じて生み出される価値は異なるため、用いるべき効率性の基準も目的に応じて、以下のようにいくつかのものを考えることができる。

②　金融システムにおける効率性①：資金配分の効率性（資金の有効利用）

「金融」を、最も狭い意味での「貸借のための証券取引に伴う金銭のやり取り・資金移動」とした場合、考えるべき価値は、資源としての金銭の利用が生み出す価値、つまり貸手（資金提供者）と借手（資金調達者）にとっての価値となる。貸借や投資といったかたちで資金が提供され、その資金が有効に利用されると、貸手と借手どちらの主体にとっても望ましい状況を達成することができる。たとえば、金融取引が可能なおかげで、わたしたちは何年もかけて資金を貯めなくても住宅を購入して住むことができる。また、将来有望な事業アイデアを持つが手元に十分な資金がない起業家は、資金力のある投資家から投資を得ることで、事業を実行して大きな収益を得ることができる。

こうした価値は、理論的には期待効用や期待利潤として表現され、期待効用や期待利潤を高めるために、いかに無駄なく資金の提供・調達が行われるか、資金が有効に利用されるか、という効率性を考えることになる。こうした意味での効率性を、ここでは資金配分の効率性と呼ぶことにしよう。

資金配分が非効率的になっている状態は、金融システムに問題が発生している状態といえる。資金配分の非効率性の問題としては、「行われるべき資金提供が行われない」という問題と、「行われるべきではない資金提供が行われてしまう」という問題の二種類を考えることができる。(16) 金融システムに問題が発生すると、貸借がうまく行われず、住宅が買えない、事業を実施できない、といった望ましくない状況が生じる。こうした状況が、「行われるべき資金提供が行われない」というかたちで資金配分に非効率性が発生している状況であり、資金の過少提供、あるいは資金制約が発生している状況と呼ばれることもある。一般に「貸し渋り」と呼ばれる問題も、この問題の一種といえよう。

これに対して、「行われるべきではない資金提供が行われてしまう」という非効率性も考えられる。たとえば、将来の収入に比べて過大な住宅ローンを借りてしまった人は、返済できずに住宅を差し押さえられるかもしれない。また、壮大な構想を語る起業家も、実現性のない架空の事業をつくり上げているのであれば、資金が提供されないほうが望ましい。このようなケースで資金提供が行われてしまうのが、「行われるべきでない資金提供が行われてしまう」という非効率性である。こうした問題は、資金の過剰提供の問題と呼ぶこともできる。一般に「追い貸し」などと呼ばれるのもこの問題に含まれる。

なお、資金配分の効率性に基づく評価は、事前の段階、つまり資源（資金）を投入（やり取り）するかどうかを決定する段階で行うものである。もちろん、投入した結果が判明した時点で資金提供の是非を判断することも可能ではある。つまり、資金を利用した結果、十分な価値が生み出されていれば提供は正しい判断であり、生み出されていなければ正しくなかった、と評価することは可能である。しかし、こうした評価は資金を提供すべきかどうか決定する段階で行えるものではない。

また、資金の利用によってもたらされる結果は将来の不確実性に晒されているため、たとえ結果的に価値が生み出されなかったとしても、その可能性が十分高いものであった場合には正しい判断だとすべきだろう。

③ 金融システムにおける効率性[2]：リスク配分の効率性

金融システムの評価においては、資金の配分ではなく「リスクの配分」が問題とされることもある。リスクは資源ではないので、リスク配分の効率性という表現は実は正確ではない。しかし、将来に関する不確実性が存在する以上、資金提供の見返りとなる返済は確実には行われないため、リスクを負担する余裕のある経済主体、たとえば十分な資産を持つ投資家がリスクが大きいケースで資金提供を行い、できない主体、たとえばほとんど資産を持たない家計はリスクが小さいケースで資金提供を行うことが望ましい。リスク配分の効率性とは、こうした意味での資金配分の効率性を表している(17)。

リスク配分の効率性に関しても、それが効率的に配分されていない状態は、金融（システム）に問題が発生している状態といえる。リスク配分の非効率性の問題も、「負担すべきリスクが負担すべき経済主体に負担されない」という過少負担の問題と、「負担すべきでないリスクが負担すべきでない経済主体に負担される」という過大負担の問題の二種類に分けることができる。

なお、あえて「リスクの」配分に関する効率性、という場合、流通市場における証券の二次取引や派生証券の取引（表2－2の⑤～⑦）に関する効率性を指していることも多い。先に述べた通り、二次取引や派生証券の取引は、証券が約束する将来の見返り、すなわち金利、元本、配当等の支払いに関するリスクの負担を変更するために用いられる取引である。リスク配分の効率性は、こうした取引が円滑に行われる、という意味での望ましさを表しているともいえる。

④　金融システムにおける効率性③：資金移動の効率性

資金配分の効率性とリスク配分の効率性は、本章3節(1)項で確認した金融システムの定義でいえば、狭義の金融システム、つまりさまざまな証券取引に伴う金銭のやり取りに関する評価基準である。しかし、金融システムの定義を広げ、決済に伴う資金移動、送金のための資金移動などを含める場合、さらにはあらゆる資金移動を含む最広義の金融システムを考える場合には、貸借を目的とする金銭のやり取りに関する効率性の基準だけでは評価できない。

こうした資金移動も含め、目的を問わないかたちで資金移動一般に関する効率性を考える場合には、資金の移動そのものを円滑にする、あるいは取引費用を小さくする、という意味での効率性を考えればよいだろう。この意味での効率性を、ここでは資金移動の効率性と呼ぶことにしよう[18]。

資金の移動には、さまざまな取引費用（コスト）が伴う。現金を物理的に移動させるとしても、自ら持って行くなら移動のコストや時間がかかるし、現金書留により郵送する場合なら郵便料金を支払う必要がある。インターネット経由で送金する場合にも、ネット利用のコスト、時間、手数料などが必要である。遠隔地間の資金移動に伴う費用を削減することは、銀行など預金取扱金融機関の重要な役割であり、そもそも「銀行」と呼ばれる金融機関が誕生するずっと前から提供されてきた役割である。[19] ＡＴＭの導入やインターネットバンキング、スマホ決済などを考えればわかるように、資金移動のコストは情報通信技術の進歩を取り入れるかたちで日々削減されてきている。資金移動の効率性とは、こうした意味での便利さを表す基準だといえる。[20]

⑤　効率性の指標

以上の整理をまとめたのが表２－３である。金融システムの効率性は、「金融」（金銭のやり取り）の目的に対応して資金配分、リスク配分、資金移動という三つの観点のそれぞれにおいて定義でき、金融システムを評価する場合にはそれぞれの意味での効率性の大きさ（無駄のなさ）、あるいは取引費用の小ささを評価する必要がある。資金配分の効率性の場合は行われるべき（でない）資金提供が行われている（いない）か、リスク配分の効率性の場合は負担すべき（でない）経済主体が負担している（いない）か、資金移動の効率性の場合はいかに低い取引コストで資金を移動できているか、が評価の基準となる。

ただし、以上のような基準は、理論的には明快であるものの、抽象的であり、実際の判断に用いるのは難しい。たとえば、資金配分の効率性を判断するには、返済の可能性の高低や資金提供で生まれる価値の大小に基づいて、「行われるべき資金提供」と「行われるべきでない資金提供」を区別

表2−3　金融システムの三つの効率性とその評価基準

資金配分の効率性	行われるべき資金提供が行われる（資金制約がない）
	行われるべきではない資金提供が行われない（資金の過剰提供がない）
リスク配分の効率性	負担すべきリスクが負担すべき経済主体に負担される（過少負担がない）
	負担すべきでないリスクが負担すべきでない経済主体に負担されない（過大負担がない）
資金移動の効率性	資金移動に要する取引費用が小さい

出所：筆者作成

する必要があるが、そうした区別は容易ではない。実際の判断に用いるためには、抽象的な概念を具体的な指標に落とし込む必要がある。

そうした指標にあたるものとしては、実務の現場で用いられている債務者区分や格付が挙げられる。これらは貸手あるいは第三者が借手の返済能力を調べ、数値化した指標であり、資金が提供されるべき・されるべきでない借手を判断するための指標である。

また、実証研究においては財務指標を用いて資金制約の有無をとらえようとするアプローチがあり、代表的な指標としては、企業の倒産に影響を与える要因を指標化したＺスコアと呼ばれる指標が挙げられる。さらに、借手（資金調達者）の主観に基づく指標を用いることもできる。たとえば、日本銀行はその公表統計の一つである短観（全国企業短期経済観測調査）において、資金繰りＤＩ（diffusion index：指数）と金融機関の貸出態度ＤＩを発表している。これらの指数は、日本銀行が定期的に全国の企業向けに行うアンケート調査の回答を集計したものであり、「貴社の資金繰り」が楽か苦しいか、「金融機関の貸出態度が緩いか厳しいか」という回答に基づいて作成される。これらの指数は、借手側から見て「行われるべき資金提供が十分に行われているか」を表す指標だといえる。

ただし、どの指標も完全なものではない。たとえば財務指標を用いた指標は、過去の財務活動の結果から返済可能性を類推する指標にすぎず、資金配分の効率性を直接表すわけではない。また、リスク配分の効率性に関しては、リスクの計測自体が難しく、どの主体がどの程度リスクを負担するのがよいのか判断することも難しい[21]。

さらに、たとえミクロレベルの効率性を計測できたとしても、集計レベルの把握はさらに難しい。たとえば資金移動の効率性の場合、個別の資金移動のコストを比較することは可能かもしれないが、システム全体の効率性を測るには決済システムの運営費用などまで含める必要がある。

また、借手の主観に基づく指標には主観的なバイアスが含まれている可能性があるため、特に注意が必要である。たとえば、銀行による「貸し渋り」を受けた、と主張している企業は、銀行側から見れば返済が疑わしいために貸せない企業かもしれず、この「貸し渋り」は効率性の基準からすると望ましいことかもしれない。こうした理由から、効率性に基づく判断は、利用可能なさまざまな情報を総合的に判断して行う必要がある。

(2) システムの安定性という基準

資源配分の効率性はとても重要だが、金融システムの評価基準を効率性だけに絞るのも問題である。金融システムにはさまざまな問題が発生するが、そうした問題の中には単に「非効率性の問題」

として片づけることができないような、大規模で深刻な問題も含まれるからである。その典型は金融危機である。金融危機は、金融システムの多くの部分に同時に重大な問題が発生する状況であるが、こうした問題は、「システムが非効率的である」あるいは「効率性改善の程度が不十分である」といった表現では片づけられない問題である。

金融危機のような問題を評価する際に、一般に評価基準として挙げられるのは、金融システムの「安定性」であろう。たとえば、金融庁設置法は、金融庁が「我が国の金融の機能の安定を確保し、預金者、保険契約者、有価証券の投資者その他これらに準ずる者の保護を図るとともに、金融の円滑を図ることを任務とする。」（第三条）としている。また日本銀行法は、「日本銀行は、（中略）、銀行その他の金融機関の間で行われる資金決済の円滑の確保を図り、もって信用秩序の維持に資することを目的とする。」（第一条２）としている。ここでいう信用秩序の維持は、日本銀行自身もそう説明するように、金融システムの安定と同義である。こうした意味での安定性は、金融システムの重要な評価基準の一つといえる。

ただし、「安定性」は扱いづらい基準でもある。何をもって「安定」しているとするか、明確に規定することが難しいからである。まず金融システムの安定性は、システムのさまざまな側面に関して考えることができる。たとえば「金融（証券）取引が問題なく実行できる」「金利などの価格が乱高下しない」「貸借が円滑に行われる」「金融機関が破綻しない」「資金移動が安全に行われる」といった状態は、それぞれ金融システムの安定性が保たれている状態であるし、これらがすべて成り立っている場合に初めて安定ということもできる。

また、これらの側面において、何をもって安定とするかという基準は異なり、効率性のように理論的に厳密なかたちで一意に「安定性」という基準を定義することは難しい。しかも、なぜ安定が望ましいのか、と考えてみると、不安定になることで効率的な資金配分が大きく損なわれるからかもしれない。この場合、安定性は効率性の一部分ということになる。

とはいえ、効率性という言葉と安定性という言葉の間には、語感の差がたしかに存在する。効率性は、どちらかというとミクロのレベルにおいて、個別の金融取引が円滑に行われる程度、いかに望ましいかたちで資金がやり取りされるかという程度を表す。より集計的なレベルの、資金循環の円滑化という意味での効率性を考えることもあるが、その場合もあくまでミクロレベルの円滑化の総体を表している。

これに対して安定性は、ミクロのレベルの評価のための基準ではなく、少なくともセクターやシステムなど、マクロのレベルの問題を評価するための基準だといえるだろう。また安定性は、通常発生しないような大きな問題を防ぐ、あるいは発生した大きな問題を抑える、といった意味で、危機時の評価に用いられる基準といえるが、これに対して効率性は、どちらかというと大きな問題が発生していない平時の評価に用いられる基準ともいえる。

明確に定義することは難しいものの、こうした意味で、本書でも安定性という基準を、効率性と異なる基準として用いることにする。安定性はシステム全体の状態をとらえて評価する必要があるため、特定の指標のみを用いて計測することは難しい。金融機関の破綻がない、金融市場で価格の乱高下がなく取引が円滑に行われる、システムの機能が全体として損なわれていることがない、など、さまざまな状態を総合的に踏まえて判断する必要がある。(22)

(3)　分配の公平性という基準

評価基準としてはさらに、分配の公平性についても触れておく必要があろう。分配の公平性（あるいは単に公平性）とは、配分された資源を使って生み出された便益あるいは価値（所得等）が、いかに公平に分配されるか、という評価基準である。つまり、限られた資源を用いて「どれだけ大きなパイを作り出すか」に注目するのが資源配分の効率性であるのに対し、資源配分の結果として「生み出されたパイを、誰にどれだけ、どう分けるのか」に注目するのが分配の公平性である。分配の公平性は、効率性と対比されることの多い、重要な基準である。

金融システムに関して分配の公平性を考える場合、資金という資源が配分され、使われた結果、生み出された価値が多様な主体の間で公平に分配されているかどうか、という基準となる。金融システムの目的である「マクロレベルで見た資金移動の円滑化」を評価する上でも、公平な分配をもたらすような円滑化が行われたかどうか、を評価基準とすることは重要である。

しかし、公平性を基準として金融システムを評価することは、あまり行われない。その理由の一つは、公平性という基準が扱いづらいことにある。そもそも、何をもって公平とするかは自明ではない。たとえば、起業家が投資家から１００の資金を借りてスタートアップ企業を設立し、２００のリターンを得たとしよう。元手となった１００は投資家に分配するとして、残りの１００を起業家と投資家の間でどのように分配すれば公平といえるだろうか。50ずつ分けるのが公平のようにも見えるが、起業家は、投資家は資金を提供しただけで何もしておらず、自分の事業アイデアがなければそもそもリターンが得られなかったので、少なくとも90は分け前がないと不公平だと感じるかもしれない。これに対して投資家は、苦労して貯めた資金を提供したのだから、自分は80はもらうべきだと考えるかもしれない。

公平性という基準の難しさは、その評価が個々人の価値判断や利害に依存するため、誰もが納得する「公平さ」を客観的に定義できない点にある。このため、経済学では一般的に公平性に関する評価を棚上げし、多くの人が承認するであろう資源配分の効率性のみに注目することが多い。金融分野では特にそうであり、公平性が議論の中心となることは少ない。本書の分析対象となる金融システムの評価に関しても、もっぱら効率性が注目されている[23]。

他方で、経済学の他の分野の中には公平性に直接焦点を当てる分野もある。たとえば、厚生経済学や公共経済学は分配に関する理論的な検討を行うし、応用分野の中でも財政学や労働経済学といった分野では、格差や社会保障といった、分配に直接関わる問題が中心的な分析対象となる。こうした分野は分配の問題こそが重要な分析対象であり、扱いづらいといってそれを軽視することのできない分野である[24]。

私見では、こうした分野と金融分野とで分配の問題の取り扱い方が異なる理由は、前者が分配の影響を直接受ける「ヒト」を直接扱う分野であるのに対し、後者はもっぱら「カネ」を扱い、「ヒト」を直接扱わない分野であることに起因しているように思われる。しかし、金融システムは格差を助長しているか、といった問いは、経済学の金融分野ではあまり扱われないものの、現実社会においては十分検討すべき問題であろう。紙幅の関係上、本書では効率性の観点からの評価が中心とならざるを得ないが、これは分配の公平性を無視してよいことを意味しているわけではない。むしろ、金融システムの評価において公平性が軽視されがちであることには十分留意する必要がある。(25)

(4)　本来の目的を超えた目的の評価基準

以上の評価基準は、金融システムの本来の目的、つまりマクロレベルの資金循環の円滑化に関わる評価基準である。ただし、金融システムは、システム内での資金循環の円滑化に留まらず、その円滑化を通じてさまざまな経済活動に望ましい影響を与えるという目的も求められている（本章3節(2)項および、図2－2参照）。

こうした目的のうち、実体経済・マクロ経済に関する目的、すなわち物価の安定、景気の安定、完全雇用の達成、国際収支の均衡、為替レートの安定といったマクロ経済の安定、ならびに経済成長あるいは経済発展の促進という目的に関しては、それぞれ物価の安定度合い、景気の安定度合い、雇用の状況、国際収支の状況、為替レートの安定度合い、経済の成長や発展の状況、生活水準などを評価の基準とすることができる。こうした基準の達成度を測る具体的な指標は、物価上昇率、GDPの変動、失業率、貿易収支、為替レート、GDP成長率や所得水準などであろう。

こうした目的と比較すると、近年特に注目されている、社会的・環境的課題の解決への寄与、という目的に関しては、具体的な評価基準を定めるのが難しい。そもそも、どのような社会的・環境的課題に注目するかによって、評価の基準が大きく異なるからである。

たとえば、こうした課題を端的に表す例といえるSDGs（持続可能な開発目標）の場合、17の目標が示されており、そのそれぞれに関してさらに細かいターゲットが定められている。しかも、こうしたターゲットの中には抽象的なものも多い。たとえば「目標5　ジェンダー平等を達成し、すべての女性及び女児のエンパワーメントを行う」のターゲットの一つは「5－1　あらゆる場所におけるすべての女性及び女児に対するあらゆる形態の差別を撤廃する」であるが、何をもって差別が撤廃されたか、具体的な評価基準を示すことは難しいだろう。日本において大きな問題となっている「地方の衰退」に関しても同様であり、経済的な指標をいくつか挙げることはできるが、社会や文化の衰退はどう測ってよいのか明らかでない。

評価基準の設定の難しさは、社会課題の解決を目指す事業（社会的事業、ソーシャル・ビジネス）への資金供給における、計測の問題として端的に表れている[26]。近年注目を集めるESG投資やインパクト投資といった資金供給は、社会的事業に必要な資金の供給を表す、ソーシャル・ファイナンスと呼ばれる概念の中に含まれる（Nicholls and Emerson［2015］などを参照）。ソーシャル・ファイナンスの多くでは、金銭的なリターンではなく、社会課題の解決そのものをリターン（ソーシャル・リターンあるいはインパクト）とみなし、それを求めて資金を供給する。しかし、ソーシャル・ファイナンスの現場では、インパクトをどのように計測すればよいのかが大きな実務上の問題となっている。もちろん、温暖化ガスの削減というインパクトのように、削減量といった比較的明確な指標を用いることができる場合もある。しかし、多くの社会課題は上記のように、どのような指標で評価すればよいのか、そもそも何らかの指標で測れるものなのかが明らかではない[27]。

しかも、たとえこうした問題がクリアされ、評価の基準となる何らかの指標が設定できたとしても、金融システムがその指標の達成に貢献しているのか（因果関係の有無）、どの程度貢献しているのか（影響の定量的な大きさ）を示すことは難しい。社会的・環境的課題の解決は、金融システムだけで達成できるものではなく、社会・地球環境側の要因が大きく影響するからである。

同じ問題は、社会的・環境的課題の解決ではなく、実体経済・マクロ経済面に関する目的の達成を評価する場合にも存在する。マクロ経済の安定や経済成長は、金融システムのパフォーマンスが向上すれば自動的に達成されるわけではなく、実体経済がそのシステムを有効に利用して初めて達成できる目的である。本章3節(3)項で触れた通り、これらの目的に照らして金融システムを評価する場合、その責任範囲はどこまでなのか、問題がある場合には金融システム側の問題か、そのシステムを使う側に原因があるのか、を慎重に見極める必要がある。

6　金融システムはどのようなはたらきをするのか：機能

金融システムの機能とは、マクロレベルで見た資金移動の円滑化という目的を、金融システムがどのようにして達成するのか、というメカニズムのことであり、金融システムの「はたらき」に相当する。金融システムの機能に関しては、金融の取引費用を削減するためのメカニズムの解明、というかたちで、効率性の観点からすでに数多くの研究が行われている。

ただし、こうした説明は個別の論文でばらばらに行われているため、金融システムの定義や目的、構成要素を意識した体系的な整理は行われていない。そこで、ここでは誰（どの構成要素）がどのレベルでどのように発揮する機能なのか、つまり「金融（取引）」の機能か「金融機関」あるいは「金融市場」の機能か「金融システム」の機能か、に注意した上で、金融システムの機能に関する包括的な整理を行ってみたい。

機能に関する整理に加え、以下では金融システムが生み出す問題、すなわち逆機能にも触れることにしたい。一般に、金融システムの機能、という場合、そこで意味するのは金融システムが望ましい結果（資金循環や資源配分の改善など）を生み出すメカニズム、つまり「望ましいはたらき」である。しかし、実際の金融システムは望ましくないかたちでもはたらき、さまざまな問題を引き起こしている。たとえば、金融機関の破綻はいろいろな経済主体に大きな悪影響をもたらすし、システム全体が機能不全に陥り金融危機が発生することもある。金融システムの機能を考える上では、こうした「望ましくないはたらき」を生じさせるメカニズムについても考慮する必要がある。

以下では、金融システムの機能（望ましいはたらき）に関して本節で、金融システムの問題（望ましくないはたらき）について次節で、それぞれ整理する。その際、発揮される機能はセクターごとに大きく異なるため、整理は三つのセクター（金融市場セクター、金融仲介セクター、預金取扱金融機関セクター）ごとに行う。また、各セクターについては、それぞれ個別取引レベル、組織レベル、そしてセクターレベルの三つのレベルごとに、発揮される機能を整理する。

なお、ここで整理する機能や問題は、あくまで経済学の抽象的な理論（数理）モデルの中で、発揮され得る、生じ得る可能性がある、として示された機能や問題である。理論とは、理屈として発揮・生起する可能性を示すもの、つまり仮説である。理論的に示されたからといって、その理論通りのメカニズムが現実の日本の金融システムにおいてはたらいているとは限らない。理論の現実妥当性はデータを用いた実証分析によって確かめる必要がある。

理論が示す「潜在的な機能・問題」と、実証的に確からしさがある程度担保された「実際の機能・問題」とは厳密に区別して議論する必要がある。この意味で、本章では一貫して前者の意味での「機能」「問題」を扱うことになる。実証研究の結果に基づき理論の妥当性を検討するのは次章以下での作業となる。

(1) 金融市場セクターの機能

最初に金融市場セクターを考えてみよう。このセクターにおいて発揮される機能は、個別取引レベルで金融商品取引業者等が発揮する1証券売買仲介機能、2流動性供給機能、3リスク配分機能と、セクター全体のレベルで発揮される4価格発見機能の四つである。

こうした金融市場セクターの機能を図示したのが図２－７である。この図は、左側の３分の２ほどの部分に金融システムを、そして右側３分の１ほどの部分にその金融システムの利用者側を描いている。金融システムの中では右側から順に、個別取引、組織・セクター、システムのレベルを描いており、左に行くほどマクロのレベルを表す。これに対して利用者側は、左側に個別取引レベルを表し、右に行くほど上位のレベルを表す。

この図では、登場人物を太い四角形で表している。利用者側（右側）の登場人物は、証券（新規発行証券、既発行証券、派生証券）を売買する経済主体や保証・保険等を利用する利用者である。こうした利用者は、投資家や証券の発行主体など、実体経済の経済主体だけでなく、自ら証券を売買するために利用者として金融市場を利用する金融機関も含まれる。

これに対して、金融システム側（左側）の主要な登場人物といえるのが、そうした利用者に金融サービスを提供する金融機関であり、その中心となるのは金融商品取引業者である。提供者側から利用者側に向けて伸びる右向きの矢印は、何らかの機能が提供されることを表している。

図2-7　金融市場セクターが発揮する機能

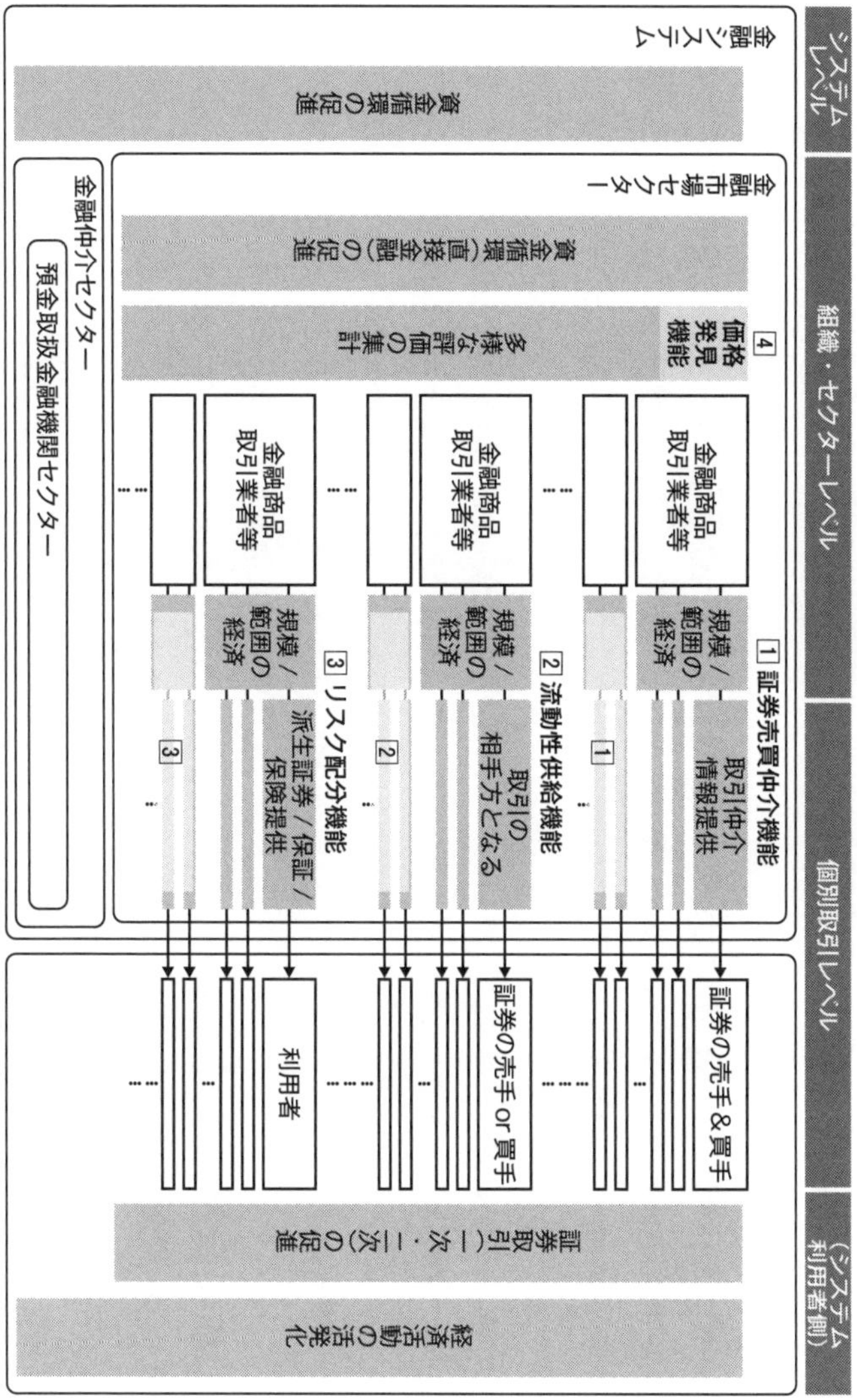

出所：筆者作成

①　個別取引レベルの機能

金融市場セクターの個別取引レベルで発揮される機能としては、まず[1]証券売買仲介機能が挙げられる。この機能は、文字通り証券の売買を仲介し、促進する機能である。この機能は、売買を行いたい経済主体に対し、証券に関する情報を提供し、注文を受け付け、条件の合う注文同士を結びつけて成立させ、条件通りに執行させることで、証券の潜在的売手と潜在的買手の取引費用を削減し、取引を成立しやすくする機能である。

この機能を提供するのは証券会社や証券取引所、短資会社、あるいは情報を提供する投資助言業者（投資顧問会社）や格付会社などである。証券会社がセラー業務もブローカー業務も行うことからわかるように、売買の仲介は新規発行証券の一次取引だけでなく、既発行証券の二次取引についても行われる。二次取引により将来の流動化が可能になると、それを見越して一次取引も促進されることになる。

関連して、金融市場セクターは個別取引レベルで[2]流動性供給機能も発揮する。[1]の証券売買仲介機能は、売手と買手が同時に存在する状況でなければ発揮されない。しかし、たとえば証券会社のアンダーライター業務（一次取引）やディーラー業務（二次取引）は、売手と買手の一方が存在しない状況でも、証券会社が自らが取引相手となって取引を成立させることで、証券の流動性を高めている。このように、金融機関が取引の相手方となって取引を成立させるのが[2]流動性供給機能である。この機能は、取引を成立させて市場をつくる、という意味で、マーケットメーキング機能と呼ばれることもある。

三つめの3リスク配分機能は、派生証券等の取引により、証券取引を行う主体がリスクの負担を変更できるようにする機能である。この機能は、金融商品取引業者や他の金融機関による派生証券の提供、預金取扱金融機関による保証の提供、保険会社による保険の提供、といったかたちで発揮される。派生証券は投機目的での利用も行われるが、こうした目的であってもその利用が促進されれば、取引量が増加してリスクヘッジも容易になるため、元となる証券の一次取引や二次取引も促進される。

②　組織レベルの機能

次に、金融市場に関わり市場を支える金融機関について、組織レベルで見た機能を考えてみよう。個別取引において1～3の機能を発揮している金融機関は、数多くの取引に関わり、各機能を集計的に発揮している。つまり、同じ機能を発揮する取引を複数回行うことで、取引費用は複数回削減されている。さまざまな取引に同時に大規模に関わる金融機関は、組織レベルで見た場合には上記の機能を集合的かつ大規模に発揮していることになる。

ただし、金融機関が組織として発揮する機能は、個別取引における機能の単純集計に留まらない。規模あるいは範囲の経済性を活かすかたちでその機能をより効率的に発揮することができるからである。たとえば、1～3の機能を発揮するために固定費用が必要であれば、別々の金融機関が個々にサービスを提供するよりも、一つの金融機関がまとめてそのサービスを提供するほうが、サービス一単位あたりの費用を削減できる。規模の経済性とは、取り扱う取引やサービスの規模が大きくなるほど一単位あたりの費用が安くなることを指す。

また、異なるサービスの提供に際して共通費用が存在すれば、それらを同一の金融機関が提供することで、一つひとつのサービスの費用は減少する。これが範囲の経済性である。こうした費用の削減は、専門化による業務の習熟など非金銭的費用に関しても見られるだろう。このようにして、個別取引で発揮される機能の単純集計よりも、より効率的な機能の発揮が可能となる。このことを表すため、図では1～3の左側に、組織レベルで規模・範囲の経済性が生じることを示している。

③　セクターレベルの機能

金融市場セクターのレベルで考えると、規模・範囲の経済性を活かすかたちで多くの金融機関が1～3の機能を発揮しており、これらを集計したものが金融市場セクターの機能といえる。これに加えて、金融市場セクターのレベルでは、4価格発見機能と呼ばれるセクターレベル固有の機能も発揮される。

金融機関が1～3の機能を発揮すると、金融市場においてはさまざまな証券やデリバティブの取引が活発に行われる。こうした取引を通じて市場で決定される証券等の価格は、数多くの取引主体が自ら保有する情報に基づいて行った証券価値の評価を反映する。このように、取引を通じて証券あるいは発行者に関する多様な情報が生み出されて集約され、多くの評価に基づく証券価格が決定される。これが、金融市場の重要な機能の一つである4価格発見機能である。こうして発見された価格は、1の機能のうちの情報提供を通じて個々の取引にフィードバックされることになる。

個別取引において1～3の機能が発揮され証券取引が活発化すること、活発な取引を通じてセクターレベルで価格が発見される（4の機能）ことにより、金融市場を通じた資金循環は促進される。その結果、直接金融を通じた資金循環は促進される（図2－7の金融市場セクター内左側）。また、円滑な資金循環は、実体経済における資金の利用を効率的にし、経済活動全体を活発化することになる（図2－7右側）。

(2) 金融仲介セクターの機能

次に、金融仲介セクターの機能を考えてみよう。金融仲介セクターが発揮する機能を示したのが図2－8である。図の構造は図2－7と同様であり、左側の金融システムを表す部分では、右から左に向かってミクロの個別取引レベルからマクロのシステムのレベルを描いており、四角形は登場人物を、矢印は機能の提供を示している。なお、預金取扱金融機関も金融仲介機関の一種であるため、ここに示している機能は預金取扱金融機関が発揮する機能でもある。

金融仲介セクターにおいて、金融仲介機関や集団投資スキームが発揮する機能は、個別取引レベルでは5リスク削減機能、6情報生産機能、7資金プール機能、組織レベルでは8資産変換機能と

図2−8　金融仲介セクターが発揮する機能

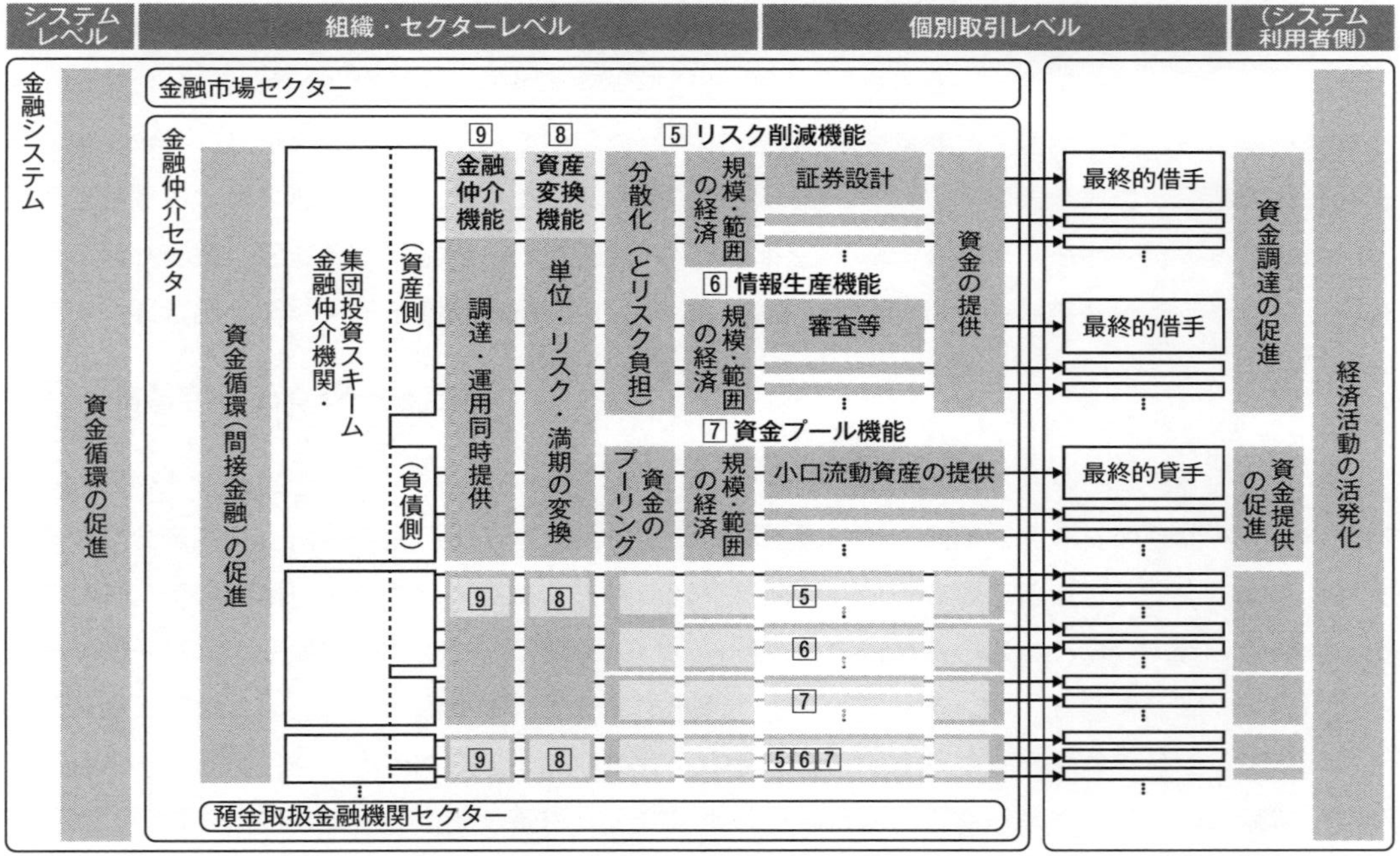

出所：筆者作成

9金融仲介機能である。このうち個別取引レベルの機能（5〜7）は、金融仲介機関（集団投資スキームの場合は特定企業ではなく仕組み全体）のバランスシートの資産側で発揮する機能と負債側で発揮する機能とに分かれる。具体的には、機能5と6は資産側、機能7は負債側の機能である。

①　個別取引レベルの機能

金融仲介機関、あるいは集団投資スキームがその資産側で発揮する機能は、資金提供の見返りが得られない、というリスクを削減する5リスク削減機能である。金融取引に伴う取引費用の一番の源泉は、提供者が資金の提供に見合うリターンを将来得られるかどうかわからないというリスクである。このリスクは、貸借、つまり一定額の返済をあらかじめ約束する負債型の資金提供の場合には、特に信用リスクあるいは債務不履行リスクと呼ばれる。

信用リスクが存在する状況では、資金提供者は十分なリターンが得られないことを恐れ、本来は資金が提供されることが望ましい場合であっても、まったく、あるいは不十分にしか提供しないかもしれない。このために、資金の有効利用が損なわれる、という非効率性が発生する可能性がある。

金融仲介機関あるいは集団投資スキームによる5リスク削減機能は、証券設計、すなわち貸借等の条件を適切に設計し、実際に返済される額や確率を高めることによって発揮される。たとえば、リスクに見合った金利設定、リスクを高める可能性のある借手の行動を制限する財務制限条項の設定、貸手が複数存在する場合の優先劣後関係の設定、担保や個人保証の設定などによる債務不履行時の債権の保全、が証券設計に含まれる[28]。

証券設計は、返済額や返済確率を高めるだけでなく、情報の非対称性がもたらすさまざまな問題を防ぐこともできる。ここでいう情報の非対称性は、調達者の行動や能力に関する情報を、調達者自身はよく知っているが提供者は知らない、という状況のことである。

情報の非対称性は、資金提供者にとってのリスクを高める。たとえば運用者が調達者の行動を把握できない場合には、調達者が返済努力を怠るなど返済可能性を低める行動を取る、という、いわゆるモラルハザードの問題が発生する可能性がある[29]。この場合、たとえば提供者が「担保を取る」という証券設計を行うことで、担保資産が差し押さえられるのを避けようとして返済努力を行う誘因（インセンティブ）を調達者に与えることができる。

また、借手の返済確率がわからない場合、返済可能性の低い借手だけが借りに来てしまう、といういわゆる逆選択の問題が発生する可能性がある[30]。こうした場合にも、たとえば担保を適切に設定すれば、返済確率が高く担保の差し押さえを気にすることのない借手は有担保で金利の低い借入を、返済確率が低く担保を嫌う借手は無担保で金利の高い借入を選ぼうとするため、結果として貸手は借手を識別することができ、効率的な資金提供が可能になる。図2－8のリスク削減機能は、こうした証券設計を通じたリスクの削減を表している。

リスクの削減は、情報生産によっても行われている。たとえば銀行は、借手が借入を申し込んできたら審査を行い、貸したあとも債権管理を行っている。こうした審査や債権管理は、銀行が借手に関するさまざまな情報を収集（生産）し、返済可能性の高い借手を特定して貸出を行い、その後も返済が確実に行われるよう監視するためのものである[31]。このようにして情報を創り出し、リスクを削減するのが6情報生産機能である[32]。

こうした機能を利用者側、つまり実体経済の側から見ると（図右側）、その恩恵を受けるのは資金の提供を受ける最終的借手である。金融仲介機関や集団投資スキームがリスクを削減して自ら資金を提供することで、最終的借手にとっては資金調達が促進され、資金の有効利用が進むことになる。

以上の5と6が金融仲介機関あるいは集団投資スキームがバランスシートの資産側で発揮する機能であるのに対し、負債側で発揮される機能が7資金プール機能である。自ら調達した資金で運用を行う金融仲介機関や集団投資スキームは、数多くの資金提供者（最終的借手）から資金を集めてプールし、それをまとめて運用する。このように、他者の資金を預かり、まとめて運用するのが7資金プール機能である。個別取引レベルでみると、資金を運用したい資金提供者はこの機能によって、小口の資金であっても運用することができる、というメリットを得る。

②　組織レベルの機能(1)：資産側・負債側の機能

以上の機能は、金融仲介機関や集団投資スキームが個別取引レベルで発揮する機能である。これに対して組織のレベルで見る場合、こうした機能は集合的に発揮されるだけでなく、規模や範囲の経済を活かすことで、低コストで効率的に提供される。しかも、組織レベルでは以下のように追加的なメリットも考えられ、各機能がより効果的に発揮される可能性がある。

まず5リスク削減機能に関しては、組織のバランスシートの資産側全体に注目するとわかるように、分散化（分散投資）による、さらなるリスクの削減が可能となる。現代ポートフォリオ理論が示す通り、同じ金額を運用するにしても、より多くの運用先に分散させるほど全体のリスクを小さくすることができる。金融仲介機関、あるいは集団投資スキームが提供するファンドは数多くの金融資産を保有しており、ポートフォリオ全体として、各証券を別々に保有する場合よりもリスクが削減される。

6情報生産機能に関しても、組織レベルでは追加的なメリットが得られる可能性がある。資金調達者に対してさまざまな金融サービスを提供し、長期間繰り返して、あるいは多面的な取引関係を築いている金融機関は、過去の取引の結果や他のサービスの利用状況など、調達者に関して他者には得ることが難しい情報を収集することができる。こうした情報を蓄積し、包括的に利用することで、より効率的に返済能力の高い借手が見出され、資金提供が促進され、経済全体で資金がさらに有効利用される。[33][34]

金融仲介機関の場合、組織レベルでのリスクの削減は、リスク負担によっても行われる。たとえば預金取扱金融機関は預金と法貨（硬貨や紙幣）との交換を保証しており、預金は最終的貸手にとって安全な金融資産である。この安全性の一部は、資産側から十分な収益が得られない場合であっても、預金取扱金融機関（あるいはその株主）が損失を負担し、預金者への返済を行うことによって担保されている。これが、預金取扱金融機関によるリスク負担である。このリスク負担は、預金取扱金融機関が株式と負債をともに用いて資金を調達し、株主と債権者との間でリスクの配分を行っている、と見ることができる。

負債側で発揮される7資金プール機能に関しても、組織レベルでは単にプールするという以上の、より大きなメリットが生じる。個々の資金提供者が提供するのは小口の資金であるとしても、大量にまとめることで大口の運用が可能となるからである。金融仲介機関あるいは集団投資スキームの負債側では、小口の資金が大量にプールされているため、その資金を多様な運用先に、規模・範囲の経済も活かすかたちで、効率的に運用することが可能になる。これが、組織レベルで見た資金プール機能のメリットである。

③　組織レベルの機能⑵：資産側・負債側を合わせた機能

組織レベルの機能としては、バランスシートの資産側、負債側いずれか一方ではなく、両側を合わせて発揮される機能も存在する。その典型が、金融仲介機関あるいは集団投資スキームの最も基本的な機能といえる、9金融仲介機能である。金融仲介機関や集団投資スキームは、負債サイドで自ら資金を調達し、資産サイドでその資金を用いた運用を行う。このようにして人から資金を借りて人に貸す金融仲介機関や集団投資スキームは、本来資金に余裕がある最終的貸手でも、自ら資金を必要とする最終的借手でもなく、両者の間を仲介する仲介者である。

ただし、金融仲介機関や集団投資スキームは単純に資金を右から左に流しているのではない。金融仲介に際して8資産変換機能を発揮することで、直接金融の場合には実現できないかたちで資金の有効利用を可能にしている。

資産変換とは、金融仲介機関や集団投資スキームに対する資金提供者（預金者、投資信託の購入者等）が保有する金融資産（預金、受益証券等）と、金融仲介機関や集団投資スキームが保有する（借手［企業等］発行の）金融資産の性質が変わっていること、金融仲介機関や集団投資スキームがその性質を変えていることを意味する。たとえば銀行が提供する預金は1円から預入可能な単位の小さな資産であり、いつでも引き出すことのできる満期の短い資産であり、かつ元本割れの可能性が低い安全な資産である。

預金者が自ら企業向けに貸出を行おうとすると、多額の資金が長期間返ってこず、また貸倒れのリスク（信用リスク）も大きい。銀行は、こうした単位の大きい、満期の長い、リスクの大きい資産を保有しつつ、自らが資金を調達する際には単位の小さい、満期の短い、リスクの小さい資産を預金者に提供している。このうち満期に関する資産変換を行う機能は、特に満期変換機能と呼ばれることもある。

このように、金融仲介機関や集団投資スキームは、資産サイドで保有する金融資産と負債サイドで発行する金融資産との間で単位、満期、リスクを変えている[35]。資産変換機能によって、資金提供者は資金提供に応じやすくなり、金融仲介が促進される。資産変換が可能なのは、資産側あるいは負債側それぞれで組織レベル・個別取引レベルのさまざまな機能が発揮されているからである。たとえば、7資金プール機能は単位の変換を可能にし、5リスク削減機能はリスクの変換を可能にする。

④　セクターレベルの機能

金融仲介セクターでは、個々の金融仲介機関や集団投資スキームがそれぞれ以上のような機能を発揮している。こうした各組織が発揮する機能を集計したものが、金融仲介セクターの機能といえる。また、図には表現していないが、金融仲介機関や集団投資スキームはお互いの間でも貸し借りや投資を行っている。こうしたやり取りにより、金融仲介セクターでは全体としてより大きな機能が発揮される。

(3)　預金取扱金融機関セクターの機能

金融仲介機関の中でも、銀行や信用金庫、信用組合などの預金取扱金融機関は、以上のような、金融仲介機関や集団投資スキームに一般に見られる機能に加え、独自の機能を発揮している。これは、預金取扱金融機関が発行する預金が、貨幣として用いられているからである。

預金を発行する預金取扱金融機関が発揮する独自の機能は、10流動性保険機能、11資金移動機能、12信用創造機能の三つである。この三つを含め、預金取扱金融機関セクターが発揮する機能を図示

図2−9　預金取扱金融機関セクターが発揮する機能

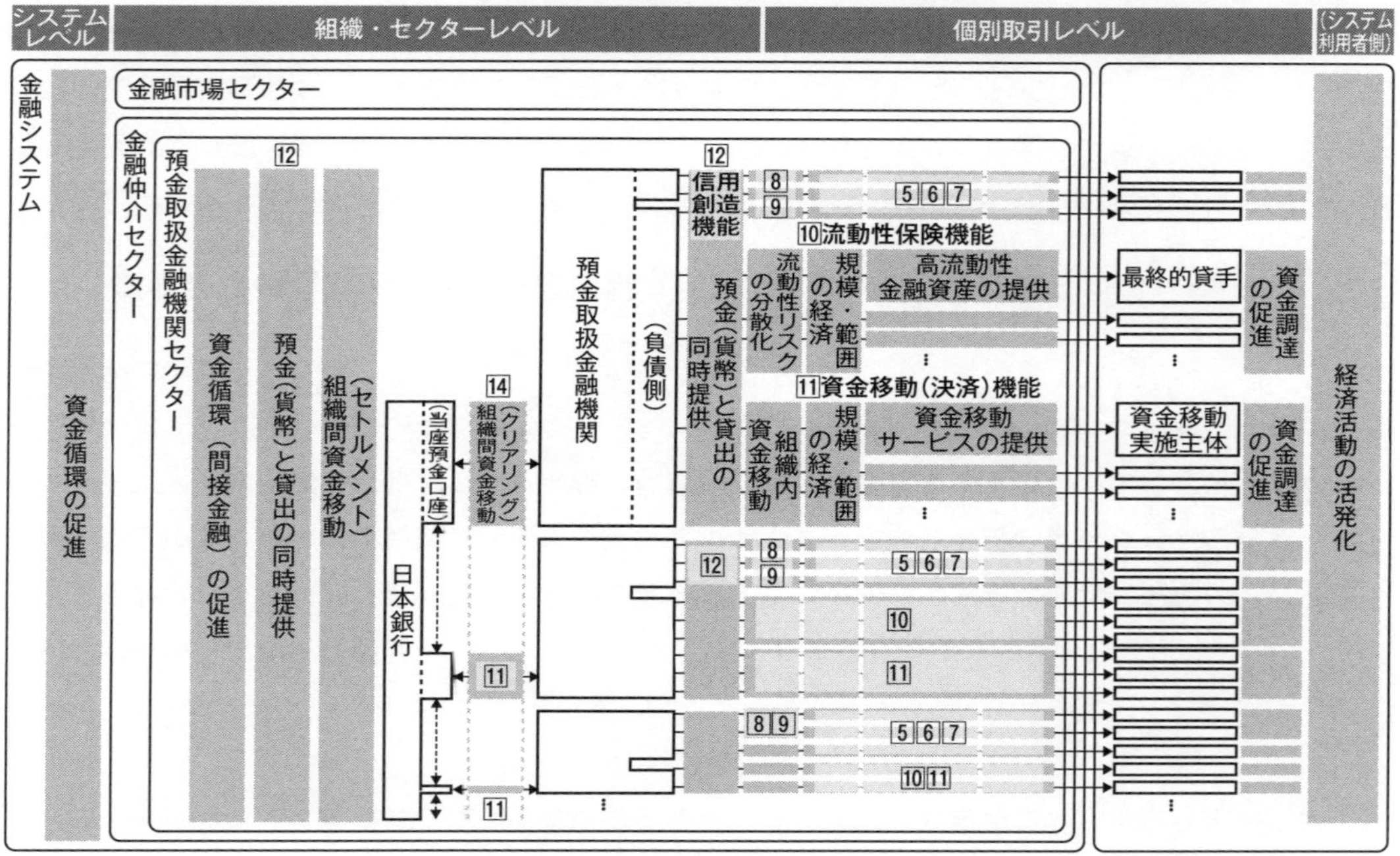

出所：筆者作成

したのが図２－９である。この図の見方は図２－７、図２－８と同様であるが、預金取扱金融機関が金融仲介機関の機能も発揮することを示すため、同セクターを表す部分の右上（個別取引・組織レベルの部分）には、金融仲介機関一般の機能（図２－８の5から9）も表している。これらに加えて預金取扱金融機関が独自に発揮する機能が、その下ならびに左側に示されている10から12の機能である。

①　個別取引レベルの機能

預金取扱金融機関に固有の機能である10流動性保険機能と11資金移動機能は、個別取引レベルならびに預金取扱金融機関の組織レベルで発揮される機能である。個別取引レベルで見た場合、これらの機能は預金取扱金融機関への資金提供者、すなわち最終的貸手としての預金者にとってのメリットとして表れる。

まず10流動性保険機能は、預金者に流動性の高い（すぐに換金できる）資産を提供し、いつでも流動性（資金）が得られるようにする機能である。余剰資金を持つ最終的貸手が貸出や投資により資金を提供する場合、資金（あるいは流動性）を一定期間手放すことになるため、流動性リスク、つまり将来資金が必要となった場合に資金不足に陥るリスクを負う。しかし、預金（正確には普通預金や当座預金などの要求払預金）のかたちで資金を提供する場合には、流動性リスクが顕在化したときに、いつでも預金を引き出して資金（硬貨や紙幣）を得ることができる。この意味で、預金は流動性リスクに対する保険を提供している[36]。流動性保険機能が提供されていることは、預金が安全な資産であることと同義である。

しかも、預金は1円から預けることが可能である。いつでも引出し可能で少額から預けられる預金は、十分な余裕資金を持たない零細な家計であっても安心して資金を預けることができる、貴重な価値貯蔵手段である。このため、預金取扱金融機関は数えきれないほど多くの預金者と取引（預金の受入）を行っている[37]。

さらに、預金は決済手段として、あるいはより一般的に、資金を移動させる手段としても用いられている。これが、預金取扱金融機関の11資金移動機能である。

ここでいう資金の移動は、本章3節(1)項で説明した「金銭のやり取り」と同義であり、さまざまなものと交換できる購買力を持つもの、すなわち一般的交換機能を持つ決済手段を、送る側から受け取る側に移動させることを意味する。一般には「資金移動機能」ではなく「決済機能」という言葉が用いられることも多いが、資金（決済手段）の移動は必ずしも決済を目的としたものに限られるわけではないため（表2－2も参照）、ここではあえて資金移動機能と呼んでいる。もちろん、資金移動は多くの場合、決済を目的として行われるため、両者の区別はそれほど重要ではないことも多い[38]。

本来、購買力を持つのは法律で定められた貨幣、すなわち法貨である紙幣（日本銀行が発行する「銀行券」）と硬貨（政府が鋳造する「貨幣」）だけである。このため、資金を移動させるためには紙幣や硬貨自体を移動させる必要がある。しかし、法貨の移動には大きな手間や危険を伴うため、少額でない限り実際には行われない。むしろ、法貨と容易に交換できる預金を口座間で移動させ、移動先で法貨に交換できるようにすることがほとんどである。[39] しかも、受け取った預金が法貨に交換されることは少なく、社会通念上は預金が移動したことをもって資金が移動されたとみなされる。つまり、預金自体が貨幣とみなされるようになっているのである。[40] 預金が資金移動機能を持つことも、多くの預金者が預金を預ける理由の一つである。

②　組織レベルの機能[41]

預金取扱金融機関が上記のようなメリットを生み出すことができる理由は、組織レベルで考えればわかりやすい。まず⑩流動性保険機能に関しては、預金取扱金融機関にとって、預金は預金者から預かり、引出しを求められれば応じる必要がある負債であり、貸借対照表の右側に計上される。この引出しに応じるために、預金取扱金融機関は法貨や日本銀行への預け金（当座預金）をいわゆる準備として保有しておく必要があり、これらは貸借対照表の資産側（左側）に計上される。

預金取扱金融機関は、負債側の預金に対応する準備を資産側で保有することで、流動性保険機能を発揮しているといえる。数多くの預金者から預金を受け入れる預金取扱金融機関は、規模や範囲の経済性を活かして効率的にこの機能を発揮することができる。

いつでもすべての預金の引出しに対応できるようにするのであれば、資産側の準備は負債側の預金と同額にする必要がある。しかし、実際には準備は預金の額よりも少ない。これは、多数の預金者から預金を受け入れていると、各預金者の引出しのタイミングが異なるために、一度に引き出される預金額が限られ、預金額よりも少ない額の準備で対応できるからである。言い換えれば、預金取扱金融機関は多くの預金者から資金を調達し、引出しのタイミングを分散させることで、預金額よりも少ない準備しか保有しないにもかかわらず、引出しに応じられず自らが資金不足になるリスク（流動性リスク）を低減させている。

預金で集めた資金は、準備に必要な額を除けば、預金取扱金融機関にとって少なくとも一定期間は自由に使える資金である。こうした資金は、貸出や他の金融資産など、より流動性が低い金融資産への投資に充てられる。つまり、預金で集めた資金も金融仲介機能の発揮に用いられるのである。しかもこの場合、預金取扱金融機関は流動性の高い預金で調達した資金を流動性の低い金融資産に投資していることになり、負債側と資産側とで流動性の程度を大きく変えている。この点では、流動性保険機能は満期に関する資産変換機能（先の8）と同じである。この機能は、預金という流動性の高い金融資産をつくり出している、という意味で、特に流動性創出機能と呼ばれることもある。

次に11資金移動機能に関しては、預金取扱金融機関の組織レベルで見ると、預金者の口座間で資金を移動させることによって発揮される。[42] 資金移動機能は、送金者と受取人の口座が同一預金取扱金融機関内のものであれば組織レベルの機能であり、異なる預金取扱金融機関であればセクターレベルの機能となる。前者の発揮には各預金取扱金融機関の内部のシステムが用いられ、後者の発揮には預金取扱金融機関の間をつなぐネットワークシステムが用いられる。後者については後述するが、前者の典型は、同一の預金者が同一預金取扱金融機関内に保有する預金口座間で行う振替である。なお、組織レベルでは、規模・範囲の経済性を活かしたかたちで資金移動を行うことができる。

こうした機能に加え、預金取扱金融機関が組織レベルで発揮する非常に重要な機能として、⑫信用創造機能がある。預金取扱金融機関が貸出を行う場合、その資金は借手が開設した預金口座に入金される。しかし、この資金は必ずしも預金取扱金融機関が負債サイドで調達してきた資金である必要はない。預金取扱金融機関は調達せずとも貸出を行うことができるからである。

預金取扱金融機関は、自らの貸借対照表の資産側で当該借手に対する貸出を、また負債側では当該借手の預金を、同時に同じ額だけ計上することで貸出を行うことができる。つまり、預金として法貨の預入を受けなくても、帳簿上で貸出と対応した預金を同時につくり出すことによって、貸出ができるのである。このようにして貸出と預金を同時につくり出すのが信用創造機能である。なお、ここでいう「信用」は貸出の意味であり、貸出は預金を借手に与えることによって行われる。

以上の理屈はしかし、考えてみると不思議である。預かった資金を貸す場合には、すでに存在していた資金が貸し出される。これに対して信用創造の場合、何もないところから新たに資金（信用）がまさに創造されていることになる。この「創造」が可能な理由は、預金取扱金融機関の預金が貨幣だからである。厳密な意味での貨幣は法貨だけであり、貸し出される資金は本来法貨である必要がある。しかし、預金は実質的な貨幣として社会的に認知されているため、預金の額を増やせば貸出が行われたことになる。つまり、貸出と同額の預金を借手の口座に計上することで、法貨がなくても貸出ができるのである。

もちろん、このようなかたちの信用創造は、無尽蔵に行えるものではない。借手は何らかの目的のために借入を行っているのであり、貸した額の一部は法貨のかたちでの引出し、あるいは他の預金取扱金融機関の預金口座への資金の移転（振込など）というかたちで引き出される。このため、預金取扱金融機関はこうした引出しに対応できるだけの法貨や資金を準備として保有しておく必要がある。

しかし、逆にいえば、それ以外の額については法貨や資金を持っている必要はない。預金は常に全額引き出されるわけではないため、少しの準備さえ保有しておけば、その何倍もの貸出と預金を同時に生み出しても問題はないのである。このように、信用創造は、発行する負債（預金）が貨幣として用いられる預金取扱金融機関のみが発揮することのできる機能である。

信用創造機能は、金融仲介機能とは異なる機能である。金融仲介機能は、金融仲介機関が負債側で調達した資金を資産側で運用するという機能であり、調達があって初めて運用が可能となる。

これに対して信用創造機能では、預金と貸出が同時に創造される。このため、両機能は因果関係がまったく異なる。金融仲介機能では資金受入の結果として貸出が行われるが、信用創造機能では貸出と同時に、あるいは貸出を行うからこそ、その結果として預金が生じる。実務的にいえば、前者に対応するのは預入によって生じた預金であり、後者に対応するのは貸出の結果として生じた預金である。もちろん、預入や貸出は預金の引出とともに時々刻々と行われているため、預金のうちどの部分が金融仲介機能に対応し、どの部分が信用創造機能に対応するかを特定することは難しい。

③　セクターレベルの機能

複数の預金取扱金融機関が集まって形成する預金取扱金融機関セクターのレベルでは、個々の預金取扱金融機関が発揮する個別の機能が集合的に発揮される。しかも、セクターレベルの機能はそれだけに留まらない。⑪資金移動機能と⑫信用創造機能は、組織レベルの機能として説明した以上の機能がセクターレベルで発揮されるため、個別組織が発揮する機能の単純集計以上の機能が発揮されるからである。

セクターレベルの資金移動機能は、預金取扱金融機関の間のネットワークを通じることで、組織レベルよりもより大規模に発揮される。預金取扱金融機関は互いにネットワークを構築しており、遠隔地でも、資金額が巨額であっても利用者が容易に資金を他者に送る、あるいは受け取ることができる。

なお、この遠隔地送金の仕組みでは、預金取扱金融機関だけでなく、日本銀行も重要な役割を果たしている（図２－９中のセクターレベルの下部を参照）。預金取扱金融機関をつなぐのは、全銀ネットと呼ばれるシステムである。そこでは送金者・受取人の債権債務関係を預金取扱金融機関の間の債権債務関係に置き換えた上で、各金融機関の間の支払額と受取額を相殺（クリアリング）し、金融機関の間で最終的に移動させるべき額を確定させる。その額は、日銀ネットと呼ばれる各預金取扱金融機関と日本銀行との間のシステムを通じ、日本銀行における各金融機関の当座預金口座の間の資金移動（セトルメント）によって最終的に処理される。こうした送金は、海外の銀行とのネットワークを通じ、国境を越えて行われることもある。

情報通信技術が発展し、地理的制約あるいは事務・情報処理能力の制約が緩む中、各地にネットワークを築く一つの預金取扱金融機関、あるいはインターネットを通じて全国・全世界どこからでもアクセス可能な一つの預金取扱金融機関だけで、すべての資金移動をまとめて実施することも不可能ではなくなっている。預金者が中央銀行に直接口座を持つかたちで発行されるデジタル通貨（中央銀行デジタル通貨ＣＢＤＣ［central bank digital currency］）、あるいはFacebook（現・メタ）が２０１９年に打ち出したリブラ構想は、まさにこうした例といえる。

信用創造機能に関しては、セクターレベルではその機能が乗数的に拡大するかたちで発揮される。各預金取扱金融機関で創造された預金が支払い等に用いられる場合、その多くは他の預金取扱金融機関の口座への資金移動というかたちを取る。受取先の預金取扱金融機関では、受取人の預金残高と、支払い側預金取扱金融機関から受け取った日銀当座預金とがともに増加することになる。(43) この増加は、受け取った資金を用いて新たな貸出を行うこと（金融仲介機能）、ならびに増加した当座預金を裏づけとして新たな信用創造（信用創造機能）を行うことを可能にする。

このようにして創造された貸出は、預金のかたちで提供されるため、引き出されればさらに別の預金取扱金融機関の口座に移動し、その預金取扱金融機関は新たな貸出が可能となる。このように、こうした効果は乗数的に連鎖し、全体として巨額の信用（貸出・預金）を生み出すことになる。法貨との兌換性を裏づけとしながらも、法貨よりもはるかに大きな額の預金が存在するのは、この信用創造の乗数効果のためでもある。

④　預金取扱金融機関に固有の機能

預金の提供は預金取扱金融機関のみに可能であるため、[10]流動性保険機能、[11]資金移動機能、[12]信用創造機能はいずれも預金取扱金融機関だけが発揮できる機能にも思える。しかし、流動性保険機能に関しては、実質的には満期に関する[8]資産変換機能と同じであり、流動性の高い金融商品、たとえば証券会社が（集団投資スキームを通じて）提供する流動性の高い投資信託であるＭＲＦ（マネー・リザーブ・ファンド）なども、ある程度発揮している。この点で、預金取扱金融機関が発揮する流動性保険機能の固有性は、その有無ではなく程度の差にあると考えるべきである。

資金移動機能に関しては、銀行の固有業務であった為替業務が、少額に限るものの資金移動業者にも認められるようになり、預金を経由せず資金移動業者が自らの「マネー」や「ポイント」だけを用いて資金移動を行うことが可能になっている。この場合、資金移動業者が単独で資金移動機能を発揮しているといえる。現実にはこうした資金移動は小規模にしか行われていないが、資金移動機能に関しても、預金取扱金融機関の固有性は量的な差、程度の差にあるといえる。

これに対して信用創造機能は、銀行が預金の受入と貸出をともに行うことによって発揮される機能であり、貸出のみが可能な貸金業者や、資金移動のみを行う資金移動業者には発揮できない。質的にみて預金取扱金融機関に固有の機能は、信用創造機能だけだといえる。

ただし重要な点として、預金取扱金融機関は金融仲介機関が発揮する機能に加え、上記三つの機能をすべて発揮している点で、他のタイプの金融機関とは大きく異なる。これらの機能を総合的に発揮することこそが、預金取扱金融機関に固有の機能といえるだろう。

(4) 金融システムの機能

ここまで見てきたように、金融システムの各セクター内ではさまざまなレベルでさまざまな機能が発揮されている。下位のレベルで発揮される機能を集計的にみれば、上位のレベルの機能となるが、上位のレベルで初めて把握が可能となる機能もある。システムのレベルで見た場合でも、金融システムでは個別セクターがそれぞれ独立に機能を発揮しているだけでなく、セクター間の相互作用により相乗効果が生まれる。具体的には、各セクターが他のセクターを利用することで、それぞれのセクターの機能がより効果的に発揮される。

たとえば、金融仲介機関や集団投資スキームは金融市場で資金調達や運用を行っており、金融市場の重要な利用者である。この点は、本書における金融システムのとらえ方（図2-6）が、単純な直接金融・間接金融の図（図2-4）よりも複雑であることを示した際に説明した通りである。しかも、図2－6には表現されていないが、金融仲介機関や集団投資スキームはお互いの間でも貸し借りや投資を行っている。

このため、金融市場セクターの機能が向上すれば、金融仲介・預金取扱金融機関セクターの機能も向上するはずである。また、利用が促進されると金融市場セクターもより効率的に機能を発揮でき、金融市場セクターを支える金融機関が金融仲介機関や集団投資スキーム、預金取扱金融機関に提供するサービスの質も向上するかもしれない。

このように、システム全体では各セクターが独立に発揮する場合よりもより望ましいかたちで各機能が発揮される。本章4節⑸項②で触れた市場型間接金融は、こうした相乗効果を期待した考え方といえる。金融システムの機能とは、さまざまなタイプの金融機関が個別取引レベル、組織レベル、そしてセクターレベルで発揮するさまざまな機能やセクター間の相乗効果を総合したものである。

なお、本章3節⑴項では、資金移動の目的をどこまで含めるかによって、金融システムの範囲を広義にも狭義にも定義できることを説明した。この定義と各セクターの機能との間には一定の対応関係がある。

まず、金融仲介セクターと金融市場セクターの機能は、さまざまな証券取引に伴う資金移動の円滑化のための機能であるため、主として「広義の証券取引に伴う資金移動」の範囲で定義された金融システム、つまり「狭義の金融システム」の機能である。これに対して預金取扱金融機関セクターの機能は、目的にかかわらず資金移動一般を円滑化する機能を含むため、「決済および証券取引に伴う」資金移動、あるいは目的を問わないあらゆる資金移動、という範囲で定義された金融システム、すなわち「広義の金融システム」あるいは「最広義の金融システム」の機能だといえる。

(5) 金融システムから実体経済への影響

金融システムによる、マクロレベルで見た資金移動の円滑化は、マクロ経済の安定化や経済成長など、本章3節（図2－2）で示した「本来の目的を超えた」目的、すなわち実体経済に関連する目的の達成にも貢献することが期待される。金融システムにおける資金移動の円滑化が実体経済に影響を与える理由は、

(A) 決済を目的とした金銭のやり取り（表2－2②）が円滑化することで、さまざまな財やサービスの取引が促進される

(B) 貸借を目的とした金銭のやり取り（表2－2③）が円滑化することで、資金という資源の利用可能性が向上し、資金を用いて行われる経済活動が促進される

からである。こうした効果が、実体経済の面から見た金融システムの機能である。

ただし、本章3節(3)項で述べたように、いくら金融システムが金銭のやり取りを円滑化する仕組みを提供しても、それを有効に利用して財やサービスの取引や貸借を行おうとする経済主体が現れなければ、実体経済に関連する目的は達成されない。実体経済における経済活動が活発でなければ、

つまり十分に利用者がいなければ、金融システムの機能は発揮されないのである。他方で、金融システムが十分な機能を発揮できないならば、実体経済において活発な経済活動が行われる余地があったとしても、それを阻害する要因となってしまう。

このように、金融システムと実体経済との間には、たとえ前者が十分な機能を果たせるとしても後者の活動が活発になるとは限らず、他方で前者が十分な機能を果たせなければ後者の活動は活発になることはできない、という意味での非対称性が存在する。また、両者の関係は必ずしも一方的な因果関係でつながっているわけではなく、相互依存の関係にある。

「本来の目的を超えた目的」の達成は、あたかも金融システムから実体経済への一方的な影響を想定しているようにみえる。しかし、実際の影響を考える場合には、こうした非対称性や相互依存関係を頭に置いておく必要がある。

7　金融システムはどのような問題を起こすのか：問題㊹

(1)　金融システムの問題とは何か

①　金融の問題と金融システムの問題のちがい

金融システムが存在しなければ、前節で示した機能（望ましいはたらき）は発揮されず、資金循環は制約され、経済活動は大きく縮小するだろう。しかし、こうした機能を発揮する半面、金融システムはしばしば大きな問題を引き起こす存在でもある。特に、金融機関の連鎖的な破綻や金融危機は、機能がもたらすメリットを凌駕するほどのコストを発生させる。では、金融システムにはどのような問題が、どのようなメカニズムを通じて発生するのだろうか。

まず、金融システム問題とは何かを考えてみよう。金融システムの問題とは、その評価基準から見て望ましくない事態が発生している状態である。主たる評価基準である資源配分の効率性の観点からは、非効率性が発生している状態が問題のある状態である。本章5節(1)項で整理した通り、金融に関する効率性は、資金配分の効率性、リスク配分の効率性、資金移動の効率性の三つに分けることができるため（表2－3参照）、非効率性についても三つのタイプを考えることができる。すなわち、資金配分の非効率性については「行われるべき資金提供が行われない」という問題と「行われるべきではない資金提供が行われてしまう」という問題、リスク配分の非効率性については「負担すべきリスクが負担すべき経済主体に負担されない」という問題と「負担すべきでないリスクが負担すべきでない経済主体に負担される」という問題、資金移動の非効率性については、「資金移動に要する取引費用が大きい」という問題である。

ただし、これらの問題は「金融」の問題、すなわちミクロの個別取引レベルにおける、個々の金銭のやり取りに関して発生する問題であって、「金融システム」の問題ではない。金融を円滑化するシステムである金融システムの問題、という場合、個別取引レベルにおける金銭のやり取りの非効率性（金融の問題）を、その構成要素である組織、セクター、あるいはシステム全体が何らかのメ

カニズムによって発生・増大させてしまう、という問題を考えるべきであろう。つまり、金融システムの問題とは、

「金銭のやり取りの円滑化（効率性の向上）を目的とするはずの金融システムが、むしろ円滑化を阻害するような問題（非効率性）を引き起こしてしまう」という問題

である。なお、この問題は効率性という基準から見た問題であるが、こうした問題が広範囲に発生し、問題が深刻化した状況が、システムの安定性（本章５節(2)項）という基準から見た問題だといえる。

②「望ましいはたらき」と「望ましくないはたらき」

関連する重要な点として、金融システムの問題は、前節で示した機能が十分に発揮されない（「望ましいはたらき」が見られない）という問題に留まらない。現実の問題の中には、メリットを生み出すはずの金融システムがむしろ、デメリットを生み出していると考えたほうがよい場合も多い。理論研究においても、機能の説明とは別に、金融システムの「望ましくないはたらき」を説明するものがある。このため、金融システムの問題は、「望ましいはたらき」が見られないという問題と、「望ましくないはたらき」を発揮してしまうという問題の二種類に分けて考えるべきだろう。

金融システムの問題をこのように二種類に分けることは、厳密ではないもののいわゆる「平時」

と「危機時」のちがいにも対応する。平時の金融システムに存在意義があるか、と問われれば、その答えは当然「ある」だろう。金融システムが存在しない場合に比べれば、金融システムはさまざまな機能（望ましいはたらき）を発揮し、正のメリットをたしかに生み出しているはずである。ただし、その発揮の程度が十分でない、という問題は発生しているかもしれない。

これに対して、金融システムが危機的な状況に陥った場合には、機能とは別個の問題を生み出すメカニズム（望ましくないはたらき）により、メリット以上の大きなデメリットが生まれる。この場合、危機の発生を防いだか、波及を食い止めたか、発生した危機をどこまで抑え込んだか、といった評価が必要になろう。

こうした整理を踏まえ、以下では金融システムが問題を発生させるメカニズムを考えてみたい。ただし、「望ましいはたらき」が見られない、という問題については、前節の機能が不十分である状態を考えればよく、改めて説明する必要はない。このため以下では「望ましくないはたらき」のメカニズムに絞って理論的観点から整理を行うことにしたい。なお、機能の説明の時と同様に、以下では金融システムのレベル（個別取引・組織・セクター・システム）別に問題の整理を行う。

(2) 問題のとらえ方：市場の失敗と公的介入[45]

金融システムが望ましくないはたらきをするメカニズムについてはさまざまな説明が行われているが、理論的にはいずれも「市場の失敗」に関する説明を応用したものといえる。厳密な数理モデ

表2－4　市場の失敗

1　不完全競争	生産技術の問題（規模の経済性、自然独占）
	戦略的行動（共謀・結託）
	規制（参入規制、特許等）
2　社会的便益・費用と私的便益・費用の乖離	公共財
	外部性
3　不確実性と情報の非対称性	不確実性
	情報の非対称性
4　契約の不完備性	契約の不完備性

出所：内田（2020）

ルを用いると、完全競争状態という理想的な状態を想定する限り、個々の経済主体の経済活動は市場で価格により適切に調整され、放っておいても望ましい（最適な）資源配分が達成される。これが、厚生経済学の第一基本定理と呼ばれる結果である。[46] 逆に、完全競争でない状況では、何らかの非効率性が発生する。市場の失敗とは、この完全競争状態から乖離した状態、あるいはその乖離をもたらす原因を指している。金融システムの問題も、効率性の問題である限り、常に何らかの市場の失敗として表現することができる。そこで、ここではまず一般的な市場の失敗について触れておくことにしよう。

市場の失敗が生じている状態は、表2－4に示した四つのケースに大別できる。第一は、競争が完全でない、不完全競争のケースである。競争が不完全となる原因はいくつか考えられる。一つめは生産技術に関する原因であり、同時にたくさん生産すればするほど平均的な生産費用が減少する場合（規模の経済性）や、規模の経済性のために一企業が独占する状態が最も効率的となり、市場が自然と独占化する場合（自然独占）などが該当する。二つめは、市場参加者による戦略的行動であり、複数の企業が共謀・結託して価格設定を行う場合などが該当する。三つめは規制であり、参入規制や特許制度などが競争を制限する状態である。以上のようなケースでは、財やサービスの生産にかかる費用が過大となり、資源の無駄遣いが発生する可能性がある。

第二のケースは、財・サービスの便益享受と費用負担との間にアンバランスがあるケースである。その典型は、便益を享受したり費用を負担する経済主体とは異なる経済主体に便益や費用が発生する、外部性と呼ばれるケースである。たとえば、企業が発生させる公害や温暖化ガスの過剰排出など、自社の利益とは別に大きな社会的コストを発生させるケースが外部性の典型である。

もう一つは、費用を負担しない経済主体も便益を享受できたり、誰でも同量の消費ができてしまう、公共財と呼ばれるケースである。この場合には、社会的には便益が非常に大きいにもかかわらず、費用を負担する経済主体は自らの便益しか考慮しないため、十分な供給が行われない可能性がある。たとえば、いくら国防が人事だと思っていても、一人で日本の防衛費をすべて賄おうとする国民はいないであろう。こうした場合には、財・サービスを生産・消費する当事者のメリット・デメリット（私的便益・費用）と、社会全体に生み出されるメリットとデメリット（社会的便益・費用）とが乖離し、社会的に望ましいかたちで生産、消費が行われない。

第三のケースは、将来の不確実性や情報の非対称性が存在するケースである。ここでいう不確実性は、財・サービスの性質や価格、あるいは将来の経済状態などが確実にはわからないこと、情報の非対称性は、経済主体の間で取引に関して保有する情報が異なることを指す。前者の場合、財・サービスの価格が状況に応じて適切な水準に調整されず、取引が過大あるいは過少になってしまう可能性がある。後者の場合、情報を持つ主体が持たない主体の利益を犠牲にして利益を得ることが可能となるため、取引の効率性が損なわれたり、情報を持たない取引主体が取引に参加しない可能性がある。

第四のケースは、契約の不完備性である。契約の不完備性とは、将来起こり得るあらゆる状況に対応した契約（取引に関する取り決め）を、取引当事者だけでなく第三者にもわかるかたちで結ぶことが難しい状況を指す。例としては、当事者間で結んだ取引に関する取り決めを、裁判所のような強制力を持つ主体が把握できないケースが挙げられる。この場合、契約の不備を利用して一部の取引主体が機会主義的な行動を取ったとしても、罰則を受けることがないため、そうした行動によって効率性が損なわれたり、それを見越した取引相手が取引に応じず、取引自体が成立しない可能性がある。

市場の失敗が存在し、経済活動に非効率性が生じるのであれば、その非効率性を減らすことが望ましい。その方法として考えられるのが政府による公的介入である。つまり、市場の失敗が存在する状況では、民間の経済活動に任せていては効率的な経済活動が行われないため、政府が社会全体の効率性を向上させるという観点から民間の経済活動に介入することで、非効率性を軽減したり解消できる可能性がある。

たとえば自然独占のケースでは、一社のみに生産させる代わりに価格を規制すること、外部性のケースでは社会的に望ましくない経済活動を公的に制限すること、公共財のケースでは税金により強制的に費用を徴収してサービスを提供すること、によって、効率性が改善する可能性がある。後述するように、金融システムに対して行われている公的介入に関しても、こうした理由から理論的根拠を与えることができる。

(3) 取引レベルで発生する問題

以上の一般論を念頭に置きつつ、では金融システムはどのような「望ましくないはたらき」をしてしまうのか整理してみよう。まず個別取引レベルにおいては、金融システムの重要な構成要素である金融機関自体が、資金の過剰・過少供給やリスクの過少・過剰負担といった望ましくない行動を採る問題が挙げられる。こうした問題は、理論的には金融機関がモラルハザードや逆選択の問題を引き起こしている状況としてとらえることができる。いずれの問題も、金融機関とその取引相手との間の情報の非対称性に起因する問題である。

リスク削減機能や情報生産機能（本章6節）に関して説明したように、本来金融仲介機関や集団投資スキームは、証券設計や審査などを通じて最終的借手によるモラルハザードや逆選択の問題を防ぐ役割を果たしていると考えられる。しかし、銀行員が不正融資を行った、投資運用会社が実体のない資金運用で投資家に損失を与えた、といった事件がたびたび発生するように、金融仲介機関や集団投資スキーム自体が十分な審査や情報収集を行わず、最終的貸手に損失を発生させる事態も生じている。

同様の問題は、金融市場セクターを構成する金融機関にも発生する可能性がある。たとえば格付会社が十分な情報収集を行わず、誤った格付を付与してしまうという問題は、投資家と自社との間の情報の非対称性を利用して格付会社がモラルハザードを起こしているケースといえる。

以上のような行動は、資金のやり取りを仲介する際に生じる取引費用を増大させ、資金移動の効率性（本章5節(1)項④）を低下させる。また、貸手による資金提供を妨げることで、本来行われるべき資金提供が行われなくなったり、不十分な、あるいは誤った情報に基づき本来行われるべきでない資金提供が行われるようになるなど、資金配分の効率性（本章5節(1)項②）が損われるかもしれない。また、情報が生産されず、リスクの評価が不十分あるいは不正確になることで、高リスクの資金提供が過度に促進され、金融仲介機関や集団投資スキームによる過剰なリスクテイク、というかたちでリスク配分の非効率性（本章5節(1)項③）が発生するかもしれない。

(4)　組織・セクターレベルで発生する問題

①　金融機関の不十分な淘汰

金融仲介機関や集団投資スキームが、以上のように非効率な行動や組織経営を行っていたとしても、それを最終的貸手が見分けることができる場合には大きな問題とはならない。最終的貸手は、非効率な金融仲介機関や集団投資スキームには資金を提供しないだろうから、資金を得られない金融仲介機関や集団投資スキームは市場からの退出を余儀なくされるはずである。

しかし、よい銀行と悪い銀行を一般の預金者が見分けることが難しいように、最終的貸手が金融仲介機関や集団投資スキームの行動や能力を見分けることは難しい。このため、非効率的な金融機関であっても資金が集まり、退出することなく温存されてしまうかもしれない。これは、金融仲介機関や集団投資スキームと最終的貸手との間の情報の非対称性が原因となり、非効率な金融仲介機関や集団投資スキームが温存されてしまう、という問題だといえる。

② 銀行取付

組織レベルでは、銀行——正確には預金取扱金融機関——に発生する取付（銀行取付）の問題も挙げられる。金融仲介機関や集団投資スキームの重要な機能の一つは資産変換機能であり、資産変換の一つが調達側と運用側で満期を変える満期変換である（本章6節(2)項参照）。金融仲介機関の中でも預金取扱金融機関は、いつでも引出しを認める預金によって流動性保険機能を提供しつつ（本章6節(3)項参照）、企業等の借手に対しては長期間の貸出（運用）を行っているため、満期変換機能を特に発揮している金融機関である。

しかし、満期変換が問題なく行われるためには条件がある。すべての預金者が一斉に引出しに訪れることはなく、一定の引出しに対する少額の準備（資金）さえ用意しておけば、他の資金は長期で運用しても問題がない、という条件である。もし、通常とは異なる状況が発生し、想定以上の預金の引出しを求められた場合、預金取扱金融機関はたちまち資金不足に陥る。これが取付である。(47) 銀行取付は、２０２３年初頭にアメリカのシリコンバレー銀行でも発生したように、現代でも発生し得る問題である。

想定外の引出しは、預金者と銀行との間に情報の非対称性が存在し、預金取扱金融機関が十分な払戻能力を持つかどうかが預金者にはわからない場合に発生し得る。しかし、たとえ情報の非対称性が存在しなくても、預金者間の協調の欠如が存在する場合、たとえば大量の預金が引き出されることを多くの預金者が（根拠のないデマなどにより）同時に予想する場合にも発生し得る。

③　金融機関の破綻

金融機関の非効率性や取付は、金融機関の破綻につながる可能性がある。金融機関が破綻すると、その影響は資金提供者や資金調達者を始めとして多数の利害関係者に及ぶ。中でも預金取扱金融機関は、数多くの零細な預金者、借手と取引を行っている。これらの経済主体は金融面で特定の預金取扱金融機関に依存し、他の預金取扱金融機関との代替が利かないことが多い。このため、破綻が起きるとこうした経済主体は大きなデメリットを被る。

金融機関の破綻は組織レベルの問題であるが、その影響は一組織内に留まらず、セクターレベルの問題につながる可能性もある。金融機関の破綻は、その金融機関から支払いを受けることになっていた金融機関に損失を発生させるため、他の金融機関の破綻を招く可能性があるからである。また、その金融機関の破綻がさらに別の金融機関の破綻につながり、金融機関の破綻の連鎖を招く可能性もある。

理論的には、数多くの取引関係がネットワークとして存在する場合に、一部の経済主体の問題が、直接の取引相手を超えてネットワーク全体に波及する、というかたちの外部不経済のことを、特にネットワーク外部性と呼ぶ。破綻の連鎖はネットワーク外部性の一種といえる[48]。

④ 市場の機能不全

セクターレベルの問題には、金融市場セクターにおける、市場の機能不全という問題もある。金融市場の機能不全とは、金融市場における取引が、本来行われるべき水準を大きく下回るかたちで急速に縮小したり、金利や収益率の急騰や証券価格の暴落により、価格による証券の需給調整がはたらかず、市場の情報発見機能も損なわれるような状態を指す。市場が機能不全に陥ると、証券の一次取引で求められるリスクプレミアムが過大になるために資金調達が難しくなったり（調達流動性の低下）、二次取引の買手がつかないために証券を売って流動性（資金）を確保できなくなる（市場流動性の低下）、といった事態が発生する。

金融市場の機能不全は、さまざまな要因が絡み合って発生する。まず、前述したような破綻が、取引を成立させマーケットメーキング機能を発揮する金融機関に発生すると、市場の取引は大きく制限されることになる。また、金融危機のような深刻な状態における金融市場の機能不全は、取引される証券の価値が疑問視されること、つまり、約束通りに返済等が行われるのかどうかが疑われることから発生することも多い。この場合、問題は金融システム側ではなく、むしろ実体経済において、証券発行者が返済能力を低下させたことに起因するかもしれない。

他方で、価値のある証券であっても正確な情報が得られなくなり、取引が行われなくなる可能性もある。格付会社や投資顧問会社がモラルハザード等の問題を起こして過少な価値評価を行う、あるいはそうした行動を疑う投資家が情報の正確性を疑う、といった場合がそれであり、この場合、問題は情報提供を行う金融機関に起因していることになる。関連して、本来行われるべき取引が行われなくなる、といった状態は、証券の価値に関する市場参加者の疑心暗鬼により発生する可能性もある。

市場参加者の取引手法も、こうした問題を助長する可能性がある。たとえば金融市場においては、価格の動き（下落）に対して同じ方向（売り方向）に反応して取引する、というポジティブ・フィードバック・トレーディングと呼ばれる証券取引手法が取られることがあるが、これを多くの取引主体が同時に行うと、証券市場の価格は暴落する。この場合、問題は取引主体に起因していることになる。

⑤ バブルと信用膨張

金融市場セクターにおいては、取引が行われなくなる機能不全の問題とは逆に、取引が過剰になるという問題も発生し得る。過剰な取引がもたらす問題の典型が、いわゆるバブルと呼ばれる問題である。バブルとは、市場で取引される資産の価格がある程度長い期間継続的に、泡が膨らむように高い比率で上昇する現象であり、しかもその後に泡が突然はじけて消えるような価格急落を伴うものを指す。

金融市場セクター内で発生するバブルの典型は株式のバブルである。しかし、金融システム外で発生するバブルもあり、そこに金融システムが重要な役割を果たす可能性もある。特に不動産のバブルに関しては、金融仲介セクターにおいて、信用膨張と呼ばれる貸し借り（信用）の急拡大が見られ、この膨張により供給された資金を使って活発な取引が行われることがバブルの形成に貢献していると考えられている[49]。

理論的に厳密な意味では、ファンダメンタルズと呼ばれる資産本来の価値——たとえば株式の場合の企業の収益獲得能力——の変化を反映した資産価格の変化はバブルとは呼ばない。ファンダメンタルズを超えた、過剰な価格形成の部分のみがバブルとして定義される。バブルは一般的な好況と区別がつきにくく、形成期においては大きな問題だとは考えられないことも多い。つまり、いったん崩壊して初めてバブルだったと認識されるのがバブルだといえる。金融市場におけるバブルの崩壊は、市場の機能不全につながる可能性がある。

本来の価値（ファンダメンタルズ）を超えた価格がついているのであれば、そのような資産をさらに買う人はおらず、需要増加による価格上昇が生じないため、バブルは発生しないはずである。それにもかかわらずバブルが発生する理由を説明するために、いくつかの理論が示されている。そうした理論は、人々（投資家）が合理的であるにもかかわらずバブルが発生するという理論と、人々が非合理的だからバブルが発生するという理論に大別することができる[50]。

⑥　不完全競争

上記の問題は危機時の問題であるが、平時にも発生するセクターレベルの「望ましくないはたらき」として、不完全競争の問題も考えられる。たとえば、銀行業には少なくとも一定の規模の経済性が発揮されることがわかっている[51]。規模の経済性が存在すると、規模の大きな銀行は、小さな銀行には採算割れとなるような価格（低い貸出金利や高い預金金利）を顧客に提示し、小規模銀行を駆逐することができるかもしれない。

また、規模の経済性の有無にかかわらず、銀行業は免許制により参入が規制されている。このため、市場支配力を持った少数の銀行が独占的な価格（高い貸出金利や低い預金金利）を設定し、サービスの生産を過少に行うことで、資源配分の非効率性を生み出す可能性がある。

他方で、不完全競争の状況においては、企業数がむしろ過剰になる、というかたちの非効率性が発生する可能性もある。産業組織論の分野では、自由な参入に任せておくと、必要以上の数の企業が参入してしまう、という過剰参入定理が理論的に示されている。過剰参入定理はさまざまなケースで成り立つことがわかっており、金融機関もそうした状況にあるかもしれない。ただし、金融業の多くは参入が制限されているため、過剰参入定理の検証は一般に難しい。

⑦　決済システムの費用負担

預金取扱金融機関セクターに関しては、決済システムの費用負担というセクターレベルの問題も考えられる。決済システム（正確には資金移動システム）は、いったん整備され供給されれば誰もが低費用でサービスを利用し、便益を得ることができる。つまり、決済サービスは私的費用や私的便益を大きく上回るような社会的便益を発生させる公共財である。

しかし、システムの供給を担う預金取扱金融機関は私企業である。このため、当然のことながら自らの便益（私的便益）に見合う範囲内でしかシステム構築や維持のための費用を負担しようとしない。個別の銀行の私的便益は社会的便益に比べると格段に小さいため、過少な費用負担によりサービスの供給が社会的に望ましい程度行われない、という意味で、「望ましくないはたらき」が発生する可能性がある。

もちろん、預金取扱金融機関は決済サービス単独の採算に基づいて費用負担を考えているわけではない。貸出や資産運用、あるいはグループ企業も含めた全体的なサービス（たとえばＡＴＭを設置しているコンビニエンス・ストアのサービス）の提供などから得られた収益も合わせ、総合採算の下で決済システムの費用負担を考えているはずであり、上記のような問題はそこまで深刻ではないかもしれない。しかし、他の収益が減少し決済システムの費用負担が相対的に重荷になると、費用負担を避けたりサービス供給が過少になってしまう可能性がある。

(5) システムレベルで発生する問題と実体経済への影響

① 金融危機

本章6節(4)項で見たように、システムレベルの「望ましいはたらき」は、セクターレベルの個々の「望ましいはたらき」を単純に合計したものに留まらず、セクター間の相乗効果により増幅される。これと同様に、各セクターの「望ましくないはたらき」も、セクター間の相乗効果によりシステム内で増幅され、より大きな問題となる可能性がある。

たとえば、金融仲介機関や集団投資スキームは、金融市場の重要な利用者である。金融機関の破綻の連鎖は、インターバンク市場など金融市場セクターの各市場における債務不履行を通じて発生し、増幅される。こうした状況は、金融市場の機能不全につながるだろう。また預金取扱金融機関セクターの問題は、信用創造の乗数効果（本章6節(3)項）を逆転させ、預金取扱金融機関による資金供給を急速に縮小させる可能性がある。

このようにして、問題が短期間のうちに金融システム全体に波及し、システムが機能しなくなる状況が、金融危機にほかならない。金融危機は、セクターレベルに留まらず、システム全体に負のネットワーク外部性が及んだ状況、と考えることができる。金融危機は、金銭のやり取りの円滑化、という金融システム本来の目的（本章3節(1)項）が、効率性の基準（本章5節(1)項）から見ても、安定性の基準（本章5節(2)項）から見ても、損なわれている状態だといえる。金融危機が発生し、システム全体が機能しなくなるリスクは、特にシステミックリスクと呼ばれている。[52]

② 実体経済への影響

金融危機の問題は、金融システム外、すなわち実体経済にも波及する。金融危機時に資金調達が難しくなった企業は、設備投資を手控えたり、日々の事業活動の水準を縮小させるだろう。また、保有資産の価値が大きく目減りした経済主体は消費を減らすかもしれない（逆資産効果）。

さらに、決済（資金移動）システムが円滑に機能しなくなれば、広範囲の経済活動が滞ってしまう。このようにして外部不経済が拡大し、経済全体が危機に陥った状態が、（金融危機に起因する）経済危機である。経済危機は、物価や雇用の安定、経済成長といった、金融システムの「本来の目的を超えた目的」（本章3節(2)項）からみても望ましくない。

もちろん、実体経済への影響は、危機時に限られるわけではない。たとえば「銀行の決済システム障害で○万人に悪影響が出た」といったニュースがたびたび聞かれるが、故障や停電など情報通信ネットワークの技術的な問題を原因とする場合も含め、決済システムがうまく稼働しなければ実体経済の活動は大きく制約される。

また、危機時でなくても金融機関の破綻は多くの利用者に悪影響を及ぼす。このように、金融システムは、金融、すなわちさまざまな目的のために行われる金銭のやり取りを支える、経済のインフラストラクチャーの役割を果たしており、そこに発生した問題は常に、実体経済に何らかの悪影響を及ぼす。

ただし、ここで改めて注意しておく必要があるが、実体経済の問題は常に金融システムに起因するとは限らない。もちろん、金融危機が経済危機につながる場合のように、問題が金融システム側にあるケースも考えられる。しかし、たとえば景況の悪化や経済規模の縮小により金銭のやり取りが停滞し、金融機関の経営が悪化する、といった可能性は十分に考えられ、以下で見るように現在の日本では、まさにそういった状況が発生しているといえる。そもそも金融システムと実体経済は相互に影響し合っており、一方的な因果関係を最初から前提とすることには問題がある。

関連して、本章３節⑶項で説明した金融システムの責任の範囲についても再度触れておく必要がある。金融システムは、マクロレベルで見た資金移動のためのシステムであり、その資金移動を円滑化することが金融システムの目的である。このため、資金移動が滞ることで実体経済に問題が発生した場合には、責めを負うべきは金融システムの側である。

しかし、そもそも資金移動を行おうとする経済主体が少なければ資金移動は滞るし、金融（貸借）によって得た資金をいかに有効に活用するかは金融システムの利用者側の問題である。実体経済の問題に対して金融システムがどこまで責任を負うのかは、実体経済側の問題も十分に踏まえて検討する必要がある。

(6) 公平性という基準から見た問題

ここまで触れた金融システムの問題は、いずれも資源配分の非効率性の問題か、システムの不安定性の問題である。これらとは別に、分配の公平性の基準から見た問題を考えることもできる。先に触れた通り、金融システムの評価に公平性の基準が用いられることは少ないが、その数少ない例外として、金融仲介セクターの個別取引レベルで発生するホールドアップ問題と、同じく金融仲介セクターの組織レベルで発生する利益相反行為の問題を挙げることができる(53)。

ホールドアップ問題とは、借手が特定の貸手に取引を依存する状況や、借手に関して他の貸手が知らない情報を特定の貸手が保有する「情報独占」と呼ばれる状況において、借手がその特定の貸手から厳しい貸出条件を提示され、受け入れざるを得なくなる、という問題である。特に、銀行と借手の間に現れる、いわゆる優越的地位の濫用と呼ばれる問題は、この問題の一形態だといえる。

利益相反行為は、複数の経済主体の間で利害が異なる状況において、貸手が他の取引相手の利益を犠牲にして、自身あるいは特定の取引相手の利益を高めることである。たとえば、銀行が貸出業務に加えて証券(引受)業務を行うことができる場合、既存の貸出からの返済が見込めなくなった銀行は、自ら引受業者となってその借手に証券を発行させ、調達した資金で貸出を返済させるかもしれない。この行為は、証券を購入した投資家の犠牲の下に、銀行自身や預金者、銀行株主が利益を得ることになるため、利益相反行為にあたる[54]。

これら二つの問題は、あくまで分配の公平性の問題、つまり利益（パイ）の分配の問題である。すなわち、ホールドアップ問題や利益相反行為は、たとえ資金が有効に利用され、資源配分が効率的であっても発生する。ただし、得られる分配（パイ）が小さくなることを見越した借手が経営努力を怠ったり、取引に応じない、といったかたちで非効率な行動を取る可能性もあり、この場合は非効率性の問題も誘発されることになる。

なお、一般に分配の公平性の問題という場合には、所得格差の問題、すなわち高所得者と低所得者との間で所得の差が拡大し、階級が固定化して後者の貧困の問題が深刻化する、といった問題が注目されることが多い。この問題も、金融システムに起因しているとすれば、金融システムの問題といえるかもしれない。とはいえ、格差の問題は金融システムの問題というよりもむしろ、実体経済を含めた経済システム全体の問題であろう。つまり、この問題が金融システムだけによって生み出されているとは考えにくく、金融システムの責任の所在は明確でない。

分配の公平性から金融システムを評価することは重要である。しかし、本章5節(3)項で述べたように、金融システムの評価は一般的に効率性の観点からなされることが多く、本書においても上記のような分配の公平性の問題については深く立ち入らない。とはいえ、たとえば政府による金融的支援は社会的弱者を支援するための重要な政策ツールの一つであり、金融システムは分配上も重要な役割を果たしている。この意味で、金融システムを社会保障の観点から検討する意味は十分にあり、こうした検討については今後の課題としたい。

8　サブシステムとしての公的介入のシステム

前節で紹介したような問題を解決・軽減するために、国（中央政府）や地方政府、政府関係機関といった公的当局は、民間の経済活動に対する介入、すなわち公的介入を行っている。公的当局自身も金融システムの重要な構成要素であり、介入は金融システムのはたらきに対するはたらきかけにほかならない。この意味で、公的介入の枠組み自体が金融システムのサブシステムを形成しているといえる。金融システムの「望ましくないはたらき」に関し、公的当局が公的介入によって「望ましさ」を高めることができたか、という評価も、金融システムの評価では重要である。

本書が分析の対象とする期間は長期にわたり、その間日本の金融システムにおいてはさまざまな目的のために多様な形態の公的介入が行われてきた。こうした具体的な介入の評価は、その当時の状況も踏まえて以下の各章で行うが、そのための準備として、ここでは金融システムのサブシステムとしての公的介入を、金融システムと同様に「目的」「評価基準」「構成要素」「はたらき」という観点から概観しておくことにしたい[55]。

(1)　公的介入の目的と評価基準

まず目的と評価基準に関してまとめたのが表2－5である。公的介入の目的は、金融システムに発生する問題の軽減・解決である。具体的には、図表に示した①「金融システムの安定」②「民間金融の補完」④「マクロ経済の安定」の三つが挙げられることが多い。これらに加え、金融業に限らず他の業種に対しても行われている介入の目的として、③「公正で自由な競争の確保」を含めることもできる。

①から③の目的は、金融システムの目的である、マクロレベルでの金銭のやり取りの円滑化、に問題がある場合に、それを改善する、という目的にあたる。これに対して④は、金融システムの本来の目的を超えた目的である、マクロ経済の安定を、政策的にも達成しようとする目的である。

①から③を目的とする介入の理論的根拠となるのは、先に本章7節(2)項で触れた、市場の失敗である。市場の失敗は効率性に関する問題であるため、これらの目的に照らした評価を行おうとするならば、その評価基準である「金銭のやり取りが円滑化した度合い」を表す効率性の改善の程度に注目することになろう(56)。

しかし、このような取引レベルの効率性、あるいはそれを集計したものに対し、公的介入がどう影響したかを計測することは難しい。また、そもそも先に触れた通り、「金融システムの問題」としては、「金融」の問題、（つまり取引レベルの非効率性ではなく、「金融の問題を引き起こすシステム

表2－5　金融システムに対する公的介入の目的と評価基準

<table>
<tr><th colspan="3">公的介入の目的</th><th>対象となる
金融システムの問題</th><th colspan="2">対応する
金融システムの目的と
評価基準</th></tr>
<tr><td rowspan="4">金融システムに発生する問題の軽減・解決</td><td>①</td><td>金融システムの安定（信用秩序の維持・システミックリスクの防止）</td><td>組織・セクター・システムレベルの問題</td><td rowspan="3">マクロレベルで見た金銭のやり取りの円滑化（本来の目的）</td><td>効率性・安定性</td></tr>
<tr><td>②</td><td>民間金融の補完</td><td>個別取引レベルの問題（資金の過少提供）</td><td>効率性</td></tr>
<tr><td rowspan="2">③</td><td rowspan="2">公正で自由な競争の確保</td><td>セクターレベルの問題（不完全競争）</td><td>効率性（公平性）</td></tr>
<tr><td>個別取引・組織レベルの問題（ホールドアップ・利益相反問題）</td><td>（分配の公平性）</td><td>公平性</td></tr>
<tr><td>実体経済に発生する問題の軽減・解決</td><td>④</td><td>マクロ経済の安定</td><td></td><td>マクロ経済の安定（本来の目的を超えた目的）</td><td>（実体経済の）安定性（効率性）</td></tr>
</table>

出所：筆者作成

の問題」を考えるべきである。このため、公的介入の評価も、ここまで説明してきた金融システムの問題を防止・軽減できたかを考えればよいだろう。

四つの目的をもう少し詳しく見てみると、「金融システムの安定」（表中①）は、金融システムに発生するさまざまな問題を防ぎ、金融システムの安定（信用秩序の維持）を保つ、あるいはシステミックリスクを防ぐ、という目的である。この目的は、ここまで紹介した「金融システムに発生する問題」のうち、主として組織・セクター・システムレベルの問題を軽減・解決し、それによって金融システムの本来の目的であるマクロレベルの金銭のやり取りの円滑化をもたらそうとするものである。このため、①の評価基準は効率性と安定性となる。この目的のために行われる公的介入は、一般にプルーデンス政策と呼ばれている[57]。

「民間金融の補完」（表中②）は、民間の経済主体が行う経済活動と同様の活動を、政府関係機関が行うことによって補おうとするものであり、民間の経済活動に任せておくと発生する問題を、政府自らが直接的なかたちで解決しようとするものである。具体的には、ここまで紹介した「金融システムに発生する問題」のうち、民間金融機関による資金の過少提供という個別取引レベルの問題を軽減・解決し、それにより金融システムの本来の目的であるマクロレベルの金銭のやり取りを円滑化しようとするのが民間金融の補完である。この目的のために行われる公的介入は、一般には公的金融と呼ばれている。

「公正で自由な競争の確保」（表中③）を目的とした公的介入は、金融業に限らず、あらゆる産業に対して行われており、一般には競争政策と呼ばれている。競争政策は、金融システムに対する公的介入、という場合には特に言及されないことも多いが、金融業に対しても実際に行われている。ここまで紹介した「金融システムに発生する問題」との対応では、競争政策は本章7節(4)項で触れたセクターレベルの不完全競争の問題、すなわち市場競争において生じる資源配分の歪みを是正することを目的としている。このため、競争政策も金融システムの本来の目的であるマクロレベルの金銭のやり取りを円滑化するものといえ、効率性が評価基準だといえる。

ただし、公正で自由な競争、という場合、一般には優越的地位の濫用や利益相反など、分配の公平性に関わる問題の解決・軽減が含まれることも多い。たとえば、競争制限的規制の一つである銀証分離規制の理論的根拠は、債務不履行状態に陥った借手に対し、銀行が証券業務を通じて債券を発行させ、貸出を回収する、というかたちで発生する利害相反の問題を防ぐこととされる。利益相反行為自体は必ずしも効率性を悪化させるものではないため、この場合の評価基準としては、公平性が用いられていることになる。

最後の「マクロ経済の安定」(表中④)は、公的当局の一つである日本銀行(中央銀行)が行う金融政策の目的として、マクロ経済学の教科書等でしばしば挙げられるものである(本章第3節(2)項参照)。具体的には、物価、雇用、景気、為替レートなどを安定させることがこれにあたり、金融システムの問題というよりも、実体経済に発生する問題を軽減・解決しようとするものである。つまり、民間の経済活動に任せておいては(金融システムの(本来の目的を超えた)目的としての)マクロ経済の安定が達成できない場合に、それを公的な介入によって達成しようとするのがこの目的である。このため、この目的の達成は金融システムだけでなく実体経済の動きにも左右される。

マクロ経済の安定を目的とする介入を評価する場合、その評価のために用いる指標としては、物価(上昇率)の安定、失業の減少といった実体経済の安定性を示す指標が用いられる。ただし、安定が必要な理由に資源配分の効率性が含まれるとすると、マクロレベルでの効率性、たとえば生産性に応じた資金の配分など、も評価基準となり得る。

なお、上記の説明はあくまで教科書的な説明であり、日本の中央銀行である日本銀行がどこまでマクロ経済の安定を政策目的としているかは必ずしも自明ではない。日本銀行法は、日本銀行の目的である「通貨及び金融の調節」の「理念」として、「通貨及び金融の調節を行うに当たっては、物価の安定を図ることを通じて国民経済の健全な発展に資すること」を挙げている。日本銀行自身はこの規定に基づき、「物価の安定」のために行うのが金融政策であると説明している[58]。そこには物価以外に関する安定性は明示されていない。

他方で、本章5節(2)項で説明した通り、日本銀行法は第一条2において、「銀行その他の金融機関の間で行われる資金決済の円滑の確保を図り、もって信用秩序の維持に資すること」、つまり、金融システムの安定を目的とすることを明記している。この目的は、表2－5でいえば①にあたるものである。ただし、プルーデンス政策が個別金融機関の健全性確保ではなく、システム全体の安定性を重視する、いわゆるマクロプルーデンスの考え方へと変化する中、マクロ経済の安定と金融システムの安定の区別、あるいは金融政策とプルーデンス政策の区別は曖昧になってきている。

(2)　公的介入の構成要素

公的介入の構成要素に関しては、上記四つのタイプの公的介入それぞれについて、どのような主体（登場人物）がどのようなかたち（形態）で介入するかを整理しておけばよいだろう（表2－6参照）。まず主体に関しては、中央政府（省庁）と政府関係機関とが主な登場人物である[59]。具体的には、①プルーデンス政策に関しては金融庁や預金保険機構など、②公的金融に関しては日本政策金融公庫など、③競争政策に関しては公正取引委員会や金融庁、④金融政策に関しては政府関係機関

表2−6　公的介入の構成要素

	主な主体	形態
①プルーデンス政策	中央政府（金融庁等）、政府関係機関（預金保険機構、日本銀行等）	(a)法制度の整備 (b)金融規制 (c)政府関係機関による金融活動
②公的金融	政府系金融機関（日本政策金融公庫、信用保証協会等）	(c)政府関係機関による金融活動
③競争政策	中央政府（公正取引委員会等）	(a)法制度の整備 (b)金融規制
④金融政策	日本銀行	(c)政府関係機関による金融活動

出所：筆者作成

の一つである日本銀行が主な主体である。

公的介入の形態としては、民間の経済主体が金融に関連する経済活動を行う基盤や環境を法律によって定める、(a)法制度の整備、民間の経済主体が金融に関連する法制度に従うよう積極的にはたらきかけ制限を行う、(b)金融規制、政府関係機関が業務として証券取引など金融に関わる活動を行い、民間の経済活動にはたらきかける、(c)政府関係機関による金融活動、に大別できる。①プルーデンス政策では、中央政府が(a)と(b)の形態で、また政府関係機関が(c)の形態で介入を行う。これに対して②公的金融は(c)、③競争政策は(a)と(b)、④金融政策は(c)の形態を取る。

なお、(a)の法制度はひとたび整備されるとしばらくの間は変更されることがないため、頻繁に実施される公的介入とはいえない。このため、民間の経済主体にとっては所与の「制度」（本章4節(6)項参照）の一部である。ただし、長い目で見れば法制度はさまざまな問題に対応して変更されたり新たに追加・整備されたりして、民間の経済主体の行動に影響を与える。

また(b)金融規制や(c)政府関係機関は、それが法律に基づいて行われたり設置されるという意味で、法制度の中に含めることもできる。しかし、ここでは環境を整備してあとは民間の経済活動に任せる、という部分、つまりルールづくりの部分を(a)法制度の整備とし、必要に応じてつど民間の経済主体に対して介入を行う部分を(b)金融規制、金融に関わる経済活動を自ら業務として日常的に行う場合を(c)政府関係機関による金融活動、として区別している。

(3)　公的介入のはたらき

公的介入のはたらきは、介入によって金融システムの問題がどのように解決・軽減されるか、というメカニズムを表す。公的介入は、どのような種類の介入を行うか、あるいはどのような手段を用いるかによって、期待される「はたらき」方が異なる。四つのタイプの公的介入について、その種類あるいは手段を示したのが表２－７である。

まず①プルーデンス政策に関しては、表のようにいろいろな種類の介入が行われており、それぞれはたらきが異なる。[60] これらを大別すると、問題の発生を防ぐために平時から行われている事前介入と、問題発生後に、発生した問題に対処するために行われる事後の介入に大別される。後者は特に、セーフティネットと呼ばれることもある。

事前的プルーデンス政策には、金融機関の競争を制限することで一定の利益を確保させ、経営破綻に陥るのを防ぐことを目的とした、(1)競争制限的規制が含まれる。その例としては、金融機関の参入を制限する参入規制、行うことのできる業務の範囲を制限する業務分野（範囲）規制が挙げら

表2－7　公的介入の種類・手段

		主な種類･手段
①プルーデンス政策	事前	(1)競争制限的規制：参入規制･業務分野（範囲）規制等 (2)健全経営規制：自己資本比率規制等 (3)準備預金制度 (4)情報開示（ディスクロージャー）規制 (5)モニタリング（検査･考査･監督）
	事後	(6)破綻処理制度：公的債権回収機関、承継銀行等 (7)預金保険制度 (8)資本注入（資本増強）･資産買取 (9)流動性供給：日銀特融、補完貸付制度等
②公的金融		(10)直接貸出･信用保証等
③競争政策		(1)競争制限的規制
④金融政策		(i)オペレーション･証券売買 (ii)補完貸付制度 (iii)公定歩合操作 (iv)窓口指導 (v)準備率操作

出所：筆者作成

れる。

(2)健全経営規制は、金融機関の財務面を制限し、過度のリスクテイク（負担）を防いで経営の健全性を確保させる規制であり、債務不履行による破綻を防ぐ自己資本比率規制がその代表である。

(3)準備預金制度は、預金取扱金融機関が預金者から預かった預金の額の一定割合を、中央銀行の当座預金（預け金）に預けるよう義務づける制度である。決済システムにおいて必要な資金が不足して支払い不能に陥り、他の金融機関の資金不足につながることを防ぐ。

このほかにも、個々の金融機関の経営状況等に関する情報を開示させることで、その利用者が直面する情報の非対称性の問題を軽減する(4)情報開示（ディスクロージャー）規制、公的当局の側が金融機関の経営の健全性をチェックし、破綻を事前に防ぐ(5)モニタリングも、事前のプルーデンス政策である。

発生した問題に対応する事後的プルーデンス政策としては、まず破綻した金融機関を処理する、(6)破綻処理制度の整備が挙げられる。利害関係者が多く、簡単に清算することができない金融機関の破綻処理では、問題のある金融機関を救済合併させたり、業務を承継する承継銀行に引き継がせる必要がある。また、破綻の悪影響を抑えながら救済合併や承継を行うために、預金に対する保険を提供する(7)預金保険制度が重要な役割を果たしている。

破綻には陥っていないものの放置すると破綻が起きかねない金融機関に対しては、公的資金を用いた(8)資本注入や資産買取が行われるとともに、金融市場の機能不全により資金調達や資産の売却が難しくなった際に、日本銀行が資金提供を行う、(9)流動性供給も含まれる。
②公的金融の場合には、そのはたらきはわかりやすい。公的金融は、政府系金融機関が自ら⑽直接貸出や信用保証等を行うことで、民間金融機関と同じ機能を自ら発揮しようとする介入である。③競争政策に関しては、①のプルーデンス政策の種類の一つとして紹介した(1)競争制限的規制がその主な手段となる。つまり、競争制限的規制は、不完全競争が生み出す問題を是正することを理論的根拠とする場合には、③競争政策の手段となる[61]。

(4)　金融政策のはたらき

最後に④金融政策の場合、そのはたらきは他の介入とちがって金融システム内に留まらず、実体経済にまで及ぶ。金融政策のはたらきは、日本銀行がさまざまな手段、すなわち政策手段を用い、最終目的であるマクロ経済の安定（本章3節(2)項参照）を達成するまでの道筋、あるいはメカニズムとして表され、金融政策の波及経路と呼ばれている。[62] 金融政策の波及経路としてはさまざまなものが考えられており、しかも、1990年代までに行われてきた伝統的な金融政策と、その後のいわゆる「非伝統的な」金融政策との間でちがいがある。

ただし、前者の波及経路の理解は後者の波及経路の理解の前提となり、また後者に期待されるはたらきとその評価については以下の章、特に第8章で詳しく扱うため、ここでは伝統的な金融政策の波及経路について、簡単にまとめておきたい。なお、ここで整理する波及経路はあくまで理論的に期待、あるいは想定されているはたらきである。現実にその道筋に沿って効果が波及しているかどうかは、データを用いた実証研究によって確かめる必要がある。

金融政策で伝統的に用いられてきた主な政策手段は、表2－7右側に示した(i)から(v)である。この中で最も重要なのが、(i)オペレーション、すなわち証券の売買である。オペレーションは公開市場操作とも呼ばれ、日本銀行が金融市場において、民間金融機関等との間で貸し借りや証券の売買を行うもので、それによって金利や資金調達の容易さをコントロールする。

(ii)補完貸付制度は、日本銀行が、金融市場を通じることなく金融機関に対して直接貸出を行うことで、金融機関の行動に影響を与える。また、現在では用いられなくなったが、さまざまな金利の基準となっていた、日本銀行の貸出金利である公定歩合を操作する(iii)公定歩合操作、主要な金融機

図2−10　金融政策の波及経路

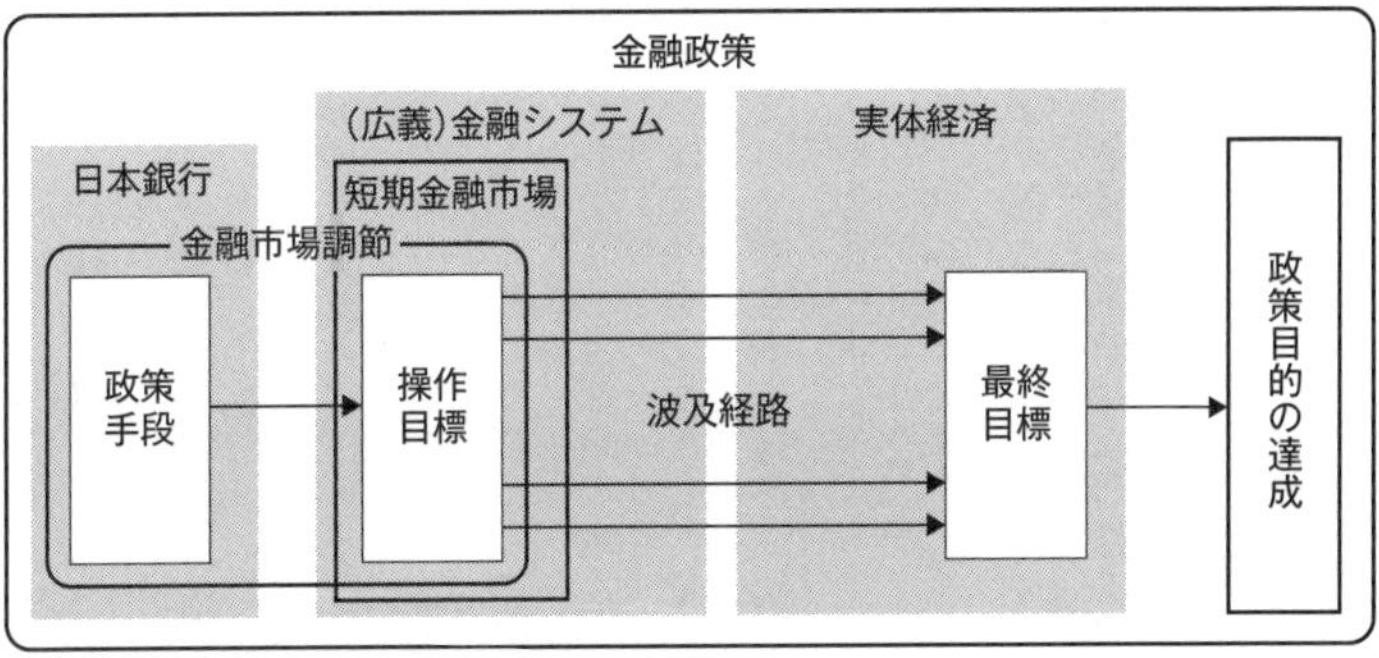

出所：内田（[2024] 図12−3）を筆者改変

関に対して貸出増加額を抑えるよう指導する(iv)窓口指導、受け入れた預金に対する準備預金の比率である準備率を操作する(v)準備率操作も、金融調節の手段として用いられていた。

こうした政策手段の操作を通じて最終的な目的を達成するまでの道筋、波及経路は、一般には図２−10のように表される。日本銀行が行う金融政策は、現在では金融市場調節方針と呼ばれる方針に従って運営されている[63]。金融市場調節方針には、金融政策の最終目的（マクロ経済の安定）を実現するための具体的な目標を示した最終目標（物価上昇率の値など）と、最終目標を達成する上で、当面の政策運営において日指すべき目標を示した操作目標（短期金融市場の金利水準など）が明記されている。日本銀行は、さまざまな政策手段を用いて日々の金融市場調節を行い、操作目標を達成することを通じて最終目標を達成しようとしているのである。

具体的な波及経路については理論的にさまざまなかたち

のものが示されており、一つひとつの経路はチャネルと呼ばれる。伝統的な金融政策の場合、主として想定されるのは四つのチャネルである。その一つめは金利チャネルと呼ばれるもので、金融システム全体の金利水準を変化させることで実体経済における資金調達者（企業等）の資金調達コストや資金運用者（預金者としての家計等）の運用利回りを変化させ、実物投資や消費といった経済活動に影響を与えようとするチャネルである。

二つめの信用チャネルは、金融システム内の資金提供者（金融仲介セクター）の資金調達・運用環境を変えることで、貸出（信用）をはじめとする資金供給行動を変化させ、企業等の経済活動に影響を与えようとするチャネルである。

三つめは資産チャネルで、金融資産や実物資産の価格を変化させることによって、それらを保有するさまざまな経済主体の支出行動に影響を与えたり、担保価値の変化を通じて貸出の利用可能性を変化させようとするチャネルである。

そして、四つめは為替チャネルであり、為替レートを変化させることで実体経済における経済活動（輸出や輸入等）に影響を与えようとするチャネルである。

なお、金融政策のはたらきに関しては、しばしば非対称性とラグの問題が指摘される。金融政策の非対称性とは、好景気で金融引締め（金利引上げや資金供給の抑制）を行うと景気を悪化させる（過熱を抑える）ことができるが、不況の際に金融緩和（金利引下げや資金供給の拡大）を行っても景気がよくなるとは限らない、といったように、政策効果が経済状況に応じて非対称性を持つことを表す。

これに対して金融政策のラグとは、政策効果がすぐには発揮されず、効果が表れるまで時間がかかることをいう。金融政策の非対称性は、引締めと緩和とで効果発現までのラグの長さが異なる場合にも発生すると考えられる。しかし、先に触れた通り、金融システムが十分な機能を果たせなければ実体経済の活動が活発になることはないのに対し、前者が十分な機能を果たしたとしても、後者が資金を有効に利用しなければ前者が活発になることはない。このため、実体経済の状態が金融政策の非対称性の原因となる可能性も考えられる。

金融政策の最終的な目的がマクロ経済（実体経済）の安定である以上、どのチャネルも金融システムのみで完結するものではない（本章３節⑵項の図２－２も参照）。つまり、金融政策は、実体経済のさまざまな経済主体（家計、企業等）の行動を変化させることで初めて効果を持つものである。しかし、中央銀行にできることは、政策手段を用いて操作目標を達成すること（金融調節）くらいまでであり、直接影響を与えることができる範囲は金融システムの内部（構成要素）に限られる。つまり、中央銀行はあくまで金融システムの状態を変化させ、資金の利用可能性を高めたり低めたりするだけであって、そのことを通じて間接的に、資金を利用したり資産を保有する実体経済の経済主体の行動を変化させようとしているわけである。

先に本章３節⑶項において、金融システムの目的達成における責任の範囲について触れた。同様の議論は金融政策に関してもあてはまる。つまり、仮に金融政策の目的が達成されていないとしても、その責任は中央銀行あるいは金融システムにあるとは限らない。金融政策の有効性は、実体経済の状態に依存するものであり、その評価は中央銀行あるいは金融システムの提供者だけでなく、システムの利用者（実体経済の経済主体）に関しても行う必要がある。

(5) 政府の失敗

なお、公的介入のはたらきに関しては、介入の負の側面についても触れておく必要がある。効率性を改善するために行われるはずの公的介入は、かえって非効率性を生み出し、新たな問題を招く可能性がある。そもそも介入を行う際には、実施する側の公的機関が投入する費用や、規制に対応するため民間金融機関が負担しなければならない金銭的・非金銭的コストなど、さまざまなかたちで取引費用が発生する。

また、介入が民間経済主体の行動を変化させ、非効率的な行動を誘発することで取引費用を発生させる可能性もある。介入によって、市場の失敗を放置した場合以上の非効率性が発生するような状況は、一般に政府の失敗と呼ばれる。

政府の失敗のうち、金融システムにおいて発生するものとして最もよく知られているのは、事後的プルーデンス政策（セーフティネット）を原因とする民間の経済主体の非効率的行動であり、セーフティネットがもたらすモラルハザードの問題と呼ばれる。たとえば、経営破綻に陥っても資本注入や流動性供給などにより救済してもらえることがわかっていれば、金融機関は何もないときに比べて経営努力を怠ったり、過剰なリスクテイクを行うかもしれない。

また、銀行に対する自己資本比率規制がもたらす問題も、キャピタル・クランチという名前で知られている。自己資本比率規制は、分母となる資産総額（正確にはリスク調整後の資産額）に対して分子の自己資本を一定比率以上保有することを求めるが、比率が低下した銀行は規制が期待するように分子を増やすのではなく、貸出を減らすことで分母を減らす可能性がある。こうした非効率的な行動は、公的介入がもたらす意図せざる行動であり、規制回避的行動ということもできる。

政治経済学的には、規制の虜（regulatory capture）と呼ばれる現象も指摘されている。これは、規制（公的介入）が被規制企業側の意向に沿って定められることを表している。たとえば、一定の既得権益を獲得した既存企業・既存業種が、新たな形態で同様の財・サービスを提供しようとする他企業・他業種に不利なかたちで規制や制度を定めるようはたらきかける、といった問題が、規制の虜の典型である[64]。公的介入を評価する際には、こうしたさまざまなかたちの政府の失敗に関する評価も必要となる。

最後に、どの種類の介入にも共通する問題として、過少な介入や過大な介入の問題が挙げられる。公的介入は、民間の経済主体が自発的に経済活動を行う中で発生する市場の失敗に対処するために行われる。しかし、その規模が過少であれば、問題となっている市場の失敗が十分に改善されないし、過剰であれば、市場の失敗は十分軽減されたとしても不必要な介入により民間の経済活動に悪影響を与える可能性がある。たとえば、景気悪化時に行われる公的金融による資金供給は、その規模が過少であれば資金制約が解消されず、実体経済の活動が活発にならないためはたらきが不十分となる半面、過大であれば、本来行われる必要のない金融取引を通じて、民間金融機関の仕事を奪う可能性がある。

9　本書における金融システム評価

(1)　評価のための「道具」の使い方

以上、本章では金融システムの評価を行うために、金融システムをシステムとしてとらえ（本章1節）、そこに経済学の理論研究の知見をあてはめることで、金融システムの評価に用いることのできる枠組み（道具）を整理した（本章2～8節）。ただし、ここまで整理したのはあくまで理論的枠組みであって、仮説にすぎない。実際に評価するためにはデータあるいは実証研究の結果（エビデンス）に基づき、こうした理論的枠組みが現実と整合的かどうかを判断する必要がある。

こうした評価を理論に忠実に行うならば、その手続きとしては、(a)とらえる金融システムの範囲をその目的（資金移動の目的）に応じて定め（本章2、3節）、(b)その金融システムあるいはサブシステムの各構成要素（本章4、8節）について、(c)特定の評価基準（本章5節）に照らし、(d)期待されている一つひとつのはたらき（機能）（本章6節）がみられるか、あるいは問題（本章7節）が発生していないかを評価していくことになる。

しかし、前節までの整理からわかるように、目的、構成要素、基準、機能あるいは問題はいずれも多岐にわたる。それらの組み合わせの一つひとつについて評価を行おうとすると、必要な作業は膨大になるが、紙幅の制約からして、一冊の書籍の中で行える評価の範囲は限られている。しかも、そうした一つひとつの評価は、個別の機能や問題を狭く、深く、詳細に分析・検証する学術論文の仕事である。こうした個別の評価に注目しすぎると、木ばかりを見るあまりに森が見えなくなり、かえってシステム全体の評価から遠のいてしまう可能性がある。

(2) 本書における評価のアプローチ

こうした理由から、本書での評価は理論側ではなく現実側から出発することにしたい。つまり本書では、実際の日本の金融システムに発生したといわれている重要な問題から出発し、その問題に対して該当する理論的枠組み（目的、構成要素、基準と該当する機能・問題）をあてはめ、その枠組みの妥当性に関するエビデンスをかき集め、ミクロではなくシステムレベルの視点に立って総合的に評価を行うことにしたい。

本書で扱う具体的な問題としては、本書の分析対象とする１９７０年代から２０１０年代の間に起こった大きな問題として挙げられる、資産価格バブルの形成と崩壊（１９８０年代後半～１９９０年代初め）（第5章）、不良債権問題と金融危機（１９９０～２０００年代初め）（第6章）、失われた30年における経済停滞（１９９０年代～２０１０年代）（第7、8章）とする。これらの問題の評価は、日本の金融システムが置かれた状況と制度環境（第3章）、ならびに日本の金融システムの構造（第4章）を確認した後に行うことにする。

なお、こうしたアプローチを取る結果として、本書における評価は、前項で示した手続きとの対応でいえば、(a)の範囲と目的については貸借のための資金移動を円滑にするための金融システムに注目し、(b)の構成要素としては主に金融システム内の重要な登場人物である金融機関、特に金融仲介機関と、金融システムに対して公的介入を行う行政機関や中央銀行、あるいはそうした公的機関が設計した金融制度を評価することになる。ただし、以下では、金融システムの利用者である実体経済側の経済主体に関する検討も欠かせないことが明らかになる。

(c)の評価基準に関しては、経済学における基本的な価値判断基準である効率性の基準、ならびにシステム全体を評価する際に欠かせない安定性の基準が中心となる。(d)の機能あるいは問題に関しては、望ましい機能（本章6節）がみられたかどうか、という評価も含むものの、どちらかといえば、望ましくない機能（問題）（本章7節）が発生したかどうか、その原因は何か、といった評価が主となる。

【第2章　注】

（1）　目的が明確でないのは、上述の「資金循環」も同様である。この言葉は、「通貨・信用」の「流れ」として、金融取引（貸借）のための流れと、財やサービスの売買に伴う通貨の流れ、つまり支払い・決済のための流れの両方を含んでいるからである。ただし、統計調査としての資金循環統計は、さまざまな証券の売買を把握して作成されるため、貸借のための流れのみをとらえている。

（2）ただし、資金をやり繰りすること（資金繰り）を「金融」とするならば、受け取る側のやり繰り、という意味で、これらの資金移動も「金融」に含まれ得る。

（3）ただし、決済を商品・サービスの受取り時点より前（前払い）や後（後払い、掛取引）に行うこともあり、その場合には実質的に代金の貸し借りが発生する。

（4）ただし、派生証券は必ずしもリスクヘッジ目的で取引されるわけではない。原資産の取引とは無関係に、派生証券から発生するキャッシュフローのみに注目して利益を得ようとする、いわゆる投機目的の取引も行われる。

（5）ただし、のちに触れるように、金融政策の目的に関するこうした教科書的な説明は、実際の日本銀行の目的とは必ずしも一致していない（本章８節(1)項を参照）。

（6）経済学（金融）の分野でいうと、資金循環の円滑化（本来の目的）はファイナンス・バンキング分野のミクロ経済学的な視点から見た目的だといえるのに対し、マクロ経済の安定化や経済成長など（本来の目的を超えた目的）は、貨幣論あるいはマクロ経済政策などのマクロ経済学的な視点から見た目的ということもできる。

（7）先に触れた通り、ここでいう貸借は株式等を含む証券取引に伴う金銭のやり取りであり、厳密には貸手・借手ではなく資金提供者・資金調達者である。

（8）システム工学におけるシステムのとらえ方でいえば、組織レベルやセクターレベルの構成要素はシステム内のサブシステムに対応する。

（9）なお、日本では金融仲介セクターの一部を財政投融資計画に基づく公的金融が構成してきた。本書では紙幅の関係上詳しく触れることができないが、第３章２節(3)項②を参照。

（10）証券会社がマーケットメーカーとして、在庫で保有する証券を用いて自ら取引に応じるケースもあるが、図では複雑さを避けるため、描いていない。

（11）この点について、詳しくは内田（2006）も参照。

（12）経済学における価値判断の基準、価値のとらえ方とその限界については内田・堂目（2023）を参照。

（13）より厳密にいえば、ある資源配分と比べ、別のかたちで資源を配分することで、誰の効用（利潤）を低めることなく、誰かの効用（利潤）を高めることができる場合、後者は前者よりもパレートの意味で望ましい資源配分と呼ばれ、資源配分を変更することでパレートの意味での効率性が向上することを、資源配分の改善、あるいはパレート改善と表現する。効率性が最も高い状態は、パレート改善が不可能な状態である。

（14）このように、二つの問題が互いに裏返しの関係を持つことは、理論的には双対性と呼ばれる。

(15) 取引費用についてはWilliamson（1985）、伊藤（2003）などを参照。

(16) 内田ほか（2012）は、東日本大震災の際に発生した二重債務問題の理論的検討において、「行われるべき資金提供が行われない」あるいは「行われるべきでない資金提供が行われてしまう」という問題をそれぞれ第一種の過誤、第二種の過誤と呼んで区別し、詳しく説明している。

(17) 理論的には、資金提供の見返りとなるリターンが同じだとしても、危険回避度が高い（低い）資金提供者ほど、より小さな（大きな）リスクを負担することで期待効用が高まる。このため、リスク配分の効率性は、期待効用をできるだけ大きくするようにリスクを配分すること、として表すことができる。

(18) 資金配分やリスク配分を目的とする資金移動にも取引費用が発生するため、資金配分の効率性やリスク配分の効率性は、資金移動の効率性と排他的な概念ではない。

(19) たとえば日本の中世において、問丸と呼ばれる組織が行っていた割符（さいふ）と呼ばれる証紙を用いた送金が挙げられる（Teranishi［2020］参照）。

(20) なお、資金移動に関しては、偽札の使用、不正送金、決済システムの障害などの問題を防ぐ、といった安全性の基準も重要である。資金移動の安全性は、技術的な問題としてとらえられることが多いため、経済学的にはあまり注目されないが、実務的には非常に重要な基準である。

(21) 証券自体のリスクの計測については、資産価格モデルなどに基づいて理論的な値を求めることが可能である。

(22) なお、同じ経済学でも財政の分野においては、効率性と安定性と、次に説明する公平性の三つが並んで示されることが多い。たとえば古典ともいえるマスグレイブ（［1983］第1章）では、財政の三機能として配分機能、分配機能、安定機能を挙げているが、これらは効率性、公平性、安定性の基準にそれぞれ対応する。

(23) ただし、金融システムに関して公平性が正面から扱われる数少ない例として、ホールドアップ問題と呼ばれる問題と、利益相反問題を挙げることができる。本章7節(6)項を参照。

(24) 公平性の判断においては、政治の問題、社会の問題など他のさまざまな問題を考慮する必要がある。このため、経済学以外の学問分野の考え方にも依拠する必要がある。

(25) たとえばグレーバー（2016）は、文化人類学の立場から金融（貸借）においても公平性に注目すべきだという問題提起を行っているといえる。

(26) エプスタイン＝ユーザス（2015）などを参照。

(27) 計測の問題としては、何を測るべきなのかという問題もある（エプスタイン＝ユーザス［2015］参照）。たとえばソーシャル・ファイナンスの評価においてはしばしば、資金の提供量や、それを用いて行われた社会的事業の活動量（「アウトプット」と呼ばれる）が注目される。しかし、本来評価すべきは活動の結果として課題がどこまで解決したか（「アウトカム」）、それによって社会がどう変わったか（「インパクト」）である。たとえば教育格差解消のための事業の場合、どれだけその事業に資金を提供したか、あるいはその資金によって何人に教育を施したかではなく、その結果何人が十分な知識を身につけ高等教育を受けたり定職を得たかが重要である。

(28) 保証の提供は先の③リスク配分機能にも含まれていたが、③でいう保証は、他者の資金提供を促進するために貸借に直接関わらない第三者（金融業者等）が提供し、リスクを負担するような保証であるのに対し、ここでの保証は経営者による個人保証などにより貸手である金融仲介機関が自らの資金提供（運用）に際して保証を求める場合を指す。

(29) 貸借におけるモラルハザードについては内田（[2024] 4．2節）を参照。

(30) 貸借における逆選択の問題については内田（[2024] 4．3節）を参照。

(31) 銀行が収集する情報は、財務状態、担保差入れ可能な資産の存在やその担保価値など、容易に伝達可能な数値・定量情報に加え、経営者の能力や製品・サービスの強みなど、伝達や評価が難しい非数値・定性情報も含まれる。前者はハード情報、後者はソフト情報と呼ばれている。ハード情報は、大量に収集して評価を行うことでコスト削減や利用上のメリットが発揮されるため、規模の大きな銀行ほど有効に利用できるはずである。これに対してソフト情報は、借手との面談や現場訪問など、コストをかけて収集する必要があるため、小規模の銀行ほど強みを持つと考えられる。ソフト情報を重視する貸出はリレーションシップ貸出と呼ばれ、リレーションシップ貸出による貸出促進は、いわゆるリレーションシップ・バンキング（地域密着型金融）のメリットとして説明されるものの一つである（内田［2010］参照）。

(32) 情報生産機能もリスクを削減する機能であるため、広い意味では⑥を含めてリスク削減機能と呼ぶこともできる。しかし、金融仲介機関の機能を説明する際には⑥を独立して取り上げることが多いため、ここでも便宜上、証券設計によるインセンティブ契約の提供という狭い意味でのリスク削減を⑤とし、⑥とは区別している。

(33) 実際に、長期多面的な取引関係に基づく情報生産がもたらすメリットは、メインバンク、あるいはリレーションシップ・バンキングの機能として特に強調されている。

(34) なお、金融仲介機関や集団投資スキームの資産運用の中には、既発行証券の購入、すなわち証券の二次取引も含まれる。たとえば銀行は、売掛金や手形といった企業間信用、他の金融機関が実行した住宅ローンなどさまざまな債権について、当初約束された返済時点より前に購入（割引）する。理論的に考えると、こうした機能は最終的借手に対する資金の提供を通じて⑤リスク削減機能や⑥情報生産機能を発揮するものではないが、運用先の多様化を通じて分散化のメリットを増大させ、広い意味でのリスク削減を促進する。また、既発行証券の購入は資産の流動化にほかならないため、その部分だけを取り上げると②流動性供給機能の発揮と考えることもできる。

(35) 本章4節(4)項の言葉を用いると、本源的証券と間接証券との間で単位、満期、リスクを変化させるのが⑧資産変換機能である。

(36) 流動性保険機能は流動性供給機能と呼ばれることもあるが、金融市場セクターの機能の②（図2-7参照）からもわかるように、「流動性供給」という言葉は、他のさまざまなケースでも用いられる言葉である。たとえば、中央銀行が資金不足の銀行に貸出を行う場合も、流動性供給と呼ばれる。

(37) 関連して、預金取扱金融機関は預金と法貨の交換だけでなく、種類の異なる（国を越えた）法貨同士、あるいは同種だが単位が異なる法貨同士を交換する機能、すなわち両替機能も提供している。

(38) 資金移動機能は、法制度上は銀行の固有業務である為替業務に対応する機能である。ただし、厳密にいえば、法律上の「為替（取引）」は資金移動のうち隔地間で行われるものを指し、法律上の「資金移動」もこの意味での為替（取引）を指す。とはいえ、実際には遠隔地間でなくても預金口座間の資金移動は行われており、ここではこれらも含んで資金移動と呼んでいる。

(39) 為替証書を用いた送金、資金移動業者による電子マネーを用いた資金移動など、預金口座を用いない資金移動もある。

(40) ここでは単純化のため法貨と民間預金取扱金融機関の預金だけを考えているが、実際には中央銀行（日本銀行）が預かる当座預金も考慮する必要がある。この点については後述する。

(41) 預金取扱金融機関の組織レベルの機能としては、ここで紹介するもの以外にも理論的に示されているものがある（内田[2010] 第1章3．4．5節、第3章1節参照）。しかし、ここで説明する機能に比べれば発揮される状況が限定され、一般性を欠くため、ここでは紹介しない。

(42) 為替証書を用いた送金も、組織レベルで資金移動機能を発揮するが、ある支店で送金者から法貨を受け取り、別の支店で（別の）法貨を受取人に支払うというかたちを取るため、預金口座を通じるものではない。

(43) ここでは説明の簡単化のため単純化しているが、実際にはクリアリングが行われているため、個別の資金移動ごとに日本銀行当座預金が増減するわけではない。

(44) 本節の内容は、内田（[2024] 第13章）、内田（2020）に基づきつつ、追加的な観点も取り入れ、より一般的に、かつやや平易なかたちで再整理したものである。より詳しくはこれらの説明を参照されたい。

(45) 本項の内容の基礎となるのは厚生経済学・公共経済学の考え方である。こうした考え方については、公共経済学の教科書（スティグリッツ［2003］など）を参照されたい。

(46) 完全競争状態とは、(i)取引される財やサービスに関して需要者と供給者が極めて多いために、個々の市場参加者が自らの取引によって価格に影響を与えることができない、(ii)各市場参加者は市場や財・サービスに関して完全な情報を持っている、(iii)市場参入は自由である、といった条件が満たされる状態を指す。詳しくはミクロ経済学の教科書（神取［2014］など）を参照。

(47) 銀行取付のように、調達サイドと運用サイドの満期のミスマッチを原因として生じる資金不足は、短期で調達して長期で運用する金融仲介機関や集団投資スキームであれば常に発生する可能性がある。ただし、預金がいつでも引き出せることからわかるように、預金取扱金融機関は調達サイドの満期が著しく短いため、その可能性が特に高い。

(48) ここでいうネットワーク外部性は負の外部性であるが、逆に利用者が多いほどそのネットワークが提供するサービスのメリットが増加し、ネットワークの価値が高まる状況を、正のネットワーク外部性と呼ぶ。

(49) バブルと信用膨張との関係に関する理論的説明については第5章2節(1)項を参照。

(50) バブルの理論については、たとえば櫻川（[2021] 第2、3章）を参照。

(51) 播磨谷（2003）などを参照。

(52) ただし、金融危機と呼ばれるものについて、実際に見られる現象は多様である。各国のさまざまな金融危機の状況、そして金融危機という言葉の定義については、たとえば伊藤（2013）を参照。日本の金融危機については本書第６章を参照。

(53) 内田（[2020] 3．3．4節）参照。

(54) なお、利益相反行為はしばしばその行為者（受益者）による「モラルハザード」と表現されることもあるが、少なくとも経済理論におけるモラルハザードは資源配分の効率性の問題であり、分配の問題に「モラルハザード」という言葉を用いるのは適切でない。

(55) 以下本節の内容の多くは内田（[2024] 第14章）を参考にしている。詳しくは同章を参照されたい。

(56) ただし、以下で説明するように、③の一部は分配の公平性の改善を目的としており、この場合には効率性ではなく公平性が評価基準となる。

(57) 近年では、金融システムの個々の構成要素に注目してシステムの安定を確保するミクロプルーデンス政策から、システム全体を見てシステミックリスクを防ぐことを目指すマクロプルーデンス政策へと考え方が変化してきている。内田（[2024] 14章）を参照。

(58) 日本銀行ホームページ「金融政策の概要」（https://www.boj.or.jp/mopo/outline/index.htm、２０２３年7月4日アクセス）より。

(59) 各地域で営業する金融機関の許認可等で、地方政府も一定の役割を果たしている。

(60) さまざまなプルーデンス政策について、詳しくは内田（[2024] 第14章）、内田（2020）などを参照。

(61) なお、参入規制や業務分野規制に関しては、専門性の発揮による効率性改善、利益相反の防止による公平性の確保、といった、さらに別の目的を考えることもできる。

(53) 金融政策についてより詳しくは、内田（[2024] 12章）などの教科書を参照されたい。

(63) 金融市場調節方針が明確に示されるようになったのは１９９８年からであるが、ここでの波及経路の説明はそれ以前の金融政策にもおおむね妥当する。

(64) Bó [2006] などを参照。

第３章　経済環境と金融制度の変遷[1]

日本の金融システムを評価する上では、システムを取り巻く経済状況や時代背景、制度の状況を確認しておくことが重要である。そこで、前章で整理した道具立てを使って日本の金融システムを評価する前に、その準備として、本書で注目する１９７０年代後半から２０１０年代までの時期における経済状況と、金融制度の状況について確認しておくことにしよう。

具体的には、まずこの時期の日本経済の状況を、マクロ経済指標によって確認する（１節）。この確認を通じて実体経済の様子を明らかにすることで、日本の金融システムを取り巻く環境の変化を明らかにする。次に、金融制度に注目し、この時期の変遷を振り返る（２節）。金融制度は、日本の金融システムにおいて、民間の経済主体が金融に関するさまざまな経済活動を行う上での環境を規定するものである。ただし、実体経済と金融システムは相互に影響し合っており、金融制度もその時どきの金融システムの状況に応じて変更されるため、注意が必要である。

1　マクロ経済指標の動きから見た日本経済の変化

まずこの時期の日本の経済の変化を経済成長と物価の面から確認してみよう。図3－1は、GDPの成長率（名目、実質）と物価（消費者物価指数：CPI）の変化率を図示したものである。

GDP（名目）は、1970年代には年率10％を超えて成長していたが、1980年代に入ると4～8％の範囲で推移するようになり、1990年代、特にその後半に入ると成長が止まっている。その後はいわゆるリーマン・ショック、すなわち世界金融危機の影響による落ち込み（2000年代後半）が顕著である。また、図からわかるように、2020年度にも大きな落ち込みが見られるが、これはコロナウイルス感染症拡大の影響である。

物価上昇率は、1970年代に見られた高いインフレが1980年代後半に向けて収まり、1990年代初めにかけて3％程度の上昇を見せたあと、1990年代後半には0％を下回るデフレの状態に陥った。途中、物価上昇率が正となっている年も見られるが、これらは消費税引上げの影響を表しているものと考えられる。(2) このため、デフレ、あるいは物価が上昇しない状態は少なくとも20年以上は続いていることになる。

以上のように、1990年代以降は総じて経済活動が停滞し、物価がデフレ基調にある時期であった。こうした状況は、2010年代には失われた20年と呼ばれたが、その後も変化がないため、の

図3－1　GDPと物価上昇率

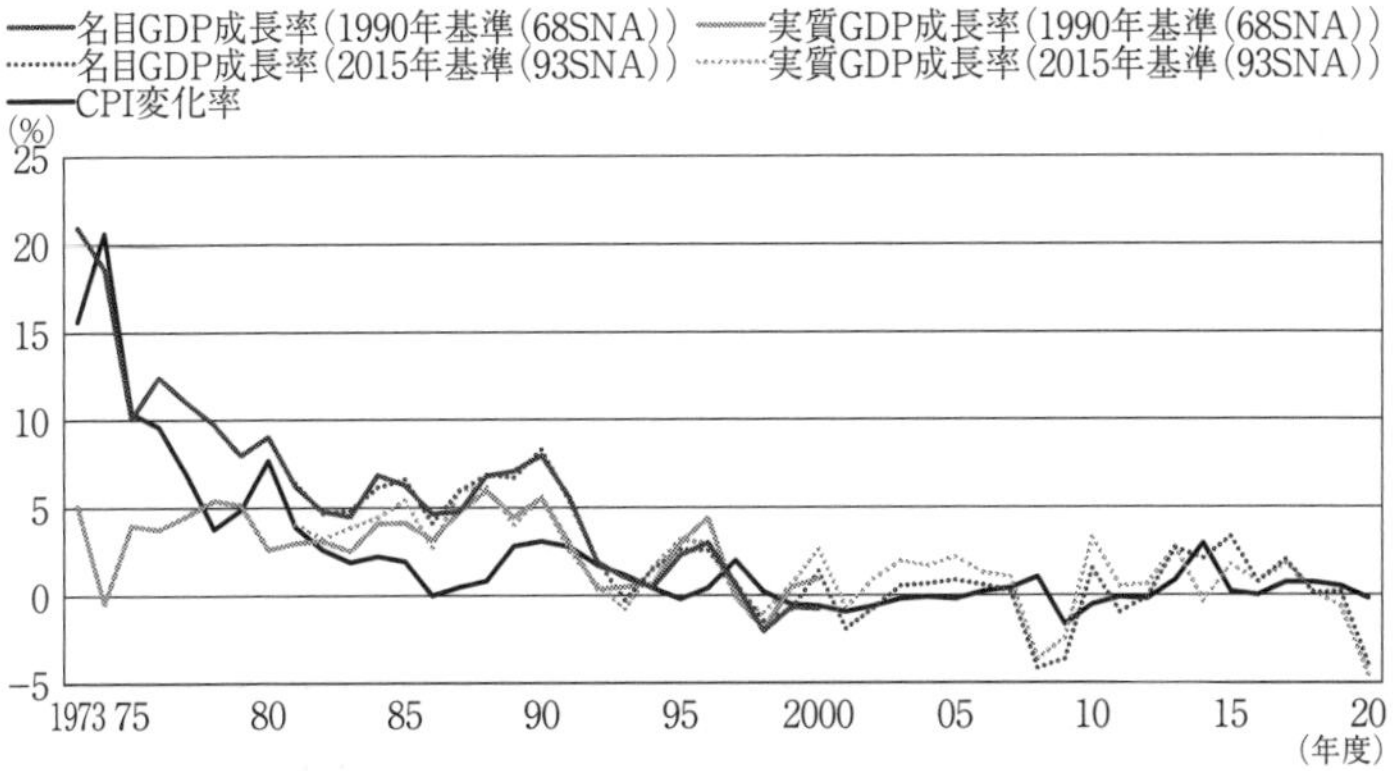

注：GDP成長率は年度原数値の前年度比成長率、実質GDP（2015年基準）は連鎖方式、CPI変化率は全国・総合の年度平均値の前年度比変化率。なおGDPは期間を通した指標が存在しないため、名目、実質ともに2基準の数値を示している。
出所：内閣府社会経済研究所「国民経済計算」、総務省統計局「消費者物価指数」より筆者作成

ちに失われた30年と呼ばれることとなった。

次に、地価の変動を示したのが図３－２である。地価は、期間の前半に緩やかな上昇が続き、１９８０年代後半に急激な上昇を見せたあと、１９９０年代初頭にピークを迎えた。その後、１９９０年代後半に向けて大幅に下落し、その後も２０００年代半ばに向けておおむね緩やかに低下している。２０００年代後半には活発な不動産取引による一時的な価格上昇がみられ、ミニバブルなどと呼ばれたが、この上昇はすぐに収束し、その後は緩やかな上昇が続いている。この図からは、１９８０年代後半から１９９０年代初頭にかけて、資産価格バブルと呼ばれた現象が発生したことが明確に見て取れる。

資産価格バブルは株価にも観察される（図３－３）。期間当初の株価は緩やかに上昇していたが、１９８０年代後半に急激な上昇を見せ、１

図3-2　地価の変動

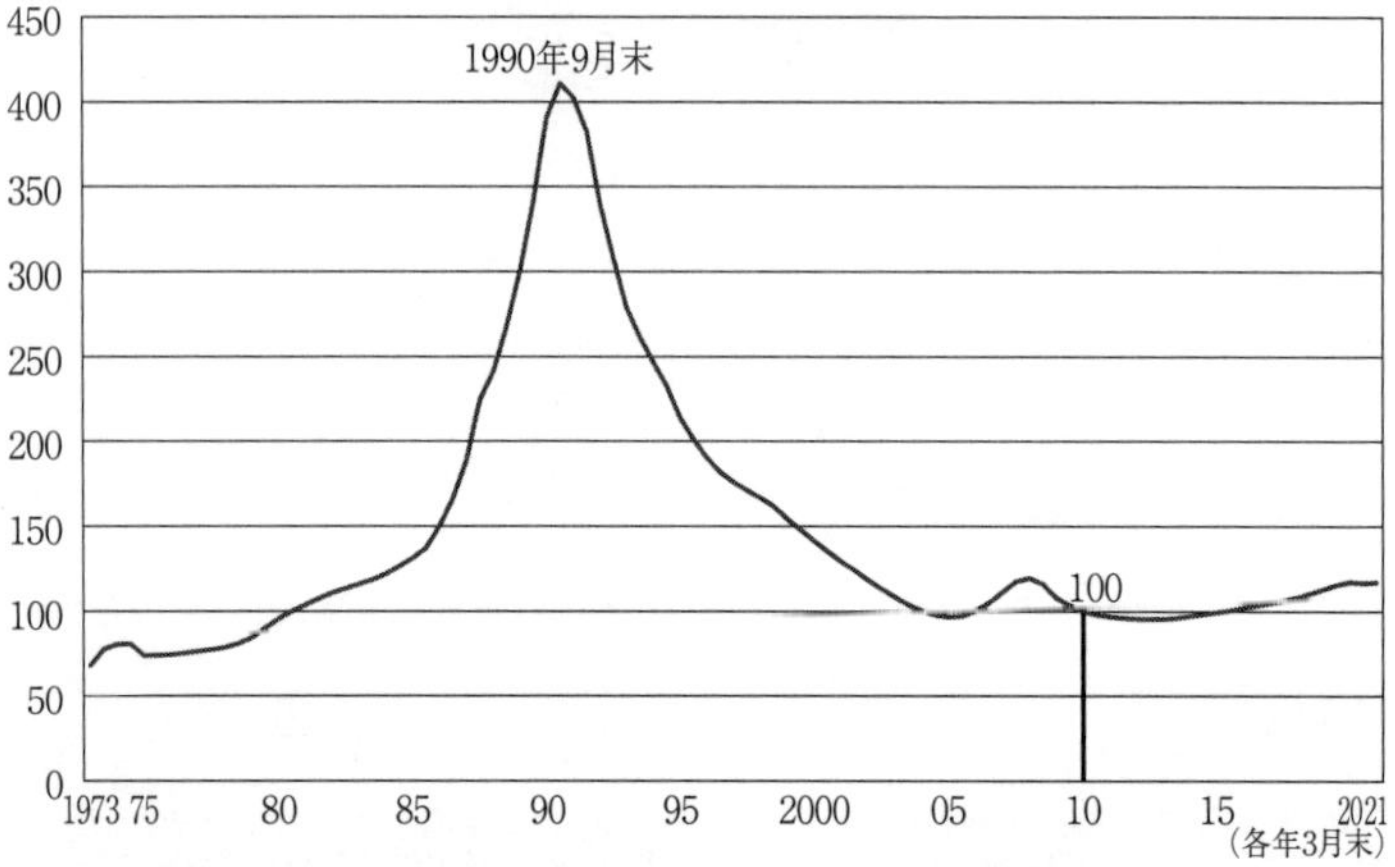

注:2010年3月末を100とする各年度半期末時点の指数。
出所:一般財団法人日本不動産研究所「市街地価格　六大都市市街地価格指数(平均)」より筆者作成

図3-3　株価の推移

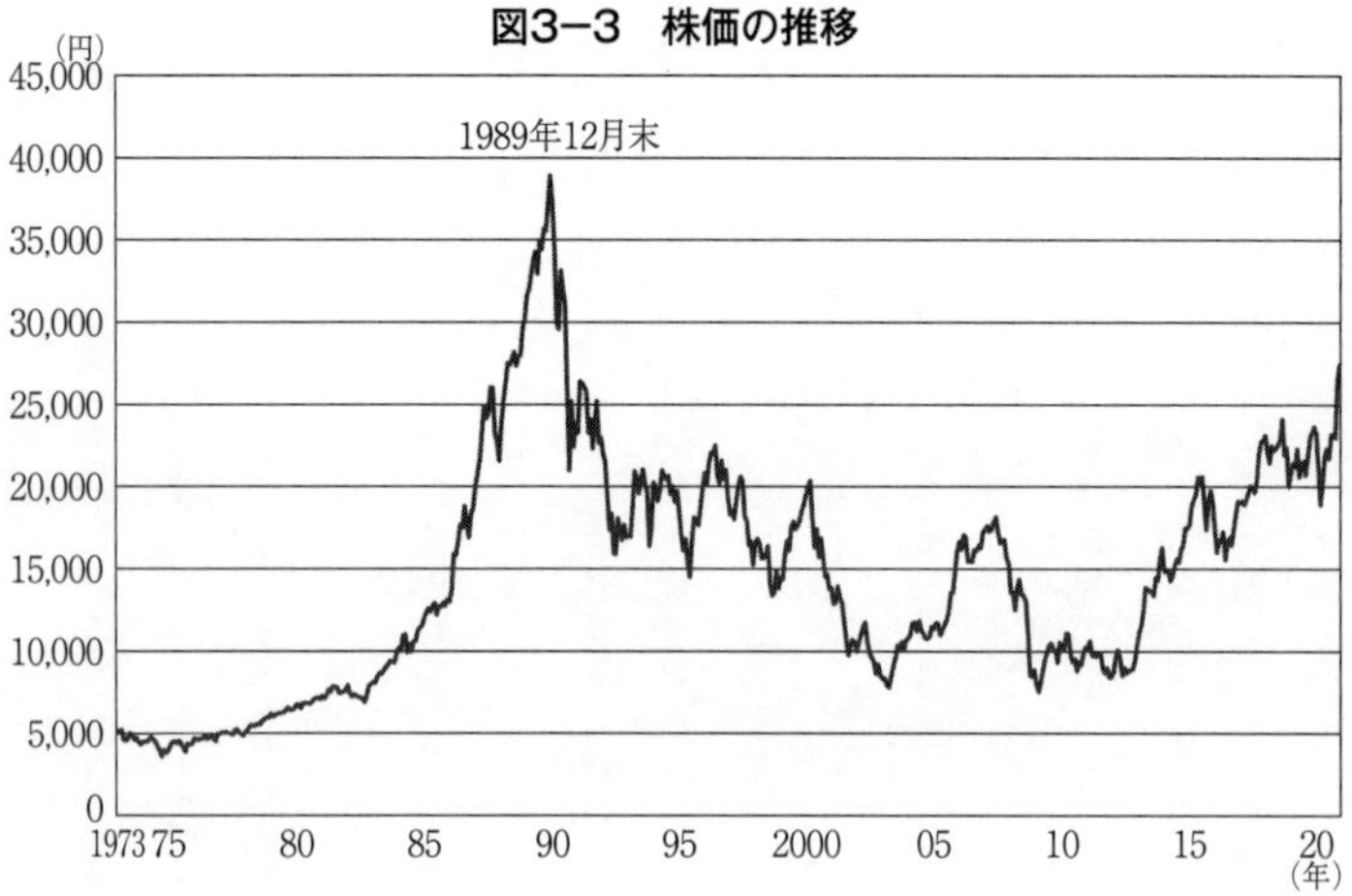

注:月次、月間終値。
出所:日本経済新聞社「日経平均株価」より筆者作成

図3−4　金利の推移

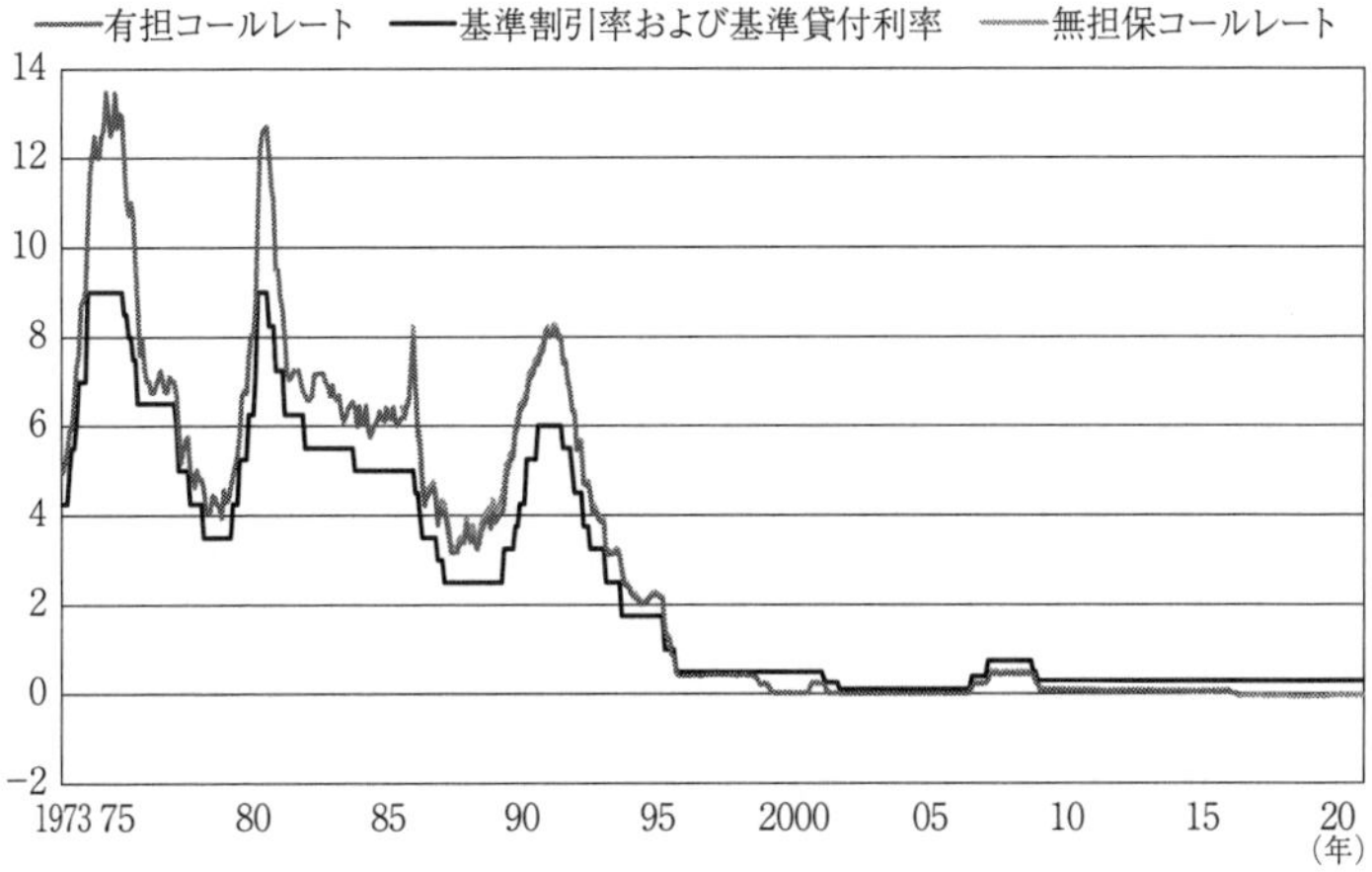

出所：日本銀行「コールレート（月次）」「基準貸付利率等」より筆者作成

１９８０年代終わりにピークを迎えた後、急落している。１９９０年代においては、おおむね１５０００円から２００００円の範囲で推移していたが、２０００年代前半には１００００円を割り込んだ。その後は２００７年に向けて持ち直したものの、２００８年には再び１００００円を割り込んでいる。しかし、２０１０年代には再び上昇が始まっており、期間の終わりには１９８０年代半ばの水準にまで回復している。

図３−４には、金利水準の変化を表す指標を示している。さまざまな金利は裁定を通じておおむね連動するが、その全体的な水準は、経済状況に応じて変動するとともに、日本銀行の金融政策から影響を受ける。図の中でもコールレートは、日本銀行の金融政策のスタンスを表してきた指標である。コールレートの水準は、１９９０年代後半までは、同じく図示した基準貸

図3−5　外国為替相場の動き

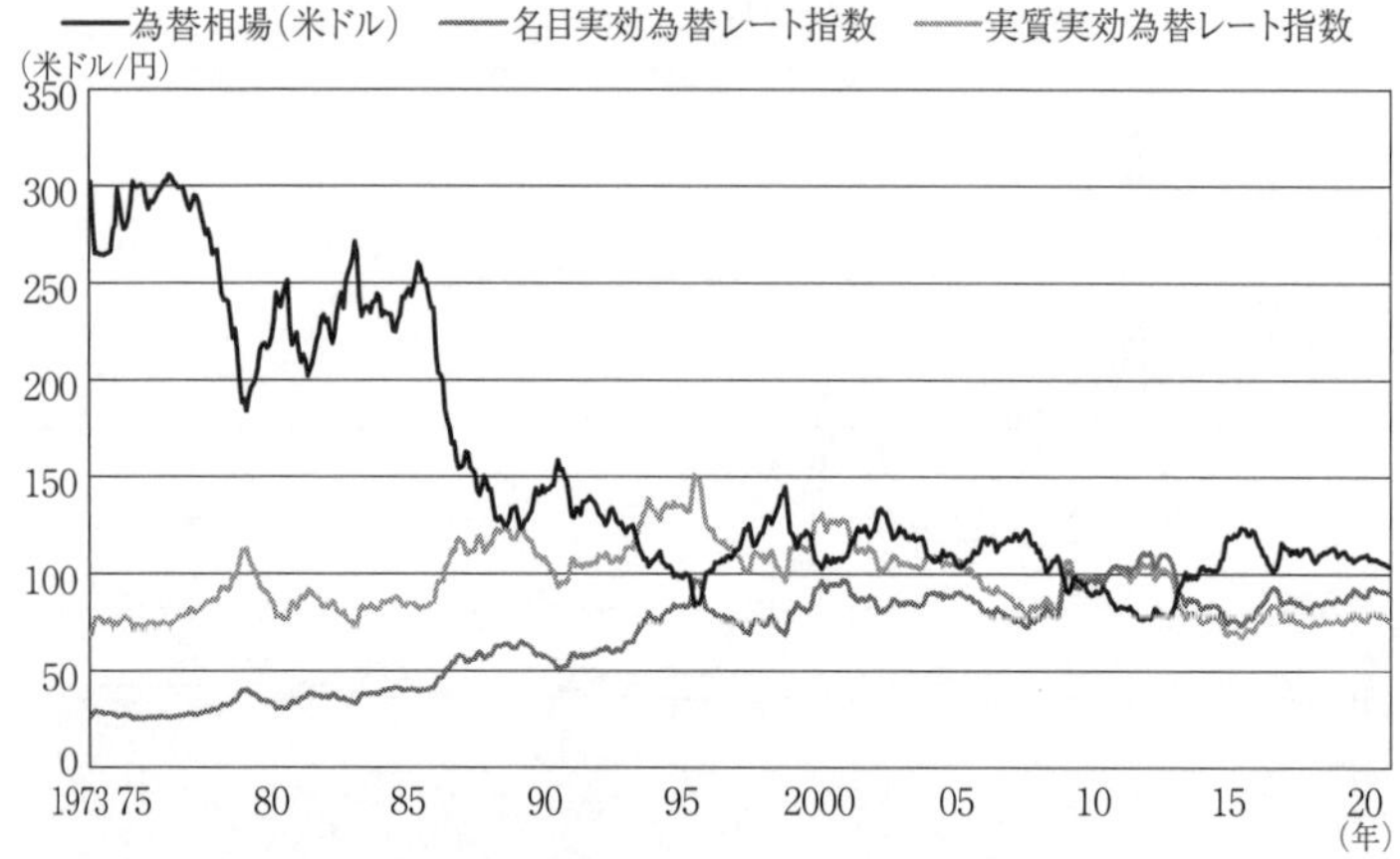

注：為替相場（米ドル）は東京市場17時時点のドル・円スポット相場の月中平均。
出所：日本銀行「為替相場（東京インターバンク相場）」「実効為替レート」より筆者作成

付利率（以前の公定歩合）によって、その後は短期金融市場における公開市場操作（オペレーション）によって、金融政策の下でコントロールされてきた。

図からわかるように、金利水準は1990年代初めの資産価格バブル崩壊の時期まで景気に応じて変動している。すなわち、景気過熱時には金融引締めのため上昇し、景気減速期には金融緩和のため下落するというパターンをおおむね示していた。しかし、1990年代後半以降は、景気の減速とともに一貫して引き下げられることになった。特に、1999年2月のいわゆるゼロ金利政策以降は、2000年代後半のごく一部を除き、ほぼゼロに近い非常に低い値となっている。

図3−5には、外国為替相場の動きを示している。この時期は、1973年2月13日の固定

相場制から変動相場制への移行から始まっている。相場水準は、期間当初は1ドル300円台であったが、1980年代前半には200~250円程度となり、いわゆるプラザ合意（1985年9月22日）以降は1990年代半ばの80円台まで円高が進んだ。その後はいったん円安が進んだが、1990年代後半からは緩やかな円高が進行しており、2010年代前半には70円台に到達している。その後、2010年代にかけては100円超で推移している。

ただし、円の実力を見る上では、多くの通貨に対する指数として計算される、実効為替レートと呼ばれる総合的な指標で見るほうが適切である。実質の実効為替レートを見た場合、変動はあるものの、期間当初から1990年代後半にかけて一貫して上昇しており、他通貨に対する円の購買力は増加してきた。しかし、その後はほぼ一貫して緩やかに減少し、円の実力は少しずつ失われている。期間終わりの水準は、1970年代と同程度になっている。

以上のマクロ経済指標の個別の検討を踏まえ、全体を俯瞰すると、1970年代後半から2020年という期間の日本経済は、いくつかの特徴的な動きを含む期間であったといえる。具体的には、この時期は大きく四つの時期に分けることができるだろう。

第一に挙げられるのは1970年代である。この時期は、高成長・高インフレが特徴的な時期である。第二の時期は1980年代後半であり、好景気と資産価格の膨張が見られた時期である。第三の時期は1990年代前半である。この時期は、資産価格バブルの崩壊から景気減速を迎えた時期である。最後の時期は、１９９０年代後半以降の20年以上にわたる期間であり、長きにわたって景気低迷と大幅な金融緩和が見られた。

2　金融制度の変化

次に、これらの時期の金融制度を確認しておこう。期間全体を通して金融制度の変化をとらえると、大きな変化が見られた前半と、比較的変化の少ない後半に分けることができる。前半にあたるのは１９９０年代初めまでであり、競争制限的な制度が問題視され、金融制度のさまざまな側面で自由化を大きく進めるための変更が行われた。この時期には金利の自由化・国際化も進められ、現在も存在するさまざまな金融市場の整備が行われた。また、１９８０年代半ばからは、金融機関の業務分野に関して自由化が行われた。これに対して後半は、前半ほどの大きな変化は見られず、時代に応じて必要な制度変更が行われていった。

以下ではこうした制度の変化を、(1)金利の自由化・国際化と金融市場の整備・発展、(2)金融機関の業務分野自由化、および(3)規制当局と公的金融改革、の三つの視点から確認し、それぞれ順にまとめることにしたい[3]。ただし、これらの変化は、いわゆる平時の制度に関する変化である。この時期に見られた金融制度の変化としては、金融システムに発生した問題に対処するための、危機対応に関する制度整備についても触れておく必要がある。１９９０年代後半に発生した金融危機（第６

章参照）により、日本の危機対応制度の整備は大きく進展した。こうした制度整備については本節の最後で確認する。

(1) 金利自由化、金融市場の整備と金融の国際化

① 金利自由化の流れ

この時期は、金利等の自由化と金融市場の整備、金融の国際化が同時進行で起こり、金融活動に関する制約が緩和されて競争が大きく促進された時期である。このうち自由化と市場の整備について、主な動きをまとめたのが表３－１である。

まず全体的な流れを確認すると、表から一目でわかるように、自由化はこの時期前半に大きく進み、１９９０年代初めには完了している。また、こうした自由化と同時に市場の整備が進められていることもわかる。その後の時期、つまりこの時期後半は、自由化され市場が整備された金融システムにおいて、その時どきの新しい金融の動きに対応する制度整備が進んだ時期といえる。

金利自由化に関してもう少し詳しく見てみると、当初の自由化は、金利が市場で決定される自由金利商品が登場し、それと競合する規制金利の市場が縮小したため、規制市場側がそれに対応する、というかたちで進んでいった。

その発端となったのは、１９７５年の国債発行特例法施行による、いわゆる赤字国債発行以降の国債の大量発行である。国債残高の増大とともに、その受け皿として整備された国債の流通市場は、

表3－1　金利自由化と金融市場の整備・発展の主な動き

和暦	西暦	金利等の自由化	金融市場の整備・発展
S50	1975	短期貸出金利自主規制廃止（普通・相互・信託銀行、生保・損保）	公債発行特例法施行（国債大量発行時代へ）
S52	1977		国債の売却制限緩和（国債流通市場の形成）
S54	1979	CD（譲渡性定期預金）導入	無担保転換社債発行開始（松下電器）
S55	1980		中期国債ファンド認可
S56	1981	期日指定定期、ビッグ、ワイド創設認可	
S58	1983		転換社債の適債基準緩和（第1回目）
S59	1984		普通社債の適債基準緩和（第1回目）
S60	1985	市場金利連動型預金導入、大口定期預金金利自由化開始	無担保普通社債発行開始（TDK） 国債先物取引開始
S61	1986		東京オフショア市場開設
S62	1987		CP（無担保商業手形）発行開始
S63	1988		株価指数先物取引開始
H1	1989	新短期プライムレート導入	債券貸借市場創設 東京金融先物市場取引開始 株価指数オプション取引開始
H3	1991	新長期プライムレート導入	
H4	1992		MMF販売開始
H5	1993	定期預金金利完全自由化	社債発行限度枠撤廃
H6	1994	流動性預金金利の完全自由化	
H8	1996	保険業法改正（保険商品・料率の自由化等）	社債適債基準撤廃 債券貸借市場（現担レポ取引）開始
H10	1998	損害保険料自由化（算定会料率使用義務廃止）	コミットメントライン（特定融資枠契約）制度整備 取引所集中義務撤廃 SPC（特別目的会社）制度整備（土地・債権流動化）

H11	1999	株式売買委託手数料自由化	マザーズ開設
H12	2000		資産流動化のための制度整備(拡充)
H13	2001	株式の投資単位引下げ	上場投資信託(ETF)取引開始 新現先取引スタート 不動産投資信託初上場 東京・大阪証券取引所株式会社化
H14	2002		社債等振替制度・清算機関制度整備
H16	2004		ジャスダックが証券取引所化
H18	2006		信託業法改正(新しい類型の信託創設)
H20	2008		ETFの多様化(投資対象拡大) 電子記録債権法施行
H22	2010		大阪・ジャスダック証券取引所が経営統合
H23	2011		ライツ・オファリング(新株予約権無償割当てによる増資)に係る制度整備 TOKYO PRO-BOND Market(プロ投資家向け債券市場)創設
H24	2012		店頭デリバティブ規制の整備
H25	2013		東京証券取引所グループ・大阪証券取引所が経営統合、日本取引所グループ上場、大阪証券取引所現物市場が東京証券取引所に統合
H26	2014		NISA(少額投資非課税制度)導入 投資型クラウドファンディング等に係る制度整備
H27	2015		プロ向けファンド(適格機関投資家等特例業務)に関する規制
H29	2017		株式等の高速取引に関する法制の整備
H30	2018		つみたてNISA開始 休眠預金等活用法施行

出所：池尾ほか(1993)、公社債引受協会編(1996)、西村(2003)、東短リサーチ編(2019)、金融庁『金融庁の1年』(各年版)、日本取引所グループホームページ等を参考に筆者作成.

自由金利のオープン市場であり、規制金利の市場、特に大口の預金市場と競合した。また、国債に投資する投資信託である中期国債ファンドの登場や、現先市場の拡大も起こった。このため、期間当初においてはCD（譲渡性預金）や期日指定定期、ならびに自由金利の新たな金融商品（ビッグ〔貸付信託〕、ワイド〔金融債〕など）の導入が行われ、のちには大口預金の金利規制自体の段階的自由化が行われるようになった。この結果、1994年には流動性預金を含めてすべての預金が自由金利となった。

貸出金利に関しては、銀行・保険業において業界一律とされていた短期貸出金利の自主規制が1975年に廃止された。1989年と1991年には、最優遇金利であるプライムレートが短期、長期について、それぞれ市場連動型に変更された[4]。

他の業態における価格の自由化は、こうした預金・貸出金利の自由化のあとに行われている。たとえば1990年代半ばから後半にかけては保険料の自由化が、1999年には株式売買委託手数料の自由化が行われ、保険業や証券業においても競争が進むことになった。

② 新たな金融商品の登場と金融市場の整備

金融市場の整備・発展（表右列）についても詳しく見てみよう。金利等の自由化は、預金者や投資家が資金運用において利用することのできる、自由金利商品の選択肢を拡大したが、それと併せて行われた新たな金融市場の整備は、借手側の、つまり資金調達に関する選択肢を拡大させることとなった。たとえば普通社債や転換社債は無担保での発行が行われるようになり、適債基準の緩和も行われた。また、CP市場、債券貸借（レポ）市場の創設、デリバティブ取引の開始など、現在存在するさまざまな金融市場の整備が進められた。こうした市場の整備は、主として1980年代までに大きく進んだ。

その後の時期においても、1990年代にかけて、社債適債基準・発行限度枠の撤廃や債券貸借市場の創設、デリバティブ市場や株式市場の整備などが行われた。また2000年代に入ってからは、資産流動化や証券化、証券決済のための制度整備が行われ、ETF（上場投資信託）や不動産投資信託（J－REIT）などの新しい金融商品が登場するとともに、証券取引所の再編も行われた。

③　金融の国際化の進展

この時期の前半には、金融の国際化も進められた。銀行の海外業務に関しては、以前の時期には貿易関連の外国為替取引業務が中心であったが、1970年代になると日本の銀行は自ら国際的にサービスを提供する国際業務を拡充した。こうした銀行は、1980年代後半には国際金融市場で大きな存在感を示すようになった。金融市場に関しても、ユーロ円債やユーロ円貸付などユーロ円市場の自由化、オフショア市場の創設などが1980年代半ばに行われた。

関連して、資本の自由化（資本取引・外国為替）が進んだのもこの時期である。1980年12月施行の外為法（外国為替及び外国貿易管理法）改正では、それまで原則禁止されていた対外金融取引（決済・貸借等）が原則自由化された。また、為替取引を輸出入等の実需に基づくものに限定する実需原則や、銀行による円資金調達のための外貨・ユーロ円国内持込みを制限する円転規制は1984年に廃止された。

こうした制度変更により資本の自由化は大きく進み、日本の金融市場の海外市場との連関が高まった[5]。このように1980年代半ば以降大きく進んだ金融の国際化は、1975年からの国債の大量発行と合わせ、「2つのコクサイ化」と呼ばれた[6]。

(2) 金融機関の業務分野自由化

① 業務分野規制とその緩和

金利の自由化と国際化、金融市場の整備が進む中、金融機関の業務分野（業務範囲）に関しても自由化が進められるようになった（表3－2参照）。これ以前の時期においては、分業化・専門化のメリット追求、競争制限とそれを通じた収益・経営の安定化などを目的として、金融機関の業務分野を分離する規制が行われていた。その代表的なものは、(1)長期・短期の銀行業分離（長短分離）、(2)銀行・信託の分離（銀信分離）、(3)銀行・証券の分離（銀証分離）であり、これらの分離は各業法（銀行法・証券取引法・長期信用銀行法・信託業法や金融機関の信託業務の兼営等に関する法律（兼営法））に基づいて行われていた。また、銀行に対する参入規制を通じて(4)銀行・商業の分離（銀商

表3－2　金融機関の業務分野自由化の主な動き

和暦	西暦	
S58	1983	銀行等の国債窓口販売開始
S59	1984	銀行等公共債ディーリング開始
S62	1987	投資顧問会社に投資一任業務認可
H1	1989	相互銀行の普通銀行転換開始
		前払式証票規制制定
H4	1992	業態別子会社による相互参入可能に（金融制度改革法）
H5	1993	証券子会社・信託銀行子会社の設立始まる
H7	1995	生命保険・損害保険の子会社方式による相互参入解禁
H9	1997	金融持株会社解禁
H10	1998	銀行等の投信販売開始
		銀行の子会社範囲拡大、株式保有制限導入（金融システム改革法）
H13	2001	金融商品販売法施行（利用者保護ルール整備）
		銀行の保険商品販売開始
		異業種による銀行参入解禁
H15	2003	貸金業法改正（ヤミ金融対策法、上限金利規制変更、多重債務問題対策等）
H16	2004	証券仲介業創設
		信託業法改正（金融機関以外の信託業参入解禁）
H17	2005	金融先物取引業者の登録制開始
		銀行代理業創設（H18法施行）
H19	2007	金融商品取引法施行（金融商品取引業創設）
		銀行の保険商品販売全面解禁
H20	2008	銀行・保険会社グループの業務範囲拡大
H22	2010	資金決済法施行（前払式支払手段発行者、資金移動業者、資金清算機関）
H23	2011	銀行・保険会社等によるファイナンス・リース活用解禁
H28	2016	仮想通貨交換業に係る制度整備
H30	2018	電子決済等代行業創設（登録制）
R2	2020	金融サービス仲介業創設（R3年法施行）

出所：日本銀行金融研究所（1988）、西村（2003）、金融庁『金融庁の１年』（各年版）、金融庁資料、一般社団法人日本資金決済業協会ホームページ等を参考に筆者作成

分離）、つまり事業会社と銀行の分離も行われていた[7]。

しかし、この時期に入ってからは、金融の自由化や国際化を背景として業態間の競争が進むとともに、分業主義ではニーズに合ったサービスの効率的な提供が難しい、といった課題が指摘されるようになる。このため、業務分野規制は効率の悪い金融機関に合わせた護送船団方式の制度として批判されるようになっていった[8]。

こうした流れを受けて、業務分野の大幅な自由化が１９８０年代半ばから１９９０年代にかけて進められ、規制はかなりの程度緩和された[9]。緩和はその後も進められたが、その後の緩和はむしろ、情報通信技術の進歩や求められる金融サービスの変化に合わせて旧来型の金融業を再編し、総合的な金融サービスを提供する動きに合わせたものといえる。

② 銀行・証券・信託分離の緩和

業務分野に関する規制緩和の第一段階は、銀証分離の一部緩和である。銀証分離は銀行・証券両業務の同時提供による利益相反を防ぐ目的も持っており、必ずしも日本だけにみられる規制ではない[10]。

ただし、日本においては経済成長の鈍化・国際化の下で、競争促進による金融の効率化を目指す動きの一環として銀証分離の緩和が検討され、利害相反の懸念が小さい一部の公共債関連業務に限って銀行による証券業務が認められるようになった[11]。具体的には、国債の窓口販売が１９８３年に可能となり、84年には公共債のディーリングが始まった。これに対し、証券業による銀行預金の競合商品の提供といえるのが、先に触れた中国ファンドやMMFの販売開始である。

業務分野規制緩和の第二段階は、85年の金融制度審議会において検討が開始され、1992年金融制度改革法により実施されたものである。この時期の制度変更としては、まず銀行業に関し、中小企業専門金融機関であった相互銀行の普通銀行転換（第二地方銀行化）が89年に行われた。その後、それまでの業務分野規制を大幅に緩和する制度変更が、1992年金融制度改革法により行われた。同法では、利益相反を防ぐ仕組み（ファイアウォール）を設けた上で、子会社を設置するかたち（業態別子会社方式）での銀行（長期信用銀行含む）・信託銀行・証券会社の相互参入が、一部制約付きで認められた。この結果、銀証分離および銀信分離は大きく崩れることになった。

その後、いわゆる金融ビッグバンと呼ばれる1996年以降の大きな制度改革（1997年金融システム改革法）が行われ、第三段階にあたる、さらに大きな緩和が行われた。この改革では、前年に設置が解禁された持株会社制度を利用して、異なる業態の金融機関を子会社に抱える持株会社を設置することが認められ、業態間の相互参入が大きく進むことになった。一つの金融機関が複数の業務を行うことは依然として認められないものの、こうした一連の制度改革により、日本の金融制度は各金融機関が各業務分野に専門化する分業主義から、グループ全体として複数の業務を同時に提供するユニバーサルバンク型へと大きくシフトした。

なお、長短分離に関しては、制度上の変更ではないが、長期信用銀行がこの時期にはすべて姿を消したため、結果として解消された。最終的に存在した3行の長期信用銀行のうち、2行、すなわち日本長期信用銀行と日本債券信用銀行は、1990年代後半の金融危機において経営破綻し、事業を継承した2銀行はいずれも普通銀行化した。残りの1行である日本興業銀行は、金融危機後の業界再編の中で、他の都市銀行と合併して都市銀行化した。また、長期の運用商品である貸付信託で資金を集め、長期貸出で運用する信託銀行も、長期金融を担う金融機関とみなされることがあったが、2000年以降は貸付信託の募集を停止し、長期金融よりも信託業務を担う金融機関としての性格が強くなっている。

③　銀商分離と資金移動（決済）関連業者

銀行と商業（非金融業）を分離する銀商分離に関しては、2000年代に入ってから緩和が進められることになった。その発端となったのは、1999年後半に浮上した異業種（イトーヨーカ堂、ソニー等）による銀行設立の動きである。こうした動きは、インターネットの普及により海外で進んでいたインターネット銀行設立の流れを受けたものといえ、情報通信技術の革新を背景としている。

その当時、事業会社による銀行（株式）所有を禁止する法制度は存在していなかったため、こうした動きは、少なくとも事業会社による銀行所有という意味において、銀商分離が法制度上有名無実であったことを露呈した。しかし、銀商分離の本来の目的である利益相反の防止や銀行経営の安定性といった観点からして、まったく自由な参入を認めることには懸念が示されたため、銀行の主要株主に対する規制というかたちで銀商分離規制が検討されることとなった[12]。

その結果、2001年の制度改正では主要株主の適格性の審査や報告・立入検査、銀行救済義務などが定められ、異業種による銀行参入が制度上も解禁された。実際の異業種参入は、2000年のジャパンネット銀行を皮切りに行われている。こうして新しく設立された銀行は「新たな形態の銀行」というカテゴリーに含められ、主として資金移動（決済）・預金提供サービスに関して銀行業の競争を促進することになった。

銀商分離に関するその後の動きは、上記のような、株式所有による商業からの参入の緩和とは別に、業務面での緩和、すなわち銀行に認められる業務の拡大というかたちで見られるようになる。銀行には、関連会社の投資専門会社（ベンチャー・キャピタル）を通じた事業会社への投資が制限付きで認められていたが、これとは別に、銀行業高度化等会社と呼ばれる特定業種の会社を子会社とすることが2016年に認められ、フィンテック（金融情報通信技術）企業や地域商社等を所有することが可能になった。

フィンテックに関連する別の動きとして、預金取扱金融機関が担ってきた資金移動機能の一部を、専業で担う業者も誕生することとなった。2010年施行の資金決済法では、銀行固有の業務であった為替（送金）業務を一定の範囲で行う資金移動業が創設され、またプリペイド方式の支払手段に関し、証票等（商品券やICカードなど）を発行しない業者まで含めた前払式支払手段発行者が創設された[13]。また、2018年には預金者に代わって預金取扱金融機関から支払指図の伝達や預金残高などの情報を取得する、電子決済等代行業が設けられた。

④ 保険・信託の制度改革

保険に関する制度改革としては、1995年の制度改革において、子会社による生命保険・損害保険の相互参入、第三分野の保険（生命保険、損害保険のいずれにもあてはまらない保険）の解禁、保険会社から中立の立場で顧客に保険購入を仲介する保険ブローカーの導入などが行われた。また2001年には銀行による保険商品の販売も解禁された。

信託業に関しても、上記の他業種との相互参入以外に大きな制度変化が起こった。まず1980年代半ばには、金融の国際化の流れの中で、外国金融機関の日本市場への参入として外資系信託銀行の設立が認められるようになった。この結果、1985年に信託銀行数は7から16へと増加した。また、2004年には金融機関でない企業による信託業参入が認められた。これにより、信託銀行以外に不動産投資信託などを扱う信託会社が多数設立されることとなった。専業の信託会社の登場は、ファンドや証券化など集団投資スキームのための制度整備ともいえる。

⑤ 金融商品取引法と証券業・投資運用業・投資助言・代理業

この時期に行われた制度改革の中でも特に大きなものといえるのが、2007年の金融商品取引法による金融商品取引業の創設である。同法制定以前は、いわゆる「業法」というかたちで、証券取引法・信託業法・投資顧問業法（有価証券に係る投資顧問業の規制等に関する法律）・投資信託及び投資法人に関する法律など、各金融機関の業務分野ごとに縦割りで法制度が定められていた。しかし、扱われる金融商品はどれも投資性の強い金融商品であるという共通点があったため、投資家の立場に立ち、金融商品を横断的にカバーする法制度が必要とされていた(14)。

金融商品取引法は、上記の業種を金融商品取引業という大きな括りにまとめた上で、機能に応じて第一種金融商品取引業（流動性の高い有価証券の販売・勧誘や顧客資産の管理の業務等）、第二種金融商品取引業（流動性の低い有価証券の販売・勧誘の業務等）、投資運用業（投資家の資産の運用業務）、投資助言・代理業（投資家に対する助言業務）という四つの業種に再編した。金融商品取引業を行うには登録が必要だが、一つの金融機関が複数の業種に登録することも認められ、実際に多くの金融機関が複数の登録を行っている。

(3)　規制当局と公的金融の変化

①　規制当局の変化

金融制度に関しては、規制当局の体制と公的金融についても大きな変化が見られた。まず金融行政を管轄する監督官庁は、この時期前半は大蔵省であったが、1991年に発覚した証券会社による損失補塡問題、1995年の住専処理への公的資金投入などから金融行政への批判が高まり、大蔵省の権限縮小を目指す政治的な動きもあって、財政・金融行政の分離が検討され、1998年の金融監督庁発足につながった。その後、企画立案機能が大蔵省に残ったことへの批判を受け、金融監督庁は2000年に金融庁に再編され、同時に大蔵省を前身として発足した財務省は金融行政に関わらない体制となった。

なお、法律上の監督権限を持つ規制当局ではないが、民間金融機関から当座預金を預かり決済システムを運営する日本銀行も、信用秩序の維持のために金融機関への考査（立ち入り調査）を行い、経営やリスク管理に関して改善を促す重要な役割を担っている。

日本の中央銀行である日本銀行については、1997年に日本銀行法が改正され、政策決定会合のあり方を中心として制度変更が行われ、政府からの独立性と高い透明性を持つ中央銀行制度となった。この制度変更は、バブルの崩壊に代表される経済環境の変化や金融市場の発達と国際化などにより、戦時中に制定された、旧日本銀行法を含む従来の法的枠組みに問題が見られるようになったことを背景としている。ただし、2012年末以降の第二次安倍内閣以降には、それまでの保守的な金融政策への批判とともに、政権に近いいわゆる「リフレ派」と呼ばれる特定の経済観を持つ総裁や審議委員が続いて任命されるなど、実質的な独立性が疑問視される事態も発生している。

② 公的金融の変化

公的金融に関しては、財政投融資制度の改革に伴う大きな変化がみられた。財政投融資は、政策上必要だが民間には供給が難しい長期・固定・低利の資金、あるいは大規模・超長期のプロジェクトを実施するための資金を供給する公的な制度であり、政府による金融仲介の仕組みである。旧来の制度は、郵便貯金や簡易保険、厚生年金等の「調達部門」が最終的貸手から調達した資金を大蔵省資金運用部に預託し、政府系金融機関（国民金融公庫、中小企業金融公庫など）や公社・公団（日本電信電話公社、日本道路公団など）等の「運用部門」が政策目的で事業に用いる仕組みであった。

しかし、民業圧迫に対する批判、あるいは市場原理の導入が必要だとする主張に基づき、２００１年のいわゆる財投改革において資金運用部は廃止され、調達部門も運用部門もそれぞれ独自に自ら調達と運用を行うかたちになった。調達部門では、預金取扱金融機関の預金と競合する貯金を提供する郵便貯金事業、保険会社の保険と競合する簡易保険を提供する簡易保険事業の扱いが、いわゆる郵政民営化問題として政治問題になった。その結果、これらの事業は２００７年にそれぞれ銀行（ゆうちょ銀行）と生命保険会社（かんぽ生命）として分割され、持株会社である日本郵政株式会社の子会社となった[15]。このうちゆうちょ銀行に関しては、規模が大きく、業務の競合により民間金融機関の経営に悪影響を与えることが懸念されたため、企業向け融資などの業務について、制限が行われた。

また、両金融機関は株式を民間に売却し、民営化されることとされ、２０１５年には東京証券取引所市場第一部に上場した。ただし、両社の株式の多くは依然として日本郵政株式会社が保有し（２０２３年９月30日時点でゆうちょ銀行は61・５％程度、かんぽ生命は49・84％）、日本郵政株の多く

（3分の1）は政府が保有しているため、完全な民営化には至っていない。

運用部門を担っていた政府系金融機関も、自ら発行する財投機関債や国が発行する財投債により調達した資金を用いて投融資を行うかたちになり、組織・所有形態の大幅な見直しが行われた。このうち国民金融公庫、中小企業金融公庫、農林漁業金融公庫の三公庫は日本政策金融公庫に統合された。また、住宅ローンを提供していた住宅金融公庫も、民間からの供給が増えたことを受け、民間金融機関の住宅ローンの証券化等を行う住宅金融支援機構となった。

日本政策投資銀行と商工組合中央金庫（商工中金）に関しては、民営化されることが２００５年に決まった。ただし、少なくとも２０２１年度末時点においては、日本政策投資銀行の全株式、商工組合中央金庫の株式の46・69％が政府によって保有されている。

(4) 危機対応の金融制度

ここまで説明してきた金融制度の変化は、基本的には金融システムに問題が発生していない、平時に関する制度である。しかし、１９９０年代後半には多くの金融機関が破綻に陥り、金融システムの機能が大きく損なわれる金融危機が発生した（第6章を参照）。この金融危機の際には、日本の金融制度が危機対応という点で大きな欠陥を抱えていたことが露呈し、問題を後追いで対処するかたちで制度整備が行われた。金融システムの安定（信用秩序の維持）を目的として行われるプルーデンス政策は、日本においてはこの時期に整備されていったといえる。整備が進んだ２０１０年までの様子は、表3－3にまとめられている。

それまで大きな問題が発生せず、危機的な状況を想定していなかった日本の金融制度は、事態の進展を後追いするかたちで危機対応制度の整備を進めていくことになった。こうした整備は当面の問題に対応する時限措置として行われ、当初はしばしば過少で十分な対処につながらないものとして批判された[16]。他方で、整備された措置はのちに拡充・恒久制度化され、結果的にはさまざまな問題に対応することが可能な制度整備が行われた。

まず、破綻金融機関の処理に関しては、それまでは救済合併を中心とする処理が行われてきたが、1990年代に入ると破綻の規模や数が増大し、また一方で比較的健全な金融機関も収益性が悪化して合併を受け入れるだけの体力が失われていった。このため、1994年の二つの信用組合の破綻処理に際しては、救済のための金融機関（東京共同銀行）を新設するかたちで救済が行われた。その後は、救済金融機関への事業承継に際して不良債権を切り離すための公的債権回収機関（東京共同銀行が改組した整理回収銀行と、住専処理のための住宅金融債権管理機構：両者はのち統合して整理回収機構に改組）や、承継までの間経営を引き継ぐ承継銀行制度や金融整理管財人制度の整備が行われた。

また、新たな金融機関への承継に際しては、預金保険機構からの資金援助も行われた。1971年に設立された預金保険機構は、長らく実質的な活動の機会を持たなかったが、1992年に初の資金援助を行って以降は破綻処理の中心的役割を担うことになった。特に1996年からは保険の

表3－3　金融危機と規制の主な動き

和暦	西暦	金融危機と健全経営規制	その他金融危機関連
H4	1992	預金保険機構初の資金援助（東邦相互銀行を合併する伊予銀行に対して）	
H5	1993	共同債権買取機構設立 バーゼルI本格適用	
H6	1994	東京協和信用組合･安全信用組合破綻	
H7	1995	東京共同銀行設立 金融機関に対する初の業務停止命令（コスモ信用組合） 兵庫銀行経営破綻	
H8	1996	住宅金融債権管理機構設立（住専（住宅金融専門会社）処理） 預金保険機構による初のペイオフコスト超の資金援助（山陽信組、けんみん大和信組）	
H9	1997	三洋証券･北海道拓殖銀行･山一證券破綻	
H10	1998	公的資本注入（金融機能安定化法：21金融機関）） 早期是正措置導入 金融監督庁発足 破綻処理制度整備（金融再生関連法：金融整理管財人･ブリッジバンク等） 日本長期信用銀行一時国有化（特別公的管理） 日本債券信用銀行一時国有化（特別公的管理）	信用保証制度、中小企業金融安定化特別保証制度開始（～2000.3）
H11	1999	公的資本注入（早期健全化法(2002年まで32金融機関）） 整理回収機構発足 早期是正措置初の発動（幸福銀行）	
H12	2000	金融庁発足	
H14	2002	日本承継銀行設立（石川･中部銀行の受け皿） 金融再生プログラム 金融機関等の組織再編成の促進に関する特別措置法	
H15	2003	りそな銀行への資本増強（預金保険法（危機対応）） 足利銀行一時国有化（特別危機管理）	

H16	2004	金融機能の強化のための特別措置法	
H17	2005	ペイオフ解禁（ペイオフコスト超の援助終了）	
H18	2006	バーゼルⅡ実施	
H20	2008		リーマン・ショック（緊急保証制度（信用保証）開始、政府系金融機関のセーフティネット貸付拡充等）
H21	2009		銀行等保有株式取得機構による株式買取再開 中小企業金融円滑化法施行（～2013.3）
H22	2010	日本振興銀行破綻（ペイオフ発動）	世界的金融危機を受けた金融・資本市場制度整備（店頭デリバティブ取引、ヘッジ・ファンド等）
H23	2011		東日本大震災（金融機能強化法等の改正、日本銀行による流動性供給、公的金融による資金供給など）
H25	2013	バーゼルⅢ段階的適用開始	
H26	2014	自己資本比率規制新国内基準段階的適用開始	
H28	2016		改正金融機能強化法施行（期限延長）
R2	2020		新型コロナウイルス感染拡大（緊急事態宣言（1回目））（公的金融機関等による民間事業者向け資金繰り支援）

出所：西村（2003）、預金保険機構（2022）、日本銀行ホームページ「おしえて！にちぎん」、金融庁『金融庁の1年』（各年版）、美並・湯山・宮地（2011）等を参考に筆者作成

規定額（ペイオフコスト）を超えた援助が行われるようになり、後にいわゆる「預金の全額保護」の措置が明文化された。この措置は、危機収束後の2005年のペイオフ解禁、すなわち保護を規定額までに限ることを確認した際まで続いた。

1998年と1999年には、公的資金による資本注入も行われた。この制度は、自己資本の充実により金融機関の経営の健全化を図る目的で導入されたものである。注入による評判の悪化を懸

念して、1998年の資本注入は21の金融機関に対して一律に行われ、額も少なかったが、効果が十分でなかったため、1999年の注入は各金融機関のリスクに応じ、額も増額して行われた(17)。

上記の制度整備は、すでに発生した問題に対処するために行われる事後的プルーデンス政策である。これに対し、問題の発生を事前に防ぐために行われる事前のプルーデンス政策に関しても、危機対応の制度整備が行われた。中でも重要なのは、自己資本比率を基準に行政処分を速やかに発動する、早期是正措置に関する制度整備である（1998年）。さらに、危機当初に情報開示が不十分であったことから各金融機関の不良債権額が把握できなかった、という反省を踏まえ、不良債権の分類を明確化したディスクロージャー制度が整備されるとともに、金融機関内部のリスク管理を促すためのモニタリング（検査・監督）体制も強化された。

【第3章　注】

（1）この時期を通した日本の金融の動きに関しては、日本銀行百年史編纂委員会（1986）、日本銀行金融研究所（1986, 1988, 1995）、鹿野（2001, 2006, 2013）、寺西（2003）、西村（2003）なども参照。本章はこれらの文献に加え、内田（2010）やUchida and Udell（2019）も参考にしている。

（2）具体的には、1997年4月の3％から5％への引上げ、2014年4月の5％から8％への引上げ、2019年10月の8％から10％への引上げがこれに相当する。なお、それ以前の1989年の数値にも、消費税導入（1989年4月：0％から3％）の影響が含まれていると考えられる。

（3）ここでは狭義の金融システム、すなわち貸借あるいは証券取引のための金銭のやり取りを円滑化するシステム、に関連した制度に注目する。これに対して広義の金融システム（第2章3節(1)項）を考える場合には、決済のための金銭のやり取りに関する制度、すなわち決済制度が含まれる。決済制度の変遷については、日本銀行決済機構局（2013）や日本銀行が定期的に発行している『決済システムレポート』等を参照。

（4）ただし貸出金利に関しては、その規制が自主規制であり、かつ上限・下限しか定まっていなかったこと、強制的な預金（歩積・両建預金）により実効金利が調整可能だったことから、これ以前からすでに規制が実効的でなかったという見方が示されている（岩田・堀内［1985］等を参照）。

（5）外為法の大きな改正は、この時期の後半にもう一度行われている。１９９８年４月施行の改正外為法では、対外取引の事前許可・届出廃止や外国為替業務の自由化が行われ、対外取引環境が整備された。

（6）蠟山（［1986］第２章）参照。

（7）この時期に行われていた業務分野規制には、無尽会社を前身とし、中小企業専門の金融機関であった相互銀行を普通銀行と区別する規制、すなわち中小企業金融の分離を含める場合もある。

（8）こうした見方を支持する学術的な分析としては、Hoshi（2002）を参照。法学的視点から見た業務分野規制と競争に関しては小塚（2005）を参照。

（9）銀行の競争に関わる制度変更としては、店舗規制も挙げられる。過去には監督官庁である大蔵省の指導により、銀行は自由に店舗を設置することができなかったが、この規制は１９８０年代から90年代にかけて緩和され、２００２年の銀行法改正後に完全に自由化された。

（10）銀証分離規制の理論的根拠については前章７節(6)項も参照。

（11）ただし、日本においては銀行による企業の株式への投資は以前から可能であり、銀行は貸手かつ株主として重要な役割を担っていた。こうした役割は、いわゆるメインバンク制度の重要な構成要素とされた。

（12）銀行と商業との間の利益相反としては、事業会社が自らの資金調達のために銀行を設立し、甘い基準や緩い条件で融資を行い、預金者の不利益をもたらすという、いわゆる機関銀行の弊害が懸念されることが多い。

（13）同法はさらに、為替取引に伴う預金取扱金融機関の間の資金決済を行う資金清算機関を免許制として設定し、全銀システムを運営する全銀ネット（一般社団法人全国銀行資金決済ネットワーク）が免許を取得した。

（14）販売の面では金融商品販売法（２００１年施行）により、すでに横断的な取扱いが行われるようになっていた。

（15）公的年金に関しては、２００１年度より年金資金運用基金が積立金を運用することになり、その後２００６年度からは年金積立金管理運用独立行政法人（Government Pension Investment Fund：ＧＰＩＦ）が運用を行っている。

（16）Nakaso（2001）などを参照。

（17）注入の効果に関し、Allen *et al.*（2011）は、前者の注入は銀行貸出の増加につながらなかったのに対し、後者は増加を促したことを報告している。

第４章　金融構造とその変遷

本章では、１９７０年代後半から２０２０年という本書の分析対象期間にみられた金融構造とその変遷を確認し、マクロレベルで金融システムの実態を把握して、その評価を行う。ここでいう金融構造とは、経済の金融面においてどのような経済活動が営まれ、その結果として金融システムでどのように金銭のやり取りが行われ、どのような資金循環が見られるようになったのか、を表している。

本章では、主に資金循環統計によって明らかになる金融構造に注目する。資金循環統計は、日本の金融システムがどのような状態にあるのか、その全体像はどうなっているのかをとらえる上で、完全ではないものの、最も適切な統計である。(1) この統計を用い、金融資産の蓄積、経済主体（部門）ごとの貸し借りの状況、そして資金循環の状況について確認してみよう。

1　金融資産の蓄積はどのように変化したか

まず、金融資産の蓄積の様子を示したのが図4－1である。同図の(a)は、日本の金融資産残高の合計値を示したもので、日本における資金のやり取りの総量を貸手側からとらえたものである。図からわかるように、金融資産残高は、期間の最初から1990年代初めまでほぼ一貫して急増している。特に増加が多いのは1980年代後半のバブル期であるが、伸びは鈍化したもののバブル後も2000年代後半にかけて、増加傾向が続いている。すでに先進国の仲間入りを果たしていた日本は、この時期に巨額の金融資産を蓄積したことがわかる。

ただし、この残高には金融機関部門が保有する資産額も含まれている。同部門には自ら貸し借りを行って金融仲介を行う金融仲介機関が含まれているため、その保有資産額を含めると、最終的貸手が保有する金融資産額を把握する上では、二重計算になってしまう[2]。

また、資金循環統計では国境を越える金融取引の相手方を一括して「海外部門」としているが、国内の最終的貸手による金融資産額をとらえるためには、海外部門による金融資産保有を除く必要がある。そこで、金融機関部門ならびに海外部門の資産額を除いたのが図4－1の(b)である。この図では、金融機関を除く国内各経済部門別の内訳も示している。

この図を見ると、金融部門による仲介の部分を取り除くことで、全体の金融資産額は大きく減少

図4−1　金融資産残高

(a)　部門合計

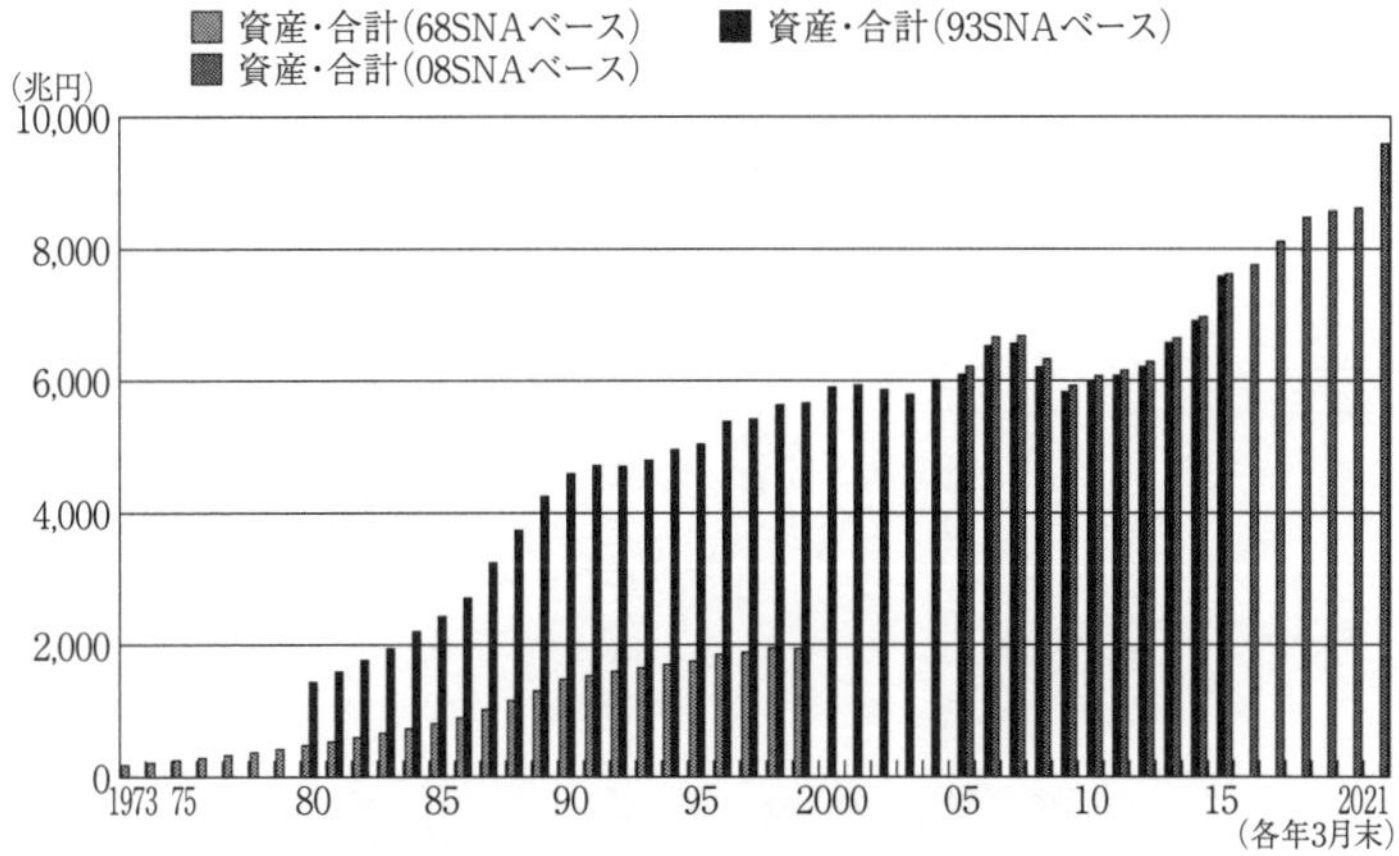

(b)　部門内訳(93・08SNAベースのみ、海外・金融機関含まず)

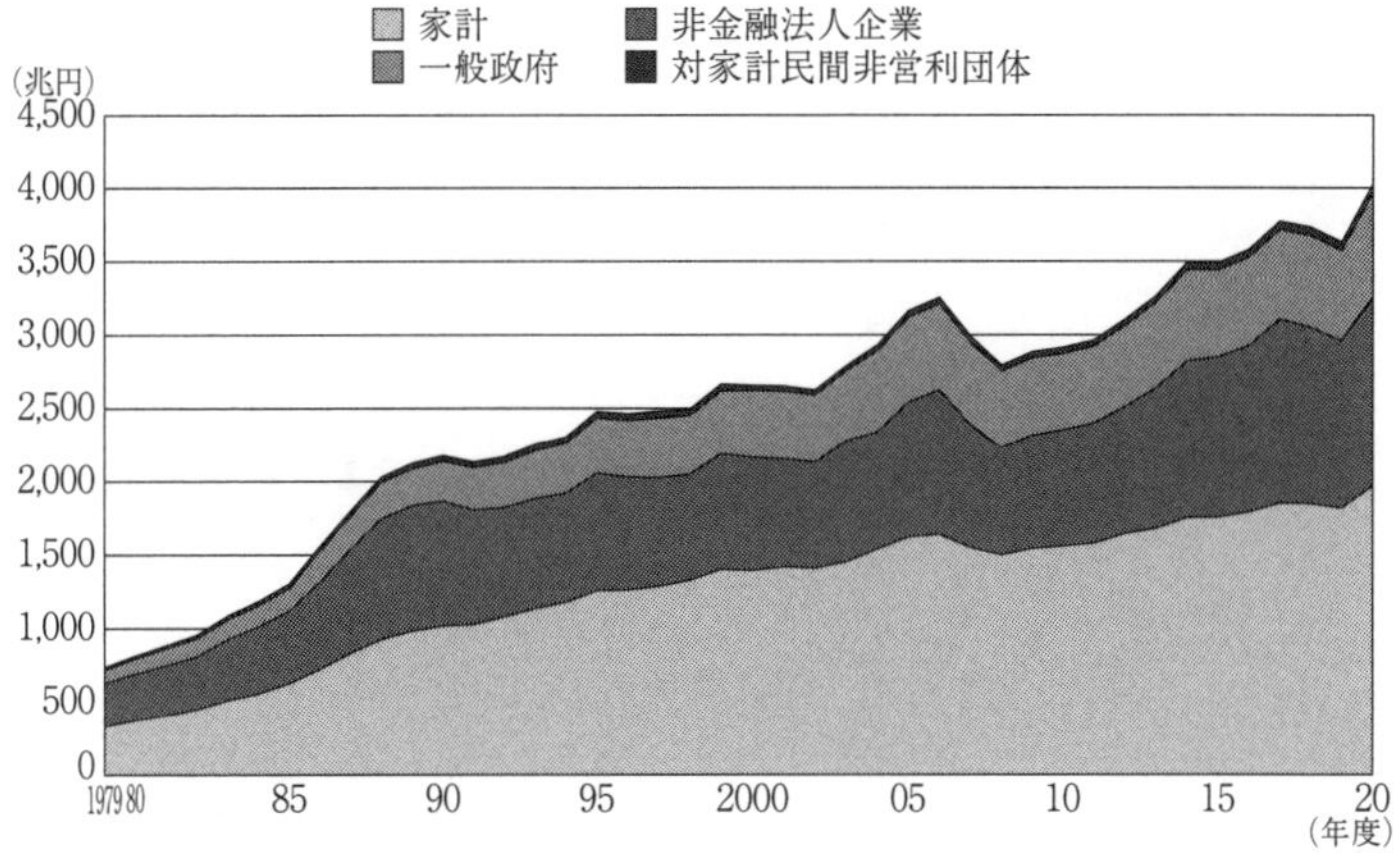

注：1993SNAベースの値は1980年3月末以降利用可能。それ以前は1968SNAベースの値しか利用できない。後者は金融資産の捕捉度が低いため1993SNAベースより残高が少なく、両者は連続していない。
出所：日本銀行「資金循環統計」(金融資産・負債残高表)より筆者作成(資産合計、各年度末時点残高)

することがわかる。しかし、全体的な傾向は変わっておらず、1979年度末の736兆円から2020年度末の4024兆円まで、巨額の資産蓄積が行われたことがわかる。

部門別に見ると、最も多くの資産を保有するのは家計部門である。家計部門はほぼ一貫して資産保有を増加させている。その金融資産残高は、2006年度末には一度ピークを迎えたように見えたものの、その後また増加し、2020年度末には2000兆円近くにのぼっている。また、各年における部門別の構成比率を計算しても、家計部門は一貫して全体の5割前後を占めている。

2　資金循環構造はどのように変化したか

(1)　金融資産負債差額の変化

次に、部門ごとに貸し借りの状況を見ていくことにしよう。図4-2は、金融資産負債差額の推移を部門別に示したものである。金融資産負債差額は、残高（ストック）ベースの差し引き（ネット）の証券保有の状況を表すものである。ある時点tにおいて、経済部門iが保有する（=貸している、提供している）金融資産残高をA_{it}、負っている（=借りている、調達している）金融負債残高をL_{it}とすると、金融資産負債差額はその差：

$$金融資産負債差額_{it} = A_{it} - L_{it}$$

図4−2　金融資産負債差額

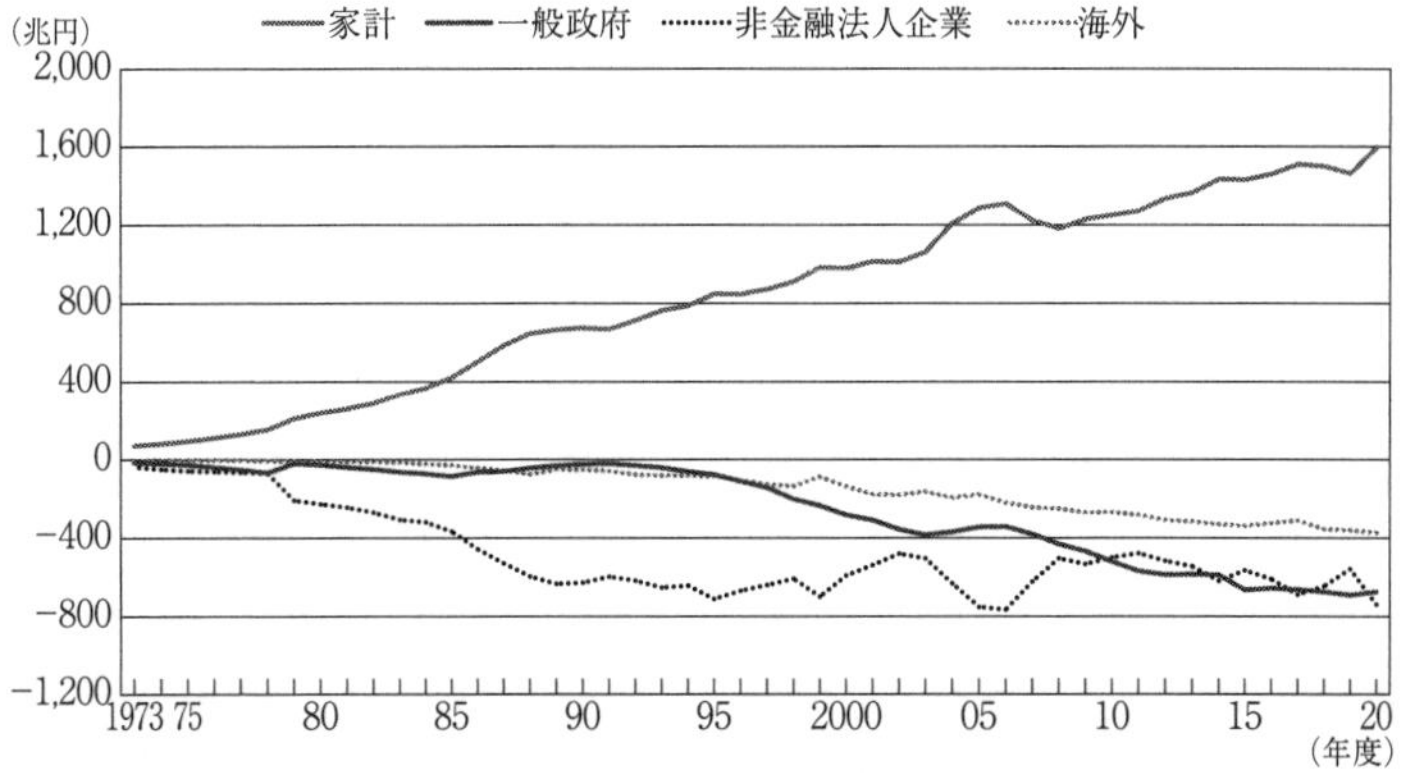

注：1973−1979年度は68SNAベース（家計、民間非金融法人企業、一般政府はそれぞれ個人、法人企業、中央政府+公団・地方公共団体の係数）、1980−2004年度は93SNAベース、2005年度以降は08SNAベースであり連続していない
出所：日本銀行「資金循環統計」（金融資産・負債残高表）より筆者作成

として表される。金融資産負債差額がプラスの部門は、その時点で借りている額よりも貸している額が多い部門、すなわち資産超過状態にある部門であり、マイナスの部門は貸している額よりも借りている額が多い部門、すなわち負債超過状態にある部門である。

図から明らかなように、残高ベースで見た場合、日本では家計部門が一貫して負債を大きく超える資産を保有し、貸手部門となっている。しかも家計部門の資産超過額は期間を通じてほぼ一貫して増加している。

これに対して他の部門は、どの部門も一貫して負債が超過する借手部門となっている。1990年代までの期間をみると、負債超過額は企業部門（法人企業・民間非金融法人企業）が最も多く、1980年代後半のバブル形成期に急増し、1990年代を通しても高い水準にある。

しかし、1990年代の後半からは、企業の負債超過額が減少し、その間に政府部門の負債超過額が増加してきた。企業の負債超過額は2000年代中頃には再び増加するものの、リーマン・ショック時に減少し、その後は緩やかな増加に変わっている。これに対して政府部門は、債務超過額の増加がその後も一貫して続き、分析期間の終わりには企業部門と並んで日本で最大の借手部門となっている。他方で、近年においては海外部門の債務超過額も一貫して増加し、他国に対して日本が貸手となっていることがわかる。

(2) 資金過不足の変化

ここまでは、年度末時点の残高ベースの貸し借りの大小を見てきたが、続いて毎年のフローベースの貸し借りの大小を見てみることにしよう。フローベースの（一定期間に行われた）貸し借りは、資金循環統計では金融取引表に示されている。図4-3は、そこから得られる資金過不足を図示したものである。資金過不足は、上記の記号を用いると、次のように表される。

$$資金過不足_{it} = \Delta A_{it} - \Delta L_{it}$$

ここで、Δは前年度からの変化を表し、$\Delta A_{it}=A_{it}-A_{it-1}$, $\Delta L_{it}=L_{it}-L_{it-1}$である。

右の式を変形すると、資金過不足は$(A_{it}-L_{it})-(A_{it-1}-L_{it-1})$と表される。このため、資金過不足は定義上は金融資産負債差額の前年からの変化であり、図4-2の各系列の傾きの大きさを示すもの

図4−3　資金過不足

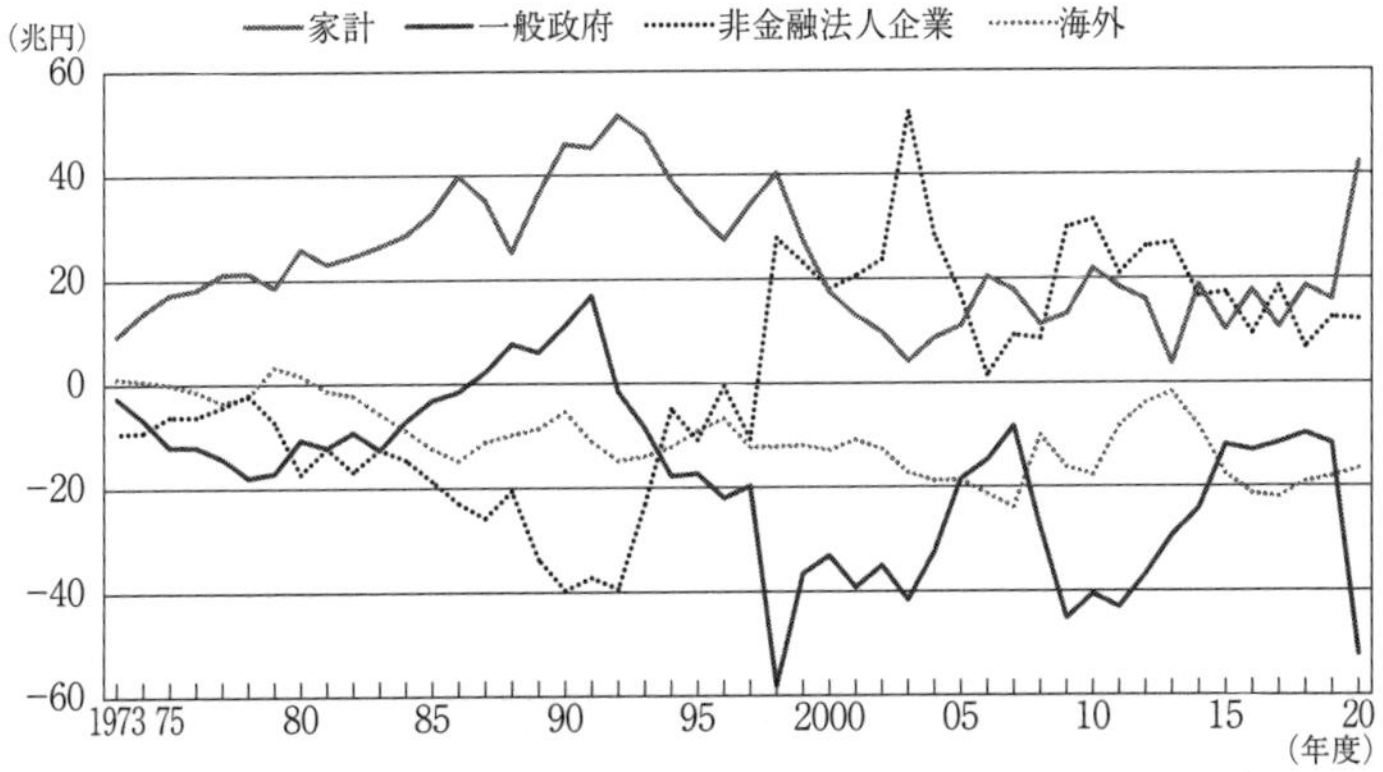

注：1973−1979年度は68SNAベース（家計、民間非金融法人企業、一般政府はそれぞれ個人、法人企業、中央政府+公団・地方公共団体の係数）、1980−2004年度は93SNAベース、2005年度以降は08SNAベースであり連続していない。
出所：日本銀行「資金循環統計」（金融取引表）より筆者作成

だといえる。ただし、統計作成に用いる元データが限られ、補完や推計が行われているため、実際には金融資産・負債残高表の数値と金融取引表の数値の間には乖離がある。このため、実際の資金循環統計表に示される数値は必ずしもこうした定義通りの関係を示さない[3]。

また、図４－３を検討する際には言葉使いにも注意する必要がある。一般に、資金過不足が正の経済部門は差し引きで貸手である部門、負の経済部門は借手である部門という意味で、それぞれ黒字主体（あるいは最終的貸手）、赤字主体（あるいは最終的借手）と呼ばれている。しかし、上式からわかるように、たとえ資産残高（貸している額）が増加していなくても、負債残高（借りている額）の減少が非常に大きい部門は「黒字主体」となる。また、たとえ負債残高（借りている額）が増加していなくても、資産残高（貸している額）の減少が非常に大きい部門は「赤字主体」となる。

したがって、残高ベースで貸手となっている部門（$A_{it} > L_{it}$）でも、資金過不足から見たフローベースでは「赤字主体」になる可能性がある。また同様に、残高ベースで借手となっている部門（$A_{it} < L_{it}$）でも、フローベースでは「黒字主体」となる可能性がある。

以上の点に留意しながら、まず家計部門の資金過不足を見てみよう。家計部門は、期間中一貫して資金過不足がプラスの値をとっており、黒字主体、つまり日本経済において資金供給を増加させてきた部門である。しかし、家計部門の資金過不足の大きさをみると、1990年代初めが最大で、期間後半に向けて減少傾向にあることが読み取れる。資産増加のペースは落ちてきているのである[4]。

企業部門に関しては、ストックの動きと一部対応しているものの、期間を通して大きな変化が見られる。期間前半、つまり1990年代初めのバブル崩壊まで、企業部門は一貫して資金過不足が負の赤字部門である。しかし、その値はその後正に転じ、1990年代後半からは黒字部門となっている。この部分だけを見ると、企業部門が貯蓄や金融投資をして資金を貸し始めているように誤解されかねない。だが、図4-2でみたように企業部門の資産負債差額は一貫して負であり、残高ベースでは依然として借手部門である。のちに詳しく見るように、企業部門が黒字主体化しているのは1990年代後半以降に資産の増加以上に負債を減少させているためである。

政府部門の資金過不足は、国債大量発行を反映して、1970年代には負でその大きさが増大している。その後は減少するものの、1980年代半ばまで政府部門は赤字部門のままである。その後、1980年代後半にはマイナスがさらに縮小し、逆に黒字部門に転じている。しかし、1990年代には再び赤字主体化し、その額は2000年代前半にかけて増加している。期間の後半をみると、政府部門は黒字主体化した企業に代わって最大の赤字主体となっていることがわかる。その後、リーマン・ショック直前には赤字幅が一時的に減少しているが、その後はまた赤字となっている⑸。

以上、ストック・フロー両面からの検討に基づくと、この時期の日本の資金循環の構造としては、三つの部門それぞれについて、以下のようにまとめることができる。第一に、家計部門は一貫して資金を供給している。第二に、企業部門はバブル期を境に資産負債残高差額が増加から減少に転じ、フローの黒字主体に転じている。第三に、政府部門は1990年代から借入が増加し、期間の後半には企業部門に代わって最大の借手部門となっている。

⑶　資金循環構造の変化の背景

以上のような資金循環構造の変化は、金融システムの利用者である各部門が、実体経済面での活動を変化させたこと、あるいは金融システムの利用の仕方を変えたことを反映しているはずである。ここではこうした変化について検討してみよう。

図4−4　貯蓄率の推移

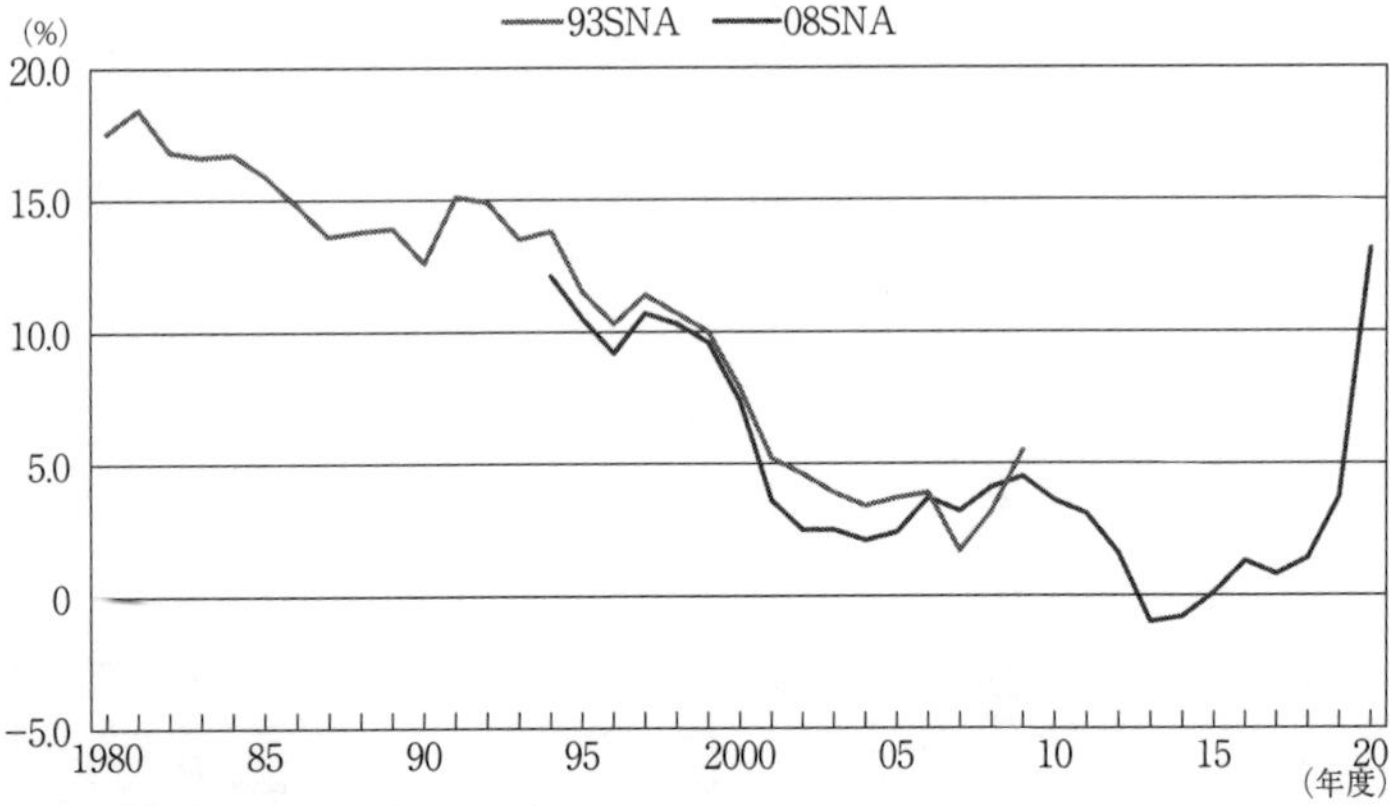

出所：内閣府『国民経済計算』「制度部門別所得支出勘定：家計（個人企業を含む）」より筆者作成。「93SNA」は2009年度国民経済計算（2000年基準・93SNA）、「08SNA」は2020年度国民経済計算（2015年基準・2008SNA）

①　家計部門における変化

家計部門が一貫して資金を供給していることの背景には、高い貯蓄率がある。この時期前半の日本の貯蓄率は非常に高く、それ以前の1955年には12％前後であったものが、1974年および1976年には23・2％にも達した（ホリオカ［2009］）。しかし、マクロの家計貯蓄率はその後一貫して減少している。

図4－4は、1980年度以降の日本の家計貯蓄率を示したものである。当初20％近かった貯蓄率はその後一貫して減少しており、2010年代に入るとマイナスにまで落ち込み、日本は貯蓄率の低い国となっている。こうした貯蓄率の減少が、図4－3で確認した1990年代以降の家計部門の資金過不足減少の背景となっている(6)。

貯蓄率急減の理由として、ホリオカ（2009,

2021）はライフサイクル仮説の観点から、老年人口の増大により新たな貯蓄が減少したこと、過去に多くの貯蓄を行った世代が高齢化し、それまでの貯蓄を取り崩したこと、を指摘している。しかし、貯蓄率の動きを年別・年齢別に分けて分析した宇南山・大野（2017, 2018）は、高齢化だけが貯蓄率減少の原因ではないことを指摘している。

各年において世代間で比較すると、宇南山・大野（2017, 2018）においてもたしかに高齢者のほうが貯蓄率が低く、高齢者が貯蓄を取り崩す、というライフサイクル仮説に整合的な結果は得られている。しかし、同じ世代の貯蓄率を時系列比較すると、近年の高齢者ほど貯蓄率が減少していることも示されている。

この減少の原因として、宇南山・大野（2018）は高齢者の所得の減少、特に財産収入と公的年金の減少を挙げている。すなわち、所得や収入が年々減少しているため、最近の高齢者ほど貯蓄が少なくなっている、というのが宇南山・大野（2018）の解釈である。その背景として同論文は、政策的に創り出された超低金利の状況や、公的年金の給付水準の引下げがあると指摘している。もしこの指摘が正しければ、近年の日本の金融システムは最終的貸手に対して十分なリターンを提供できていないことになる。

②　企業部門における変化⑴：資産と負債の動き

企業部門の（フローの意味での）黒字主体化という結果からは、企業部門による金融資産保有の

図4－5　民間非金融法人企業の資産・負債の変化：(1)資産と負債の分解

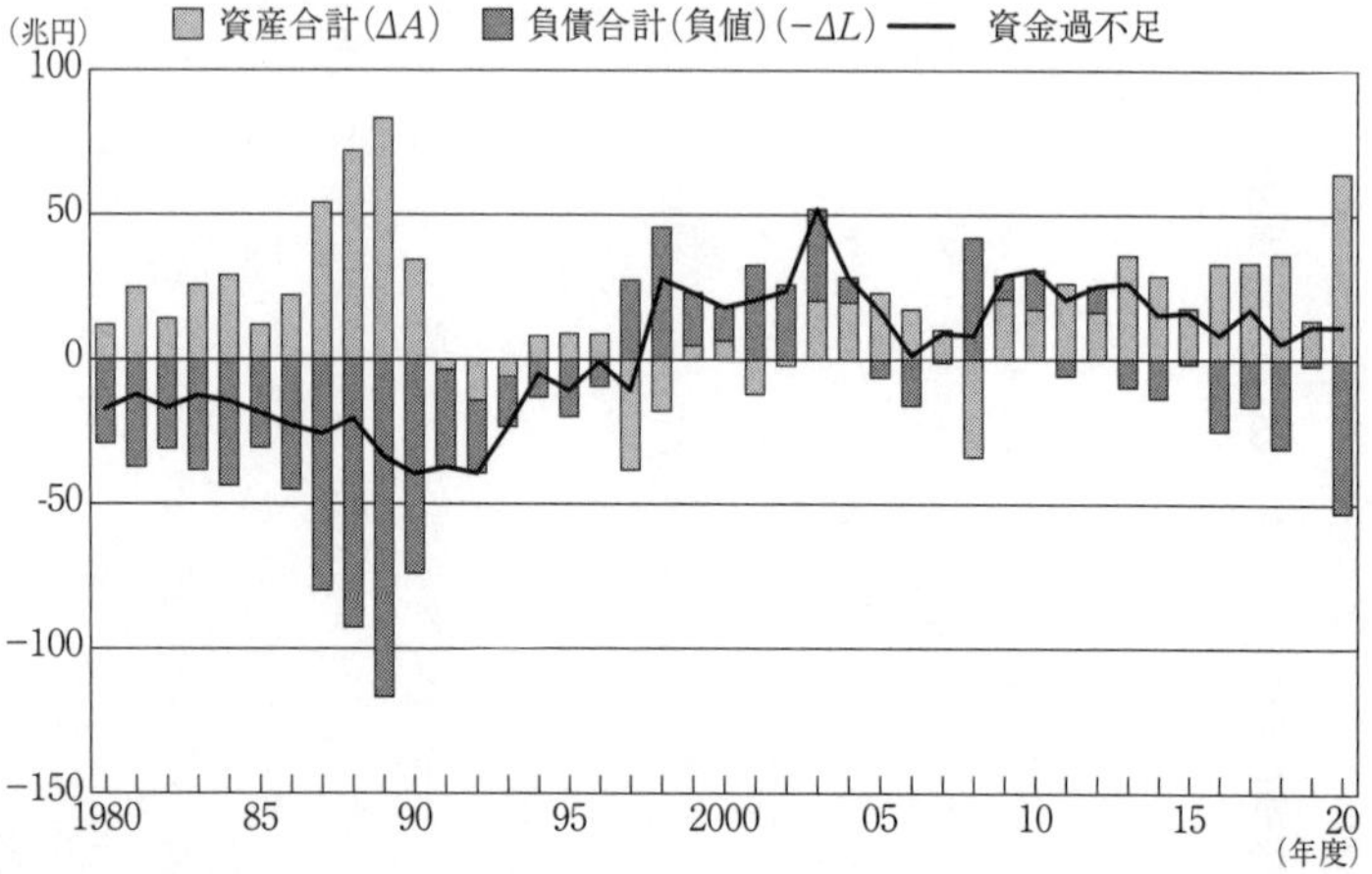

出所：日本銀行「資金循環統計」(金融取引表)より筆者作成(08SNAベース)

状況や、企業部門による債券や株式等の発行の状況が、バブル期前後で大きく変化したことが示唆される。「黒字」主体化、という言葉からは、あたかも企業部門が資金を供給する最終的貸手になった、というイメージが浮かびがちである。しかし、先にも述べた通り、企業部門は残高ベースでは一貫して借手部門であり、黒字主体化した原因は、1990年代後半以降に資産の増加以上に負債を減少させたことにある。つまり、バブル期までの旺盛な資金需要が、バブル崩壊後の景気減速により減退し、それまでに抱えた負債を減らしていったことが「黒字」主体化の実態である。

この点についてより詳しく検討するために、図4－5には企業部門の金融資産・負債残高の変化を資産側と負債側に分けて示している。[7] この図は、図4－3に示した企業部門の資金過不足の変化（$\Delta A_{企業t} - \Delta L_{企業t}$：図4－5の折れ線グラフ）を、資産側の変化（$\Delta A_{企業t}$）と負債側の変化（$-\Delta L_{企業t}$）とに分解（棒グラフ）している。

これによると、1990年代前半までは、負債の増加が資産の増加を上回ることで資金過不足がマイナスとなっているのに対し、1990年代後半から2000年代初めまでは、負債の減少が資産の減少を上回ることで資金過不足がプラスになっている。その後は、リーマン・ショック時（2008年度）の例外的な動きを除き、資産保有の増加によって資金過不足がプラスになっている。

以上からすると、日本の企業部門による資金調達・提供の状況の変化は、1990年代前半までと後半以降の二つではなく、三つの異なる状態の間で推移したと考えるのが正しい。第一の状態は1990年代前半までで、企業部門は資金調達を年々増やしていた。この状態は、バブル期までの旺盛（過剰）な資金調達を示しており、資産価格バブルが形成される時期に一般的に見られる信用膨張と呼ばれる現象（第2章7節(4)項⑤）と整合的である[8]。

しかし、続く1990年代後半から2000年代初めまでの期間においては、企業部間はそれまでに調達した金融負債の残高を減少させている。この変化は、企業部門がバランスシートの負債側に蓄積したバブル期の過剰な債務を減らしていく、バランスシート調整と呼ばれる行動を表している。この第二の状態は、バブルの崩壊に伴う揺り戻し、1990年代後半の銀行危機による貸出供給の減少と、その後行われた不良債権処理の影響を受けている。

これに対して第三の状態といえるのが、2000年代中頃以降である。この時期は企業部門はむ

図4−6　民間非金融法人企業の資産・負債の変化：(2)金融資産ごとの分解

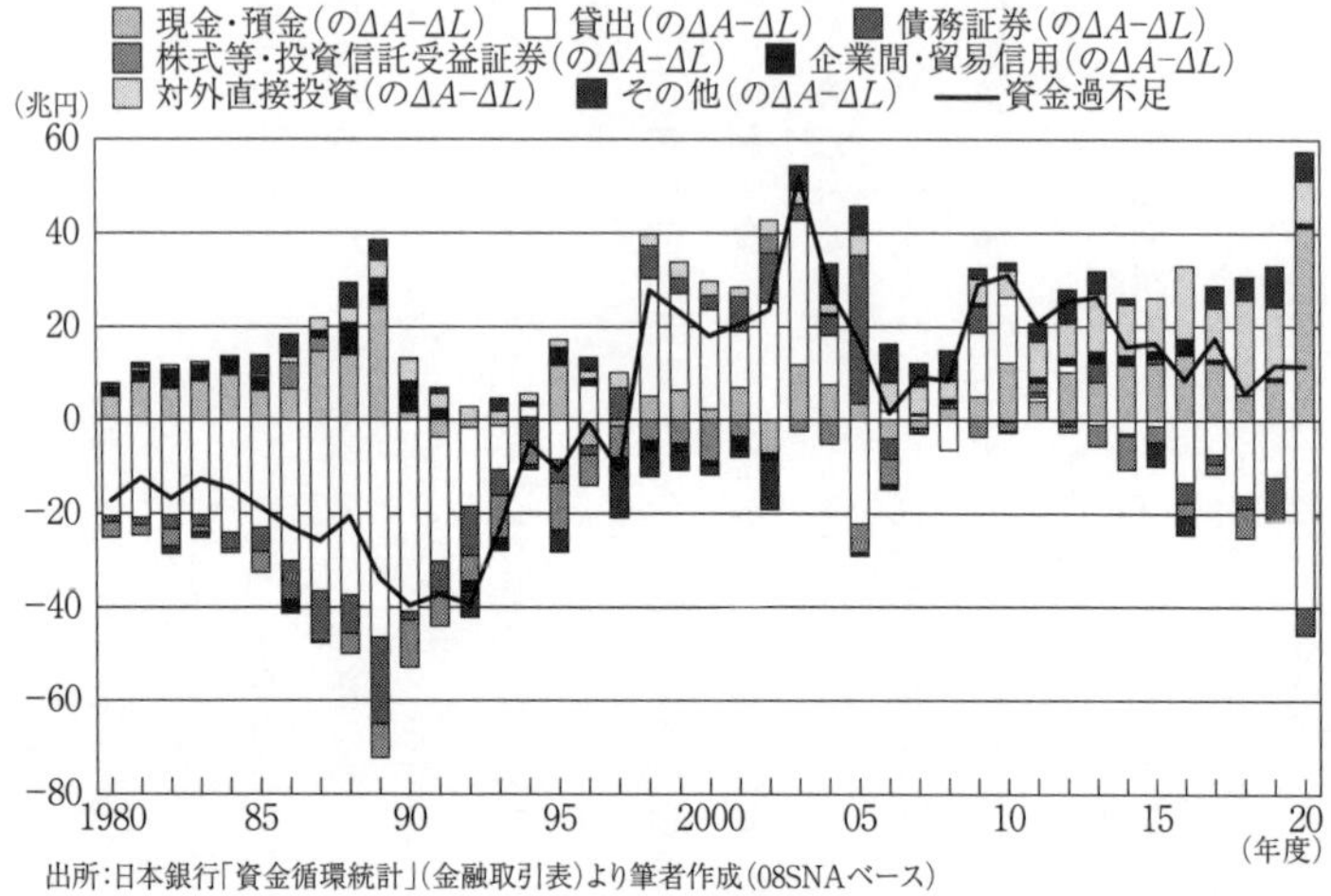

出所：日本銀行「資金循環統計」（金融取引表）より筆者作成（08SNAベース）

しろ、金融資産の提供を増加させていることがわかる。この状態は、たしかに企業部門が貸手となったことを表しているように見える。

③　企業部門における変化(2)：資産・負債項目の動き

第三の状態は、本当に企業が貸手となったことを表しているのだろうか。この点を検討するために、図4−6には、企業部門の資金過不足（$\Delta A_{企業t}-\Delta L_{企業t}$）の動きを、金融資産の項目ごとに分解して示している。企業部門が保有する金融資産の変化（$\Delta A_{企業t}$）は、各金融資産項目（$j=1,2,\cdots n$）（現金・預金、貸出、など）の変化（$\Delta A_{企業jt}$）の合計であり、また負っている金融負債の変化（$\Delta L_{企業t}$）は各金融負債項目の変化（$\Delta L_{企業jt}$）の合計である。このため、資金過不足は、

$$\Delta A_{企業t} - \Delta L_{企業t} = \sum_{j=1}^{n} \Delta A_{企業jt} - \sum_{j=1}^{n} \Delta L_{企業jt} = \sum_{j=1}^{n} (\Delta A_{企業jt} - \Delta L_{企業jt})$$

のように分解できる（Σは合計を表す数学記号）。この右辺括弧内の（$\Delta A_{企業jt} - \Delta L_{企業jt}$）の部分は資金循環表の中の金融取引表に示されている。これを、各金融資産ごとに積み上げて示したのが図4－6である。

たとえば、この図における「貸出」の値は、企業が他企業や他部門に対して行った貸出額の変化から、企業が他企業や他部門から借り入れた額の変化を引いたもの（$\Delta A_{企業,貸出t} - \Delta L_{企業,貸出t}$）を表している。[9] 各項目は、それぞれの資産ごとに保有額（資産側）と発行額（負債側）を差し引いているため、図4－6の積上額（縦棒全体の高さ・低さ）は図4－5の積上額とは異なるが、差引は同じであるため、資金過不足を表す折れ線グラフは両図で同一である。

全期間通してこの図をみてみると、先の検討と整合的に、1990年代初めまでは、貸出の動きが主導するかたちで資金過不足がマイナスになっている。これは、企業が借入（負債としての金融機関貸出）を増やした（$\Delta L_{企業,貸出t}$がプラスで大きかった）ためであり、信用膨張に対応する。これに対して1990年代後半の金融危機以降は、貸出が逆に資金過不足を正に押し上げるのに寄与している。これは、大規模な不良債権処理によりバブル期の借入が減少した（$\Delta L_{企業,貸出t}$がマイナスで大きかった）ためであり、バランスシート調整を表している。

では、2000年代中頃以降の、企業部門が金融資産の提供を増加させた第三の状態においては、どの資産に動きが見られるのだろうか。図からわかるように、この時期に顕著な動きを見せているのは現金・預金、そして、海外現地法人や外国企業の株式に対する投資を表す、対外直接投資である。これらと比べると、企業による貸出や、資産運用のための債務証券・株式投資など、一般に「貸手」という言葉をイメージさせるような項目については顕著な増加が見られない。

このうち、現金・預金（$\Delta A_{企業,現金・預金t}$）に関しては、図4-6では同様の増加が1980年代にも見られる。その値はバブル崩壊後に小さくなるが、しかし依然として正であることが多い。つまり、企業は長年にわたって現金・預金の保有を増加させていることがわかる。この現象は、企業が過剰に現金を抱えて有効に活用していない、生産性を高めていない、といった批判の根拠とされたり、日本経済の長期停滞の一因とされることがある。

ただし、企業はさまざまな支払いを行うために現金・預金を保有するため、好況時に保有が積み上がるのは自然である。また、将来の景気悪化等のリスクに備えて現金を保有しておきたいという動機もある。さらに、現金保有の必要性は事業の特徴によっても異なるし、他国と比較する場合には制度的なちがいも考慮する必要がある。現金保有が過剰かどうかは、こうした要因による保有を除いた上で判断する必要があり、そうした判断は個別企業の財務データを用いた実証分析の結果を踏まえて初めて可能となる。

日本の大企業に関するそうした分析の結果を見てみると、バブル期においては他国の企業と比べて現金の保有比率（対総資産比）が高かった[10]。しかし、その後の時期を分析した研究によると、1990年代には比率は減少し、2000年代には再び増加するものの、アメリカの水準と大きく変わらない[11]。

またこの研究では、現金保有の決定要因に関しても、1990年代には二国間で大きな差があったが、2000年代には差が小さくなったことが示されている。そこではさらに、合理的な要因では説明のつきにくい日米差が残ることも示されている。しかし、現金保有が小さいほど業績がよいという結果も得られており、一連のコーポレート・ガバナンス改革がこうした改善に寄与したと結論づけている。以上の結果を総合すると、日本企業に対する現金保有批判は、1990年代までは妥当したかもしれないが、少なくとも2000年代においてはあたらないだろう[12]。

次に対外直接投資に関しては、2000年代半ばまではそれほど大きな増加を見せていなかったのに対し、2000年代後半以降は一貫して大きな増加額を示しており、現金・預金の増加以上の増加を示す年も見られる。近年の対外直接投資の大幅な増加は、日本企業が海外事業を大きく拡大していることを表している可能性がある。

ただし、資金循環統計における対外直接投資は国際収支関連統計という別の統計調査の数値を用いており、同統計で得られるのは為替変動や株価変動の影響を含んだ値である。このため、2000年代後半以降の増加には、円安や海外における株価上昇の影響が含まれている可能性が高い。

図4−7　企業の内部留保

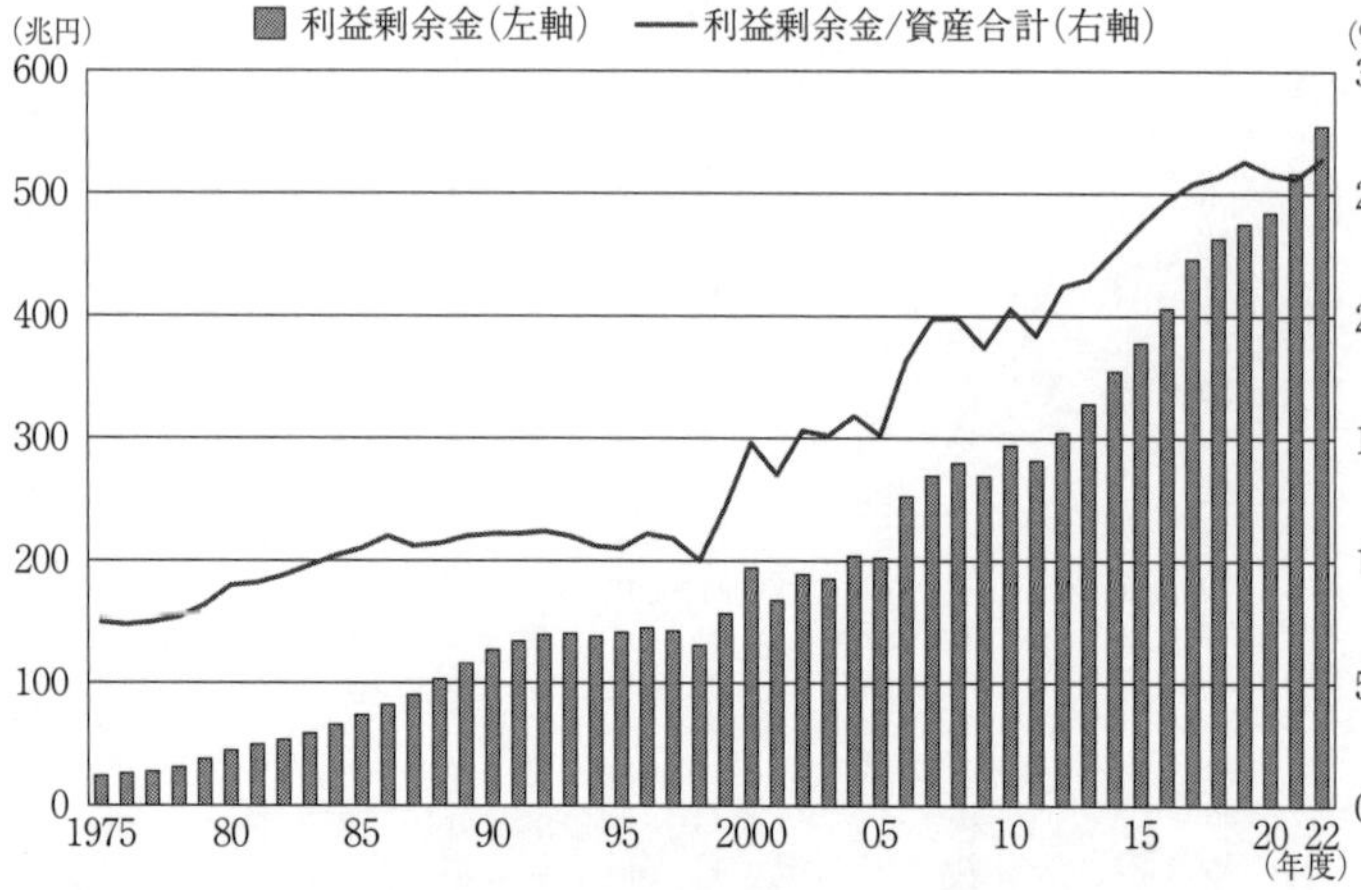

出所：財務省「法人企業統計」(全業種・全規模)より筆者作成

④　企業部門における変化(3)：内部資金の動き

第三の状態における企業部門の黒字主体化を考える上では、内部資金の利用についても検討しておく必要がある。企業の資金調達では、証券を発行して投資家から調達する外部資金でなく、内部に蓄積した資金（内部留保）が用いられることもある。借入や株式が増えなかった、という上記の結果は外部資金が用いられていなかったことを表しているが、では内部資金はどうだったのだろうか。資金循環統計は企業のバランスシートを捕捉しているわけではないため、内部資金による調達を適切にとらえることができない。そこで、別の統計から内部資金を見てみることにしよう。

日本企業のバランスシートを包括的にとらえることのできる統計は、法人企業統計である。

図4－7は、法人企業統計から得られる情報から、内部資金を表す利益剰余金の額と、それがバランスシートの規模を表す資産合計（＝負債＋純資産）に占める比率を示したものである。この図が示すとおり、内部留保は額で見ても比率で見ても、ほぼ一貫して増加している。図の期間全体を通して、内部資金の重要性は増大していることがわかる。

図からわかるもう一つの重要な特徴が、増加のペースの変化である。増加のペースは、1990年代後半までは相対的に緩やかであったのに対し、その後は加速していることがわかる。第三の状態はやはり、内部資金への依存が進んだ時期だといえる。ただし、増加の加速は2000年代中頃以降ではなく、バランスシート調整が行われた1990年代後半以降からすでにみられている。第二の状態は、バランスシート調整と内部資金への依存度増加が同時に進んだ時期だといえる[13]。

以上の検討をまとめると、第三の状態における日本の企業部門は、外部資金の調達を減少させ、内部留保の利用を増加させていた。しかし、少なくとも資金循環の観点からみると、企業部門は資金を提供する部門になったわけではない。バブル崩壊後、日本の企業部門の金融面での行動はたしかに変化し、資金過不足はプラスとなったが、企業部門は依然として最終的借手である。

⑤　政府部門

この時期の日本の資金循環構造の第三の特徴は、政府部門の借入が増加し、期間後半には企業部

図4−8　国債残高

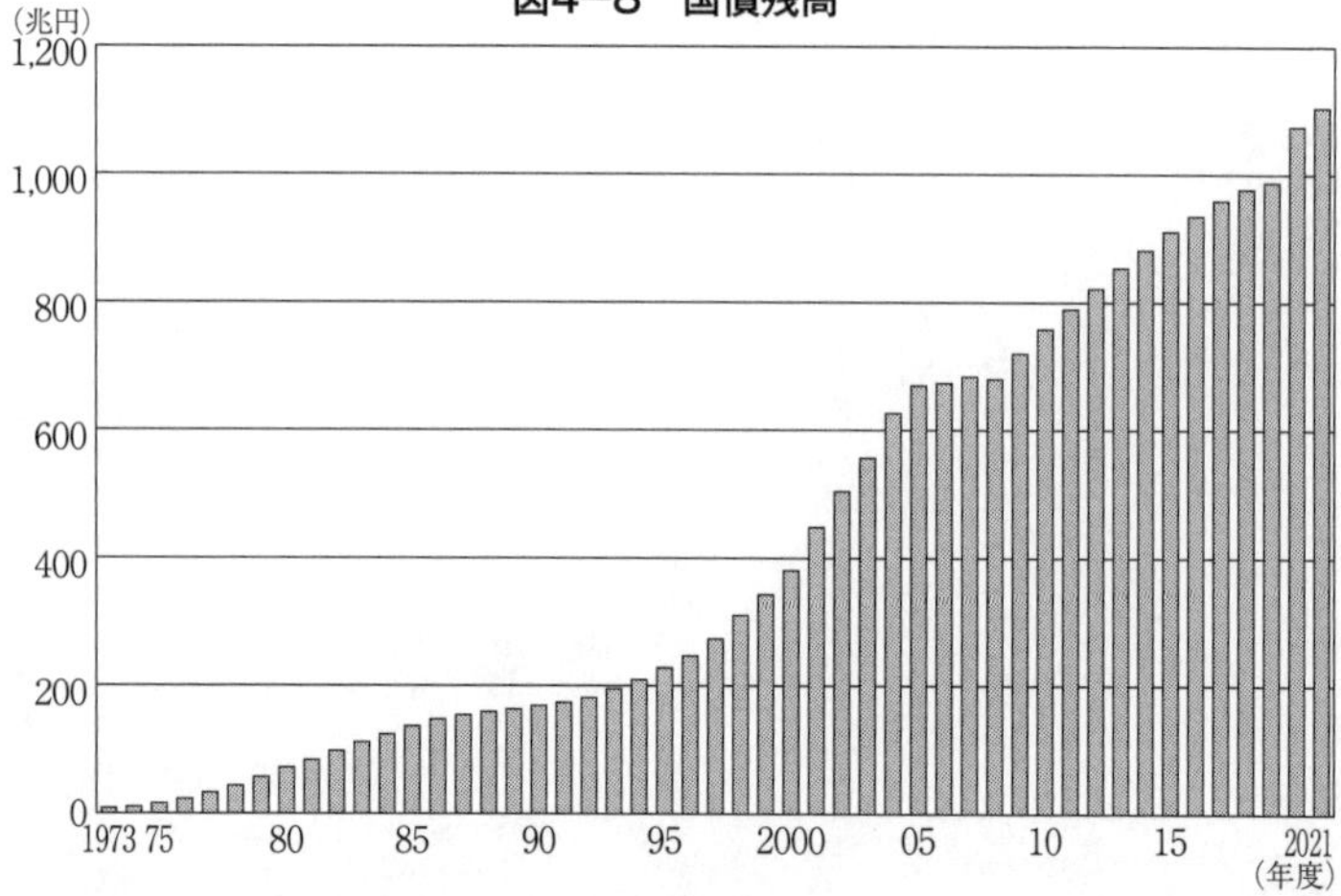

出所：財務省「国債統計年報」より筆者作成（内国債、年度末残高）

門に代わって最大の借手部門となったことである。この特徴の背景には、財政赤字の拡大に伴う国債発行の増加がある。図4－8は、国債残高の推移を示したものである。まず1970年代後半から1980年代前半にかけては、残高の増加ペースが増し、1980年代半ばまでには150兆円超に達している。この増加は、石油ショック後の低成長等に伴う歳入不足に対応するための国債発行によるもので、この時期は国債大量発行時代の到来といわれていた[14]。

　しかし、その後の期間においては、この時期を遥かに上回るペースで増加が進んでいる。バブル形成期の1980年代後半以降、残高はしばらくの間大きな伸びを示さなかったが、バブル崩壊後の1990年代初めからは再び増加のペースを増し始め、1990年代後半からは急速な伸びを示すようになった。その結果、20

００年代前半には６００兆円を突破している。しかも、ペースは落ちたものの、その後も増加自体は続き、２０１９年度末には約１０００兆円にまで達している。

その後の時期においても、コロナウイルス感染症の蔓延に伴うさまざまな政府支出の増加により、残高はさらに増加している。政府債務の増加は、近年多くの国に共通に見られる現象であるが、日本においてはその増加が特に顕著であり、金融構造に影響を与えるだけではなく、日本経済全体の構造を考える上でも無視することができない状態となっている。

(4)　直接金融と間接金融

日本全体の資金の流れに関し、ここまでは三つの経済部門に注目し、流れる量がどう変化してきたか、どの部門が最終的貸手・借手なのかを検討してきた。これらに加え、資金循環に関してもう一つ重要な視点は、その流れがどのようなルートを通じて生じているか、つまり金融仲介のルートがどう変化してきたか、という視点である。

ここでは、日本の金融システムにおける金融仲介のルートに関する特徴を、直接金融と間接金融の比較、という観点から検討する。[15] この時期より前の、高度成長期から石油ショックまでの時期における日本の金融システムでは、間接金融の優位、つまり最終的貸手としての家計部門の資金が、最終的借手である企業部門に向けて提供される際に、銀行を中心とする金融仲介機関によって仲介される、という構造がその大きな特徴とされてきた。[16] この構造は、特にメインバンク制度と呼ばれる銀行と企業の長期・多面的で密接な結びつきを通じ、戦後の高度経済成長を支えた効率的なシステムだと評価され、発展途上国の経済発展にも示唆を与えるモデルだとされていた[17]。

前項までで見た通り、本書の分析対象期間における最終的貸手は、一貫して家計部門である。このため、直接金融と間接金融を比較するには、家計部門が最終的借手に対して直接資金を提供しているか、金融仲介セクター（金融仲介機関、集団投資スキーム）を通じて提供しているかを確認すればよい（第2章図2－4参照）。また、最終的借手は企業部門あるいは政府部門である。このため、家計部門が保有する株式や社債、国債等の本源的証券と、預金や投資信託受益証券などの間接証券とを比較すればよい。

もちろん、同様の検討は最終的借手側から行うこともできる。この場合、企業や政府が発行した本源的証券を、家計部門が直接保有しているか、金融仲介セクターが保有しているかを確認することになる。

①　家計部門から見た直接・間接金融

まず、最終的貸手である家計部門が保有する金融資産の構成を見てみよう（図4－9）。比率ベースの構成を示した(a)を見ると、どの時期をみても、保有資産の約半分は預金であることがわかる。次に多いのは保険であり、期間の初めから2000年代までは比率が増加している。これに対して株式の比率は相対的に小さくなっており、投資信託も増加していない。以上より、家計部門はもっぱ

図4−9　家計部門の資産構成

(a)　比率ベース

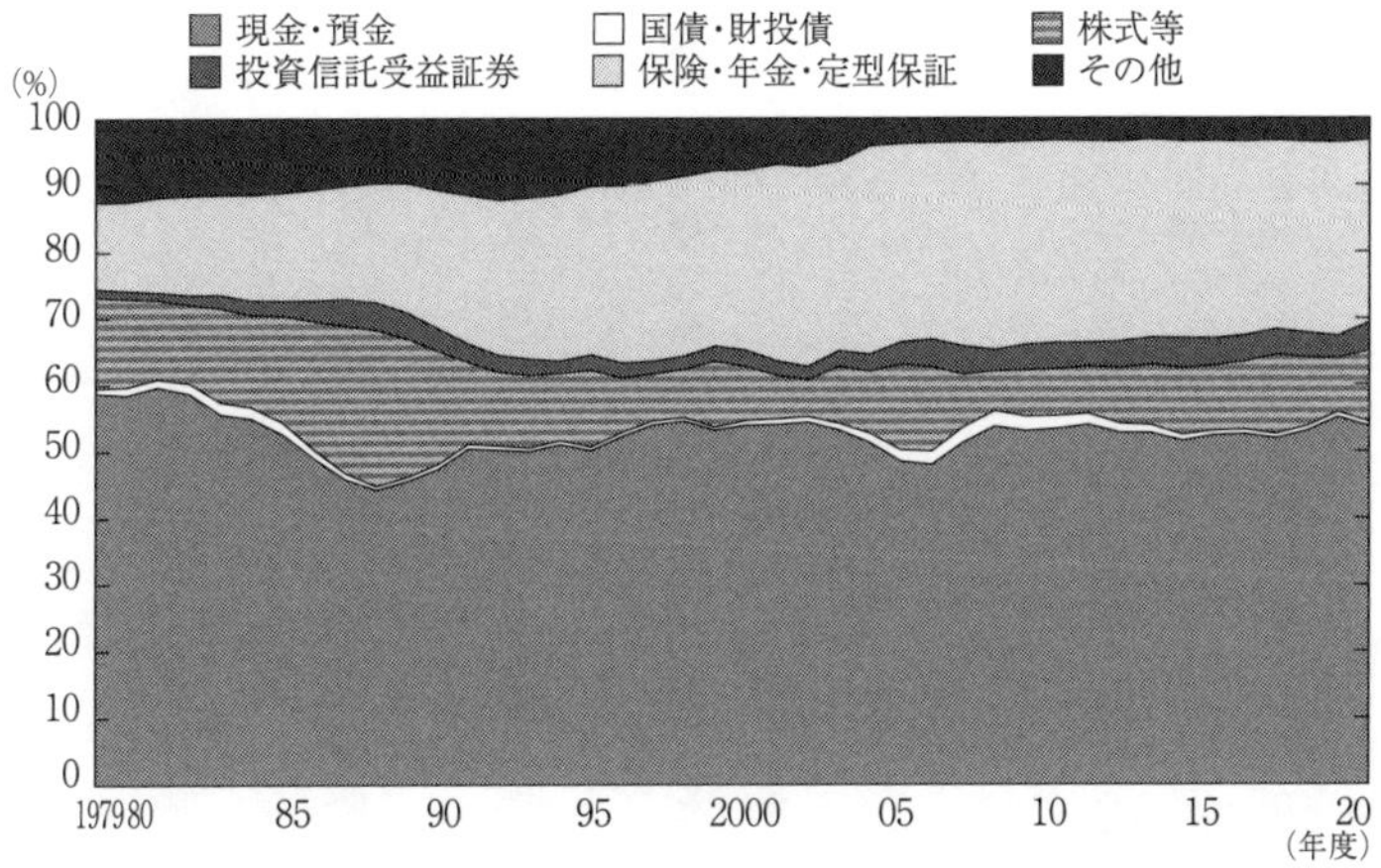

(b)　金額ベース

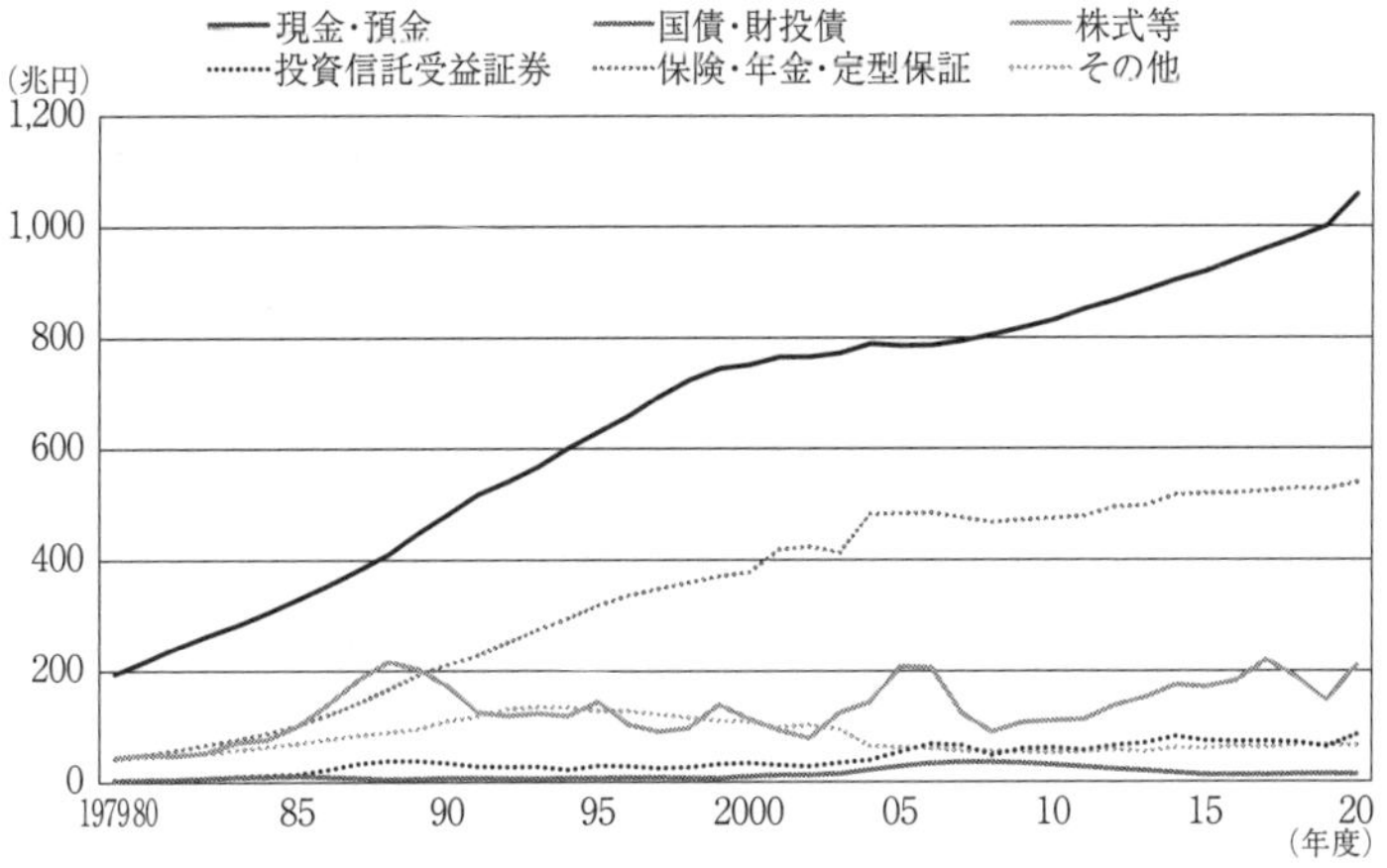

注：1979−2003年度は93SNAベース、2004年度以降は08SNAベースであり連続していない。
出所：日本銀行「資金循環統計」(金融資産・負債残高表)より筆者作成

ら間接証券を保有していることがわかる。

金額ベースの構成を示した(b)をみると、間接金融優位はより顕著である。家計が保有する金融資産のうち最も多い預金は、残高が一貫して増加しており、次に残高の多い保険等も、2000年代以降はペースが落ちるものの、ほぼ一貫して増加している。これに対して、他の資産の金額の増減は相対的に小さい。家計部門は、金融仲介機関に対する資金提供を一貫して増加させていることがわかる。

これらの結果は、最終的貸手である家計部門が、主に預金取扱金融機関を通じた間接金融のかたちで資金を提供していることを意味している。しかも、この特徴は期間を通じて変化していない。むしろ、同じく金融仲介機関である保険会社を通じる保険の保有を含めれば、間接金融はますます重要になっているといえる。先に見た通り、最終的借手は企業部門から政府部門に交替したが、最終的貸手の立場から見る限り、仲介のルートとしての間接金融優位の状態は、依然として変わっていないのである。

② 企業部門から見た直接・間接金融(1)：負債構成

最終的借手の側からも検討してみよう。先に見た通り、企業部門はフロー（増減）ベースでは金融負債を減少させ「黒字」部門化しているが、ストック（残高）ベースでは依然として最終的借手である。ただし、企業部門に流れる資金は減少していた。そうした中で、流れるルートにも変化が見られたのだろうか。

図４－10は、企業部門の金融負債残高の構成比の変化を示したものである。なお、この図ではこれまでの図と異なり、各金融資産の時価変動の影響を取り除くため、資金循環統計において参考数値として得られる簿価、額面ベースの計数を用いて作図している。

まず比率ベースの(a)に注目すると、期間の前半に比率が高いのは、負債としての「貸出」、つまり金融仲介機関などからの借入である。貸出は、１９８０年代前半から１９９０年代にかけて、５割を超えている。その後、２００７年にかけて４割を切るまでに減少するが、２０１０年代後半には再び緩やかに増加している。全体を通してみると、期間の前半に比べて後半では貸出の重要性が相対的に減少しているが、依然として重要な資金調達源であることには変わりがない。

比率ベースの各資産の数値は、たとえその残高が変化していなくても、他の負債の残高が変化すれば変化する。そこで、金額ベースで作図したのが(b)である。これを見ると、残高が最も多いのはやはり一貫して「貸出」である。バブル期の信用膨張による急増と、バランスシート調整に伴う急減はあるものの、その後の時期においても残高は多く、また近年においてはむしろ増加している。バブル後の減少だけを見て、企業が借入に依存しなくなっている、と結論づけるのは正しくない。

株式に関しては、図の(a)からは期間を通して比率が増加傾向にあることが見て取れるが、バブル期に特に増加はしていない。株価変動の影響を受けにくい簿価ベースの数値を用いると、バブル期であっても株式による資金調達が増えたわけではないことがわかる。原数値を確認しても、株式の

図4−10　企業部門の負債構成（1980−2010年度：93SNAベース）

(a)　比率ベース

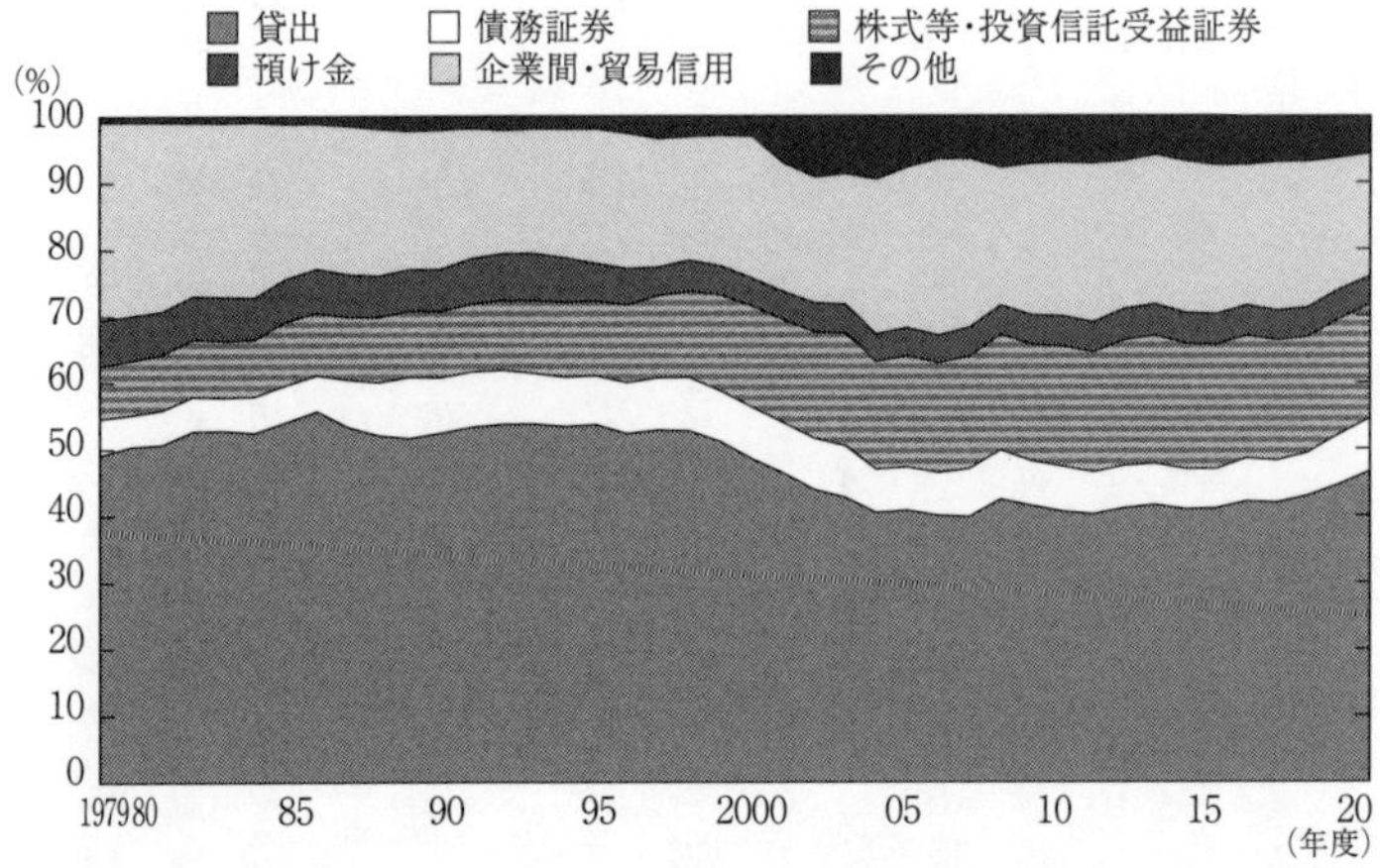

(b)　金額ベース

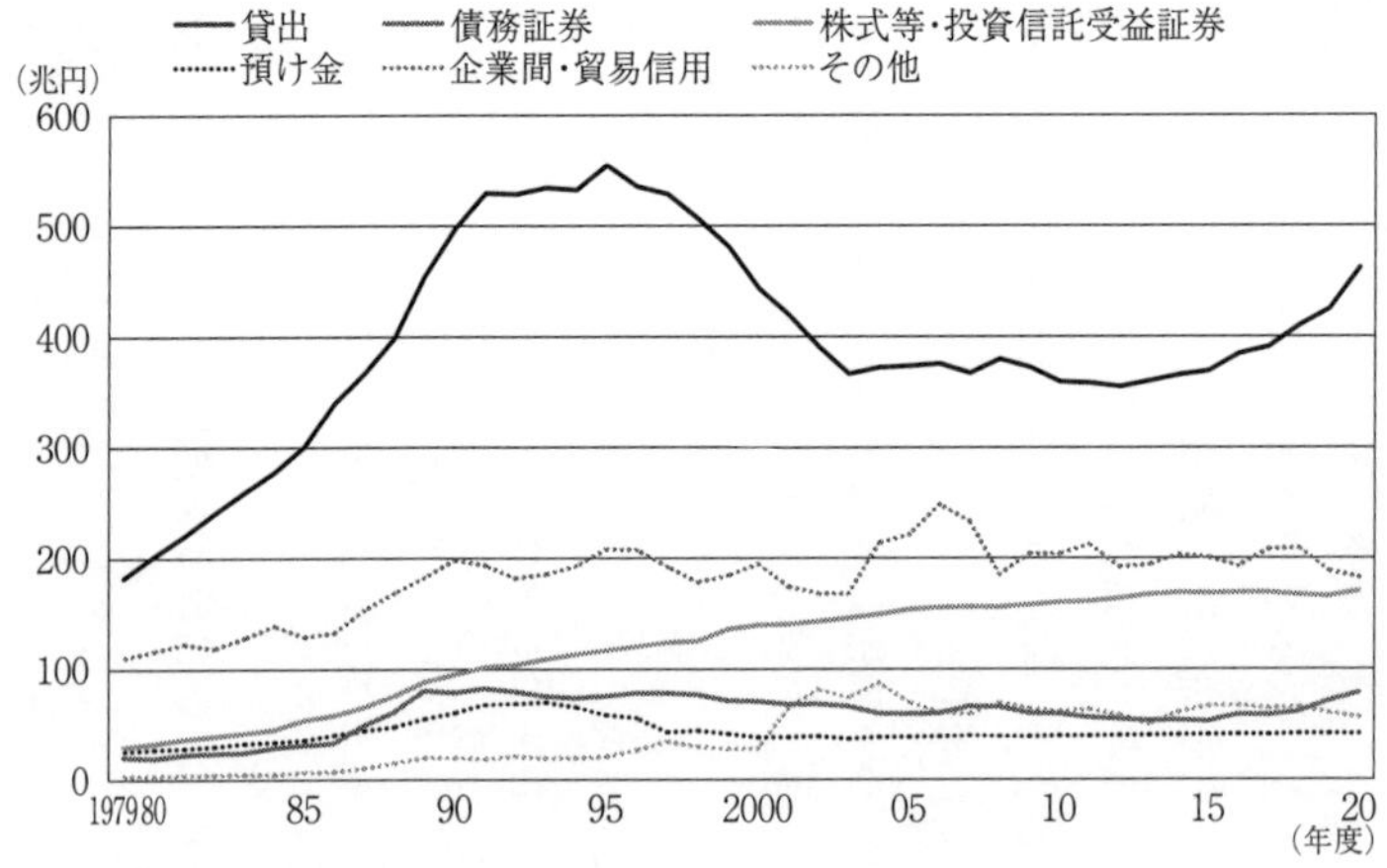

注：1979−2003年度は93SNAベース、2004年度以降は08SNAベースであり連続していない。
出所：日本銀行「資金循環統計」（金融資産・負債残高表、（簿価・額面ベース））より筆者作成

比率は期間の前半においては８％前後であり、１９９０年前後に10％前後に増加しただけである。ただし、この比率はその後もほぼ一貫して緩やかに増加し、２０００年前後には15％前後、２０１０年前後には18％前後となって、その後やや減少している。期間を通じた緩やかな増加は、金額ベースの(b)からも読み取れる。

しかし、図の(b)からわかるように、こうした増加はみられるものの、株式による資金調達は金融機関からの借入に比べれば依然として少ない。しかも、こうした株式の少なくとも一部は金融仲介機関が保有しているはずである。こうした点から考えると、株式による直接金融が比重を増しているとはいえない。

図４－10の(a)に戻ると、貸出、株式等に次いで比率が高かったのは、企業間・貿易信用である。企業間・貿易信用はそれぞれ、国内・海外の企業間の財・サービスの取引の代金の支払いを、掛払い（後払い）にすることによって発生する企業間の貸し借りである。この貸し借りは、主として短期の資金繰りのために行われ、企業部門内で完結するものである。

図の(a)からは、企業間・貿易信用が期間当初は２割を越えているが、その後は１割超で推移しており、２０１０年代後半にはさらに比率が減少傾向にあることがわかる。ただし、図の(b)からわかるように、金額ベースでみた場合には、１９９０年代以降は２００兆円前後で大きな変化はない。

企業による本源的証券の発行、という点では、債券の発行も重要なはずである。しかし、日本においては債券の重要性は低い。図の(a)では、債務証券は期間当初に比べればその後やや比率を高めているが、それほど増加していない。金額ベース（図内(b)）ではむしろ、1990年代から2010年代の中ごろまでゆるやかな減少傾向にある。また、ここには示していないが、債務証券の多くは最終的貸手である家計部門が直接保有するのではなく、金融仲介機関が保有している。

以上の結果を直接金融と間接金融との比較という視点からまとめてみると、全体的な傾向としては、貸出の割合がやや低下したものの依然として高く、株式の割合はやや増加傾向にあるものの、貸出に比べれば小さい。また、株式の動きは株価変動に起因する部分も大きいため、株式による資金調達が急増しているとは考えにくい。しかも、先に確認したように、家計が保有する資産に占める株式の比率は小さいままである。金融仲介機関による貸出は依然として重要であり、間接金融優位という構造には大きな変化が見られない。

③　企業部門から見た直接・間接金融(2)：株主構成

株式を通じた資金仲介について、資金調達者（企業）側ではなく、保有者（株主）側からもみておこう。誰が日本企業の株式を保有しているかを確認するために、図4-11には金融機関・企業（非金融法人企業）・家計・海外の四部門について、金融資産としての株式の所有状況の変化を示している[18]。

図のうち比率ベースの変化を示した(a)からは、全体的な傾向として、海外部門による保有の比率が一貫して増加し、家計部門の比率が近年減少していることが読み取れる。しかし、金額ベース（図

図4−11　四部門の株式保有

(a)　比率ベース

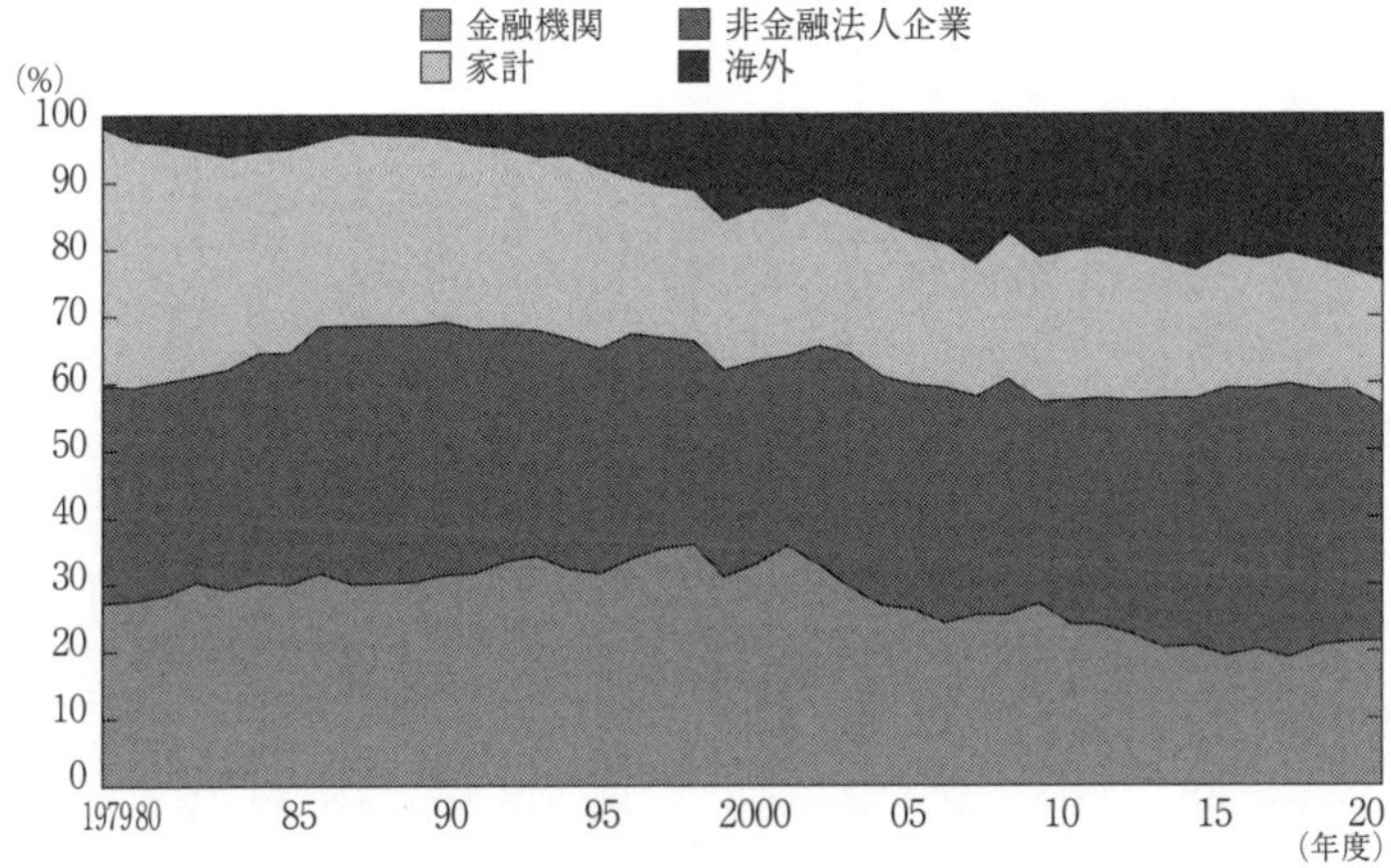

(b)　金額ベース

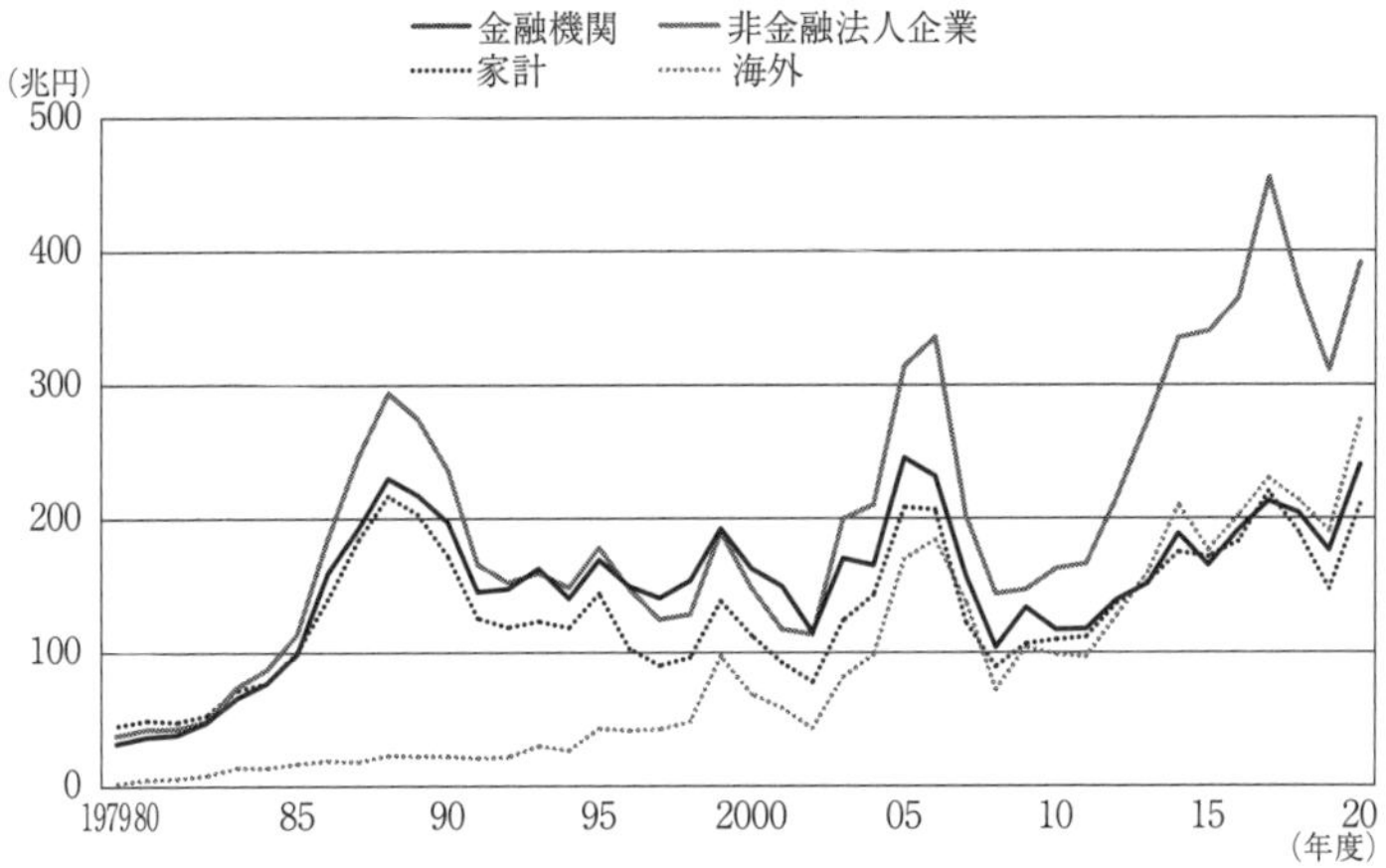

注:1979−2003年度は93SNAベース、2004年度以降は08SNAベースであり連続していない。
出所:日本銀行「資金循環統計」(金融資産・負債残高表)より筆者作成

の(b)で見た場合にはやや様相が異なる。バブル期とリーマン・ショック前については株価上昇の影響がみられ、これらの時期ならびに近年においても企業部門の保有額が大きい。海外部門に関しては、ほぼ一貫して保有を増やしており、2010年代には企業部門に次ぐ規模になっている。株式を通じた資金循環に関しては、企業部門内での循環と、海外からの資金の増加が特徴だといえる。[19]

国内の資金循環における、株式を通じた直接金融と間接金融を比較するためには、家計部門と金融機関部門による保有を比較する必要がある。図4－11の(a)に示した家計部門の株式保有比率は、必ずしも低いわけではない。この点では、株式を通じた直接金融は重要である。しかし、先に述べたようにその比率は低下傾向にあり、直接金融が重要性を増しているとはいえない。ただし、図の(a)からは、間接金融を表す金融機関の保有比率も低下傾向にあることがわかる。

金額ベースの(b)に注目すると、家計部門と金融機関部門の残高を相対比較した場合、バブル期まではほぼ同じ水準である。その後は、金融機関による保有が相対的に多い状態が続くが、2010年代には再び同程度の水準に戻っている。この意味で、1990年代から2000年代には相対的に間接金融の比率が高まったが、それ以前と以後では直接金融と間接金融の相対的な規模は変わらないといえる。

株式保有に関しては、二次統計である資金循環統計よりも、一次統計にあたるほうが正確かもしれない。図4－12は、日本取引所グループが「株式分布状況調査」に基づき保有主体別の株式保有比率の変遷を示した図である。これを見ると、2000年代初めに順位が大きく入れ替わっている

図4－12　主要投資部門別株式保有比率の推移

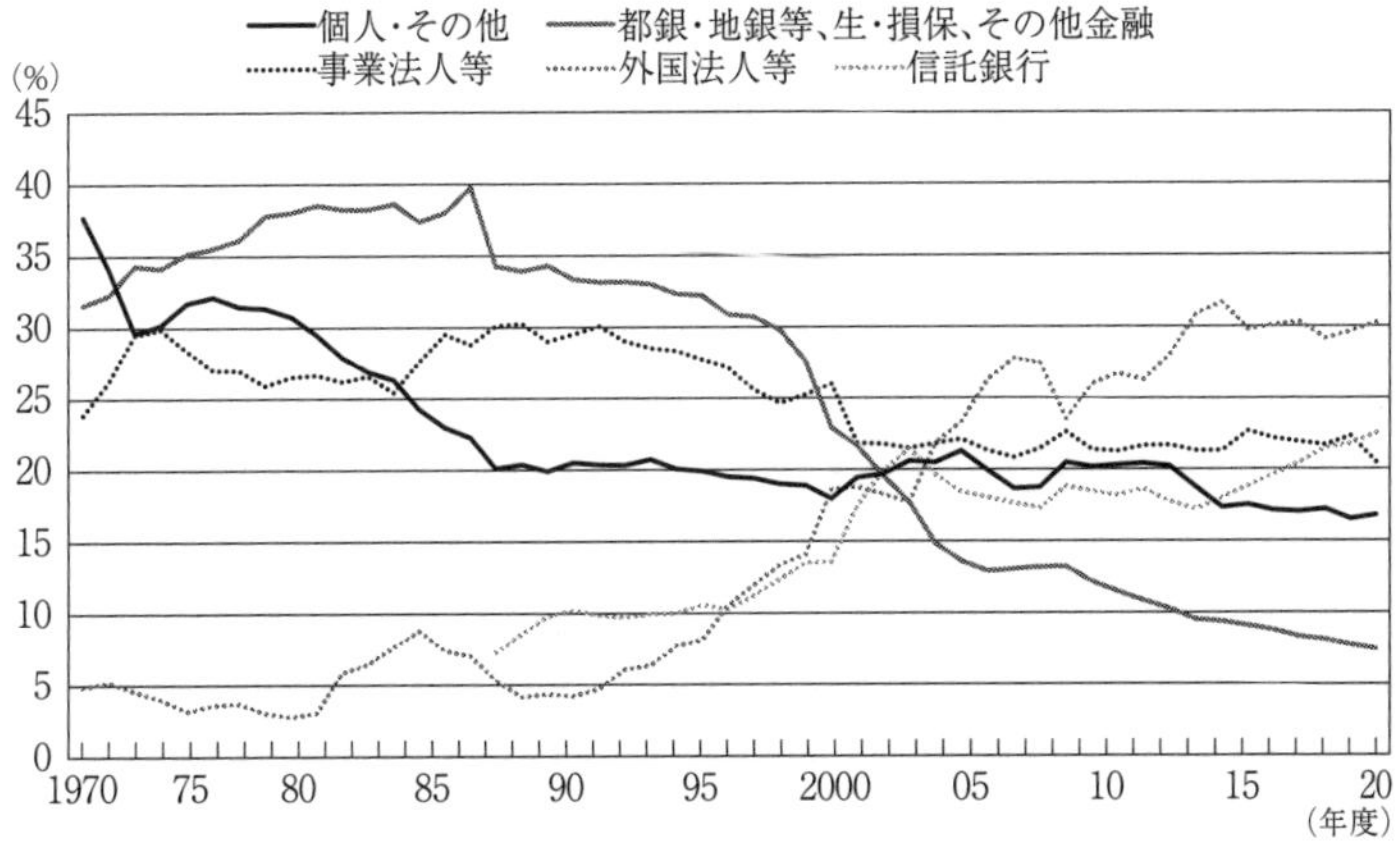

出所：東京証券取引所・名古屋証券取引所・福岡証券取引所・札幌証券取引所「2020年度株式分布状況調査の調査結果について」（著者改変）

ことがわかる。

それまでの時期は、銀行や保険等と個人あるいは企業が主要な保有主体であった。しかしその後は海外がトップとなり、企業、個人が続いている。全体を通して金融機関が比率を大きく下げ、企業や個人も下げているのに対し、海外や信託銀行は比率を増している。

銀行や保険等は金融仲介機関であるため、その保有が特に１９９０年代後半以降急減していることは、間接金融が重要性を失っているようにも見える。しかし、信託銀行による株式保有の多くは投資信託の信託口による保有、つまり集団投資スキームによる保有と考えられる。これを合わせると、金融仲介セクター全体を通じた金融仲介が行われなくなっているとまではいえない。また、個人による保有比率が増加しているわけでもなく、直接金融が重要性を増して

図4−13　四部門の株式保有比率

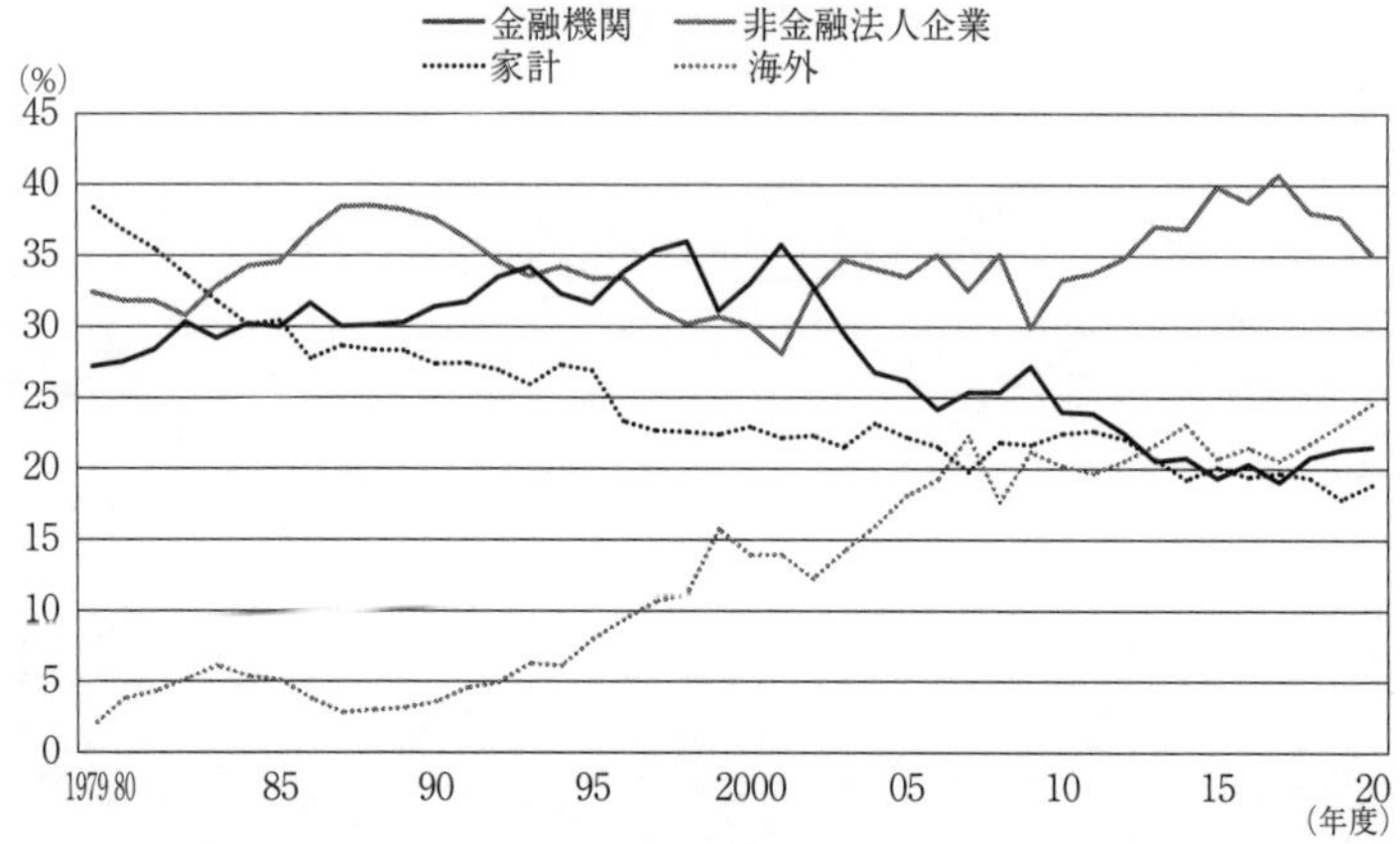

注：1979−2003年度は93SNAベース、2004年度以降は08SNAベースであり連続していない。
出所：日本銀行「資金循環統計」（金融資産・負債残高表）より筆者作成

いるわけではない。

図４－11(a)と図４－12は、前者が保有の内訳を示しているのに対し、後者が保有比率の水準を比較している点で、直接比較できるものではない。そこで、図４－11に示した四部門の株式保有を、図４－12と同様に比率の絶対水準で示したのが図４－13である。二つの図の間には、図４－12では企業の保有比率が減少傾向にあるのに対して図４－13ではそうではないこと、図４－12では銀行・保険等が当初最も保有比率が高かったのに対して図４－13の金融機関はそうではないこと、図４－12の銀行・保険等に信託銀行を加えた場合と図４－13の金融機関の動きが必ずしも対応しそうにないこと、といった点にちがいがみられる。

　しかし、いずれにしても、株式を通じた資金循環に関し、間接金融と直接金融の総体的重要

図4－14　部門別国債保有残高

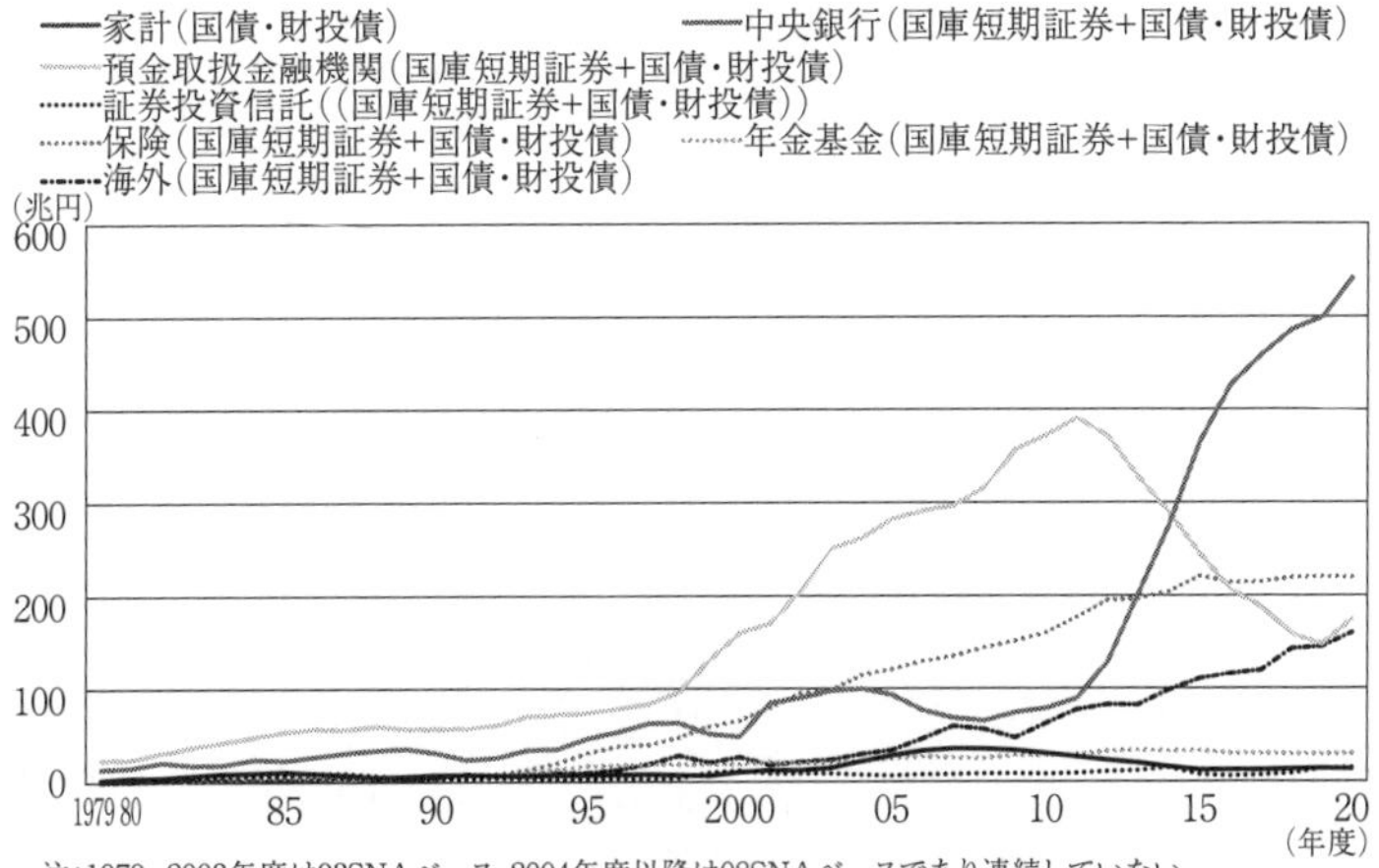

注：1979−2003年度は93SNAベース、2004年度以降は08SNAベースであり連続していない。
出所：日本銀行「資金循環統計」(金融資産・負債残高表)より筆者作成

性はあまり変わらない、あるいは直接金融の重要性が増しているわけではない、という結論は変わらない。先に触れた通り、株式を通じた資金循環についての最も顕著な変化は、国内での資金循環の変化ではなく、海外からの資金の流入だといえる。

④ 政府部門から見た直接・間接金融

最後に、近年最大の赤字部門となった、政府部門に向けての金融仲介のルートを確認してみよう。国債を保有している主な部門の保有残高を示したのが図4－14である。国債の額として、ここでは国債・財投債と国庫短期証券の残高の合計を示している。[20] 部門としては、直接金融を表す家計部門の保有と、間接金融を表す金融機関部門の保有が重要である。ただし、のちに見るように、後者についてはその内訳が重要であるため、図では同部門を構成する各金融機関部門の残高を分けて示している。

図からわかるように、2000年代までは一貫して預金取扱金融機関の保有残高が最も多い。国債大量発行時代以降、図4－8で見た2000年代の急速な国債残高の増加の時期も含め、その保有は預金取扱金融機関によるものである。

また、1990年代中ごろからは、保険会社による保有も増加している。これに対して、証券、投資信託による保有は少ない。新たな最終的借手となった政府部門に対する金融仲介のルートとしても、やはり金融仲介機関を経由する間接金融のルートが重要であることがわかる。

しかし、この図で何よりも目につくのは、期間後半の中央銀行部門による国債保有の増加と、それに対応する預金取扱金融機関の保有の減少である。2010年代に入ると、日本銀行の政策転換により、大規模な金融緩和を目的とした中央銀行部門による国債保有が急激に増加し、その額は2015年度末には350兆円を突破している。代わりに預金取扱金融機関の保有残高は急減し、2015年度末には250兆円を割り込んでいる。政府に向けた金融仲介のルートについては、2010年代から大きな変化が生じていることがわかる。

3　小括：日本の金融構造の評価

以上のように、金融仲介のルートという観点から日本の金融構造の変化を検討すると、この時期の30年を超える期間の間には、企業部門から政府部門への借手の交替という大きな変化が見られたにもかかわらず、預金取扱金融機関（あるいは保険会社）に依存する間接金融の構造は大きくは変化していない。日本では長年、「貯蓄から投資へ」の移行が必要であり、間接金融依存から脱却する必要性があることが指摘されてきた。また、投資信託や証券化など金融市場が関わるかたちで行われる間接金融、すなわち市場型間接金融（第2章4節(5)項②）への移行も叫ばれていた（池尾・柳川［2006］参照）。それにもかかわらず、日本の金融システムは依然として間接金融に依存している。こうした金融構造の観点から見て、日本の金融システムは望ましいシステムといえるのだろうか。

(1) 金融システムの目的と金融構造

この疑問に答えるために、金融システムの目的を再度確認しておこう。金融システムの本来の目的は、マクロレベルでの金銭のやり取り、つまり資金循環の円滑化（第2章3節(1)項）であり、その円滑さを評価するための基準は大きく効率性と安定性に分かれる（第2章5節）。また、本来の目的を超えた目的として、マクロ経済の安定や経済成長、経済発展といった、実体経済に関わる目的も挙げられる（第2章3節(2)項）。[21]

そもそも、直接金融（金融市場）対間接金融（金融仲介機関あるいは銀行）という金融構造の比較は、望ましい金融システムのあり方を考える、金融アーキテクチャー（financial archichture）という研究分野の中心課題の一つである。[22] この分野では、金融システムが金融市場と金融仲介機関のどちらに依存するかによって、経済発展あるいはそれに伴う経済成長にちがいが生じるか、どちらを整備して発展を促進すべきか、といったかたちで直接金融と間接金融が注目されてきた[23]。

日本においても、過去には銀行を中心とする間接金融がいかに発展に寄与してきたか、といった議論が行われていた[24]。しかし、経済発展、あるいは発展のための経済成長、という観点から日本の金融構造を評価する必要性は、少なくとも本書で注目する1970年代後半以降に関してはもはや低いだろう。この時期の日本は、すでに高度成長を経て先進国の仲間入りを終えている（第3章1節参照）。第2章で示した金融システムのさまざまな目的の中で、経済発展の促進が日本の金融システムの目的として挙げられることは、もはやない。

しかし、経済発展に伴う成長ではなく、発展した国における成長、ということであれば、経済成長とその前提となる金融システム内での円滑な資金循環は、依然として日本の金融システムの重要な目的となり得る。第3章1節で見た通り、1990年代以降には日本の経済成長は止まり、経済停滞の状態に陥った。この低成長に、金融システムがどのように影響を与えたか（与えなかったか）、間接金融だから問題だったのか、といった論点は十分検討に値する。

特に、バブル後の長期停滞期において、効率的な資金提供が行われなかった、といった批判が、間接金融中心の日本の金融システム、特に銀行部門に対して投げかけられることがある。そこで問われるべきは、効率性の基準から見て、間接金融を通じた日本の金融システムは円滑な資金循環を提供できなかったのだろうか、という疑問、あるいは、そのために経済停滞が引き起こされたのか、という疑問である。

同様の疑問は、安定性という評価基準からも投げかけることができる。間接金融依存型の金融システムの問題点としては、１９９０年代後半の金融危機の際に、銀行を中心とした金融仲介機関が過度にリスクを抱え、金融危機や不良債権問題を引き起こしたことが批判された。その際には、銀行をはじめとする預金取扱金融機関が大きな損失を被り、金融システム全体が機能不全に陥ることで、実体経済にまで悪影響が及んだ。安定性の基準から見た場合、間接金融を通じた日本の資金循環は円滑でなかったのか、不安定な金融システムによってマクロ経済の不安定性が引き起こされたのか、といった疑問は、十分検討に値する。

(2) 金融システムの責任と時代によるちがい

こうした疑問に対しては、いずれも直感的に肯定的な解答を与えたくなる。しかし、短絡的に結論を求めるのは危険である。まず、上記のような観点からの金融システムの評価は、実体経済の評価と切り離して行えるものではない。経済成長やマクロ経済の安定は、金融システムだけでは達成できないからである。経済成長やマクロ経済の安定は、たとえ金融システムが資金循環を円滑化しても、それを利用する実体経済側の経済活動によって結果が左右される。実体経済に関わる目的の達成責任は、実体経済側にもある（第２章５節(4)項参照）。

もう一つ重要な点として、評価が時代によって異なり得ることを踏まえる必要もある。そもそも、高度成長期やバブル期においては、間接金融中心の日本の金融システム、あるいはその構成要素としてのメインバンク制度等は、効率的な資金循環を可能にし、経済成長の原動力となった、として評価されていた。しかし、同じシステムが、バブル前後には安定性の意味での資金循環の円滑化、あるいはマクロ経済の安定を達成できなかったと批判され、さらに、バブル後は非効率で経済停滞をもたらしたとして問題視されている。

他方で、バブルや金融危機といった問題は、その後、同じようなかたちでは（少なくとも本書執筆時点では）、日本の金融システムに発生していない。この点からは、日本の金融システムにはその後問題は発生しなかった、と評価することも可能である。特定の時代の象徴的な出来事のみに基づいて評価を行い、それを短絡的に敷衍して一般的な評価にすることには大きな問題がある。

日本の金融構造は、少なくとも前節で確認した証拠に基づく限り、本書で扱う1970年代後半以降一貫して間接金融依存であり、それ以前と比べても変わっていない。しかし、だからといってその評価が時代を問わず一貫して行えるわけではない。実体経済や経済・社会環境の状況も踏まえ、各時代ごとに、金融システムの目的に照らして、より詳細に検討する必要がある。これらの評価を総合して初めて、今後の金融システムのあり方に対する適切な示唆が得られるのではないだろうか。

こうした問題意識の下で、以下では時代区分ごとに指摘されてきた金融システムの問題を、第5章から第8章まで順に取り上げて検討することにしたい。こうした検討の上で、第9章においてそれらを総合し、日本の金融構造に関する検討を改めて行うことにしよう。

【第4章　注】

(1) 資金循環統計は、さまざまな証券の売買を把握することによって作成されるため、証券の一次取引、二次取引、派生証券の取引に伴う資金の流れをとらえる統計である。このため本章ではもっぱら狭義の金融システム、つまり「マクロレベルで見た、証券取引に伴う資金移動のシステム」（第2章3節参照）に注目することになる。

(2) この問題は、先の図2－4を見ると理解しやすい。金融仲介機関による資産保有は、同図においては間接金融における本源的証券の保有に対応する。理論的には、金融仲介機関は間接証券の発行によって得た資金を使って本源的証券を購入しているだけであるため、最終的貸手による資金提供額をとらえるためには間接金融における本源的証券残高を含めるのは適当でない。

(3) たとえば、当該期間に行われたフローの金融取引の額そのものがデータとして得られない場合、フローベースの金額はストックベースの残高の変化（差分）によって代理されることがある。また、フローの額そのものがデータとして得られる場合でも、金融資産・負債の価格変動（株価の変動や銀行貸出の不良債権処理など）によりフローとストックの数値に乖離が生じる。こうした乖離は資金循環勘定の「調整表」に示される。

(4) 2020年度には急増が見られるが、これはコロナウイルス感染症の経済活動への影響、あるいはそれに対応するための経済政策（さまざまな補助金等）の影響を表していると考えられる。

(5) 期間の最終年には大きな赤字を示しているが、これはコロナウイルス感染症の拡大に対する政策の影響だと考えられる。

(6) 期間最終年に見られる貯蓄率の急増は、コロナウイルス感染症とその政策対応の影響と考えられる。

(7) ここまでは、マクロ的な把握のために、資金循環統計における非金融法人企業の計数を企業部門の計数として用いてきたが、その中には民間・公的非金融法人企業がともに含まれる。ここからは、民間企業の動向をより正確にとらえるため、民間非金融法人企業のみの計数に注目する。ただし、ここまで確認してきた結果は、非金融法人企業ではなく民間金融法人企業の計数を用いた場合でも、水準は変化するものの、全体的な傾向としては大きく変わらない。

(8) ただし、第一の状態においては、金融負債ほどではないものの、金融資産も同様に増加していることにも注意が必要である。以下で述べるように、この増加は主として企業間信用と現金・預金の増加によってもたらされている。

(9) 現金・預金と対外直接投資は企業部門の負債項目としては数値が計上されないため、$\Delta L_{企業,現金・預金,t}$と$\Delta L_{企業,対外直接投資,t}$はゼロである。また、現金・預金は金融機関部門のみの負債であるため、$\Delta L_{i,現金・預金,t}$は金融機関部門（i＝金融機関）のみプラスの値を取り、対外直接投資は海外部門のみの負債であるため、$\Delta L_{i,対外直接投資,t}$は海外部門（i＝海外）のみプラスの値を取る。

(10) Rajan and Zingales (1995) を参照。

(11) Kato *et al.* (2017) を参照。

(12) その後の時期に関しては、十分な分析がなく判断が難しいが、山田（2022）は、2005年から2017年にかけても大企業の現金保有が増加していることを報告している。同論文は、企業ごとの現金保有の決定要因を分析し、企業属性ごとに保有比率が異なること、異なる属性を持つ企業の構成比の変化により企業部門全体での現金保有も変化していることを報告している。

(13) この解釈と整合的な結果として、広田（2009）は日本の大企業の負債依存度、特に銀行借入の比率が1973年から2008年までの間に大きく低下していることを報告している。

(14) この時期の国債の大量発行については、たとえば渡瀬（2009）を参照されたい。

(15) 金融システムにおける金融仲介のルートに関する理論的整理については第2章4節(4)項を参照のこと。理論的には、金融仲介のルートは金融仲介セクターと金融市場セクターの相互関係をとらえた図2-6の枠組みでとらえるのが適切であるが、その関係は統計的にはとらえづらいため、図2-4の直接金融・間接金融の枠組みに基づかざるを得ない。

(16) 池尾ほか［1993］第2章）は、高度成長期の日本の金融構造の特徴として、オーバー・ボロイング、間接金融の優位、メインバンク制と系列融資、オーバー・ローン、資金偏在の五つを挙げている。オーバー・ボロイングは企業が旺盛な資金需要を満たすために銀行等の金融機関からの借入に過度に依存している状態、系列融資は企業集団（系列）の中核となるメインバンクが系列企業に集中的に資金を供給している状態、オーバー・ローンは銀行が資金調達を日本銀行借入に依存している状態、資金偏在は恒常的に資金不足状態にある都市銀行が、資金余剰状態にある他の金融機関から、短期金融市場を通じて恒常的に資金を借り入れている状態を指す。

(17) Aoki and Patrick（1994）参照。

(18) この図で用いるデータに関しては、簿価・額面ベースでの数値は得られない。

(19) 企業間の株式保有は、子会社や関連会社などの所有、企業間の関係強化や事業面でのシナジー発揮を目的とした戦略的な保有、敵対的買収の防止のための保有、系列や企業グループ形成のための保有など、さまざまなものが考えられる。こうした保有に関しては、海外投資家の株式保有も含め、コーポレート・ガバナンスの視点から多くの研究が行われている。時代ごとの株式保有構造の変遷に関しては、2000年代までの長期的な検討を行った宮島・新田（2011）などを参照のこと。

(20) 家計部門は国庫短期証券を保有していない。

(21) さらに近年では社会的・環境的課題の解決に金融システムが貢献することが求められるようになっている（第2章3節(2)項を参照）。

(22) こうした研究は、古くはガーシェンクロン（Gerschenkron［1962］）にまで遡る。

(23) なお経済発展に関わる経済成長と金融システムの関係に関しては、さまざまな研究が行われている。国レベルのパネルデータ分析から国際比較を行った実証研究からは、経済成長に影響を与えるのは金融部門全体の発達であり、直接金融か間接金融かは重要でない、というコンセンサスが得られている（Demirgüç-Kunt and Levine［2004］）。他方で、その後の研究では、各国ごとに時系列分析を行うと一律な結果は得られず、国ごとのちがいを十分考慮せずサンプルをプールするパネルデータ分析には問題があることも指摘されている（Luintel *et al.*〔2008〕）。また、先進国のサンプル（1973–2011年）で各国ごとに時系列分析を行い、因果関係を分析した研究（Peia and Roszbach〔2015〕）では、全体的な傾向として資本市場の発達は経済発展の原因となるが、銀行セクターの拡大は経済発展の結果であることが示されており、日本に関してもこの結果が報告されている。

（24）香西・寺西（1993）などを参照。

第5章　資産価格バブルの形成と崩壊（1980年代後半〜1990年代初め）

期間ごとの評価の最初として、本章では1980年代後半から1990年代初めにかけての日本の金融システムに注目する。第3章で見たように、1980年代後半には株式や不動産に関する資産価格バブルの問題が発生し、1990年前後の崩壊により日本経済は大きなダメージを負った。株式のバブルは金融市場セクターの問題であり、また不動産バブルの形成に信用膨張が寄与していれば、金融仲介セクターの問題でもある（第2章7節(4)項⑤）。

以下ではまず、バブルと信用膨張の実態について確認したあと、バブルが発生するメカニズムに関する理論的・実証的研究を紹介する。その後、バブルの遠因として指摘されている金融自由化、金融政策にも触れることにしたい(1)。

1　バブルと信用膨張の実態

(1)　バブルの実態

バブルの実態は、株価と地価の動きを示した第3章1節の図3－2、図3－3で確認した通りである。そこで見たように、地価と株価はいずれも1980年代後半に入って急激な上昇を見せ、前者については1990年9月、後者については1989年末にピークを迎えた後、いずれも急激に下落した[2]。ただし、たとえ価格の急激な上昇と下落が見られたとしても、その動きが資産本来の価値（ファンダメンタルズ）を反映したものであれば、バブルとはいえない（第2章7節(4)項⑤を参照）。では、この時期の資産価格の上昇はバブルだったのだろうか。

多くの実証研究は、こうした資産価格の動きがファンダメンタルズを反映したものではなく、説明のつかないバブルが存在したことを示している。そうした研究は、どのようなメカニズムでバブルが発生したのかにも注目している。バブル発生のメカニズムについては、投資家が非合理的であるためファンダメンタルズと異なる価格で取引が行われる、という説明（非合理的バブル）と、投資家は合理的に裁定行動に基づいて取引しているのにもかかわらずバブルが発生する、という説明（合理的バブル）がある。しかし、この時期のバブルがどちらであったのかに関しては、実証研究の結果は定まっていない[3]。どちらの要素も含まれていたと考えるのが自然だろう[4]。

図5−1　貸出残高の推移（合計・担保別、国内銀行）

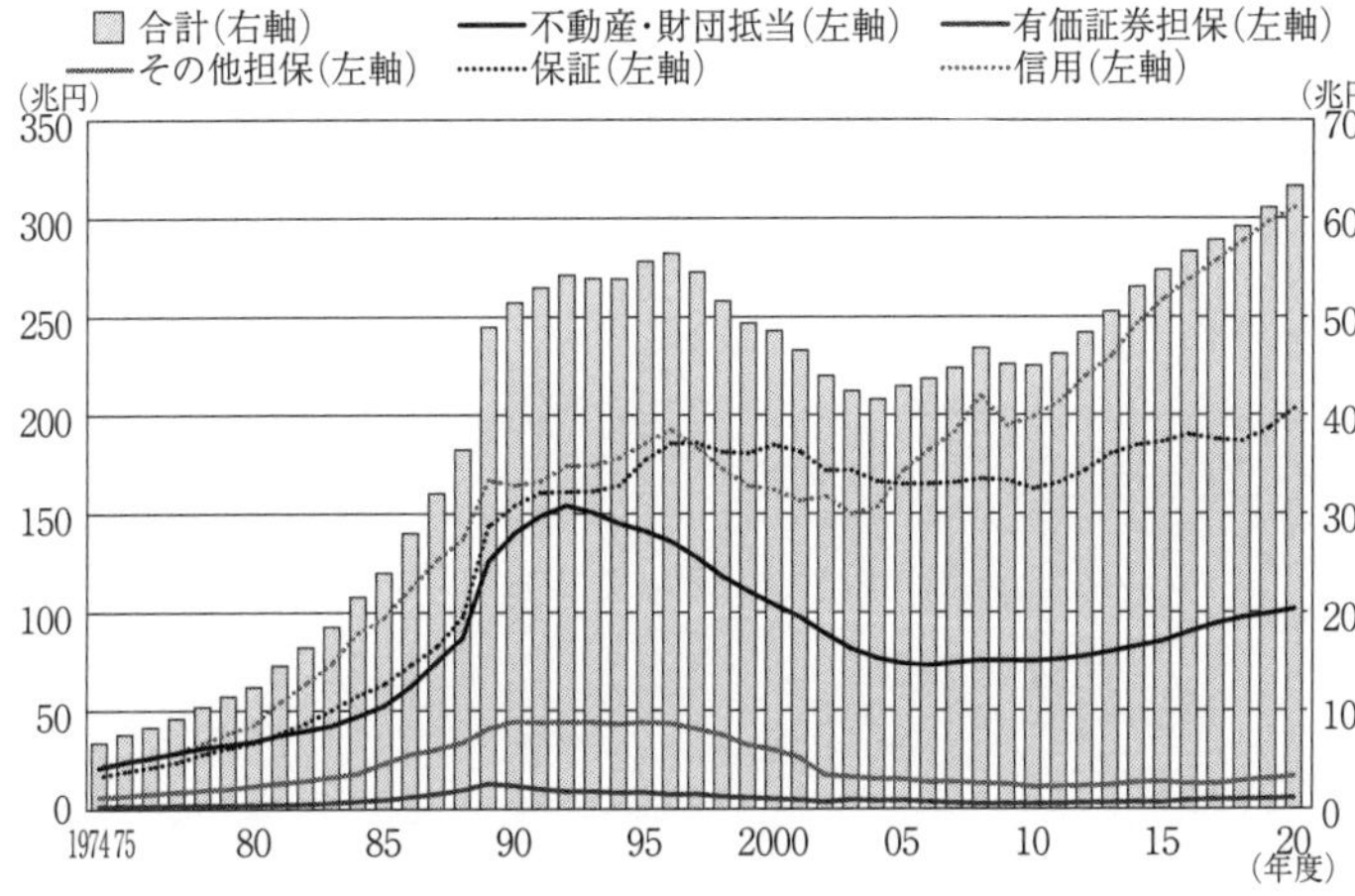

出所：日本銀行「貸出金の担保内訳」より筆者作成

(2) 信用膨張の実態

地価のバブルに関しては、地価の上昇期待に基づく土地需要の増大が、銀行を中心とした金融機関による不動産関連融資の増加によって支えられたといわれている。このため、金融システムには信用膨張（第２章７節(4)項⑤を参照）の問題が発生していた可能性が示唆される。信用膨張は実際に発生していたのだろうか。

図５－１は、銀行の貸出残高の変化を担保の有無別に示したものである。合計額の変化から一目瞭然であるが、１９８０年代後半のバブルの形成と崩壊に合わせて不動産担保融資が変化しており、信用膨張に相当する現象が発生していたことがわかる。[5] 土地や不動産に対する需要を支えた貸出には、銀行あるいは預金取扱金融機関が自ら行う不動産担保融資だけでなく、関

係会社である住宅金融専門業者を通じて行われたものも含まれる。

ただし、信用膨張は資金の需要と供給双方の要因によってもたらされたものであり、借りた資金を用いて経済活動を行う需要側の問題、つまり経済の実態面での過剰な経済活動の問題を無視すべきではない。以下ではこの点も踏まえながら、バブルのメカニズムについてもう少し詳しく考察してみよう。

2 バブルと信用膨張の相乗効果はみられたのか

(1) 信用膨張とバブルのメカニズム(理論的可能性)

信用膨張とバブルとの間にはどのようなメカニズムが存在するのだろうか。理論的な説明としては、資産価格の上昇と資金需要の増大とが相乗効果を持つ、という金融加速(financial accelerator)理論が知られている[6]。この理論は、資産価格の上昇がその資産の担保価値増大を通じて借入(信用)を増大させる効果と、借入増大が不動産需要を増加させ資産価格の上昇をもたらす効果が相乗的にはたらき、乗数的に資産価格の上昇と信用膨張をもたらす、とする理論である。

第一の、資産価格上昇が借入(信用)増加をもたらす効果は、資金需要側と資金供給側の双方ではたらく可能性がある。まず、資産価格が増加すると、借手が保有する資産の価値が増大し、借入時に差入れ可能な担保資産——ここでは主として不動産——の価値が増大するため、資金制約が緩和する可能性がある。これが担保チャネルと呼ばれる効果である。

また、貸手側においても、保有資産の価値増大や不動産業向け貸出の資産価値増大を通じ、自己資本比率の増加などを通じて貸出能力が増大する可能性が指摘されている。これが貸出チャネルと呼ばれる効果である。[7]

第二の効果は、貸借の増大が実物面の経済活動を促進し、それがさらなる資産価格の増大をもたらす、という効果である。この効果に関しては、不動産業向け貸出とそれ以外の担保付貸出とを区別する必要がある。一般の企業向け融資では、貸された資金は事業資金に充てられるが、不動産業向け貸出の場合には、資金は不動産の購入に充てられる可能性が高い。このため、不動産業向け貸出は不動産の需要増大に直結し、不動産価格の上昇を起こしやすい。

(2) 不動産担保融資は膨張したのか

では、現実は上記の理論が示唆する通りだったのだろうか。まず、理論的示唆の妥当性の大前提となるのは、現実にも不動産担保融資が重要である、ことである。日本では、有担保原則（日本銀行金融研究所［1995］p.21）と呼ばれるように、企業向けの銀行貸出において担保・保証による保全が一般に重視されており、実際に担保付貸出は多い（図5－1、あるいはOno *et al.*［2015］参照）。

実証分析においても、担保を提供することのメリットを示す結果は得られている。たとえば担保

図5−2　業種別貸出比率

(a)　業種別貸出額(比率)

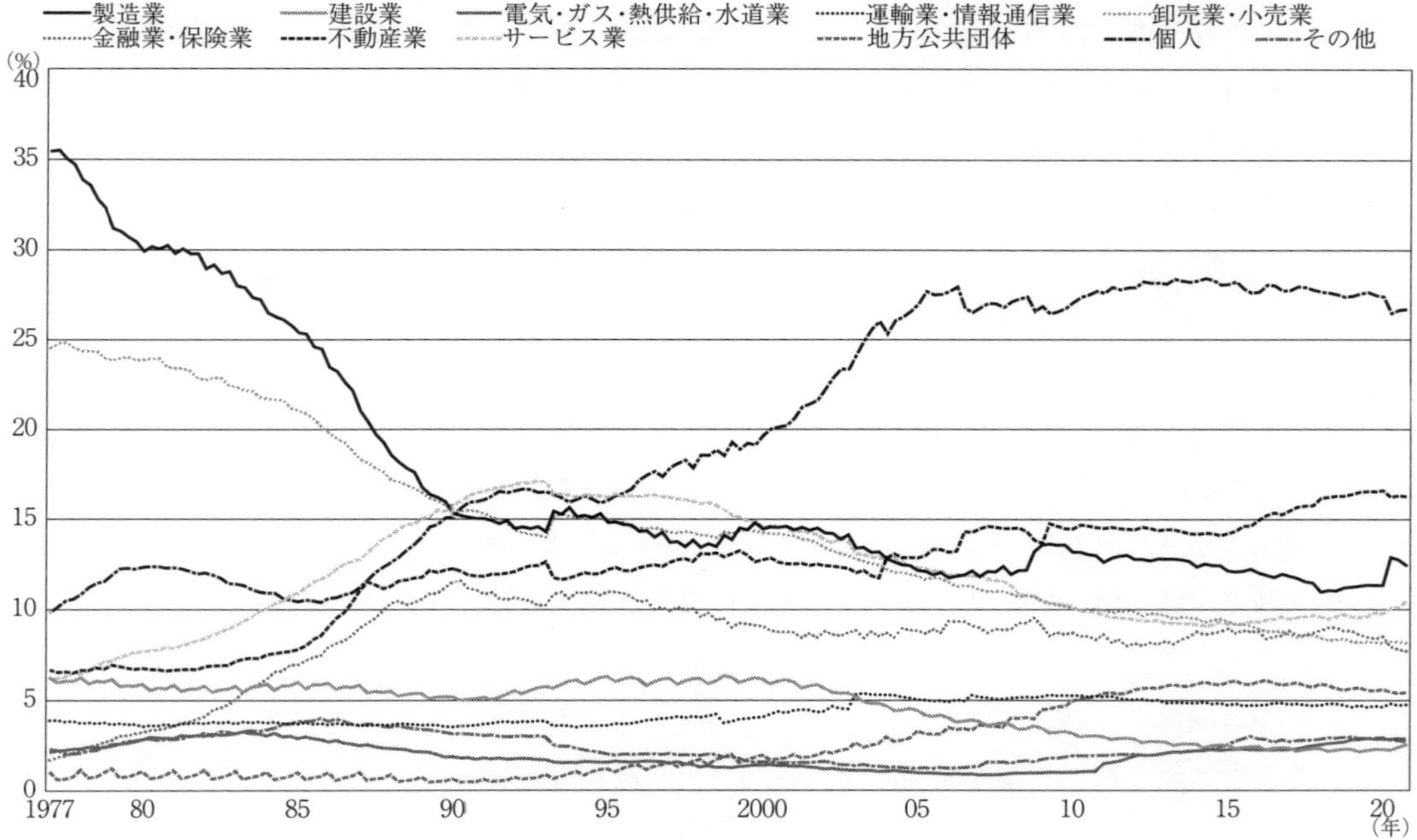

(b)　業種別貸出額（残高）

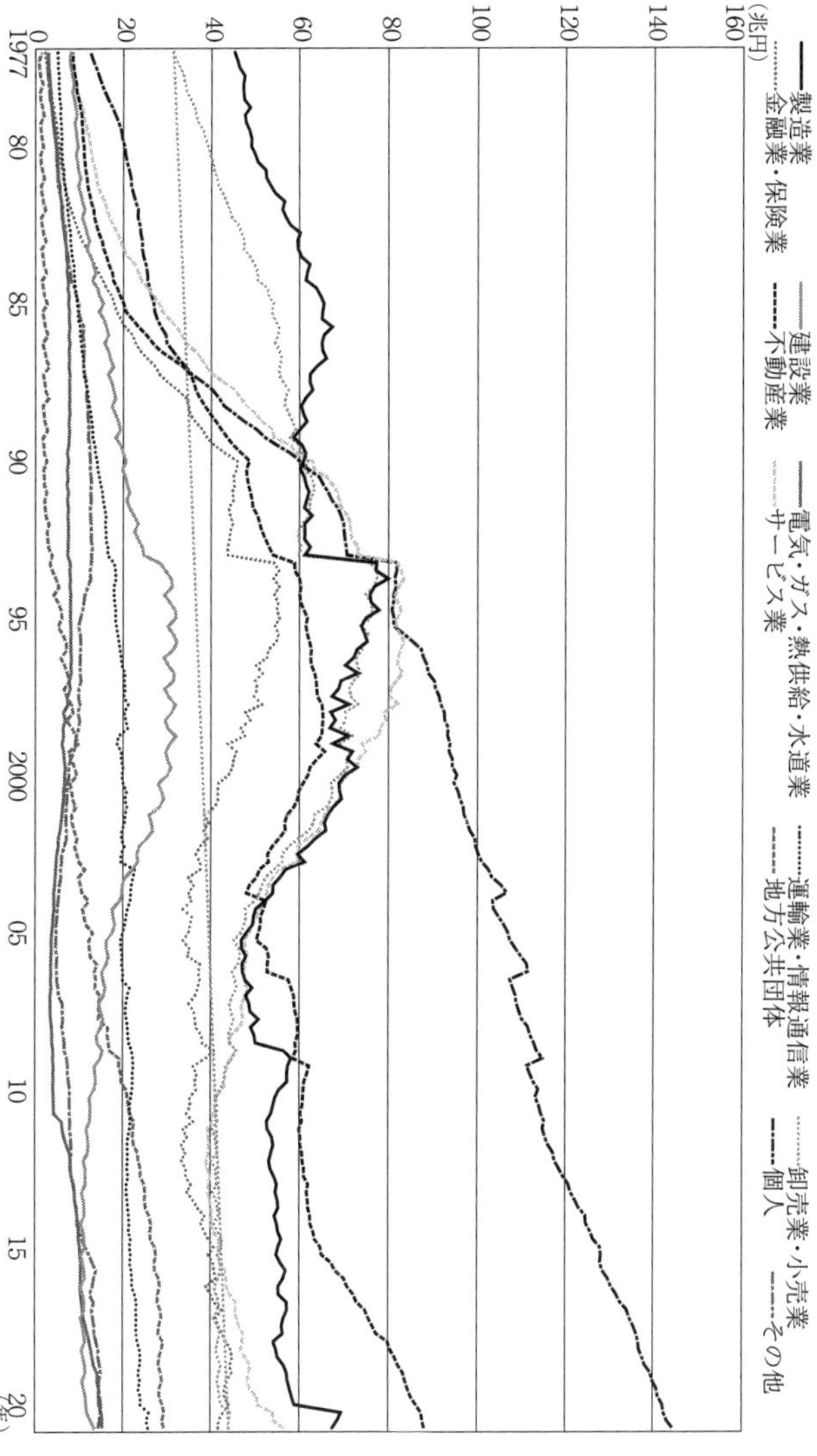

注：単位は兆円。期間は1977年3月～2020年12月。1993年第2四半期の大きな変化はこの時期以降の当座貸越の参入によるもの。業種分類の見直しにより各系列は厳密には連続していない。

出所：日本銀行「貸出先別貸出額」より筆者作成

となり得る不動産を持つ企業ほど資金制約に直面しにくいことや、地価上昇により保有する土地の価値が増大した企業ほど資金制約が緩んだことがわかっている。[8] バブル期の信用膨張に関しても、図5－1で確認した通り、不動産担保融資はバブル期に急増しており、金融加速理論と整合的である。ただし、同図を見るとわかるように、バブル期には保証（人的担保）付き貸出や信用（無担保）貸出も大きく増加している。バブル期の信用膨張は、不動産の担保価値増大のみからもたらされたものではない。このため、この時期の信用膨張は、広く実体経済の資金需要が増大した結果としてもたらされたと考えるべきである。

関連して、図5－2には不動産業向け貸出とそれ以外の貸出のちがいを見るために、業種別貸出額を(a)比率ベースと(b)残高ベースとで示している。比率で見ると、伝統的な借手であった製造業や卸売業などが、1970年代以降比率を下げているのに対し、金融・保険業、不動産業は次第に比率を上げている。金融業向け貸出の多くが住宅金融専門会社（住専）向けのものであることも考慮すると、この図は乗数効果を持ち得る不動産業向け貸出が実際に増加していたことを示唆している。この解釈と整合的な実証結果として、日本のバブル期の都道府県別データを用いた実証分析により、不動産業向け貸出の増加が地価を上昇させたことを明らかにした実証研究がある。[9]

ただし、図からはサービス業や個人向けの貸出も同時期に増加していることがわかる。個人向け貸出の多くは住宅ローンであるため、信用膨張とバブルの理論的説明と整合的だといえるが、サービス業向け貸出についてはそうではない。また、製造業や卸売業を見てみると、比率（図5－2(a)

ではバブル期末期にかけて減少しているものの、残高（図５－２(b)）では依然として重要な借手である。不動産業向け貸出の増加がバブルと密接に関連していることはたしかだといえるが、それだけで信用膨張のすべてを説明できるとはいえない。

以上からわかるように、１９８０年代後半のバブル期においては、金融加速理論が予想するように、資産価格の上昇と不動産担保融資の相乗効果が信用膨張を通じてバブルを拡大させたことが示唆されている。他方で、この時期には不動産担保融資以外の貸出も増加しており、実体経済が旺盛な資金需要を持ち、金融システム、特に銀行部門がそれに応えていたことにも注意する必要がある。

(3)　金融機関の過剰な貸出が信用膨張を招いたのか

バブルをもたらした信用膨張に関しては、それを引き起こした銀行等の貸出態度に対する批判がみられる。たとえば日本銀行金融研究所（[1995] p.75）は、金融機関の行動の問題の背景あるいは理由として、新たに登場した金融自由化時代に対して経営者の意識転換が十分でなかったこと、旧来の業容拡大主義を引き続き重視して、リスク管理が不十分なまま業容を拡大し収益を追求したこと、米英の自由化過程でも見られたように、量的拡大主義・横並び意識といった規制金利時代の行動様式から脱却できなかったこと、プラザ合意後の長期金融緩和、日本経済の発展というマクロ環境の下で、高収益性が見込まれた不動産関連融資を中心として業容拡大したこと、を挙げている。担保による保全が増大することで融資審査が甘くなる、という効果が発生する可能性は理論的にも示されており、lazy bank（怠惰な銀行）仮説と呼ばれている[10]。

では、バブル期の銀行は、実際に不十分な審査により過剰な貸出を行ったのだろうか。次章で示すように、結果的に多くの貸出が不良債権化した、という事実からは、審査が十分でなかったことが示唆される。

より厳密な検証としては、銀行間の横並び行動を分析した実証研究が挙げられる[11]。同研究は、1975年から2000年までのデータを用い、銀行間で業種別の貸出ポートフォリオの類似性を分析しているが、1987年から89年の3年間についてのみ、非合理的な横並び的貸出行動が検出されている。この結果は、バブル期に貸手がそれまでとは異なる横並び行動を取っていたことを示唆している[12]。

ただし、（担保となる）土地の価値の大きさと貸出額を比較した別の研究からは、貸出の伸びに対して地価の伸びのほうが大きく、結果としてバブル期には土地の価値に対する貸出額の比率はむしろ低くなっていること、地価上昇分を大きく超えるような極端な貸出が行われていたわけではないことも示されている[13]。これらの結果を合わせると、この時期の銀行行動にはたしかに問題があったものの、実体経済も過熱しており、金融システムだけに問題があったわけではないと結論づけられる。

3　金融自由化はバブルの遠因か

なお、不動産業向け貸出に関連して、1980年代後半のバブルに関しては、金融自由化（第3章2節参照）が遠因となった可能性も指摘されている。これは、金融自由化により代替的な資金調達源が利用可能になった優良な大企業が銀行離れを起こし、収益源を失った銀行が新たな借手を求めた結果、審査のノウハウは蓄積されていないが不動産担保による保全が図れる不動産関連業（不動産業・金融業［特に住専などノンバンク］・建設業）への貸出を増加させた、という仮説である。[14]

この可能性については、より厳密な仮説を提示している研究もある。[15] そこでは、金利自由化と金融市場の整備による新たな資金調達手段の利用可能性増大（第3章2節(1)項）が、銀行の預金調達コスト増加と企業の銀行離れをそれぞれもたらした半面、預金者にとっては預金以外に資金運用上の選択肢を増やさなかった、という点に注目する。こうした状況において、高コストの資金が集まったが貸出先のない銀行が、高収益の貸出先を探し、その結果として担保資産の価値を把握するだけで低い審査コストで実行できる、不動産関連融資を増やしたのではないか、と考えるのがこの仮説である。

関連して、金融自由化あるいは制度変更のタイミングのずれを問題視する仮説もある。[16] そこでは、金利の自由化が業務の自由化（業務分野規制の緩和）に先立って行われた点に注目する。この状況において、金利の自由化により調達費用が増加し、預貸ビジネスの収益性が悪化した銀行が、業務の自由化が行われていないため貸出以外の手数料収入によって収益を補うことができず、その結果として比較的高金利の不動産関連融資を志向したのではないか、と考えるのがこの仮説である。

こうした仮説に関しては、ミクロレベルのデータを用いた実証研究において、外部資金調達源の利用可能性の増大が企業の銀行借入を減少させた、あるいは大企業・系列企業向け貸出の減少が不動産業向け貸出を増加させた、といったかたちで、仮説と整合的な実証結果が報告されている[17]。こうした実証結果を踏まえると、金融機関の不動産関連業向け融資の増加をもたらした金融自由化は、信用膨張、ひいてはバブルの形成とその後の不良債権問題を引き起こした遠因の一つだといえる[18]。

ただし、先に指摘した通り、信用膨張は不動産関連業だけで起こっていたわけではない。図5－2からわかるように、同じ時期にはサービス業向け貸出や個人向け貸出も増大している。しかも、この時期以降をみてみると、サービス業向け貸出は減少するが、不動産関連業向け貸出は依然として多く、個人向け貸出はさらに増加している。

こうした事実は、金融自由化に伴って新たな借手を求める銀行側の要因だけではなく、産業構造の変化に伴う実体経済側の借入需要の変化も考慮する必要があることを示唆している。上記の銀行批判は、もっぱら不動産関連業向け貸出を過剰に行った銀行の責任に注目しているが、こうした批判はこの時期の金融システムの一面しかとらえていないことには注意が必要である。

4　金融政策はバブルの遠因か

(1)　バブルの拡大要因と金融政策

信用膨張とバブルの遠因としては、金融自由化ではなく金融政策にその責任を求める声も大きい。たとえば次の図５－３に示すように、信用膨張をもたらす金融機関の過剰な貸出態度がバブルの重要な要因だとしながらも、それは初期要因（図中の5）にすぎず、その効果が他の四つの増幅要因（図中の1から4）によって拡大され、計五つの要因が化学反応のように複雑に絡み合って、経済全体に強気の期待をもたらしたことがバブルの原因だ、とする指摘がある。[19]

これら四つの増幅要因のうちの三つは、1土地の供給を抑える誘因を与え、住宅価格の上昇を加速させた、土地税制と規制、2金融機関や企業、個人、政府といった経済主体の過剰な経済活動を抑えるような、規律づけ（ガバナンス）のメカニズムの欠如（特にコーポレートガバナンス）、3好景気、国際金融市場でのプレゼンス増大、好調な製造業、東京の国際金融センター化などを背景とする、日本全体の自信（の過剰）、である。これらの要因は、どちらかというと金融システム外の要因といえる。

これに対して、金融システム側の要因にあたるのが、4長期にわたる過剰な金融緩和、すなわち金融政策の問題である。具体的には、１９８５年のプラザ合意後の円高不況に対する過大な懸念と

図5−3　バブルのメカニズム

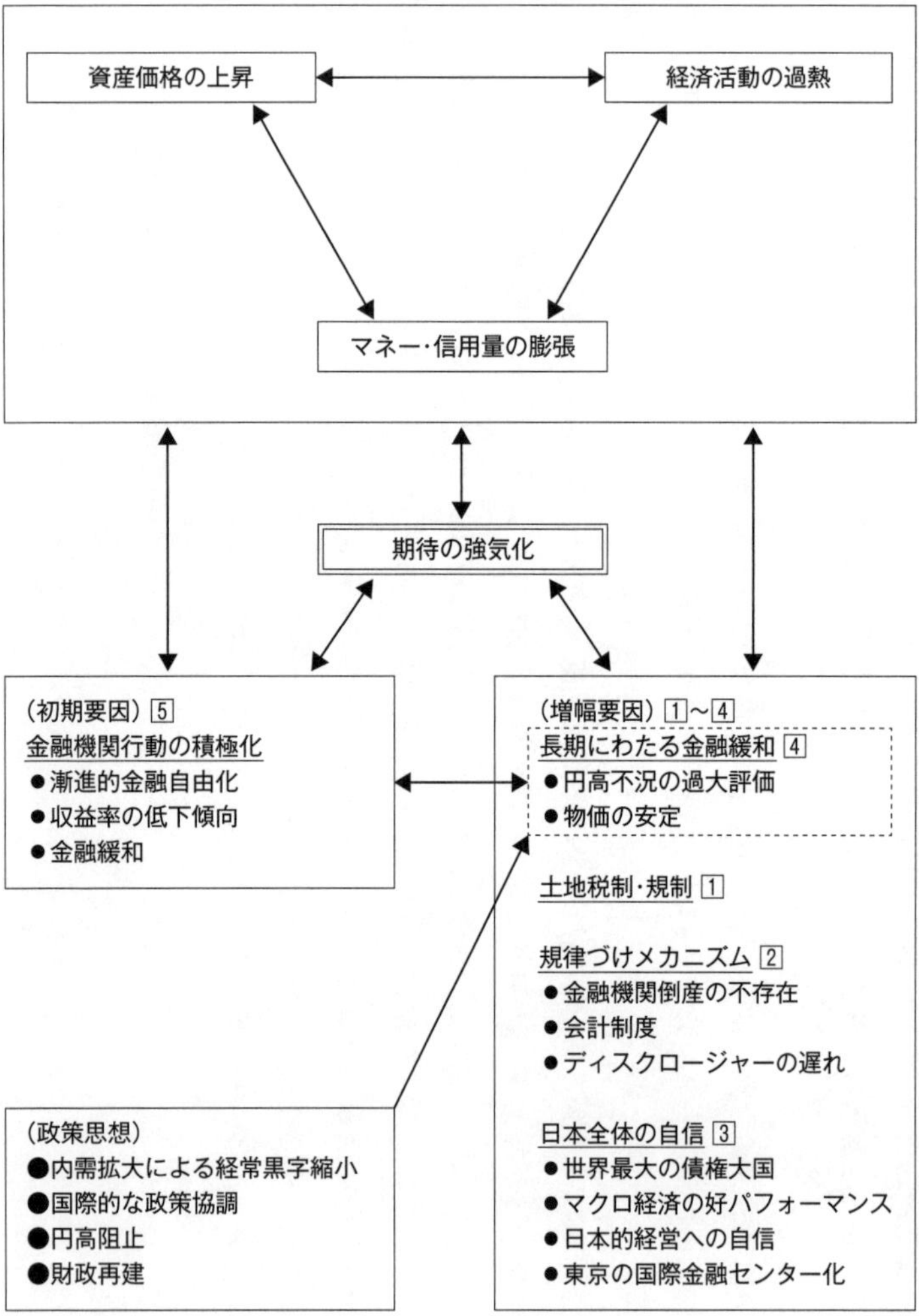

出所：翁ほか(2000)に筆者加筆

インフレ率の安定を背景として、国際的な政策協調、円高進行の阻止、経常収支黒字の削減、財政再建を意識した財政政策の発動の遅れ、などの理由により、金利引上げが遅れ、結果的に長期にわたって金融緩和が行われた、と指摘されている。[20]金融緩和が過剰であったことを指摘する文献は、Cargill（2000）などほかにも多く見られる。

では、金融政策はこの批判の通り、本当にバブルの遠因となっていたのだろうか。ここでは１９８０年代後半の金融政策について検討してみよう。[21]

(2) 金融政策の実態

まずこの時期の金融政策の実態を確認すると、この時期はいわゆる伝統的な金融政策が採られていた時期であり、第2章8節(3)項の表2－7下部に示した政策手段を用い、図2－10に示した波及経路を通じてマクロ経済の安定を図ろうとする金融政策が行われていた。この当時最も重視されていた政策手段は、公定歩合の操作である。公定歩合は、金融機関の資金繰り調整に用いられていた日銀貸出の金利であるとともに、規制金利である預金金利設定の基準であり、その水準が金融政策のスタンスを表していた。

この時期の公定歩合の変化を見てみると、バブル前のピークは１９８０年の９％であり、同年８月に８・25％に引き下げられて以降、１９８７年2月の2・5％まで一貫して緩和政策が採られている。資産価格の上昇にもかかわらず、物価の安定を理由として引締め策は採られておらず、１９

89年5月になってようやく3・25%、12月に4・25%、1990年8月に6%と引き上げられていき、その後はバブル崩壊に伴う景気減速により、1991年7月から再び引下げが始まった[22]。

この時期の金融政策の効果に関する実証分析としては、地価を考慮に入れた上で、政策効果を分析した研究が参考になる[23]。そこでは、多数のマクロ変数相互の時系列的関係を表す構造VAR（ベクトル自己回帰）モデルを推定した結果、金融引締めが地価の下落につながったこと、引締めが生産にも負の影響を与えたこと、その負の影響は地価を考慮しなければ過少に評価されること、が示されている。

しかし、同研究は1963年あるいは1973年を基点とし、1993年までのデータを分析しており、分析期間が非常に長い上に、バブル後の期間があまり含まれておらず、またバブル前後の経済構造の変化も考慮していない。このため、得られた結果はむしろ、バブル形成期に金融緩和が地価上昇と信用膨張の相乗効果を生み、生産の拡大に寄与したことを表している可能性が高い。

(3) 資産価格の安定と金融政策

金融緩和が信用膨張を助長し、バブルを生み出す要因の一つとなったとして、では日本銀行はバブルを防ぐための政策運営を行うべきだったのだろうか。この問いに対する答えを検討するためには、議論の前提として二つの論点について検討する必要がある。第一に、金融政策はそもそもバブルの阻止あるいは資産価格の水準のコントロールを目的とすべきか、という、政策目的に関する規範的な論点と、第二に、仮に資産価格のコントロールを行うにしても、それは可能か、という、実行可能性に関する論点である。

① 金融政策の政策目的

金融政策の目的は、第2章8節(1)項で触れた通り、マクロ経済の安定である。その中でも最も重視されるのが、物価の安定である。物価の中に資産価格も含め、資産価格の高騰を抑えることを金融政策の目的とするならば、より早い段階で金融引締めを行い、バブルの進行を食い止める判断がなされるべきであった、といえる。しかし、金融政策で注目する物価は、主として財やサービスの価格であるため、これらの物価が安定的であった当時の状況では、早期に金融引締めに転じることは難しかったのかもしれない(24)。

ただし、日本銀行による説明はともかく、教科書的な金融政策の目的としては、物価に限らず、より広い意味でのマクロ経済の安定が挙げられることが多い。この場合、経済全体に不安定をもたらすバブルを抑えることは、金融政策でも目的とすべきである。しかも、バブルがもたらす不安定性には金融システムの不安定性も含まれるはずであり、金融システムの安定（信用秩序の維持）は、日本銀行法に示された日本銀行の目的そのものである。

この目的のための政策、つまりプルーデンス政策は、長い間個別金融機関の破綻防止と破綻時の悪影響の拡大防止をもたらす規制（ミクロプルーデンス規制）であった。しかし、近年の金融危機の経験からは、よりマクロ的（経済全体の）観点から問題を防ぐ、マクロプルーデンスの考え方が重視されるようになっている。[25] 少なくとも、バブルの抑制は金融システムの安定を目的とするマクロプルーデンスの問題であり、中央銀行が考慮すべき問題であることはたしかである。

この議論からもわかるように、金融政策とマクロプルーデンス政策の区別は近年次第に曖昧になってきている。他方で、金融政策とプルーデンス政策の目的には異なる部分もあるため、どちらの側面を重視するかによって、評価が大きく異なる可能性がある。この点は、非伝統的金融政策に関して特に重要となる（第8章4節を参照）。

② バブル抑制政策の実行可能性

金融政策にせよマクロプルーデンス政策にせよ、バブルの抑制が政策的に必要だとして、次の論点となるのは、その抑制が実際に可能かどうかである。この、抑制可能性の問題は、日本のバブルに関する金融政策批判の中で、実際に議論されていた問題である。[26] また、その後2000年代後半に発生した世界金融危機に際しても、いわゆるFEDビュー対BISビューの論争として再燃している。[27]

そもそも、バブルは崩壊して初めてバブルと認識できるものであり、その形成期にそれをバブルだと認識して抑え込むのは難しい。またバブルを食い止めるためには通常の金融政策には見られないような大規模な引締めが必要になる可能性もある。(28) そこで、事前の抑止は難しいものとして諦め、崩壊後に思い切った金融緩和を行って経済をソフトランディングさせる（＝“clean up the mess”［生じた混乱を一掃する］）べきだ、と考えるのが、アメリカの連邦準備制度（ＦＥＤ）首脳を中心とした、いわゆるＦＥＤビューである。このＦＥＤビューは、金融政策では資産価格を重視すべきではなく、物価安定に注力すべきだという考え方も背景としており、政策目的に関する第一の論点とも関連している。

これと相反する考え方が、国際決済銀行（ＢＩＳ）のエコノミストを中心として展開された、いわゆるＢＩＳビューである。バブルというものは、いったん崩壊してしまえばその悪影響が非常に大きく、またＦＥＤビューがいうように事後的に適切に対応することは難しい。このため、事前に何らかのかたちで過剰な経済活動を抑え込んでいく（＝“lean against the wind”［風に逆らう、逆風をつく］）べきだ、と考えるのがＢＩＳビューである。

ＦＥＤビューのようなclean up the mess型の政策は、あらゆるバブルに対応できるわけではないため、事後的な対策だけでは不十分である。だからといって、ＢＩＳビューのようなlean against the wind型政策を行おうとしても限界がある。そこで、次第に事前と事後のバランスの取れた政策が重視されるようになってきている。また、物価か資産価格かという狭い議論ではなく、金融システムと経済全体の安定という観点から、金融政策とマクロプルーデンス政策を機動的に組み合わせることの重要性が認識されるようになり、特にバブルに関する事前の政策としては、金融政策よりも、マクロプルーデンス政策による対応が重視されるようになってきている[29]。

こうした論争を踏まえると、1980年代後半の資産価格の急騰時には、少なくとも一定の政策的対応が採られるべきだったと考えられる。実際にはバブル末期に総量規制等が行われ、信用膨張も収束したが、こうした急激な引締めが必要となる前の段階において、段階的な引締め等によりソフトランディングの道が模索されてしかるべきだったと考えられる。

もちろん、こうした評価は後づけであり、ここに示した知見がまだ得られていなかった当時の政治・社会情勢においては、早期に対策を打つことは難しかったのかもしれない。しかし、少なくとも今後への教訓としては、バブルに対して早期の対処が必要であることが示唆されている[30]。

③ マクロプルーデンス政策と総量規制

関連して、日本のバブル期の経験は、マクロプルーデンス政策に対して重要な示唆を与えていることにも触れておこう。バブル末期に行われたいわゆる総量規制は、その当時は言葉すら存在しなかったマクロプルーデンス政策の先駆けとして評価できるからである[31]。

総量規制は、不動産業向け融資の伸び率を総貸出の伸び率以下に抑えることを求めた、1990年の大蔵省通達による規制である。この規制は、当時は土地対策として実施され、マクロプルーデンス政策としての発想は希薄であった。しかし、実際に信用膨張を抑制したことからも明らかなように、今から考えるとマクロプルーデンス政策そのものである[32]。この規制は、導入当初は支持を受けたが、その後はタイミングを失した金融引締めとともに、景気低迷を招いた悪名高い規制として批判された。しかし、世界金融危機を経た現在においては、バブルに抗する抗景気循環的（counter-cyclical）なマクロプルーデンス政策として、一定の評価を与えることもできる。

総量規制そのものは、通達のかたちで行われた裁量的な規制であり、これを現在も同様に適用することは難しいと考えられる。しかし近年各国で導入されているマクロプルーデンス政策の中には、担保価値に対して貸出額の上限を設けるＬＴＶ（Loan to Value ratio）規制、借手の返済可能性（収入）に対して上限を設けるＤＴＩ（Debt to income）規制など、信用の総額を規制するものがある。[33] このような規制に対し、総量規制は重要な示唆を与えている。

5　小括：資産価格バブルの形成と崩壊に関する金融システムの評価

以上の検討をまとめてみよう。１９８０年代後半には株式と不動産のバブルが発生し、その崩壊により日本経済は大きなダメージを負った。このバブルは不動産担保融資の増加を伴っていたため、金融加速度理論が予想する信用膨張とバブルの相乗効果、すなわち資産価格の上昇と貸出の増加が乗数的に見られた可能性が高い。実証結果からも、不動産の所有が資金制約を緩和したことが示されており、セクターレベルの問題としてのバブルと信用膨張の問題（第２章７節⑷項⑤）はたしかに発生していた。

貸出の増加に関しては、金融機関が十分な審査を行わず、過剰な貸出を行ったことを示すエビデンスが得られていた。このことは、金融機関が資源配分の効率性を歪めるような金融取引レベルの問題（第2章7節(3)項）を引き起こし、組織・セクターレベルの情報生産機能や金融仲介機能（第2章6節(2)項）も適切に発揮していなかったことを意味している。こうした点から、銀行を中心とする金融機関は問題を引き起こした当事者といえる。

ただし、貸出の増加は不動産担保融資に限ったものではなく、信用膨張のすべてが金融加速度理論のメカニズムによって生み出されていたわけではない。資金需要の増大を反映した部分も大きく、実体経済側にも問題があった。

他方で、担保付貸出の増加あるいは信用膨張に関しては、金融自由化と金融政策という、システムレベルの制度的・政策的要因が遠因となっていた可能性も高い。政府の失敗（第2章8節(5)項）の問題も発生していたといえる。このうち、急速な金融自由化は、銀行離れと呼ばれる現象を招き、それまでの借手を失った銀行に、新たな借手としての不動産業者等に向けて、貸出を増加させる誘因を与えたと考えられる。

制度変更は、その大きさあるいはやり方によって、予期せぬ効果をもたらし得ることに留意する必要がある。また、金融政策に関しては、バブル崩壊直前まで続けられた、長期にわたる金融緩和によって、信用膨張がもたらされた可能性が高い。その後の金融引締めについては、バブルの崩壊をもたらした直接の原因とまではいえそうにないが、長すぎた金融緩和とその後の急速な短期的利上げ、という組合わせには問題があったといえる。

【第5章 注】

（1）本章では金融システム側から見たバブルを取り扱うが、この時期のバブルに関しては櫻川（[2021] 第4章）が、より多方面からの検討を行っている。
（2）バブル期の経済の実態については翁ほか（2000）等も参照。
（3）たとえば小川・北坂（[1998] 第2、9章）、福田（2000）等を参照。
（4）なお、前者、つまり投資家の非合理性に基づくバブルの説明は、行動経済学・行動ファイナンスのアプローチに基づく研究につながるものである。このアプローチの研究では、投資家に対するアンケート調査によって、株価バブルの崩壊前後で投資家の期待形成に大きな変化があったことが明らかになっている。Shiller *et al.*（1996）、筒井（2013）などを参照。
（5）２０００年代後半の世界金融危機の引き金となった、アメリカの住宅価格に関するバブルの際にも、信用膨張は発生している。これに対して、地価ではなく株価のバブルの場合には、２０００年前後に情報通信産業に属する企業の株価を中心として発生したいわゆるＩＴバブルのように、必ずしも信用膨張を伴うわけではない（翁［2009］を参照）。
（6）Bernanke and Gertler（1989）, Bernanke *et al.*（1996）, Kiyotaki and Moore（1997）などを参照。
（7）こうした効果について、詳しくは内田ほか（2015b）を参照。
（8）それぞれ、Ogawa *et al.*（1996）、Ogawa and Suzuki（2000）を参照。
（9）Mora（2008）参照。
（10）Manove *et al.*（2001）参照。
（11）Uchida and Nakagawa（2007）を参照。
（12）業種間の貸出の因果関係を調べたNakagawa and Uchida（2011）でも、１９８０年代半ばに横並びが見られ、特に新規に貸出が増加した業種に対して業態間での横並びが見られたことが示されている。
（13）Ono *et al.*（2021）の結果。
（14）Hoshi and Kashyap（2000, 2001）を参照。
（15）Ueda（1994）および植田（2001）を参照されたい。
（16）Hoshi and Kashyap（[2001] Section 8.3）や寺西（[2003] 第4章第3節[2]）参照。この仮説のさらに背後には、金利自

由化が海外からの圧力（外圧）によりなし崩し的に進められ、国内の対応が遅れた、とする批判も存在する（堀内［1994］第4節）。

(17) 前者の結果はMora（2008）、後者の結果はHoshi（2001），Mora（2008）を参照。

(18) なお、制度改革が引き起こした同様の問題としては、のちの１９９０年代半ばにおいて、不良債権が積み上がっているのにもかかわらず（第6章参照）、金融機関間の競争を促す業務自由化（第３章２節⑵項）が行われたことで、金融機関の収益が圧迫された、という指摘もある（Hoshi and Kashyap［2001］Section 8.1.2）。

(19) 翁ほか（2000）参照。

(20) 翁ほか（2000）参照。理論的にも、経済の成長率よりも金利が低いことがバブル発生の条件となり得ることが示されている（Hirano and Yanagawa［2017］などを参照）。

(21) なお、その後のいわゆる失われた30年における金融政策（非伝統的金融政策）については第８章で深い検討を行う。

(22) この間の経済状況と当局の判断に関しては、翁ほか（［2000］第４、５節）などを参照。

(23) Kwon（1998）参照。

(24) 翁ほか（［2000］第４節）参照。

(25) 翁（2010）参照。

(26) 翁ほか（2000）参照。

(27) 翁（2009）参照。

(28) たとえば、Bernanke and Gertler（1999）は、シミュレーション分析によって、日本のバブルを防ぐには４％ポイント以上ものコールレートの上昇が必要だったとしている。これに対して翁ほか（［2000］第４節）は、物価が安定し経済が好調な中、このような大幅な引締めは不可能であったと論じている。

(29) 翁（2009）参照。

(30) ２０２２年以降の欧米での景気過熱に対する中央銀行の段階的な利上げは、こうした考え方と整合的な政策かもしれない。

(31) 植村（2012）参照。

(32) 実証分析からも、同規制は銀行および企業部門のバランスシートの毀損を通じて不動産部門だけでなくマクロ経済全体を広く押し下げる効果を持っており、特定の経済部門に焦点を当てた政策でありながらも、マクロプルーデンス政策としての効果を持ったことが示されている（Sonoda and Sudo［2023］）。

(33) 河田ほか（2013）参照。

第6章　不良債権問題と金融危機（1990年代〜2000年代初め）

バブルに続く1990年代から2000年代の初めにかけて、日本の金融システムは二つの大きな問題を経験した。不良債権問題と金融危機である。バブル崩壊後、預金取扱金融機関は膨大な額の不良債権を抱え、収益の減少や資本の毀損により経営が悪化した。これが、不良債権問題である[1]。また、その処理が進む中でも不良債権は増大し、金融機関が多数破綻し、金融市場も混乱に陥り、金融システム全体が問題を起こして金融危機の状態に陥った。つまり、この時期の金融システムは、金融機関の破綻（第2章7節⑷項③）、金融市場の機能不全（第2章7節⑷項③と④）というセクターレベルの問題だけでなく、金融危機（第2章7節⑸項①）というシステムレベルの問題も発生し、実体経済に悪影響を与えた（第2章7節⑸項②）。

この二つの問題について検討するために、この章では問題の実態を確認したあと、その要因に関する検討を行う。また、これらの問題と直接は関係しないが、その後2000年代後半には世界金融危機と呼ばれる全世界的な金融危機が発生している。この危機は、日本の危機との対比において、日本の金融システムのあり方に対して重要な示唆を与えているため、本章ではこの危機についても検討することにしたい。

1　不良債権問題と金融危機の実態

(1)　不良債権問題の実態[2]

①　実態把握の問題

まず不良債権問題の実態を確認してみよう。当時の不良債権に関する最も大きな問題は、その把握が困難であったことである。長い間そのような事態を経験したことのなかった日本では、そもそも不良債権額を把握する制度が十分に整備されていなかった。このため、どの金融機関がどれだけ不良債権を抱えているのか把握することは容易ではなく、またそうした情報に関する開示制度も整備されていなかった。こうした状況の下で、問題の全容が掴めないことから、日本の金融システムには次第に信用不安が発生し、問題の深刻化と処理の長期化につながった。

銀行の不良債権が定義され、その額が開示されるようになったのは、バブル崩壊直後の1992年度の各銀行の決算からである。しかも、当初は明らかに経営破綻状態にある借手に対する債権しか不良債権の対象とされなかった。その後、問題が深刻化する中で定義は明確化され、範囲も広がったが、こうした対応には時間がかかり、たとえば現時点まで経年比較が可能な金融再生法ベースの基準によって不良債権が把握されるようになったのは、１９９９年3月末期以降のことである。不良債権問題は、不良債権から生じる直接的な損失だけでなく、全容解明の遅れに起因する信用不安を通じても、金融危機を引き起こしたといえる。

② 不良債権の実態

不良債権問題の当初の規模に関しては、金融機関の帳簿上の不良債権額を報告した研究がある。[3]それによると、主要20行の不良債権額は、１９９３年3月時点で12・８兆円であり、１９９８年３月末時点では14・５兆円に増加している。しかも、この増加は期間中に37・６兆円もの不良債権が処理されたにもかかわらず起こったものである。多額の処理を繰り返す中でも不良債権が増大し、１９９０年代後半の危機に至ったことがわかる。

その後の不良債権額の変化は、経年比較が可能な金融再生法ベースの定義でとらえることができる。図６－１は、そうした不良債権の額を、全貸出債権に占める比率として定義される不良債権比率とともに示したものである。問題がピークを迎えた後の数値ではあるものの、２０００年代初めの時点でも預金取扱金融機関が多額の不良債権を抱えていること、２０００年代後半に向かって次第に処理を終えていくことがわかる。

図に示された、期間内での主要銀行の不良債権額のピークは、２００２年3月時点の28・４兆円である。その後の減少は、資産査定の厳格化などにより主要行の不良債権処理を進めた、金融再生

図6−1　不良債権の推移

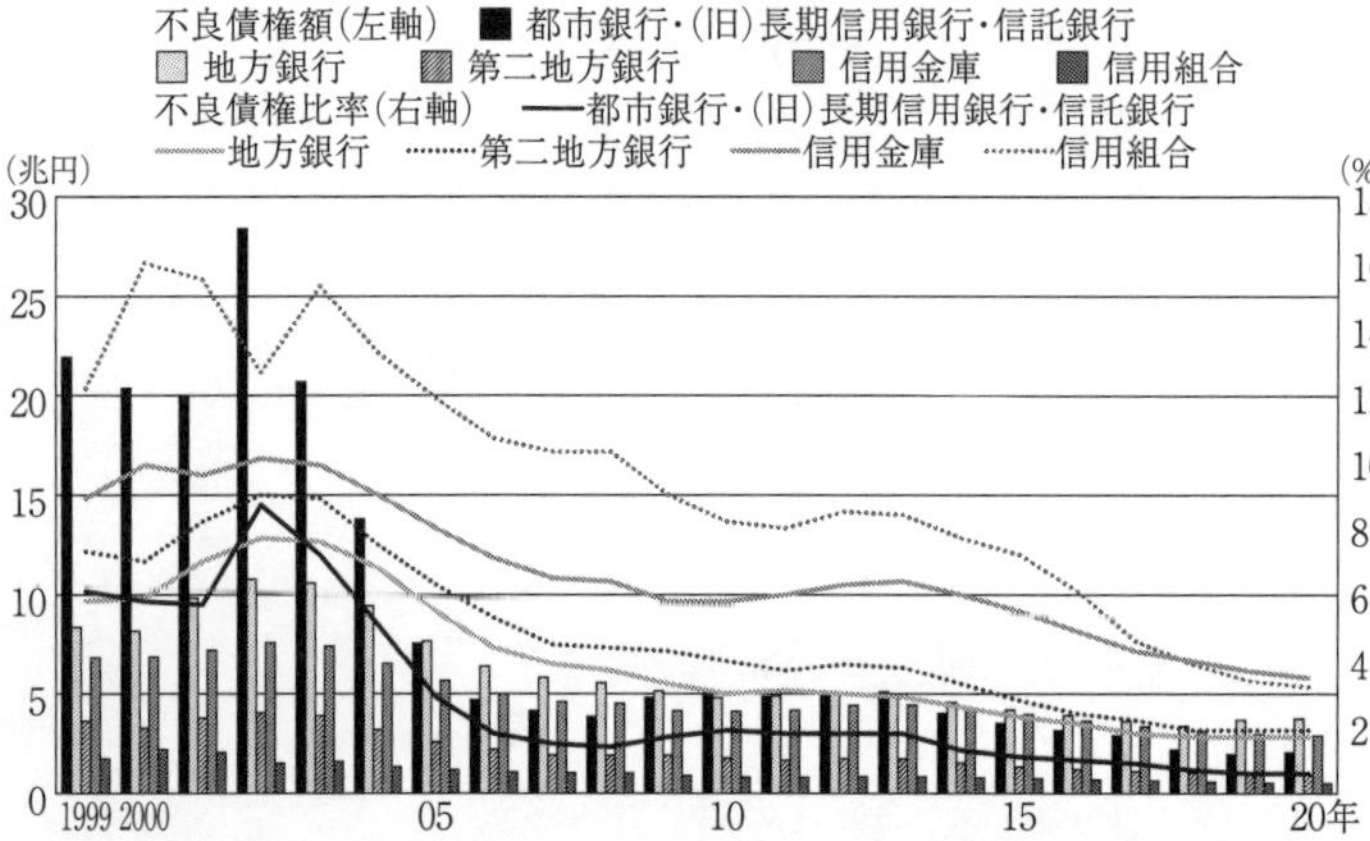

注：不良債権額は金融再生法開示債権の額（破産更生等債権+危険債権+要管理債権）、値は各年3月末時点の値。
出所：金融庁「金融再生法開示債権の状況等について」より著者作成

プログラム（2002年10月30日）の影響を大きく受けている。

処理された不良債権額を報告した、日本銀行の公開文書（「不良債権問題の基本的な考え方」［2002年10月11日］）によると、1992年度から2001年度までの間に、引当の実施や償却により処理された不良債権の額は81・5兆円（全国銀行ベース、1992―1994年は都市銀行・長期信用銀行・信託銀行のみ）であり、破綻行を含めると約90兆円に達した。これは、1986年から1990年までの貸出増加額約110兆円（うち建設・不動産・ノンバンク3業種向けは約40兆円）の約8割にも相当する。ただし、この処理額の中には1990年以降に行われた貸出に関する処理も含まれている。このため、約8割という数字は、バブル期の貸出の8割が返済されなかったことを意味しているわけではない。

(2) 金融危機とその実態

金融危機を、金融システムに大きな問題が発生し、実体経済も含めた経済全体に大きな悪影響を与える事態、と広く定義すると、不良債権問題が多くの金融機関の破綻を引き起こし、金融システムだけでなく実体経済にまで悪影響を及ぼした１９９０年代後半の日本の状態は、金融危機そのものである。

問題の中心となったのは、銀行をはじめとする預金取扱金融機関であり、この点で日本の金融危機は銀行危機である。ただし、同時期には預金取扱金融機関以外の金融機関の破綻も見られている。その実態を把握するために、ここではさまざまな業態の金融機関の破綻の状況を確認しておこう④。

表６－１は、破綻した金融機関を年別に示したものである。表からわかるように、破綻は１９９４年の2信用組合（東京協和・安全）に端を発し、その後多くの銀行・信用金庫・信用組合が破綻した。特に問題が深刻だったのは、都市銀行である北海道拓殖銀行が破綻した１９９７年と、二つの長期信用銀行が破綻した１９９８年である。一連の破綻の最後は２００３年の足利銀行の破綻であり、日本の金融危機・銀行危機は１９９０年代半ばから２０００年代初めまでの時期に発生している。この時期以前は公式の銀行破綻は記録されておらず、また２００４年以降では（少なくとも本書執筆時点では）２０１０年の日本振興銀行の破綻のみであり、この時期の状況がいかに異常で

表6－1　金融機関の破綻

年	都市銀行	長期信用銀行	地方銀行	第二地方銀行	その他の銀行	信用金庫	信用組合	大手証券会社	大手生命保険会社	大手損害保険会社
1994							2			
1995				1 兵庫			5			
1996				2 太平洋、阪和		1	3			
1997	1 北海道拓殖			2 京都協栄、徳陽シティ			7	2 三洋、山一	1 日産	
1998		2 日本長期信用、日本債券信用					31			
1999				5 国民、幸福、東京相和、なみはや、新潟中央		4	27		1 東邦	
2000						5	14		4 第百、大正、千代田、協栄	1 第一火災海上
2001				1 石川		9	37		1 東京	1 大成火災海上
2002				1 中部		4	6			
2003			1 足利							

出所：内田（[2024] 第13章）より一部改変

あったかがよくわかる。

この危機では、預金取扱金融機関以外の金融機関の破綻も大きな問題となった。たとえば、証券会社では三洋証券と四大証券のひとつである山一證券、生命保険会社では日産生命保険の破綻が、いずれも北海道拓殖銀行の破綻と同じ1997年に発生している。[5]とはいえ、全体としてみてみると、最も大きな影響を与えたのは不良債権問題を原因とする預金取扱金融機関の破綻である。そこで、以下では不良債権と預金取扱金融機関の問題に注目して、その要因を検討してみたい。

2　不良債権問題・金融危機はなぜ発生したのか

金融危機、あるいはその主因である不良債権問題はなぜ発生したのだろうか。これまでに指摘されている要因としては、(1)バブル崩壊による債権の不良化、(2)バブル崩壊後の金融機関の行動、(3)政府・政治の問題、の三つがある。

以下ではこの三つの要因について、データや実証分析の結果に基づき、それぞれ詳しく検討してみることにしたい。

(1)　バブルの崩壊が不良債権問題を引き起こしたのか

不良債権問題の直接的な原因は、バブル期に見られた過剰な貸出の不良債権化であろう。前章で確認した通り、バブル期にはさまざまな要因から信用膨張が発生したが、不十分な審査、バブルの崩壊に伴う担保価値の下落や借手の返済能力の低下により、こうした貸出の多くが不良債権化したと考えられている。この見方を支持する実証結果として、銀行の財務データを用い、1996年3月時点の不良債権比率がどの程度バブル前後の地価変動や土地担保融資の割合の影響を受けたか分析した研究がある。[6] その結果からは、地価の変動が大きい地域の銀行ほど、また不動産担保融資が多い銀行ほど、不良債権が多いことがわかっている。

また、不動産業への融資比率の増加が大きい銀行ほど不良債権が多いことを示す研究もある。[7] バブル崩壊による担保資産（不動産）価値の下落により、不動産関連融資が不良債権化したものと考えられる。

ただし、バブル期の貸出額の急増は、たとえばサービス業向け貸出にもみられており（第5章2節(2)項参照）、不動産関連融資だけの現象ではない。こうした不動産関連業以外の企業向け貸出に関しては、同様の分析は行われていない。これらの貸出がどれほど不良債権化したのか、またどのようなメカニズムで不良債権化したのか、といった疑問は、解明されるべき研究課題としていまだに残されている。

また、バブル期の過剰な貸出の不良債権化が不良債権問題の原因だ、とする見方に対しては、批判も示されている。この批判は、資産価格バブルが崩壊した1989年あるいは1990年の直後だけでなく、その後長期間にわたって巨額の不良債権が残存し続け、2000年代初めまで減少しなかった、という事実（前節(1)項参照）に基づいている。資産価格バブルの崩壊は、たしかに不良債権問題の当初の原因ではあったかもしれない。しかし、もしそれだけが原因ならば、不良債権額はもっと早い時期に減少していたはずである。そうなっていないということは、バブル崩壊後の貸出についても不良債権が発生していたのではないか、とするのがこの批判である。[8]

この批判に対する反論として、バブル期に行われた貸出のうち、長期の貸出がのちに不良化した、という可能性も否定できない。実際に、先の図5－2のような業種別貸出の変化を長期の貸出である設備投資向け貸出に絞って描いてみると、バブル期の不動産業向け貸出の伸びは、やはり大きい。このため、こうした貸出が2000年代後半になって不良債権化した、という可能性は否定できない。どの時期の貸出に問題が発生していたのかを明らかにするためには、時期別あるいは貸出期間別の不良債権比率を明らかにする必要があるが、そのような分析は行われていない。

(2) バブル崩壊後の金融機関の行動が不良債権問題を引き起こしたのか

その多寡はともかく、バブル後に実施された貸出の不良債権化は、どのようなメカニズムで発生したのだろうか。前章で示したように、バブル期の貸出は、さまざまな原因により返済確率が低くなり、結果として多くが不良債権化したと考えられる。

しかし、バブル崩壊後には状況が大きく変化しており、同じメカニズムで不良債権が生み出されたとは考えにくい。不良債権の発生メカニズムの変化を示唆する実証結果として、銀行の不良債権比率に影響を与える要因が変わったことを示す研究がある。(9) 同研究で得られた結果によると、1997年から2000年までは、不動産関連融資比率が高い銀行ほど不良債権比率が高かったのに対し、2001年から2005年は中小企業向け貸出比率の高さが影響を与えるようになっている。不良債権が生み出される構造は、2000年代初め以前と以降とで変化した可能性が高い。

バブル後の貸出の問題を引き起こした原因として注目されているのは、金融機関の非効率的な行動である。具体的には、日本の銀行等（預金取扱金融機関）に新たに課されることになった、自己資本比率規制（いわゆるBasel I）が、銀行の非効率的な行動を招いた可能性が指摘されている[10]。自己資本比率規制は、多くのリスクを抱える金融機関ほど自己資本による損失吸収バッファーを持たせるための規制である[11]。この規制は、それまでの時期にも存在していたが、国際的に統一された枠組みの下で、それまでよりも厳しいかたちで規制が行われるようになったのはこのときからである[12]。

不良債権問題との関係で自己資本比率規制が問題となるのは、この規制が金融機関の非効率的な行動を招く可能性があるためである[13]。Basel Iに基づく自己資本比率規制に関しては、保有証券の含み益や繰延税金資産など、分子の資本に参入する会計項目の計上に関して銀行側に裁量が与えられたため、（合法的な）会計操作による調整が可能であった。

これに加えて、不良債権問題に関して特に重要なのは、金融機関の不良債権処理行動に与える影響である。貸倒引当金の設定や直接償却による不良債権処理は、銀行の利益を減少させ、自己資本を減少させる。このため、所要の自己資本比率を維持したい銀行には、不良債権を処理しない、あるいは先送りするインセンティブが発生する可能性がある[14]。

こうした非効率的な行動が実際に見られたことを示唆する実証研究として、１９８９年から１９９６年のデータを用い、都市銀行・地方銀行がBasel Iを満たすように証券売却益と貸倒引当金を決定していたことを示す結果を得た研究がある[15]。より直接的な分析としては、１９９０年度から１９９８年度の銀行データを用い、自己資本比率に関する会計操作が大きいほど不良債権額が大きいことを示した研究がある[16]。

また、のちの1998年度から2004年度のデータを用いて分析を行い、繰延税金資産額が不動産関連融資のシェアに負の影響を与えることを発見し、会計基準の厳格化が行われた結果として不良債権が減少した、と解釈している研究もある[17]。自己資本比率規制が不良債権を生み出す、というメカニズムは、バブル崩壊後に実際に存在したと考えられる。

(3) 政府・政治の問題が不良債権問題を引き起こしたのか

不良債権処理の先送りに関連して、処理の先送りを許し、問題への対処を遅らせたとして、公的当局・政府・政治家の行動も批判されている。たとえばCargill（2000）は、金融危機の潜在要因を五つ挙げているが、そのうち二つは「政府の対応の遅れ」と「問題金融機関の処理において納税者の支持が得られないという政府の判断」であり、いずれも政府の問題である[18]。

より具体的には、上記の自己資本比率規制の裁量的運用に加え、公的資金投入への批判を恐れた政府が、金融機関の救済・破綻処理を遅らせ問題を拡大させたことが指摘されている（第3章2節(4)項も参照）[19]。当時の社会情勢では抜本的な対策は難しかったのかもしれないが、のちの金融再生プログラム（2002年10月30日）において資産査定の厳格化などの踏み込んだ処理が行われ、不良債権処理が大きく進んだことを踏まえると、同様の処理がより迅速に採られていれば、問題が早く収束していた可能性は高い。

ただし、こうした批判はあるものの、時々刻々と発生する破綻に対して後追い型の対処を行う中で、それまで十分に整備されていなかった事後的プルーデンス政策の制度整備が進み、結果として現在にもつながる制度がこの時期確立した。この点は評価することができる（第3章2節⑷項参照）。

この時期に行われた事後的プルーデンス政策に関しては、公的資本注入の効果に関する研究がいくつか行われている。このうち金融機能安定化法に基づいて行われた1998年3月の注入に関する研究からは、大銀行が規制自己資本比率を達成するための一時しのぎにすぎなかったことが示唆されている[20]。

これに対して、金融機能早期健全化法に基づいて1999年3月に行われた、より規模の大きい公的資本注入は、不良債権処理や貸し渋りの解消に効果があったことがわかっている[21]。実証分析からも、この時期整備された制度は一定の効果を持ったと考えられる。

Hoshi and Kashyap（2010）は、のちに発生した世界金融危機（本章第3節参照）を日本の金融危機と対比する中で、日本の経験から得られた重要な教訓として、危機時には政策的なサポートが決定的に重要であるにもかかわらず、政府による救済は政治的な抵抗を受けやすいことを挙げている。そこではより具体的な教訓として、1銀行は評判悪化や既存株主の利益を考えて公的資金の注入を受け入れない可能性があること、2政府による資本増強は十分大きな額で行わなければならないこと、3資産の買取だけでは問題は解決せず、資本増強が必要であること、4救済策は、問題の規模を特定するための検査とセットで行う必要があること、5不良債権は迅速に処理してしまう必要があること、6迅速な立法により国有化など適切な救済を行う権限を定め、実行することが重要であること、7問題を生み出す構造は変化していくため、当初問題を生み出した特定業種に対して政府系金融機関等による政策金融を提供するのは望ましくないこと、8実体経済の成長が銀行の回復に大きな影響を持つこと、が挙げられている。

(4)　実体経済に問題はなかったのか

ここまでは、不良債権問題をもたらしたと考えられる三つの要因に注目してきた。しかし、これらは資金の供給側、あるいは問題解決のために介入を行う政府・公的当局の側の要因である。こうした要因とは別に、金融システムの評価においては、システムの利用者側、つまり資金を借りて経済活動を行う需要側の要因も重要である。不良債権問題の原因は借手側にもあるかもしれず、すべての責任を短絡的に貸手や政府の側に帰着させるのは問題である（第2章3節(3)項も参照）。

不良債権問題・金融危機が発生した1990年代は、実体経済においてはデフレと低成長が問題となった時期である。このため、そもそも借手側で返済能力が失われていた可能性がある。[22] 不良債権問題は、（結果的に）返済可能性の低い借手に対して多くの貸出が行われたことから発生しており、貸出を行った責任はたしかに貸手側にある。しかし、実体経済活動が停滞している状況では借手の返済能力が毀損され、十分な返済ができなくなるはずである。ここまで要因(1)と(2)として貸手側に起因させた問題は、借手側に起因させることもできる。どちら側の要因が相対的に重要なのかは明らかでないため、この点を解明する研究が求められる。

なお、貸手の問題か、借手の問題か、という問いは、結局経済学で長らく問われてきた「金融か実体か」という問いに帰着する。この問いに答えるためには、金融システムだけでなく広く実体経済の状況も踏まえて検討を行う必要がある。実体経済の問題は、金融システムの評価を行う本書において扱いきれる問題ではないが、それ自体非常に重要な問題であり、経済停滞とデフレに関して検討を行う次の二つの章の中で、再び触れられることになる。

3 世界金融危機から得られる示唆

日本の金融危機が収束した後の2000年代後半には、世界金融危機（Global Financial Crisis）と呼ばれる全世界的な金融危機が発生した。この危機は、2007年のアメリカの住宅価格バブルの崩壊と低所得者向け住宅ローン（サブプライムローン）の債務不履行を契機とし、2008年にかけて欧米を中心とする多くの巨大金融機関の経営悪化あるいは破綻を招き、世界各国の金融システムや実体経済に大きな悪影響をもたらした。また、アメリカの投資銀行リーマン・ブラザーズの経営破綻（2008年9月）以降に大幅な景気減速を日本経済にもたらしたため、日本ではいわゆるリーマン・ショックという名前で知られている。

この金融危機について触れておくことは、日本の金融システムのあり方を考える上でも非常に重要である。そこで、ここでは世界的な危機を生み出したメカニズムの概要を整理した上で、日本への影響を確認しておくことにしたい。

(1) 世界金融危機のメカニズム[23]

① 不動産バブルと信用膨張

拡張的な金融政策の下で上昇した住宅価格を背景に、危機前のアメリカでは、サブプライム層と呼ばれる返済能力（所得）の低い借手向けの住宅ローン、すなわちサブプライムローンが急増し、それがさらなる住宅価格の上昇を生む、という、バブルと信用膨張の連鎖が発生していた。サブプライムローンは、借手の返済能力（所得）を返済の原資と考えて貸す一般的な住宅ローンとは異なり、住宅価格が上昇することを前提に、購入不動産の担保価値の増分を返済の原資と見込んで貸し出す、という特殊な商品設計を持つ住宅ローンであった。このために、住宅価格の上昇が止まるとサブプライムローンは途端に不良債権化し、担保資産の売却に伴う住宅価格の暴落とも相まって、バブルの崩壊をもたらした[24]。

不動産市場におけるバブルと銀行貸出による信用膨張が危機をもたらした、という点で、世界金融危機と日本の金融危機との間に大きなちがいはない。しかし、日本の金融危機では企業向けの不動産担保融資の膨張がバブルをもたらしたのに対し、世界金融危機では住宅ローンがその原因となった。また、世界金融危機においてはサブプライムローンの不良債権化がアメリカ一国の問題に留まらず、その後世界中に問題が波及した。この点において、世界金融危機と日本の金融危機との間には大きなちがいがある。

② 証券化

あくまでアメリカ国内の問題であったサブプライムローン問題が世界的な問題となったのは、活発に行われた証券化によって、問題が国境を越え、他のさまざまな問題を誘発あるいは露呈させて、全世界に拡大したからである。証券化とは、特別目的事業体（special purpose vehicle：SPV）と呼ばれる組織（信託や組合など）を設立して複数の証券や資産を保有させ、それらから得られる収益を返済の原資とする証券（証券化商品）を発行して投資家に購入してもらう仕組みである。

証券化は、分散投資のメリットを追求する仕組みであるが、返済の優先度（リスク）が異なるいくつかの証券化商品に分けて発行することで（トランチング）、投資家の選好に合わせたより細かい商品設計が行われることもある[25]。また、SPVによる買取を前提として証券が発行される場合も多く、この場合には証券の流動化というメリット（第2章2節(2)項）も発揮される。

このように、売却を前提として銀行が住宅ローンを貸し出す（創り出す：originateする）ビジネスモデルはオリジネート・トゥ・ディストリビュート（originate to distribute：OTD）モデルと呼ばれ、満期まで債権を保有する伝統的な銀行のビジネスモデル（オリジネート・トゥ・ホールド（originate to hold）モデル）に対して、新しいビジネスモデル、といわれた。

住宅ローンの証券化自体は珍しいものではなく、日本でも行われていた。しかしサブプライムロ

図6−2　サブプライムローン証券化の流れ

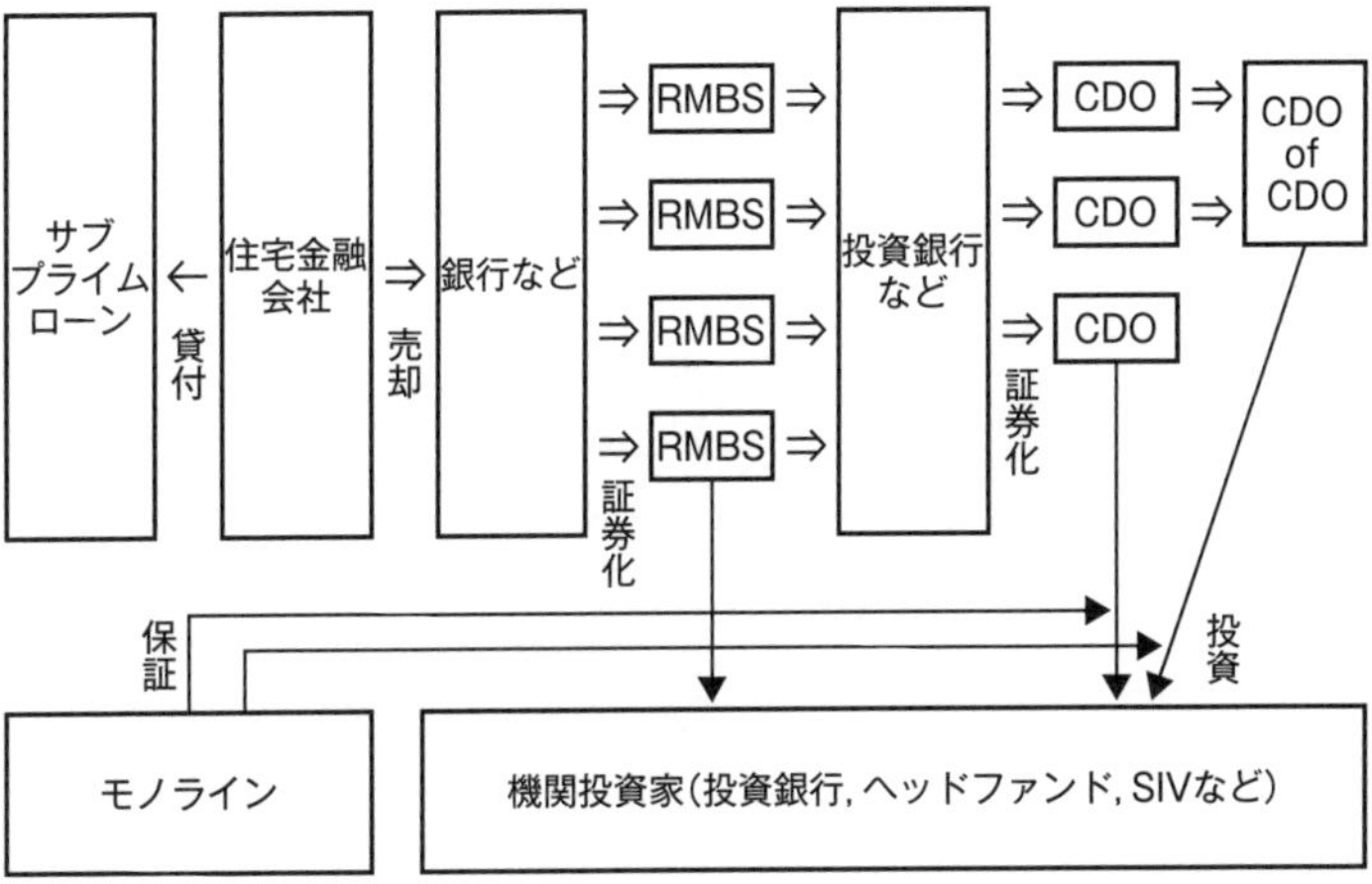

出所：平田・墨（2010、図表1）

ーンの証券化において問題を生み出したのは、トランチングと再証券化による複雑な商品設計である。分散化した上で、非常に安全な証券からリスクの高い証券まで、さまざまな優先度を持つ証券化商品をつくり出す、という理屈の下で、実際に多様な住宅ローン担保証券（residential mortgage backed securities：ＲＭＢＳ）がサブプライムローンを裏づけとして発行された。また、サブプライムＲＭＢＳを証券化した再証券化商品（債務担保証券（collateralized debt obligation：ＣＤＯ））も発行された（図６－２）。これらの商品には多くの投資家がこぞって投資し、需要に応えるようにさらに多くのＲＭＢＳやＣＤＯが組成されていった。

しかし実際には、リスクが最も低いとされたＲＭＢＳをはじめ、多くの証券化商品で価格が暴落し、投資家である金融機関は巨額の損失を被った。価格暴落の根源的な要因は、裏づけとなるサブプライムローンの債務不履行が増加したことである。しかし、SPVに売却することを前提としていたことで、元となるサブプライムローンから損失を被ることのない銀行（オリジネーター）が甘い審査で安易に貸し出していたことがわかっている[26]。

また、サブプライムRMBSやCDOは構造が複雑であり、どの債権からどのようにキャッシュフローが生まれるのか（生まれないのか）投資家にとって把握が難しかったこと、そうした複雑な証券化商品の評価を格付会社が適切に行っていなかったこと、投資家も商品性を十分に理解せず投資していたこと、なども指摘されている。しかも、証券化商品には保険会社がCDS（credit default swap）と呼ばれる金融派生証券や保険を用いた債務保証を行っており、こうした保険会社も損失を被ることとなった。

③ 短期金融市場での取付と流動性の喪失

問題を拡大した要因としては、短期の金融取引に用いられるコマーシャルペーパー（commercial paper：CP）やレポ取引への波及も大きい。当時の金融機関はSIV（structured investment vehicle）と呼ばれる事業体を設立して「安全な」証券化商品への投資を行っていた。その資金調達は、短期のCPによる借換えによって行われていたが、投資対象となる証券化商品の価格下落に伴い、SIVの返済能力が疑われ、借換えが困難となって破綻した[27]。

また、証券化商品は、さまざまな債権を担保として短期の貸借を行う、レポ取引の担保にも用いられていた。価格の暴落により証券化商品が担保として受け入れられなくなり、それまで証券化商品を担保に多額のレポ調達を行っていた投資銀行は資金繰りに行き詰まり、破綻に追い込まれた[28]。

しかも、影響はＳＩＶや投資銀行の破綻に留まらなかった。影響は、機能しなくなったＣＰ市場やレポ市場を利用していた他の金融機関にも及び、金融市場全体で借換えや新規の資金調達が難しくなり、価値を失った金融資産が投げ売りされ、金融資産の売却による資金調達も難しくなり、金融市場全体で流動性が失われ（第2章7節⑷項④参照）、各国の金融システムに悪影響が波及した。

なお、ＣＰを発行したＳＩＶや、レポ取引を行う投資銀行に発生した問題は、銀行をはじめとする金融仲介機関に発生し得る取付（第2章7節⑷項②）と実質的に同じ問題である。金融仲介機関は、自らは短期で資金調達を行い、その資金を長期で運用することで、自分では長期で運用することのできない（したくない）資金提供者（最終的貸手）に対して新たな運用の機会を提供している（第2章6節⑵項③）。

しかし、この満期変換は、金融仲介機関が長期間にわたって短期の資金調達を継続できる場合にのみ可能である。いったん資金提供者が新たな資金提供を行わなくなると、金融仲介機関は途端に資金繰りに行き詰まることになる。世界金融危機でも、２００７年9月のノーザンロック銀行（イギリス）に典型的な銀行取付が発生した。

ＳＩＶや投資銀行は、金融仲介機関であるとは考えられていない。しかし、世界金融危機的にはこれらの金融機関も実質的に金融仲介機関と同じ満期変換を行っており、銀行等にしか発生しないと考えられていた取付を発生させたのである。このことから、これらの金融機関は「影の銀行システム」を構成していた、と表現されるようになった。

日本の金融危機と同様に、こうした状況を生み出した要因としては、規制の不備や政府・政治の対応の遅れ、場当たり的な政策対応の問題も指摘されている。先に紹介した、日本の金融危機から得られた八つの教訓を挙げた研究は、世界金融危機時にはそのうちの三つ、つまり(1)銀行は評判悪化や既存株主の利益を考えて公的資金の注入を受け入れない可能性があること、(4)救済策は、問題の規模を特定するための検査とセットで行う必要があること、(6)迅速な立法により国有化など適切な救済を行う権限を定め、実行することが重要であること、が生かされなかったとしている[29]。

(2) 日本への影響と示唆

世界金融危機の影響は甚大なものであったが、日本に対する金融面での影響は、少なくとも他国と比べて小さかった。日本経済が受けた影響は大きなものであったが、その影響はもっぱら海外の景気減速を背景とする経済の実物面への影響である。

たとえば、リーマン・ショック時の海外からのショックの波及経路を分析した研究によると、金融危機がもたらしたショックであるにもかかわらず、日本への影響は貿易を通じたものが中心であり、金融機関の収益への悪影響は短期的かつ限定的であって、日本の金融システムは大きな影響を受けなかったこと[30]がわかっている。

日本で同様の問題が発生しなかった、あるいは海外の金融機関のように他国からのショックの波及を受けなかった理由は、いくつか考えられる[31]。第一に、日本では同様の信用膨張とバブルが発生していなかった。第３章の図３－２からわかるように、同時期の日本でも地価の上昇は見られているが、その規模は小さい。この背景としては、日本の住宅ローン市場にはサブプライムローンのような低所得者向け商品が存在しなかったことが挙げられる。また、不動産バブルが発生しなかったため、バブル崩壊による不良債権の発生も見られなかったと考えられる。

第二に、日本における証券化の状況が挙げられる。当時の日本では証券化市場が発達途上であり、規模も小さかった。また、海外で銀行取付と同様の問題を引き起こしたような、ＳＩＶや金融機関が存在しなかったため、日本の金融システム内で、証券化商品を原因とする同様の問題は発生しなかった。

こうした背景には、邦銀が当時自らの不良債権処理を終えようとしていた、あるいは終えたばかりの状況にあり、リスクのある投資を積極的に行うことが難しかったこと、円高期待による為替差損への懸念もあり、海外の証券化商品をそれほど保有していなかったことなどが考えられる。日本の証券化市場の後進性が、問題の拡大防止に役立ったといえなくもない。

第三に、日本の貸出市場の固有の状況が挙げられる。海外では、他国の銀行からの貸出減少というかたちで、世界金融危機のショックが国内の金融システムや実体経済に波及することがあった。これに対して日本では、国内の貸出市場が邦銀中心であったため、こうした経路が存在しなかった。

また、当時の日本では、のちに述べる非伝統的金融政策の下で、中央銀行から潤沢な流動性が供給され、さらには危機対応の流動性供給が行われたため、日本の金融機関は海外の金融機関のような資金不足に陥ることはなかった。このため、三菱ＵＦＪフィナンシャル・グループ（ＭＵＦＧ）によるモルガン・スタンレーへの出資や、野村證券によるリーマン・ブラザーズの一部事業買収など、むしろ日本の金融機関が海外の金融機関を救済する側に回るケースも見られた。

4 小括：不良債権問題と金融危機に関する金融システムの評価

以上の検討をまとめてみよう。１９９０年代後半に、日本の金融仲介セクターには不良債権問題が発生し、金融危機にまで発展した。実証結果からは、バブル期の過剰な貸出の不良債権化が不良債権問題をもたらした要因であることがわかっているが、バブル崩壊後の貸出についても問題があった。金融仲介機関による非効率な貸出という取引レベルの問題（第2章7節(3)項）、情報生産機能や金融仲介機能が適切に発揮されないという組織・セクターレベルの問題（第2章6節(2)項）が発生していたといえる。ただし、借手側の返済能力の低下がバブル崩壊後の債権不良化につながった可能性も高く、金融システムの利用者側にも問題がありそうである。

他方で、バブル崩壊後の貸出に関しては、１９９３年に本格実施された自己資本比率規制が、迅速な不良債権処理を妨げた可能性が示されており、規制が非効率的な行動を招いた、という意味で、政府の失敗（第2章8節⑸項）がみられた。また、問題への抜本的な対処の遅れ、という点でも行政・政治の対応には問題があった。不良債権の開示制度の不備、事後的プルーデンス政策の制度の欠如、といった点についても政府の責任は大きいが、それまで危機を経験したことのない状況ではやむを得ないところがあり、その後の制度整備や海外の危機対応への示唆を与えた、という意味では評価できる。

その後に発生した世界的金融危機からは、日本の金融システムに対して重要な示唆が示されている。世界的金融危機では、金融構造の異なる他国においても、資産価格バブルと信用膨張の相互作用が見られ、また金融仲介機関ではなく証券化に関わる金融機関やＳＩＶでも銀行取付が発生することが明らかになった。

日本では、銀行セクターがリスクを過剰に抱えたことで、１９９０年代後半の金融危機が発生した、という理由から、金融仲介機関が金融市場を利用するかたちで資金循環が行われる、市場型間接金融のルートを太くする必要があるといわれていた（第2章4節⑸項②）。しかし、世界的金融危機は、直接金融依存型といわれる国であっても市場型間接金融が重要な役割を果たしており、間接金融（金融仲介機関）と同様の問題が発生することを露呈させた。このことは、日本の金融構造を評価する上でも重要な意味を持っている。この点については、第9章で改めて考えてみたい。

【第6章　注】

（1）中でも、住宅金融専門業者による過剰融資が多額の不良債権と損失を生み出した問題は、特に住専問題とも呼ばれる。
（2）本項の内容に関して、より詳しくは植田（2001）、西村（2009）を参照されたい。
（3）植田（2001）参照。
（4）以下では金融危機の典型的な事象として金融機関の破綻に注目するが、破綻に至るまでの資金繰りの悪化や顧客による資金の引き揚げ、あるいはジャパンプレミアムと呼ばれた金融市場における流動性リスクの顕在化など、実際に現れた問題は多様である。危機の実態については預金保険機構（2005）、西村（2009）、伊藤（2022）なども参照。
（5）これらの金融機関の破綻の要因としては、株価の下落による運用難や系列ノンバンクの支援のための損失、経営悪化を嫌う顧客による資金の流出や資金繰りの悪化、金融自由化に伴う競争の激化などさまざまな原因が挙げられている。
（6）植田（2001）参照。
（7）Hoshi（2001）参照。
（8）Kashyap（2002）など。
（9）Hoshi and Kashyap（2010）参照。
（10）Basel Iは、１９８８年のバーゼル合意に基づくもので、日本では１９８９年3月期からの移行期間を経て、１９９３年3月期より本格実施された。
（11）実際に、Basel I実施によって、自己資本比率の低い都市銀行が、分子に算入できる劣後債の発行を増やしたことを示す実証結果が報告されている（Ito and Sasaki [2002]）。
（12）この枠組みでは、海外に支店等を保有する銀行向けの国際統一基準と、他の銀行向けで国際統一基準に準じた国内基準に基づき、銀行は一定の自己資本を保有することが求められるようになった。具体的には、資本金や剰余金、内部留保などの本来の自己資本（Tier 1と呼ばれる）と、劣後債など自己資本に準じるとされる補完的自己資本（Tier 2と呼ばれる）の合計を、リスクアセット（リスクウェイトをかけたウェイト付き資産額）の８％以上保有する、というのがBasel Iの自己資本比率規制である。
（13）この問題は、理論的には政府の失敗（第2章8節(5)項参照）の一つにあたる。
（14）以上については細野（[2006] 第1章）などを参照。
（15）Shrieves and Dahl（2003）参照。
（16）細野（[2006] 第1章）参照。
（17）細野（[2006] 第2章）。ただし、そこでは不良債権額の代わりに不動産関連融資の比率、会計操作の大きさとして市場価値で測った自己資本比率と規制上の自己資本比率の差、という代理変数が用いられている。どちらも欠点のない指標とはいえないため、解釈には注意が必要である。

(18) 同様の批判としては、Ito（2000）, Hoshi and Kashyap（2001）なども参照。

(19) 行政・政治の問題としては、官僚の天下りに対する批判も指摘されている。この点について、Horiuchi and Shimizu（2001）は1979年から1991年のデータを用い、天下りを受け入れた地方銀行は自己資本比率が低く、不良債権比率が高いことを報告している。ただし、より多くの要因を考慮して1990年から1999年のデータを分析したKonishi and Yasuda（2004）では、天下りの有無は地方銀行のリスクテイクに影響していないことを報告している。以上より、少なくとも1990年代については天下りが非効率性を招いたという批判はあたらないといえるが、1980年代においては批判が妥当性を持っている可能性を否定できない。

(20) Montgomery and Shimizutani（2009）参照。

(21) 1998年の金融再生法と金融機能早期健全化法の成立が銀行の企業価値に与えた影響を分析したイベントスタディからは、その効果は業態や銀行の財務内容により異なることが報告されている（Spiegel and Yamori [2003]）。

(22) Hoshi and Kashyap（2004）参照。

(23) 特に文献を示さない限り、本項の個々の内容の詳細についてはBrunnermeier（2009）, Gorton（2010a, 2010b）を参照されたい。日本語文献としては平田・墨（2010）がわかりやすい。日本の金融危機との対比についてはUdell（2009）, Hoshi and Kashyap（2010）を参照。

(24) サブプライムローンだけでなく、返済能力は比較的高いがリスクの高い、Alt-Aローンと呼ばれる住宅ローンの問題も大きいことがわかっている。たとえば篠原（2008）参照。

(25) 理論的には、証券化は集団投資スキーム（第2章4節(3)項参照）が提供し、リスク削減機能、情報生産機能、資金プール機能、資産変換機能、金融仲介機能などさまざまな機能を発揮する仕組みである（図2-8参照）。

(26) 他方で、実際にはサブプライムローンを売却（流動化）したはずのオリジネーターも損失を被っていることから、完全にリスクを切り離すかたちでの売却は行われなかったといわれている。

(27) SIVとCPの状況については関（2007）参照。

(28) この時期のレポ取引の問題については関村（2009）参照。

(29) Hoshi and Kashyap（2010）参照。関連して、Allen *et al.*（2011）は、日本の1997年と1998年の公的資本注入を比較し、アメリカにおける公的資本注入への示唆を示している。

(30) Hosono *et al.*（2016）参照。

(31) Uchida and Udell（2019）参照。

第7章　失われた30年と金融システム①
——貸し渋りと追い貸し（1990年代〜2010年代）

2000年代以降の日本経済の最重要テーマとなったのは、実体経済の低迷である。第3章で確認した通り、日本の実体経済活動はバブル崩壊後に急激に落ち込み、物価上昇率も低下して、1990年代後半からはデフレが続く状態になった（図3-1参照）。こうした状況は、2000年代には「失われた10年」と呼ばれ、2010年代には「失われた20年」、2020年代に入ると「失われた30年」と呼ばれる状況となった。本章ではこの長期にわたる実体経済の落ち込みに対し、金融システムがどのような役割を果たしたのかを検討してみたい[1]。

具体的な検討に入る前に、まず「失われた30年」と一括りにされがちなこの期間において、実体経済と金融システムの関係は大きく変化していることを指摘しておきたい。図3-1からわかるように、たしかに実体経済の低迷はバブル崩壊後の1990年代前半から始まっている。しかし、前章までで見た通り、金融システムの側から見ると、1990年代あるいは2000年代初めまでは危機の時代であり、その後の2000年代以降は危機が収束して金融システムが安定し、むしろ資

表7－1　経済停滞・デフレの要因

需要サイドの要因	
(i)	不十分な金融緩和
(ii)	デフレ予想による実質金利の上昇、消費・投資の低迷
(iii)	財政引締めによる公的需要の減少
(iv)	銀行の貸し渋りによる投資低迷 (資金制約下にある中小企業の投資など)
供給サイドの要因	
(v)	企業部門の生産性低迷 (その背後の要因としてグローバル競争・安価な輸入品との価格競争による収益性の低下など)
(vi)	産業構造調整の遅れ
(vii)	銀行の不良貸出などに起因する資源配分の非効率化 (本来なら破綻もしくはスリム化して再生されるべき非効率企業の存続など)
追加的説明	
(viii)	経済グローバル化による正の供給ショック (世界の生産能力上昇、低賃金国への生産移転による限界費用低下など)

出所：宮尾(2009)に基づき筆者作成

金の供給過剰が懸念される時代であった。このため、実体経済と金融システムの関係も、失われた30年の間に大きく変化したと考えられる。以下ではこの点に十分留意しつつ、検討を行うことにしたい。

1　経済停滞の要因と金融システム

長期の経済停滞をもたらした要因としては、さまざまなものが考えられ、多くの論者から多様な見方が示されてきた。[2] こうした要因に関して、経済の需要サイドと供給サイドを区別し、金融面だけでなく実物面も含めた幅広い観点から示された整理の一つが表7－1である。[3] このうち、経済の実物面に関する要因といえるのは、需要サイドでは(ii)デフレ予想がもたらす実質金利の上昇と消費・投資低迷、(iii)財政引締めによる政府需要の減少、供給サイドでは(v)生産性の低迷、(vi)産業構造の調整の遅れ、であり、(viii)海外からのショック、も（日本経済の）金融面の要因とはいえない[4]。

一方、金融面の要因といえるのが、要因(i)、(iv)、(vii)である。このうち、要因(iv)を重視する考え方（仮説）は、不良債権問題や金融危機などにより金融機関の健全性が悪化した結果、金融機関の貸出能力が低下し、新たな貸出を絞り込んだ、あるいは既存の貸出を回収した、と予想するもので、貸し渋り・貸しはがし仮説と呼ぶことができる。この仮説が正しいとすると、貸出が減った結果として多くの借手が資金制約に直面し、実体経済に悪影響がもたらされたことになる。

これに対し、同じ金融機関の健全性悪化が(iv)とは別の方向にはたらいた、と考えるのが要因(vii)に注目する仮説である。この仮説では、金融機関が不良債権問題と健全性悪化の顕在化を恐れ、十分な収益が見込めず本来貸すべきでない借手に貸した、あるいは引き揚げるべき貸出を引き揚げなかった、と考える。このように、金融機関の非効率な貸出を重視する仮説が正しいとすると、本来市場から退出すべき借手が温存され、要因(v)にもつながることで、経済全体の生産性を低下させたことになる。

こうした仮説が個々の金融機関の行動を問題視しているのに対し、金融環境の悪化を招いた政策の問題（失敗）を指摘するのが要因(i)を重視する仮説である。この仮説では、日本銀行による金融緩和が不十分であったために経済停滞が発生したのであり、より積極的な緩和を行っていれば停滞を脱することができた、と考える。この考え方の中には、いわゆるリフレ（リフレーション）政策、すなわち積極的な金融緩和により景気の回復を図り、緩やかな物価上昇を生み出そうとする政策を支持する考え方（いわゆるリフレ派の考え方）も含まれる(5)。

以下、本書では二つの章にわたってこの三つの要因に関する検討を行う。まず本章では、次節で貸し渋り・貸しはがし（要因ⅳ）を、そして次々節において追い貸し・ゾンビ企業（要因ⅷ）に関する検討を行う。その後、次章において不十分な金融緩和・金融政策の失敗（要因ⅰ）に関する検討を行い、その上で改めて金融システムの全体的な評価を行うことにしたい。ただし、こうした金融システム側の要因とは別に、停滞している実体経済の側にも多様な要因が考えられる。実体経済側の要因も含め、金融面の要因と実物面の要因のどちらが相対的に重要であったのかについては次章の最後に検討することにしたい。

なお、前章や前々章で扱った問題、すなわちバブルの発生や信用膨張、不良債権問題、金融危機は、発生したことが明白であり、そこでの分析の主眼はどのようなメカニズムがこうした問題を引き起こしたのかにあった。しかし、上記三つの要因については「仮説」という言葉を用いたように、そもそもそうした要因が存在していたのかどうか自体が自明でない。このため、これらの問題そのものについても検討を行うことになる。

2　貸し渋り・貸しはがしが経済停滞を招いたのか

(1)　貸し渋りが経済停滞をもたらすメカニズム（理論的可能性）

経済停滞を生み出した金融面の大きな要因の一つと考えられているのが、資金制約の問題である。資金制約の問題は、一般には「貸し渋り」あるいは「貸しはがし」の問題と呼ばれている。前者は、借手は借りたいのに貸手が貸出を抑制するという問題であり、後者は、借手は借入を継続したいのに貸手がそれに応じないという問題であって、どちらも理論的には金融システムの取引のレベルで発生する非効率性の問題である（第2章7節(3)項）。

しかし、ここでいう資金制約の問題は、金融危機や不良債権問題などによって、金融仲介機関の破綻や健全性の低下が発生したことを原因とする貸し渋りや貸しはがしであり、組織・セクターレベルで発生した問題である。さらに、こうした資金制約が投資を困難にしたり、資金繰りの行き詰まりによる倒産などのかたちで企業に悪影響を与え、企業部門の経済活動が停滞して経済全体の停滞をもたらしたのではないか、というのが経済停滞の要因としての貸し渋りである（図7－1）。

金融機関が貸し渋り・貸しはがしを行うメカニズムとしては、前章でも触れたように、自己資本比率規制が原因となる可能性もある（図7－1左上）。前章2節(2)項で説明した通り、この規制は意図と異なる行動を採る誘因を金融機関に与えることが指摘されている。そうした行動の一つが、先

図7−1　貸し渋り・貸しはがしと経済停滞（理論的予想）

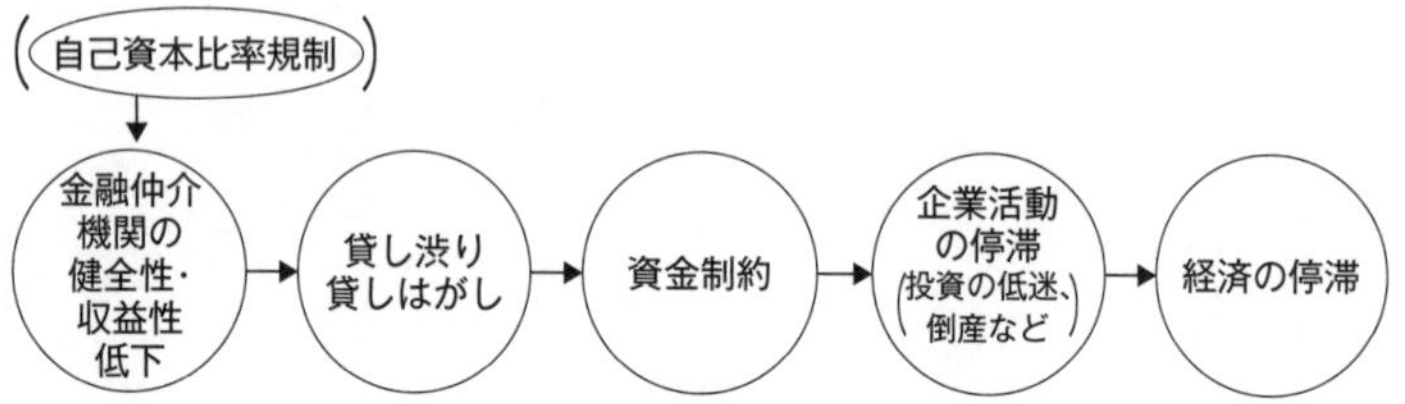

出所：筆者作成

に説明した不良債権処理の先送りであったが、これに加えて問題とされるのが、貸出の減少である。

自己資本比率は、分子の自己資本を増やすのではなく、分母のリスク資産を減らすことによっても増加する。このため、自己資本比率規制は貸し渋りや貸しはがしなどにより貸出を減少させる誘因を金融機関に与える。これが、キャピタル・クランチの問題であり、政府の失敗の一種である（第2章8節(5)項参照）。

ただし、以上はあくまで理論的な可能性にすぎない。実際に貸し渋り・貸しはがしがどの程度見られたのか、どのような要因で発生したのかは、現実のデータや実証分析の結果を踏まえて判断する必要がある。これらの問題は、特定の事例が感情的に取り上げられることも多かったが、ここではそうした事例ではなく、実証分析の結果を踏まえ、経済全体に問題を及ぼすほどの問題だったのかを判断することにしたい。

(2)　貸出態度判断DIからみた貸出の状況

まず、失われた30年において、貸出がどのように行われていたのか

図7−2　金融機関の貸出態度

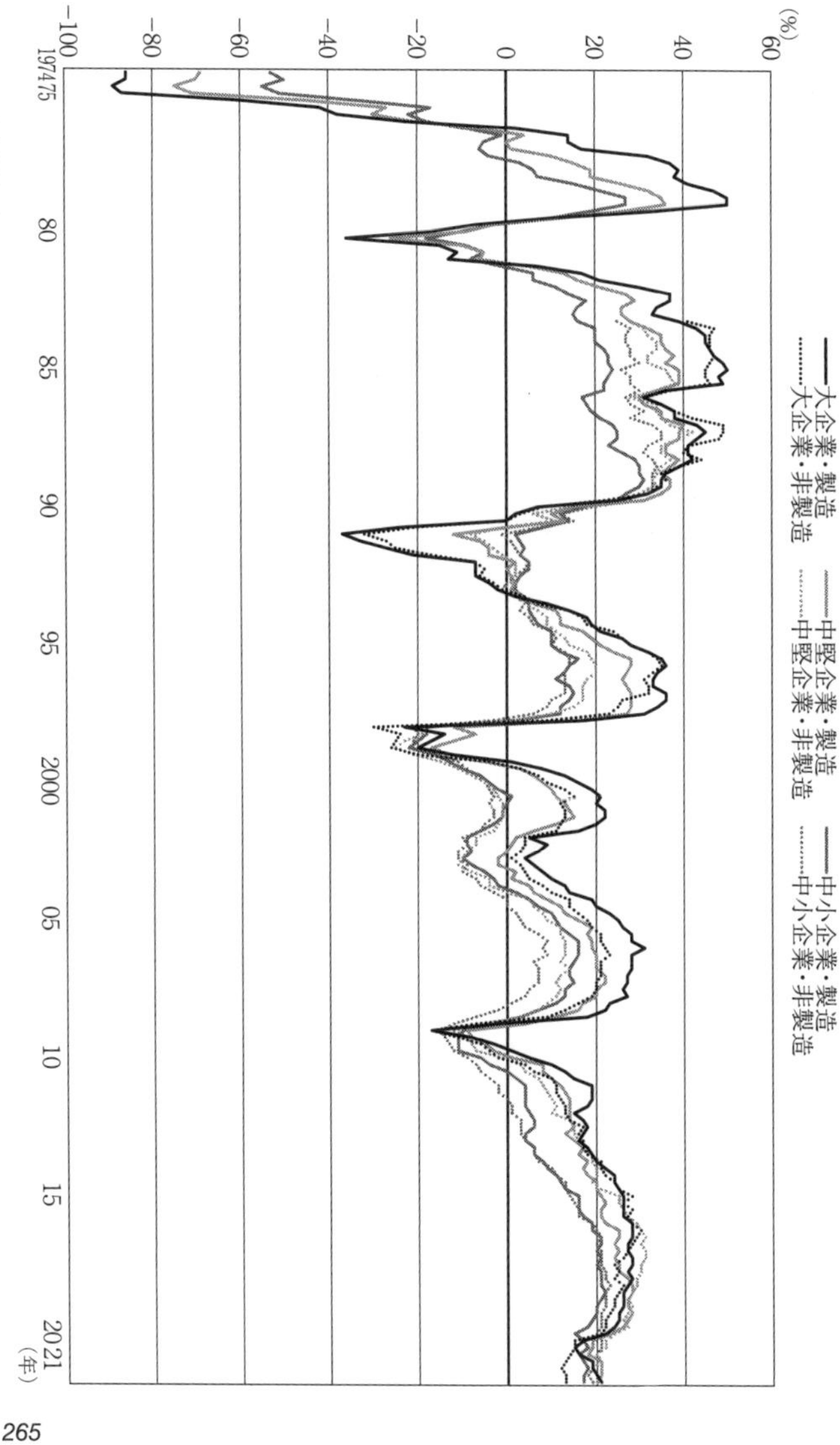

出所：日本銀行「短観」

を確認するために、金融機関の貸出態度の変化（図7－2）を見ておこう。ここに示されているのは、日銀短観の「金融機関の貸出態度判断ＤＩ（diffusion index）」の動きである。この指標は、企業向けアンケート調査から作られる指数であり、金融機関の貸出態度の「最近の状況」を尋ねた質問に対し、「緩い」と答えた企業の比率（％）から、「厳しい」と答えた企業の比率（％）を引くことで求められる。

この図のうち、失われた30年に相当する１９９０年以降を見てみると、まずバブル崩壊後の１９９１年と、金融危機が発生した１９９７年から98年において、金融機関の貸出態度が厳しくなっていることがわかる。これらの時期には、供給（金融機関）側の要因を原因とした貸出の減少、つまり貸し渋りが発生していた可能性がある。

これに対して２０００年代以降は、少なくともそれ以前に見られたのと同様の落ち込みは見られず、金融機関の貸出態度はおおむね良好だったといえる。ただし、２０００年代初めとリーマン・ショック後の２００８年から09年あたりにおいては貸出態度の悪化が見られる。

以上より、貸し渋りの可能性があるのは、１９９１年、１９９７年から98年、２０００年代初め、２００８年から09年の四つの時期だといえる。

ただし、貸出態度判断ＤＩは、借手に対するアンケート調査から得られる指標であり、「厳しい」と答えた企業の中には、金融機関側から見ると、返済可能性が低いために貸さなかった企業も含まれるはずである。また、たとえ態度は厳しかったとしても、資金提供は行われたケースも存在するかもしれない（第2章5節⑴項⑤も参照）。

こうした可能性からわかるように、貸し渋りの問題としては、十分に返済の見込みのある企業に貸出が行われない、という問題のみに注目する必要がある。そのためには、資金の需要側だけでなく、供給側の状況も考慮した分析が必要であり、より厳密な実証分析の結果を確認する必要がある。

日本における貸し渋り・貸しはがしに関する実証研究は数多いが、その内容に基づくと、1990年代前半に注目したものと、それ以降に注目したものとに分けられる。当初の研究は、自己資本比率規制（Basel I）導入が銀行の行動に与えた影響に焦点を当てているのに対し、その後の研究は、1990年代後半の金融危機時の貸し渋りに焦点を当てているからである。以下ではこれらを順に検討してみよう。

⑶　自己資本比率規制の導入は貸し渋り・貸しはがしを招いたのか：1990年代前半

Basel I導入の直接的効果としてのキャピタル・クランチを分析した実証研究は、いくつか行われている。まず、主要21行の1990年から95年までのデータを用いた研究は、自己資本比率は貸出の伸び率に負の影響を与える、という、キャピタル・クランチとは矛盾する結果を得ている[⑥]。この結果に対して同研究は、自己資本が充実した銀行が貸出を減らした、という解釈を与えている。

しかし、1992年から94年の銀行財務データを使った研究では、大手銀行の大企業向け貸出、大手銀行の製造業・非製造業向け貸出、そして地方銀行の製造業向け貸出が、自己資本比率が低い銀行ほど少ない、という結果を得ている。[7] 同論文は、貸出の伸び率が設備投資に影響を与えることも示しており、自己資本の少ない銀行による貸出の抑制が、資金制約を通じて企業活動に悪影響を及ぼしていた可能性がある。[8]

また、1990年から92年までのデータを用い、保有する株式の含み益が少ない都市銀行ほど貸出増加が少ないことを発見した研究もある。[9] 含み益は自己資本の構成要素であったため、この結果は自己資本比率が貸出に影響した可能性を示唆しており、キャピタル・クランチ仮説と整合的である。[10]

このように、金融危機前の貸し渋りに関しては相反する結果が得られており、結論を下すのは難しい。結果が定まらない原因の一つと考えられるのが、分析手法のちがい、具体的には貸出需要の落ち込みの考慮である。この時期は、バブル崩壊直後で新規貸出が急減したが、景気悪化に伴う借入需要の減退も大きかったと考えられる。貸出需要の影響を取り除くための工夫として、上記の実証分析では実体経済の状況を表すマクロ変数を用いて調整を行っているが、近年の実証分析ではこの方法では不十分であることが指摘され、個別銀行レベルの借手需要を表す変数が用いられるようになっている。

他方で、以上の結果はあくまで自己資本比率規制を原因とする貸し渋りに関するものである。図7－2の貸出態度判断DIを見る限り、1990年代初めには金融機関の貸出態度が悪化したとする借手が多く、自己資本の水準にかかわらず銀行セクターが全体として貸出を絞っていた可能性は否定できない。

(4) 金融危機時に貸し渋り・貸しはがしが起こったのか：１９９０年代後半

では、金融危機が深刻化し、金融機関の破綻が多発した１９９０年代後半の時期には、貸し渋り・貸しはがしが存在したのであろうか。この時期に関する研究では、金融危機時の金融機関の問題が、実態面に大きな悪影響を及ぼした、という結果が一貫して得られている。

まず、金融機関の健全性と貸し渋りに関しては、銀行財務データを用いた二つの研究があり、自己資本比率が貸出成長率に正の影響を与える、つまり自己資本比率の低下が貸出減少につながる、という結果がどちらも１９９７年度において強く得られている。[11] 多数の金融機関の破綻が集中した１９９７年において、自己資本比率規制が貸出供給の制約要因となっていたことが示唆される。１９９７年は、日銀短観など他の指標で見ても金融機関の貸出態度が厳しくなった時期であり、この解釈は信頼できる。

企業の投資に注目した研究もいくつか行われている。まず、集計レベルのデータを用いた研究で、中小企業の投資額に対して日銀短観の金融機関貸出態度ＤＩが影響を与えるが、この関係は大企業の投資額には見られない、という結果を得たものがある。[12] ただし、同論文の分析対象期間はバブル期も含む１９８３年第２四半期から１９９８年第２四半期までであるため、この結果は期間前半のバブル期において、貸出の増加が投資の増加を招いた、という関係をとらえている可能性を否定できない。

ミクロレベルのデータを用いた分析では、1984年から2003年までの中小企業データを用いた研究において、メインバンクの自己資本比率が高いほど、不良債権比率が低いほど、借手企業の投資が多いことが報告されている。[13] また、2001年から03年までの中小製造業のデータを用いた研究でも、主要行をメインバンクとする企業ではメインバンクの自己資本比率が低いほど、信用金庫・信用組合をメインバンクとする企業ではメインバンクの不良債権比率が高いほど、投資が少ないことが報告されている。[14]

以上の結果を総合すると、1990年代の後半においては図7－1の理論的予想の通り、貸し渋り・貸しはがしが企業活動の停滞につながったことを示唆する結果が得られているといえる。

(5) 2000年代以降に貸し渋りは発生していたのか

以上、1990年代前半と後半の貸し渋りに関して検討したが、「失われた30年」のその後の時期、つまり2000年代以降の状況はどうだったのだろうか。2000年代以降の日本において、「貸し渋り」の問題は、少なくともそれ以前の時期のようなかたちでは研究上の関心を集めておらず、同様の研究は筆者の知る限り行われていない。そこで、ここでは利用可能な他のデータを用いて検討を行ってみたい。

まず、金融機関の貸出態度DIを示した図7－2を振り返ってみると、2000年代前半とリー

表7－2　リーマン・ショック時の金融機関との関係

			回答件数計	新規借入申込みの拒絶	既往借入の引揚げ	特に変化なし
金融機関との関係で、2008年9月以降に経験した変化の具体的内容	借入額1位の金融機関	（件数）	3,680	195	36	2,861
		（%）	100.0	5.3	1.0	77.7
	借入額2位の金融機関	（件数）	3,281	171	37	2,618
		（%）	100.0	5.2	1.1	79.8
	その他の金融機関	（件数）	3,057	207	40	2,435
		（%）	100.0	6.8	1.3	79.7

		回答件数計	ある	ない
態度を一変させた金融機関の有無	（件数）	3,555	461	3,094
	（%）	100.0	13.0	87.0

出所：植杉ほか（[2009] 表2−5, 2−10）を筆者加工

マン・ショック後の２００８年から09年あたりにおいては貸出態度の悪化が見られたが、その他の時期には全般的に良好な貸出態度が観察されていた。リーマン・ショック時については、実体経済が大きな打撃を受けたのに対し、金融機関側にはそこまで大きな問題は発生していない。借手側から見て貸出態度が厳しくなったと見えたものは、借手側の返済可能性が疑われるようになった結果かもしれない。

リーマン・ショック時の別のデータも確認してみよう。表７－２は、リーマン・ショック後の２００９年２月に行われた中小企業向け大規模アンケート調査の結果を抜粋したものである。[15] これによると、リーマン・ショックが発生した２００８年９月以降に、取引金融機関との関係に関して経験した変化として、新規借入の申込みを拒絶されたり、すでに受けていた借入を引き揚げられた、と回答した企業は少数である。また、リーマン・ショック後に態度を一変さ

表7－3　東日本大震災後の資金調達

	震災後〜2012年7月			2012年7月〜			2013年10月〜			2014年10月〜		
	被害あり	被害なし	合計	被害あり	被害なし	合計	被害あり	被害なし	合計	被害あり	被害なし	合計
十分な資金を調達できた	1,784	420	2,204	970	208	1,178	1,514	457	1,971	1,091	326	1,417
	40.2%	37.9%	39.8%	43.2%	38.1%	42.2%	44.9%	41.5%	44.0%	44.2%	42.9%	43.9%
十分ではないが、必要最低限の資金は調達できた	2,355	636	2,991	1,169	318	1,487	1,701	609	2,310	1,256	406	1,662
	53.1%	57.3%	54.0%	52.1%	58.2%	53.3%	50.4%	55.3%	51.6%	50.9%	53.4%	51.5%
必要最低限の資金を調達できなかった	296	53	349	105	20	125	159	36	195	122	28	150
	6.7%	4.8%	6.3%	4.7%	3.7%	4.5%	4.7%	3.3%	4.4%	4.9%	3.7%	4.7%
回答企業数	4,435	1,109	5,544	2,244	546	2,790	3,374	1,102	4,476	2,469	760	3,229

出所：内田ほか（[2013]図表2−7−1）、内田ほか（[2014]図表2−23）、内田ほか（[2015]図表2−25）、内田ほか（[2016]図表2−25）を筆者加工

せた金融機関があったかどうかという問いに対しても、多くの企業はないと回答している。

さらに関連するデータとして、表７－３には２０１１年３月に発生した東日本大震災後の中小企業向け大規模アンケート調査の結果を示している。[16] 表に示したのは「必要とする資金を十分に調達できたか」という問いに対する回答であるが、必要最低限の資金を調達できなかった、と回答した企業は一貫して１割に満たず、しかも震災による被害を受けたと回答した企業の中でも少数派である。

また、表には示していないが、これらの調査では新規の借入を行ったかどうかも尋ねている。その回答によると、どの年も６割弱から７割強の企業は新規借入を行っておらず、また行っていない理由を尋ねたところによると、９割超の企業は必要なかったからと回答している。[17] 類似の結果は他の企業向け調査でも得られており、多くの調査は２０００年代以降資金制約は深刻な問題ではなく、そもそも資金を調達しようとする需要が存在しない企業が多かったことを示している。

もちろん、調査に回答しなかった企業、あるいはできなかった企業も多いため、これらの結果は回答に応じた企業、おそらくは比較的優良企業の状況を示しているといえる。しかし、少なくともそうした企業に関する限り、貸し渋りや貸しはがしが２０００年代以降に発生していたとは考えにくい。しかも、特に２０００年代半ば以降には、日本の企業部門は現金を増加させていたことも思い出す必要がある（第４章２節⑶項③（図表４－６）参照）。多くの企業は、そもそも資金不足の状態にはなかったと考えられる。

さらに、前章1節(1)項（図6－1）で見た通り、銀行は2000年代半ばには不良債権の処理を終えており、供給側にも問題はなかったと考えられる。こうした証拠を合わせると、貸し渋りや貸しはがしの問題は、「失われた30年」のうち1990年代の一部の期間にしか発生しなかったと考えるべきだろう。2000年代には図7－1で想定されている因果関係がみられるとはいえず、金融システムの問題が経済停滞につながったとする見方は正しくない。

なお、リーマン・ショック時や震災時に関しては、政府により潤沢な資金提供が行われたことも考慮する必要がある。これらの危機時には、政策金融、すなわち日本政策金融公庫を中心とする政府系金融機関による直接貸出や、各地の信用保証協会が民間金融機関の貸出に付与する緊急時の信用保証などにより、企業に対する資金面での支援が提供されている。[18] こうした支援は非常に手厚く、少なくとも東日本大震災の際には過剰であったことが示されている。[19] こうした状況を踏まえると、懸念されるのは貸し渋りの問題ではなく、むしろ次節で注目する貸し過ぎの問題である。

(6) 貸し渋り・貸しはがしと経済停滞に関する検討結果

本節の検討をまとめると、「貸し渋り・貸しはがしが経済停滞（失われた30年）を招いたのか」という疑問に対しては、1990年代とその後とで異なる回答が得られている。

金融機関の貸出態度は90年代初めには悪化しており、この時期には貸し渋りが発生していた可能性がある。しかし、少なくとも自己資本比率規制を原因とする貸し渋り・貸しはがし（キャピタルクランチ：第2章8節(5)項）に関しては、実証結果が定まっていない。

対照的に、1990年代後半に関しては、自己資本を棄損した金融機関が貸出を減少させ、その減少が実体経済活動に悪影響を及ぼしたことを示す証拠がさまざまなかたちで得られている。

これに対して、その後の2000年代以降に関しては、資金調達環境はおおむね良好である。2000年代初めとリーマン・ショック時に金融機関の貸出態度の悪化が見られるものの、資金供給側が貸出を大きく絞ったとは考えにくい。後半20年に限ると、貸し渋り・貸しはがしが失われた30年の主因だとは考えにくい。

3　追い貸しとゾンビ企業は経済停滞を招いたのか

(1)　追い貸しが経済停滞をもたらすメカニズム（理論的可能性）

経済停滞をもたらした要因としては、貸しすぎ、あるいは無駄な貸出の問題も挙げられている。この問題は、収益性が低く、事業を継続するのが望ましくない非効率な企業に対し、本来なら提供されるべきでない資金が提供されることで、そうした企業が市場から退出することなく存続してしまう、という問題である。このような貸出は一般に追い貸しと呼ばれ、追い貸しによって市場からの退出を免れる企業は、ゾンビ企業と呼ばれている。

追い貸しは、「行われるべきではない資金提供が行われてしまう」という意味では資金配分の非効

図7―3　追い貸しと経済停滞（理論的予想）

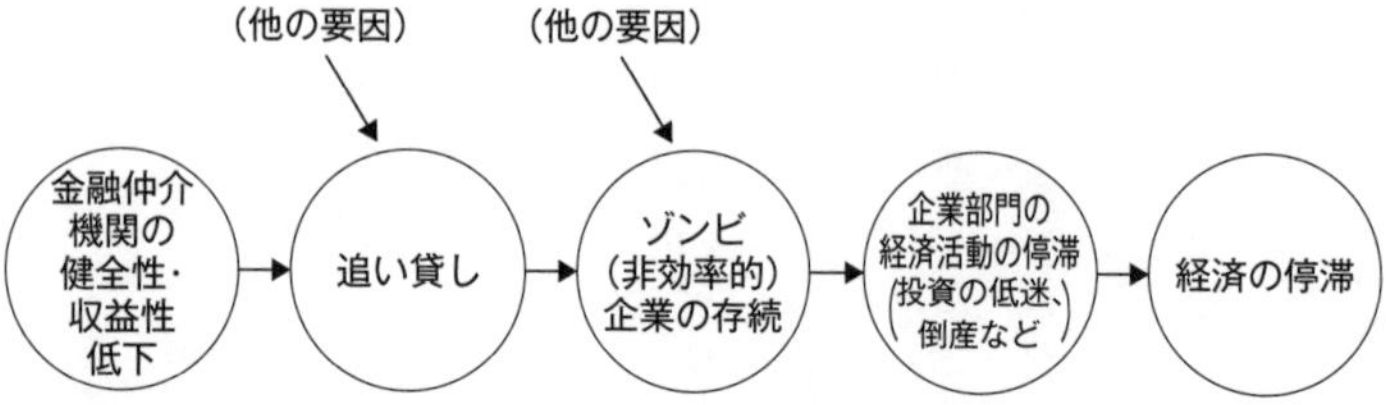

出所：筆者作成

率性の問題であり、金融システムの取引レベルで発生する問題（第2章7節(3)項）である。しかし、ここでいう追い貸しの問題は、こうしたミクロレベルの問題が組織・セクターレベルで広範に発生し、実体経済にまで悪影響が及ぶという問題であり、よりマクロのレベルでとらえるべき問題である。図7－3には、このようなかたちで追い貸しが経済停滞をもたらすと考えられるメカニズム（理論的予想）を示している。

追い貸しが行われる理由としては、前章2節(2)項で触れた、金融機関の健全性や収益性の悪化による不良債権処理の先送りが挙げられる。先送りの結果として、本来なら資金が提供されずに退出するはずの借手に対して貸出が継続され、ゾンビ企業が生きながらえて温存されてしまう、というのが追い貸しに関する理論的な説明の一つである。追い貸しが行われる理由としては、これとは別に、いわゆるソフトな予算制約など別の理論が用いられる場合もある[20]。

こうして追い貸しが行われた結果、新陳代謝がはたらかずに企業セクターの経済活動が停滞し、経済全体の停滞につながる、というのが経済停滞の要因としての追い貸しの説明である。ただし、この図もあくまで仮説である。このメカニズムが実際にはたらいていたのかどうかは、データを用いた実証研究の結果から判断する必要がある。

なお、追い貸しとゾンビ企業に関する実証研究は、広くとらえればそもそも「日本企業は効率的なのか」という大きなテーマを扱う研究まで含み、膨大な数にのぼる[21]。しかも、図にも示している通り、企業の効率性には追い貸し以外にも、企業組織の効率性、労働者のスキルや教育の水準、科学技術の水準などさまざまな要因が影響する。こうした要因の検討は本書の範囲を超えるため、以下では非効率な追い貸しがゾンビ企業を生み出したかどうか、という因果関係に関連する実証結果を示している研究に絞り、整理を行うことにしたい。

(2) ゾンビ企業とは何か

追い貸しに関する実証結果を整理する上では、何よりも「ゾンビ企業」という言葉に注意する必要がある。上記の通り、ここでは「追い貸しによって市場からの退出を免れる企業」を（概念上の）ゾンビ企業と呼んでいる。しかし、否定的な語感を持ち、強い印象を与えるため、この言葉を用いること自体が拒否的な反応を招くことも多い。このためか、たとえば日本銀行（2018）は同様の企業を（金融機関にとっての貸出面での）「低採算先」と呼んでいる。

しかし、言葉遣いよりも大きな問題といえるのが、データを用いて「ゾンビ企業」を把握する際に発生する、計測上の定義の問題である。人口に膾炙し、多くの人が一見して意味を理解できるようなこの言葉は、実際にそれに該当する企業をとらえる際には人によって方法が異なり、さまざまな定義が錯綜する同床異夢の状態にある。

定義の問題は、初期に行われた追い貸し研究を見るとわかりやすい[22]。初期の研究は、1990年代を分析対象として金融危機後に行われた研究で、業種別に集計された企業データ、あるいは個別銀行のデータを用い、借手の業種別の収益率や貸手の不良債権比率と貸出額との関係を分析した上で、ゾンビ企業に対する追い貸しを示す結果が得られた、と主張していた。

これらの分析における「ゾンビ企業」は「不動産業に属する企業」であり、不動産業向け貸出の増加がゾンビ企業に対する追い貸しである、という想定の上に、分析が成り立っている。この想定は、当時においてはある程度受け入れられるものだったかもしれないが、その後の状況を考えれば、明らかに適切ではない[23]。また、追い貸しは個別の企業レベルで発生する問題であるため集計データでは分析が難しく、また得られた結果が追い貸し以外の要因から生じている可能性を排除するための、需要と供給を識別した分析方法は用いられていない。

こうした問題が少ないのが、個別企業レベルのデータを用いた定義である。その後の研究は、企業の財務状況からゾンビ企業を特定し、そうした企業やそれらに対する貸出を分析している。ただし、こうした研究でもゾンビ企業の定義は多様である。

表7－4には、こうした研究で用いられている定義の詳細と、その定義が実際にどのような企業を（ゾンビ企業として）とらえているのかを、筆者の判断に基づきまとめている。

表7－4　ゾンビ（非効率）企業のさまざまな定義

	論文	定義	定義の基準と意味（どのような企業をゾンビ企業としているか） 借金（残高）基準	借金（変化）基準	利払い基準	収益率（利益率）基準	流動資産（残高）基準	企業価値（市場評価）基準	総合評価基準	生産性基準
[1]	関根ほか（2003）、三平（2005）、福田ほか（2005）	●借入金比率（借入金／総資産）が高い	「借金が多い」企業	⋮	⋮	⋮	⋮	⋮	⋮	⋮
[2]	Peek and Rosengren（2005）	●収益率（ROA）が低く、かつ ●運転資本（net working capital）が小さい	⋮	⋮	⋮	「収益率が低く、	流動資産が少ない」企業		⋮	⋮
[3]	Caballero *et al.*（2008）	●借入金利が最優遇金利*より低い	⋮	⋮	「利払いが少ない」企業		⋮	⋮	⋮	⋮
[4]	Fukuda and Nakamura（2011）	●[3]の定義を満たし、かつ			利払いが少なく		⋮	⋮	⋮	⋮
		●利益（利払い・税引前利益（EBIT））が最優遇金利*利息より少なく、かつ				収益率が低い」企業	⋮	⋮	⋮	⋮
		●負債比率（総負債／総資産）が50%を超え、かつ	「借金が多く、				⋮	⋮	⋮	⋮
		●借入額が前年から増加している		借入が増え、			⋮	⋮	⋮	⋮
[5]	日本銀行（2021） （1）ROA基準	●収益率（ROA（営業利益ベース））が低い（中央値よりも低い）	⋮	⋮		収益率が低い」企業		⋮	⋮	⋮
		●借入金利が低い（ROA上位10%企業の借入金利よりも低い）	⋮	⋮	「利払いが少なく、			⋮	⋮	⋮
[6]	日本銀行（2021） （2）レバレッジ基準	●負債比率（総負債／総資産）が高い（財務レバレッジがMedianよりも低い）	「借金が多く、				⋮	⋮	⋮	⋮
		●借入金利が低い（財務レバレッジ下位50%企業の借入金利よりも低い）			利払いが少ない」企業		⋮	⋮	⋮	⋮
[7]	Banerjee and Hofmann（2022）	●利益が支払利息よりも少ない（インタレストカバレッジレシオ<1）	⋮	⋮	「利払いが少なく、					⋮
		●株式の時価簿価比率が低い	⋮	⋮				市場評価が低い」企業		⋮
[8]	Hoshi *et al.*（2023）	●企業の評点（信用調査会社調べ）が低い	⋮	⋮	⋮	⋮	⋮		「総合評価が低い」企業	
[9]	Nishimura *et al.*（2005），Ahearne and Shinada（2005）など多数	●全要素生産性（Total Factor Productivity: TFP）や労働生産性（Labor Productivity: LP）が低い	⋮	⋮	⋮	⋮	⋮	⋮		「生産性が低い」企業

*最優遇金利=長短プライム*長短借入額+転換社債最低クーポン率*社債（CB込み）
注：日本銀行（2021）は「低採算先」の定義。Hoshi, Kawaguchi, and Ueda（2003）の定義はゾンビ企業の定義として示されたものではないが、同論文ではこの定義の企業を非効率な企業として分析している。
出所：筆者作成

企業データを用いた初期の研究で用いられた定義は[1]であり、負債あるいは借入金が多い企業をゾンビ企業としていた。これに対して[2]は、収益率が低く、流動資産を持たない企業をゾンビ企業としている。その後は、過度に金利を減免されている借手をとらえるべく、理論上取り得る金利の下限であるはずの最優遇金利、つまり信用リスクが最も低いと考えられる企業が払っているはずの金利、よりも利払いが少ない企業をゾンビ企業とするようになった（[3]の定義）。

しかし、利払いが少ない企業の中には信用リスクが小さい優良企業も含まれるため、定義[3]は十分ではない[24]。そこで、その後は[4]から[7]のように、利益面など他の基準が追加されるようになった[25]。他方で[7]~[9]のように、株式市場における企業価値の評価や信用調査会社の評価、あるいは生産性の低さなどから総合的にゾンビ企業をとらえようとする研究もある。多くの定義は過去の財務数値を用いた定義であるが、定義[7]は株価に反映される投資家の将来性評価を含む定義といえる[26]。

定義の問題の中でも特に注意が必要なのが、ゾンビ企業の本来の定義である「追い貸しによって市場からの退出を免れる企業」を適切にとらえられているか、という問題である。[2]、[8]、[9]の定義は「追い貸しによって」という原因部分をとらえることなく、「本来市場から退出すべき企業」あるいは非効率な企業というだけでゾンビ企業と定義している。もちろん、その語感からして、本来は退出すべき非効率な企業、というだけでゾンビ企業とすることもあり得るため、これらの定義が間違っているとはいえない。しかし、その場合でも何をもって非効率とするかを考える必要がある。

また、原因まで考慮しない定義の場合、その「ゾンビ企業」が多いことをもって金融機関を非難するのは短絡的である。その企業と貸手金融機関との関係を別途分析し、追い貸しからの因果関係を明らかにする必要があるが、こうした分析まで行った研究は少ない[27]。

「追い貸しが原因となって」をとらえるのは、表中の「借金（残高）基準」「借金（変化）基準」あるいは「利払い基準」である。ただし、定義[1]の「借金（残高）基準」は、追い貸しによる借金の増加をとらえるための基準というよりもむしろ、信用リスクが高いという意味での非効率な企業をとらえようとする基準であるし、ゾンビ企業の定義としては単純すぎる。定義[3]は、過度に金利を減免された借入、という意味での追い貸しをとらえようとしているが、先述の通り、信用リスクが小さいために利払いが少ないような、優良企業を含んでしまうという問題を抱えている。ゾンビ企業をとらえるためには、「借金（残高）基準」「借金（変化）基準」あるいは「利払い基準」で追い貸しの有無をとらえつつ、利益率など他の基準によって「非効率」であることをとらえる必要がある[28]。

この条件にあてはまるのは、定義[4]、[5]、[7]である。このうち最も多面的な定義は定義[4]であり、以下でもこの定義を用いた実証結果を重視することにしたい。

だが、この定義にも問題は残る。たとえば、この定義では借入が増加していなければゾンビ企業とならないが、非効率な企業が存続していくための資金は必ずしも毎年増加している必要はない。一定額の借入が継続されているだけでも存続は可能かもしれないが、定義[4]ではこうしたケースはゾンビ企業の定義から除外されることになる。このように、どの定義も一長一短であり、以下に紹介する実証結果を解釈する際にもこうしたちがいを踏まえておく必要がある。

(3) 追い貸しはゾンビ企業を生み出したのか①：大企業

以上のような定義の問題を踏まえつつ、実際のデータから得られている結果を整理してみよう。まず大企業に関する結果を整理すると、個別企業のデータを用いた初期の研究として、「過剰な債務を抱えた企業」(定義[1])をゾンビ企業とし、企業の負債比率と借入額との関係を調べた研究がある。そこでは、バブル崩壊後の1993年から99年のデータを用いて上場非製造業を分析した結果、負債比率が低い企業は、その比率が高まるほど借入が減少するが、高い企業は逆に増加する、という関係が得られている。[29] この結果は追い貸しを示唆する結果であるが、分析期間をやや後ろ(1998年から2003年)に取って同様の分析を行った研究では、同様の結果は得られていない。[30] 他方で先の研究では、負債比率が高く、貸出が増加した企業ほど収益性が低いことも報告されている。[31] この結果は、ゾンビ企業に対して追い貸しが行われた、という理論的予測と多少整合的である。

収益性や流動性に注目した定義[2]を用いる場合、「本来退出すべき企業(非効率な企業)」をとらえているだけであるため、追い貸しの影響はわからない。しかし、貸手銀行の自己資本比率に注目し、貸手の健全性を明示的に考慮することで、追い貸しからの因果関係を分析した研究がある。[32] 1993年から99年の日本の上場企業の財務データを用いて分析したその結果によると、企業の財務状態が悪いほど借入は増加していた。また、銀行の自己資本比率が低く、規制上求められる自己資本比率に近いほど、あるいは銀行と企業の間に系列関係があるほど、この傾向が強まることが示されている。これらの結果は、系列銀行や自己資本比率を維持したい銀行が追い貸しを行ったことを示唆している。

利払いが過度に少ないという意味でのゾンビ企業（定義[3]）については、1981年から2002年の上場企業の財務データを用いた分析が行われている。[33] そこでは、ゾンビ企業の多い産業ほど雇用の創出・消失が少なく、全要素生産性（TFP）の伸びが少ないことが示され、過剰な金融的支援により温存されたゾンビ企業が経済全体の生産性を低下させた、との解釈が示されている。

しかし、これはゾンビ企業から企業部門への影響（図7－3の左から3番目の矢印）であり、追い貸しが原因となってゾンビ企業が生まれたかどうかが明らかにされているわけではない。また上記の通り、定義[3]には低い金利で貸してもらえる優良企業を含んでしまうという問題がある。

この点を修正したのが、定義[3]に追加的な基準を加え、利益が少なく、借入比率が高く、しかも借入が増加したという意味でのゾンビ企業（定義[4]）に注目した研究である。[34] そこでは、1995年から2004年までの上場企業に占めるゾンビ企業の割合が、定義[3]の場合と比較して示されており、定義[3]では期間を通してゾンビ企業が増加しているのに対し、定義[4]では2002年以降ゾンビ企業は減少している。[35] さらに、定義[4]を微修正し、しかも1970年から2019年までという長期にわたってゾンビ企業の比率を調べた研究の結果（図7－4参照）によると、1990年代に増加して2000年代初めにピークを迎える動きが最も顕著であり、2000年代後半から20

図7−4　ゾンビ企業の比率（上場企業）

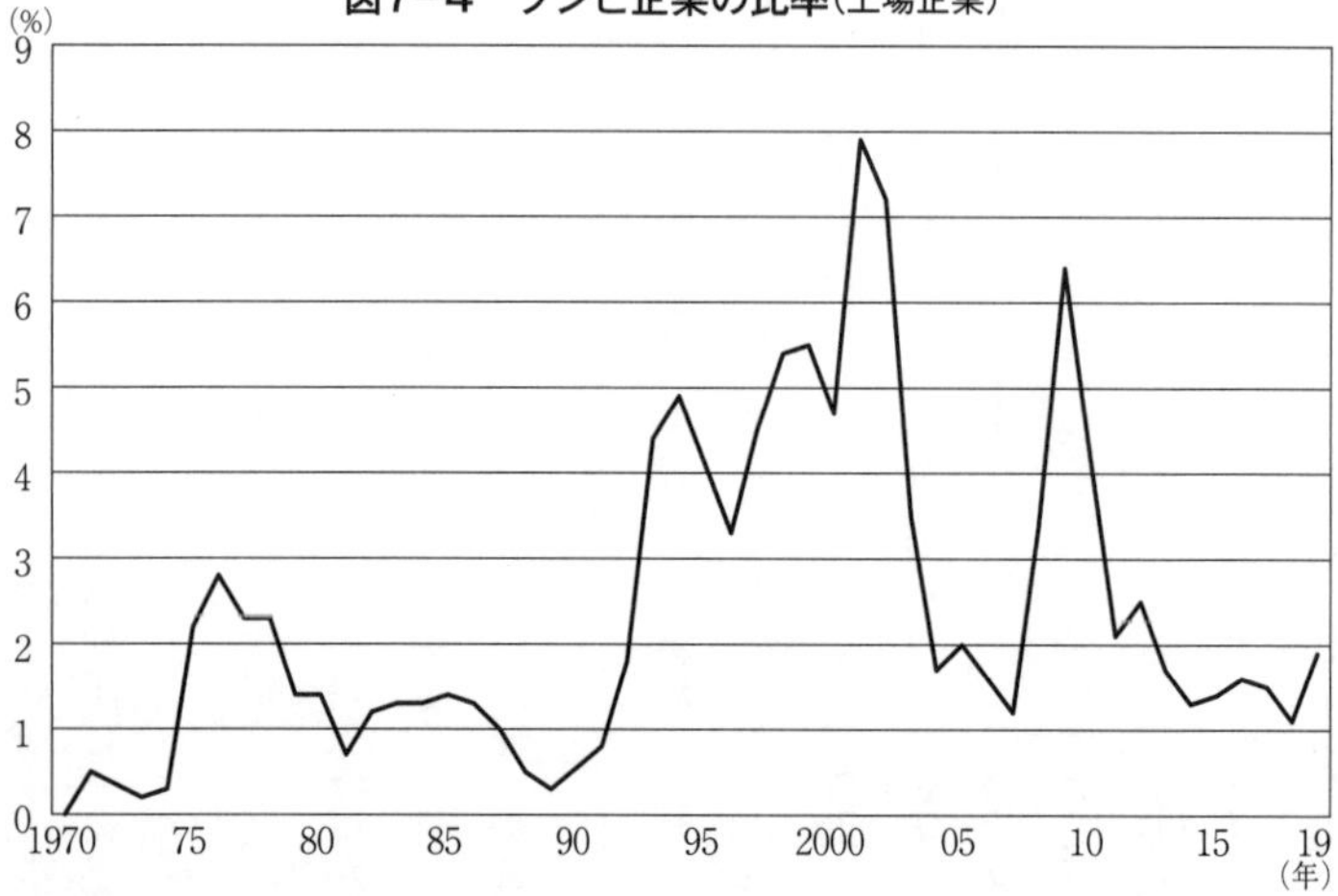

出所：Nakamura（[2023]Figure 2）を筆者加工

10年代初めにかけても短期間で上昇している(36)。
この結果からは、ゾンビ企業がバブル崩壊直後に増え始め、金融危機後の2000年代初めにピークを迎えたことがわかる。その後比率は急減するが、リーマン・ショックの影響により
ゾンビ企業は再び、しかしごく短期的に増加した。これに対して2000年代の半ばと2010年代後半には、ゾンビ企業は少ない。ゾンビ企業の問題は、上場企業に関する限り、失われた30年のうち最初の10年、ならびにリーマン・ショック時の問題であったが、30年間一貫して問題が継続していたわけではない。

(4)　追い貸しはゾンビ企業を生み出したのか②：中小企業

以上は大企業に関する分析結果であるが、中小（・中堅）企業（非上場企業）を対象とした

図7−5　ゾンビ企業の比率（非上場企業）

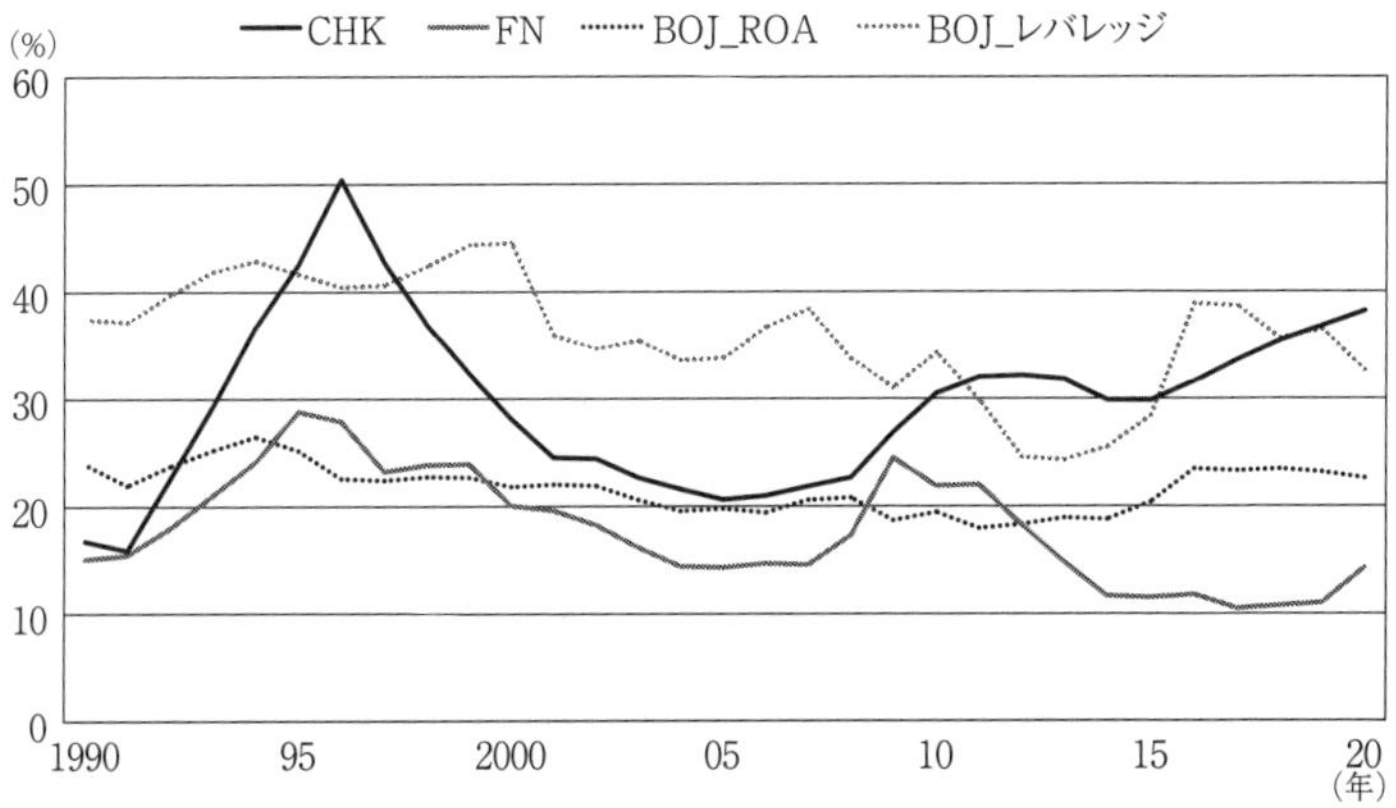

注：「CHK」は表7−4の定義[3]、「FN」は定義[4]、「BOJ_ROA」は定義[5]、「BOJ_レバレッジ」は定義[6]をそれぞれ用いたゾンビ企業の比率。
出所：植杉ほか（2022）を筆者加工

研究も行われている[37]。このうち１９９９年から２００８年までのデータを分析した研究と、２００９年から14年までのデータを分析した研究では、定義[7]のゾンビ企業の比率が次第に低下、あるいは少なくとも横ばいであることが示されている[38]。また、定義[4]のゾンビ企業と非ゾンビ企業との間で、借入行動や投資行動にちがいが見られないことも報告されている[39]。

ただし、利払いの基準も含めた定義（定義[5]または[6]）を用い、２００１年度から２０１６年度の非上場企業を分析した研究では、ゾンビ企業の比率は大きく増加しているわけではないものの、２０１０年代に入ってやや高止まりしていることがわかっている[40]。これらの研究はしかし、対象企業や分析期間が一貫していないため、いずれも断片的な結果でしかなく、整合的に解釈することが容易ではない。

その後、より大規模な非上場企業データを用い、上記の研究の分析期間と定義を包含するような分析が行われている[41]。その結果を示したのが図7－5である。この図からは、定義[3]では2000年代後半以降にゾンビ企業の比率が次第に増加しているように見えるものの、他の定義では少なくとも大幅な比率の上昇は見られない。最も適切と考えられる定義[4]の場合、上場企業と同様にリーマン・ショック後に一時的な増加が見られるが、比率は全体的に減少傾向にある。ただし、定義[5]や[6]では、2010年代前半を除いて比率が高止まりしているともいえる[42]。

(5) 追い貸しと経済停滞に関する検討結果と考察

以上、得られている証拠から総合的に判断すると、追い貸しがゾンビ企業を生み出し経済停滞につながった、というメカニズムは、失われた30年を貫く有力なメカニズムとは考えにくい。得られている証拠は、少なくとも1990年代、大企業については2000年代の初めにおいて、追い貸しの問題が深刻であった可能性を示しており、この時期には確かに追い貸しが経済停滞をもたらした要因の一つだったと考えることができる。しかし、リーマン・ショック時を除くと、その後の20年間に同じメカニズムが一貫してはたらいたとは考えにくい。金融システムの問題としての追い貸しの問題は、少なくとも失われた30年の後半20年の主因であったとは考えられない。

ただし、ここで注意しなければならないのは、以上の結論によって、図7－3のメカニズムのすべてが否定されるわけではない、ということである。企業の生産性を分析する研究では、日本の企業セクターにおいて生産性が低いことが一貫して報告されている[43]。このことは、表7－4の定義[9]で非効率的な企業をとらえた場合、ゾンビ企業が温存されていることを意味している[44]。

上記の（[9]以外の定義を用いた）研究の結果を踏まえると、少なくとも2000年代以降に関する限り、こうした生産性の低い企業を生み出した主要な原因が追い貸しであったとは考えにくいため、金融システム以外の要因がその原因だったと考えるのが自然である[45]。つまり、金融システムではなく経済の実物面に起因した企業活動の停滞が、失われた30年を招いた可能性は高い。

他方で、リーマン・ショック時には、政策要因によるゾンビ企業の増加が懸念されていたことにも注意する必要がある。政府は中小企業の資金繰り悪化に対応することを目的として、2008年11月に「中小企業向け融資の貸出条件緩和が円滑に行われるための措置」を実施し、不良債権の基準を緩和して、金融機関が柔軟に貸出条件の変更に応じることを促した[46]。

また、2009年12月には、民間金融機関に対して借入条件の緩和や返済の猶予などを求める、中小企業金融円滑化法（いわゆる円滑化法）が施行され、同法は2013年3月に期限を迎えるまで延長された。さらに、リーマン・ショック後は、信用保証協会による緊急保証制度や政府系金融機関による制度融資など、さまざまなかたちで中小企業に資金が提供されており、こうした措置もゾンビ企業の増加に寄与した可能性がある。

図7－5から見る限り、この時期には実際にゾンビ企業（定義[4]）が増大しており、こうした懸念が現実のものとなっていた可能性がある。また、緊急保証制度に関して詳しい分析を行った研究

でも、制度の利用により中小企業の資金繰りが改善した半面、制度利用企業の事後的な業績は他の企業と比べて悪いことが示されている。(47) ゾンビ企業の比率はその後減少しているため、問題は一時的であった可能性が高いものの、危機時においては公的金融や政策の影響にも留意する必要がある。

【第7章　注】

（1）本書の目的からして、以下では金融システムの側から、そして第2章で整理した理論的視点から、失われた30年における経済停滞を取り上げる。経済停滞に関しては、これとは異なる視点からさまざまな検討が行われている。マクロ的な視点からの検討としては、たとえば深尾［2012］第1章）や福田（2018）などを参照。また、実体経済側に関するミクロ的視点からの検討として小川（2020）（企業行動と消費者行動）、深尾（2012）（企業の生産性）も挙げられる。
（2）宮尾（2009）第2節を参照。
（3）本書でいう金融面・実物面の要因とはそれぞれ、金融システム内の（貸借に関する）要因と、それ以外の（実物面での）要因を意味しており、貨幣的な（名目の）要因と実体（実質）の要因という意味ではないので注意されたい。たとえば要因(ii)は、金融面の要因ではないが、貨幣的な要因ではある。
（4）(v)に関連して新しい財・サービスの創出（プロダクト・イノベーション）の不足（吉川ほか［2010］など）、(viii)に関連してアジア通貨危機、ITバブルの崩壊、世界金融危機などの外的なショック（植田［2012］）も挙げられる。ただし植田(2012)は、こうしたショックに対して金融政策を含む政策対応が適切でなかったことも指摘している。
（5）リフレ政策については次章3節(3)項②も参照。
（6）Horiuchi and Shimizu（1998）参照。同様の結果はWoo（2003）でも得られている。
（7）Ogawa and Kitasaka（2000）参照。
（8）関連する結果として、1991年度と94年度の企業財務データを使った分析からは、格付の低い銀行から借りている企業ほど投資が少ない、という結果が得られている（Gibson［1995］,［1997］）。
（9）Ito and Sasaki（2002）参照。
（10）ただし、Konishi and Yasuda（2004）は1990年から97年までのデータを用い、自己資本比率規制が地方銀行のリスクテイクを減少させることを発見している。この結果は、銀行が規制の趣旨に合った行動を取っていた可能性を示唆している。

（11）　第一の研究はWoo（2003）であり、１９９１年度から97年度までの年度ごとの単純な単回帰分析を行っている。第二の研究はWatanabe（2007）であり、１９９５年度から２０００年度までのパネルデータを用い、より精緻な方法で分析を行っている。

（12）　Motonishi and Yoshikawa（1999）参照。

（13）　Fukuda *et al.*（2005）参照。

（14）　Hosono and Masuda（2005）参照。

（15）　この調査は、筆者を含む経済産業研究所の研究グループが実施したものであり、信用調査会社が保有するデータベースから抽出された、ある程度優良な日本の中小企業を調査対象としている。同調査とその結果の詳細については植杉ほか（2009）参照。

（16）　この調査は、筆者を含む東北大学の研究グループが、信用調査会社のデータベースに収録されている東北地方立地の全企業に対し、継続的に行ったアンケート調査である。途中で回答企業数が増えているのは、調査対象を拡大したためである。これらの調査とその結果については内田ほか（2013, 2014, 2015, 2016）を参照。

（17）　内田ほか（2013, 2014, 2015b, 2016）参照。

（18）　公的当局による資金提供については、植杉（2022）などを参照。

（19）　齊藤（2015）を参照。

（20）　こうした理論については星（2000）、杉原・笛田（2002）、関根ほか（2003）などにおける整理を参照。中でも注目されることが多いのは、特定の企業に対して望ましくないかたちで資金制約が緩くなる、つまり借入が容易になることを示す、ソフトな予算制約の理論（soft budget constraint）である。その代表的な理論分析であるBerglöf and Roland（1997）は、金融機関が既存の借手から十分な返済を得られていない状況で、その借手が事業を継続するために必要な追加的な貸出を行うか、別の借手に対して新規の貸出を行うかを選択する状況を分析している。同論文で考えている状況は、既存の借手から得られる将来の返済額が、過去の貸出も含めた貸出の合計額には見合わず、全体としてはこの借手への資金提供をやめて、新たな借手に資金を提供すべき状況である。この状況でも、金融機関が過去の貸出は過去のもの、つまり、すでに投下してしまった費用（埋没費用［サンクコスト］）として考慮せず、追加的な貸出額と将来の返済額だけを比較して判断するならば、新規の借手に対する貸出よりも既存の借手に対する追加的な貸出を選ぶことが合理的になり得る。その結果、新規の借手よりも既存の借手のほうが借りやすくなり、後者の予算制約はソフトになる。

（21）　企業の効率性を扱う研究としては、生産性を計測する研究が特に数多く蓄積されている。企業の生産性とは、同じだけの資源を投入していかに多くの生産物を得ることができるか、をとらえる概念であり、その計測は、労働投入（労働者数等）や資本投入（資本ストック）に対していかに多くの生産物を生み出したかを表す全要素生産性（total factor productivity: T

ＦＰ）、あるいは労働投入のみに対する生産物の大きさを表す労働生産性（labor productivity）によって行われることが多い。

(22) 初期の研究としては佐々木（2000）、星（2000）、Tsuru（2001）、杉原・笛田（2002）などが挙げられる。

(23) たとえば図５－２からわかるように、不動産業向け貸出はその後高止まりしているが、図６－１からわかるように、銀行の不良債権は増加しているわけではない。

(24) この批判に対し、Caballero *et al.*（2008）は定義[3]に該当する企業の中から格付の高い企業を除くという作業を追加し、分析結果が変わらないため問題は少ないと述べている。しかし、格付の考慮だけで優良企業を除外できるかどうかは明らかでなく、またこの方法は格付を得ていない企業には適用できない。

(25) 表中[4]の定義に関しては、さらに拡張した定義も提唱されている。Imai（2016）は単年度の数値を見るのではなく複数年度の利益と利払いを考慮することを提唱している。それに加えてNakamura（2023）は、ＥＢＩＴではなく税払い・税引・減価償却前利益（ＥＢＩＴＤＡ）を用い、負債比率の判断基準を20％とし、借入増加の判断において物価水準の変化を考慮した定義を用いている。

(26) このうちBanerjee and Hofmann（2022）は14カ国をまとめて分析しているため、以下では扱わない。また、Hoshi, Kawaguchi, and Ueda（2023）はコロナ禍の公的支援に関する分析を行っており、目的のちがいから、やはり以下では扱わない。

(27) 特に、多数行われている生産性に注目した研究（定義[9]）では、金融機関との関係を直接分析した研究は少ない。その例外といえるものは、筆者の知る限りNishimura *et al.*（2005）とAhearne and Shinada（2005）の二つしかないが、どちらも追い貸しを直接とらえた分析を行っているわけではなく、あくまで間接的な証拠から因果関係を推測しているだけである。

(28) とはいえ、信用リスクの高低による金利差がつきにくい２０００年代以降の低金利環境においては、「利払い基準」の妥当性に疑問が残る。

(29) 関根ほか（2003）。

(30) 三平（2005）参照。福田ほか（2005）は同様の分析を非上場企業の１９９７年度から２００２年度のデータを用いて行っている。そこでは、負債比率の高い企業ほど借入が多いという関係は見られず、追い貸しを示唆する結果はサンプル期間を分割した場合において、一部の時期のみ得られている。

(31) 関根ほか（2003）の結果。

(32) Peek and Rosengren（2005）参照。

(33) Caballero *et al.*（2008）参照。

(34) Fukuda and Nakamura（2011）。

(35) Fukuda and Nakamura（2011）は追加的な分析から、企業のリストラクチャリングがゾンビ企業を減らしたと結論づけている。

(36)　Nakamura（2023）の結果。同論文はメインバンク（借入最大行）とゾンビ企業との関係に関する分析も行っている。

(37)　中小企業におけるゾンビ企業については植杉（[2022] 第1章7節）も参照。

(38)　Imai（2016）とGoto and Wilbur（2019）の分析。なお、後者は定義[3]のゾンビ企業の比率も計算し、その場合には比率がむしろ増加していることを示している。

(39)　Imai（2016）の結果。

(40)　日本銀行（2018）の結果。

(41)　植杉ほか（2022）参照。

(42)　なお、上場企業に関する結果（図7－4）と比較するとわかるように、非上場企業におけるゾンビ企業比率のピークは1990年代半ばであって、2000年代初めにピークを迎えた上場企業とは状況が大きく異なる。このちがいがなぜ生じているのかを明らかにすることは、重要な研究課題として残されている。

(43)　たとえば深尾（2012）、森川（2016）などを参照のこと。

(44)　その影響として、生産性の低い企業よりもむしろ高い企業のほうが市場から退出し、全体的な生産性を押し下げているという結果も示されている（Fukao and Kwon [2006]）。

(45)　もちろん、定義[9]の意味でのゾンビ企業に対する追い貸しの有無を直接分析することは必要である。

(46)　星（2011）はこの措置を監督緩和と呼び、ゾンビ企業を生み出す原因になっていたのではないかと指摘している。

(47)　Ono *et al.*（2013）の結果。

第８章　失われた30年と金融システム②
――金融政策（１９９０年代～２０１０年代）

前章では、「失われた30年」をもたらした金融面の要因のうち、１９９０年代から２０００年代に発生したといわれる二つの要因、つまり貸し渋り・貸しはがしと追い貸し・ゾンビ企業について検討した。本章では、これらと並んで指摘されることの多いもう一つの要因、すなわち不十分な金融緩和、あるいは金融政策の失敗について検討する。(1) その上で、得られた検討結果と前章の結果を踏まえ、金融面の要因が「失われた30年」に与えた影響を総合的に検討し、金融システム全体の評価を行うことにしたい。

1　評価の難しさと本章の評価の視点

「失われた30年」の原因を金融政策に求める考え方は、日本銀行による金融緩和が不十分であったために経済停滞が発生した、あるいはより積極的な緩和を行っていれば停滞を脱することができた、とする考え方である（第7章1節参照）。金融政策は中央銀行が行う公的介入であり、金融システムにはたらきかけることを通じて実体経済の状況を改善するために行われる（第2章8節(4)項参照）。しかし、政府による介入は往々にして非効率的に行われたり、過大や過少に陥る可能性がある（第2章8節(5)項参照）。

ただし、この「考え方」が正しいかどうかを確かめることは容易ではない。その第一の理由として、この考え方は、「十分な」「より積極的な」政策、という、実際には行われなかった政策を現実の政策と比べており、仮想現実である前者に関する主張の妥当性を検証しようがないからである。この問題に対して本章では、学術的なアプローチに基づく評価として、実際に行われた政策に関して実証分析から得られているエビデンスに基づき、その有効性に関して判断するとともに、可能な場合には仮想現実の蓋然性も検討しながら、上記の「考え方」の妥当性について検討することにしたい。

第二の理由は、失われた30年における金融政策が一様でないことである。このために、上記の「考え方」の妥当性は、具体的な政策ごとに異なる可能性がある。1990年代から2010年代は、たしかにほぼ一貫して金融緩和が行われた時期である。しかし、当初は従来からのいわゆる伝統的な金融政策に基づく緩和が行われていたのに対し、その後は非伝統的金融政策と呼ばれる、それまでにない政策により積極的な金融緩和が行われた。その際に採られた政策あるいはその手段は多岐にわたり、またそれぞれが複雑であって、それらを整理して検討する必要がある。

しかも、そもそも非伝統的金融政策は、１９９０年代の伝統的な金融政策が有効性を失う中で導入されたものであり、さらにその後強化された非伝統的金融政策も、それ以前の非伝統的金融政策に対する批判に基づいている。つまり、不十分な金融政策を失われた30年の原因とみなす先の考え方は、元々は伝統的金融政策や初期の非伝統的金融政策に対して投げかけられたものである。しかも、結果的にはその後も経済停滞を脱することができなかったため、上記の問いは、その後の非伝統的金融政策自体に対しても投げかけられるべきであろう。

さらに、第三の理由として、科学的なアプローチに基づく政策評価の難しさがある。科学的なアプローチに基づいて政策を評価するためには、理論的根拠と現実妥当性という二つの基準でその政策をチェックする必要があるが、このチェックが容易ではないからである。まず一つめの基準、すなわち理論的根拠に関してであるが、金融政策が実施されるのは、特定の政策手段の操作が一定の経済効果を生み出し、その効果が経済全体に波及して政策目的の達成につながる、と考えるだけの十分な理屈があるからである。この効果波及のメカニズムが、金融政策の波及経路と呼ばれるものである（第２章８節⑷項を参照）。しかし、それまでには用いられてこなかった政策が採られたことから、非伝統的金融政策の波及経路は必ずしも明確ではない。

しかも、非伝統的金融政策の効果に関しては、さまざまな「説」や「理論」がまことしやかに論じられてきた。これらの中にはそもそも論理的におかしなものや、現実を踏まえた状況設定がなされていないために、現実を説明する理論として尤《もっと》もらしさや蓋然性（確からしさ）に欠けるものもある。このうち論理の整合性に関しては、人々の経済行動を説明する経済学の理論的アプローチに沿って理論が構築されているかどうか、という観点からチェックがなされるべきである。しかし、こうしたチェックが行われておらず、「そうなってほしい」という希望や思い込みを表明しているような「理論」も見られる。このような「素朴な」理論と、理論的根拠のある理論を区別して整理する必要がある。[2]

さらに、たとえ論理の破綻がなく、蓋然性の高い波及経路（理論）であっても、二つめの基準である現実妥当性のチェックを受ける必要がある。たとえ理論的には十分な根拠があるとしても、現実のデータがその理論が示唆する通りの関係を示していなければ、その理論は絵に描いた餅であって、現実に対して意味を持たない。しかし、理論が示唆する関係を検証しようにも、適切なデータが利用可能でないことが多く、またあらゆる政策に関して実証結果が網羅されているわけではない。政策評価は、限られた実証結果をかき集め、行間を埋めながら総合的に判断して行わざるを得ない。

本章で行うのはまさにこうした作業である。以下では、まず「失われた30年」の金融政策を概観したあと、非伝統的金融政策がどのような効果を期待されていたのか（理論的根拠）を確認するため、想定される政策効果の波及経路を整理する。その上で、そうした効果が実際に発揮されていたのか（現実妥当性）を確認するため、実証分析から得られている証拠を整理し、経済停滞・デフレの要因としての金融政策に関する評価を行う。

２　「失われた30年」における金融政策の変遷

(1)　非伝統的金融政策の変遷

最初に、失われた30年にあたる１９９０年代から２０１０年代までの間にどのように金融政策が行われていたのかを確認しておこう。

第５章４節(2)項で見た通り、１９９０年代に入ってからもしばらくの間は、日本銀行の最も重要な政策手段は、日銀貸出の金利であり規制金利時代のさまざまな金利の基準となっていた公定歩合の操作であった。しかし、短期金融市場の発達により金融機関の資金繰り調整における日銀借入への依存度が低下し、また金利の完全自由化が行われた結果、公定歩合操作の重要性は低下した。それに代わって重視されるようになった政策手段は、日本銀行が金融市場の取引に参加して資金を供給・吸収することで短期金融市場の金利を操作する、公開市場操作（あるいはオペレーション）である。

政策手段を用いて達成を目指す操作目標は、公定歩合操作の時期には明確に示されていなかった。しかし、１９９０年代に入ってオペレーションの重要性が増す中で、金融機関の資金繰りに利用される短期金融市場であるコール市場の金利、具体的には無担保コールレート（オーバーナイト物）が次第に重視されるようになった。その後、金融政策の透明性確保を目指して１９９８年４月に改正日本銀行法が施行され、同年９月からは金融市場調節方針の中に操作目標が明確に示されるようになった[3]。

図8－1には、こうした時期以降の「失われた30年」の時期における、金融政策のスタンスを示している。図の中心となるのは、金融政策のスタンスを表すさまざまな指標の推移であり、「⬌」はそれぞれの時期における金融政策の操作目標を示している。また、いわゆる非伝統的金融政策についてはのちに述べる四つの政策を示し、また各時期の日本銀行総裁も示している。

バブル崩壊後の1990年代には、景気の急激な悪化に対応するために、日本銀行は一貫して公定歩合を引き下げるとともに、オペレーションにより短期金融市場金利を引き下げてきた。ただし、度重なる引下げに対しても経済の停滞と物価上昇率の下落が続いたため、1999年2月以降は無担保コールレートをほぼゼロに誘導する、いわゆるゼロ金利政策が開始された。このゼロ金利政策が、非伝統的金融政策の始まりである。1999年4月からは、この政策を「デフレ懸念の払拭が展望できるような情勢になるまで」継続することが示されるようになった。以下で見るように、こうした方針の表明はフォワード・ガイダンスと呼ばれ、非伝統的金融政策の重要な政策手段の一つである。

操作目標である無担保コールレートの水準は、物価上昇の兆しが見えた2000年8月にはいったん0・25%前後に引き上げられ、ゼロ金利政策は解除された。しかし、その後景気回復の鈍さから2001年2月には操作目標が再び引き下げられ、同月末にはさらなる引下げが行われて、それ以上の緩和が難しい状態となった。この状況で、なお一層の金融緩和が必要になったため、200

図8−1　金融政策の推移と非伝統的金融政策

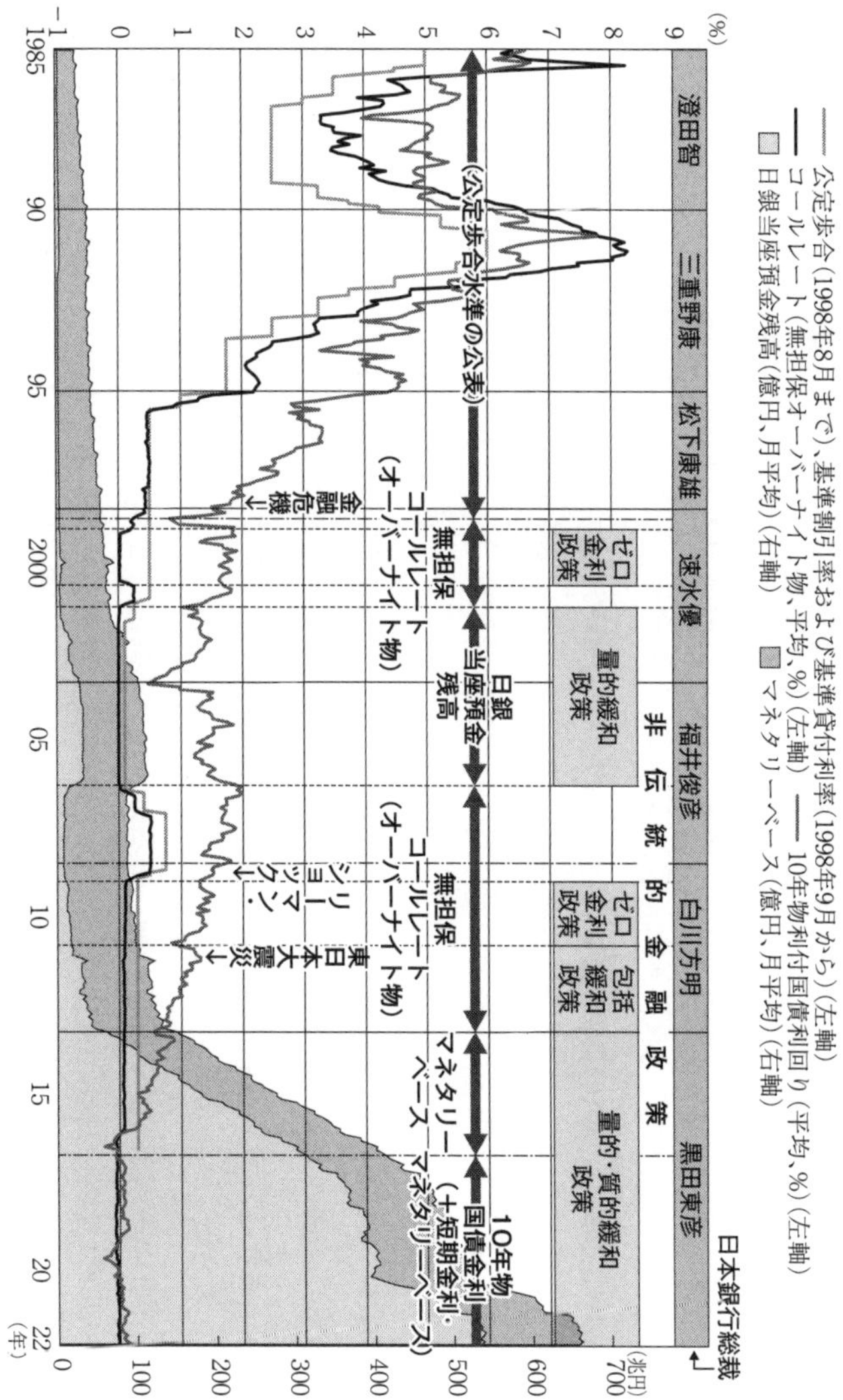

出所：日本銀行「マネタリーベース」「コールレート」「基準割引率及び基準貸付金利」、日本銀行『金融経済統計月報』より筆者作成

1年3月からは、貸し借りの価格である金利指標ではなく、量を表す量的指標に対して操作目標を設定して緩和を継続することになり、日本銀行当座預金（日銀預け金、以下では日銀当座預金）の残高に操作目標を設定する、いわゆる量的緩和政策が開始された。量的緩和政策の操作目標の水準は、当初は5兆円であったものが、その後30兆円を超える規模にまで拡大され、実際の日銀預け金の残高も、目標値の推移に合わせて増大した（図8－1参照）[4]。

その後、2006年3月にはデフレ脱却の可能性が高まったとの判断から、日本銀行は操作目標を再び無担保コールレート（おおむねゼロ％）に戻し、量的緩和政策は終了した。目標とされる無担保コールレートの水準は、同年7月にプラス（0・25％程度）に設定され、2007年2月には0・5％程度に引き上げられた[5]。

しかし、2007年以降のサブプライムローン問題や2008年9月のリーマン・ショックなど、世界的な金融危機による経済・金融情勢の悪化を受け、日本銀行は08年10月から操作目標を0・3％程度、12月には0・1％程度へと再度引き下げることとなり、金融政策は実質的に再びゼロ金利政策に回帰することとなった[6]。08年11月には、資金供給を円滑化するために、所要準備を超える日銀預け金に金利を付与する、補完当座預金制度も導入された。こうした状況の下で、日本銀行に対しては、06年以降の金融引締めが再び経済活動の低迷を招いた、という批判も起こった。

海外経済の減速や円高といった状況はその後も改善せず、金融政策は2010年10月に、さまざまな追加的手段を用いてさらなる金融緩和を促す、包括緩和政策（「包括的な金融緩和政策」）と呼ばれる新たな段階に入った。包括緩和政策では、それまで日本銀行が保有したことのなかった金融資産を含む、ＣＰ（コマーシャル・ペーパー［短期社債］）、社債、ＥＴＦ（上場投資信託）、Ｊ－ＲＥＩＴ（不動産投資信託）などのリスク資産を、新たに創設された基金を通じて買い入れることが決定された。(7) こうした中で、東日本大震災の発生により日本銀行は金融緩和を強化し、その後も緩和の強化措置が採られた。

しかし、伝統的な金融政策では考えられないようなこうした方法で金融緩和が行われたにもかかわらず、経済活動の停滞とデフレは解消されなかったため、緩和が不十分だという批判が起こる結果となった。こうした批判を受け、日本銀行は２０１３年１月に、それまで明確にしていなかった最終目標の水準を、消費者物価の前年比上昇率２％という具体的な数値のかたちで「物価安定の目標」として明示した。

さらに、２０１３年４月には白川総裁から黒田総裁への交代を契機として、日本銀行は操作目標をマネタリーベース（＝流通している現金（日本銀行券と政府貨幣）と日銀当座預金の和）に変更し、その水準をそれまでの規模を遥かに凌ぐ巨大な額に設定し、いわゆる量的・質的金融緩和（以下、量的・質的緩和政策）を開始した。

量的・質的緩和政策では、金融市場調節においてマネタリーベースを年間60－70兆円増加させることや、資産の買入において長期国債の保有残高を年間50兆円、ＥＴＦおよびＪ－ＲＥＩＴの保有残高をそれぞれ年間１兆円、３００億円増加させる、といったかたちで、具体的な数値を示して金融緩和を行った。こうした緩和の規模が、それまでにない大きさであったことは、図8－1の黒田総裁の在任期間を見れば一目瞭然である。このうち、長期国債の買入に関しては、その保有は日本銀行券の発行残高を上限とすることを定めた、いわゆる銀行券ルール（２００1年3月19日）がその妨げとなった。そこで、量的・質的緩和政策ではこのルールを一時停止にして買入額を増加させた。

しかし、こうした措置によっても結局２％のインフレ率は実現しなかった。このため、日本銀行は２０１６年1月にマイナス金利付き量的・質的緩和政策と呼ばれる金融市場調節方針を示し、補完当座預金制度を改正することで、マイナス金利と呼ばれる政策手段を追加した。これは、民間金融機関が日本銀行に保有する当座預金の残高の一部に対し、マイナス０・１％という負の金利を適用する、つまり金利を受け取るのではなく支払い、残高が減らされるようにする、というものである。[8]

さらに、２０１６年8月には量的・質的緩和政策に関する「総括的な検証」を行い、経済・物価は好転して物価の持続的な下落という意味でのデフレは解消した、との評価を自ら示しつつ、２％の「物価安定の目標」に向けて、予想物価上昇率の引上げが必要だ、という判断を示した。この検証に基づいて、２０１６年9月からは、長短金利操作付き量的・質的緩和政策と呼ばれる新たな金融市場調節方針が示され、長短金利を合わせて操作するイールドカーブ・コントロールが導入された。[9]

イールドカーブ・コントロールのうち、短期金利に関する操作は、すでに導入されていたマイナス金利付与によって行うものである。長期金利に関しては、10年物国債金利に対してゼロ％程度という目標が設定され、大規模な長期国債の買入を継続することとした。

(2) 非伝統的金融政策期の日本銀行のバランスシート

以上の非伝統的金融政策の変遷は、図８－２に示した日本銀行のバランスシートの推移からも明確に読み取れる。図の(1)は、バランスシートの負債側を見たものである。ほぼ一定の増加を示す発行銀行券と対照的に、当座預金の残高は２００１年の量的緩和政策以降急増し、同政策終了とともに再び減少している。しかし、２０１０年の包括緩和政策から再び増加を始め、２０１３年の量的・質的緩和以降はそれまでからは考えられないペースで増加している。そのペースは、長短金利操作付き量的・質的緩和政策の時期からやや鈍化したが、その後のコロナウイルス感染拡大に対処するため、２０２０年に再び急増していることがわかる。

資産側を表した図の(2)を見ると、量的緩和政策における当座預金の増加は、長短国債保有と買入手形の増加によってもたらされていることがわかる。長短国債の残高増加は包括緩和政策の際にも見られるが、長期国債の増加のほうが顕著である。量的・質的緩和政策においては長期国債残高がそれまでにないペースで増加し、バランスシート拡大の多くの部分が長期国債の保有によってもたらされていることがわかる。その他の資産ではＥＴＦの増加が大きい(10)。

図8−2　日本銀行のバランスシート

（1）　負債側

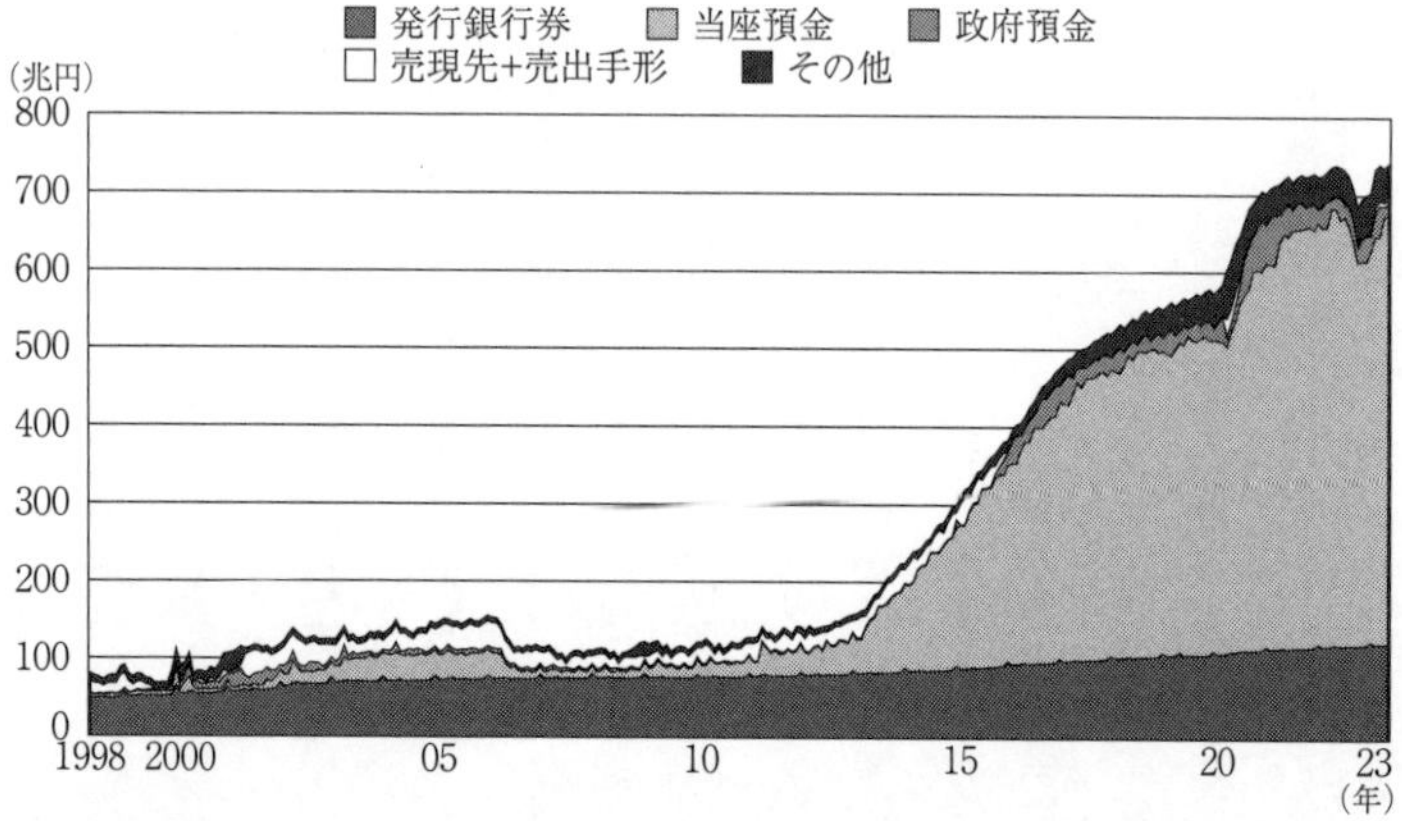

（2）　資産側

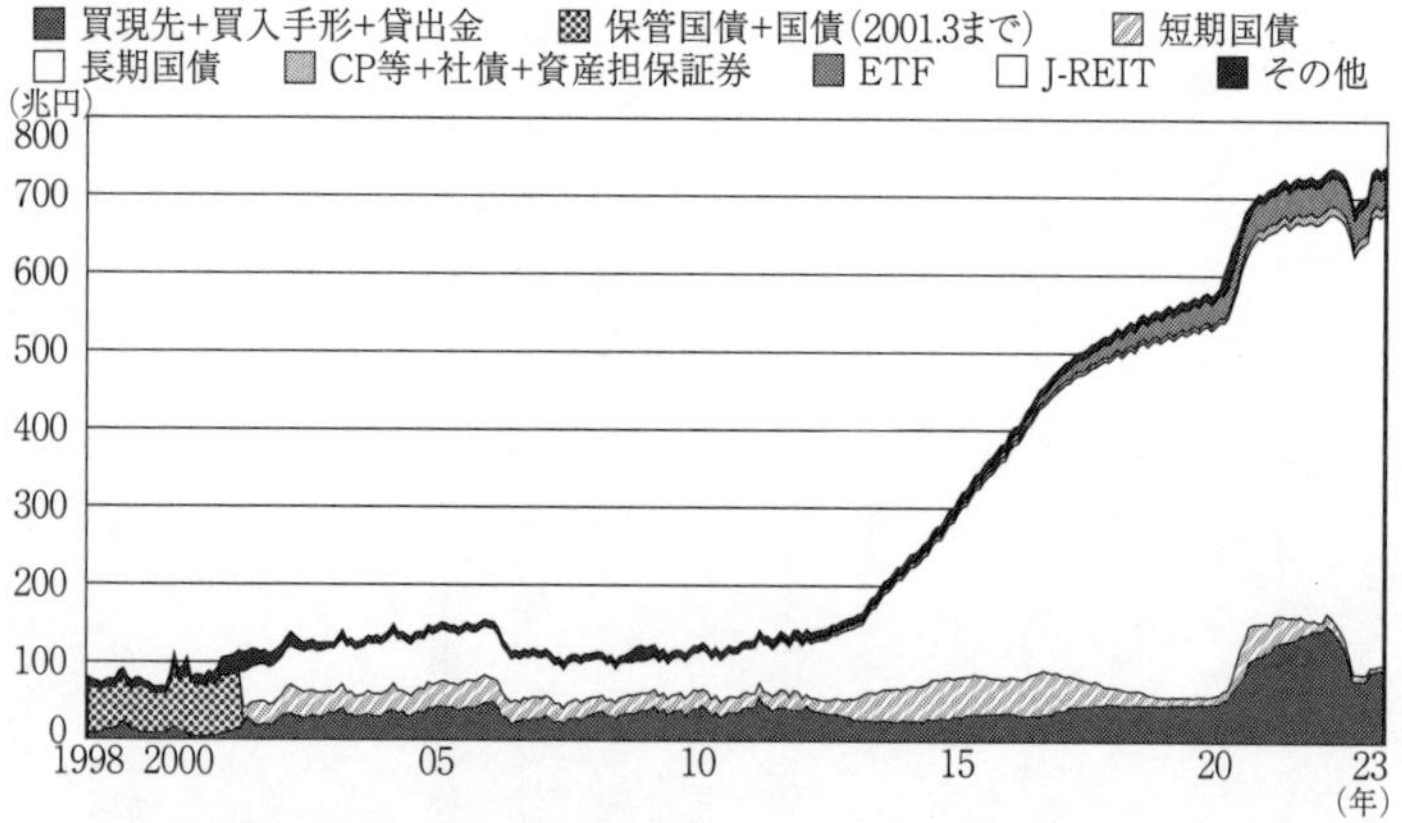

注：残高ベースの積上げ面グラフ。資産側の国債に関しては、データ項目の変更が行われたため、2001年3月以前は「国債」と「保管国債」の合計を、2001年4月以降は「短期国債」と「長期国債」を、それぞれ示している。また、手形買入オペの廃止に伴い、「買入手形」は2006年7月以降は記録されておらず、代わって導入された共通担保資金供給オペの残高が、2006年6月以降「貸出金」に含まれるようになっている。
出所：日本銀行時系列統計を用いて筆者作成

以上からわかるように、１９９９年2月のゼロ金利政策の導入以降、金融政策にはさまざまな変更が行われている。これらを総称するのが「非伝統的金融政策」であって、この言葉は何か単一の政策を表す言葉ではない。また、時期に関しても、２０００年代には伝統的な金融政策が行われていた時期があることから、１９９９年以降の金融政策をすべて「非伝統的」とするわけにもいかない。

そこで、以下では図８－１に示したゼロ金利政策（2期間）、量的緩和政策、包括緩和政策、量的・質的緩和政策の四つを合わせて非伝統的金融政策とし、これらに関して検討を行うことにしたい[11]。

3　非伝統的金融政策の理論的整理と期待される波及経路（理論的可能性）

次に、非伝統的金融政策にはどのようなはたらきが期待されていたのか、理論面の整理をしておこう。金融政策のはたらきは、日本銀行が政策手段を用い、最終目的であるマクロ経済の安定を達成するまでのメカニズムを示した金融政策の波及経路（第2章8節(4)項）によって表される。しかし、非伝統的金融政策は少なくとも上記のように四つの政策に分かれ、しかもそれぞれにおいて複数の政策手段が組み合わされているため、波及経路も一つではない。このため、非伝統的金融政策のはたらきを統一的な視点から整理することは容易ではない。

こうした難しさを考慮に入れた上で、非伝統的金融政策を理論的に整理し、予想（期待）される波及経路を示したのが表8－1である。非伝統的金融政策は、何を通じて政策効果を生み出そうとしているかによって、[1]短期金利低位誘導、[2]長期金利低位誘導、[3]量的緩和（日本銀行バランスシート負債側の拡大）、[4]信用緩和（日本銀行バランスシート資産側の多様化）の四つのタイプに分けることができる。表では(A)の部分において、四つの政策で用いられた個々の政策手段とそれに対応する操作目標を示し、それぞれがどのタイプにあたるのかを示している。期待される波及経路はタイプごとに異なるため、表の(B)には各タイプと期待される波及経路との関係を示している。[12] 以下ではこの表に基づき、四つのタイプの政策の波及経路について整理してみたい。

(1) 短期金利の低位誘導

まず、最初に採られたゼロ金利政策から考えてみよう。ゼロ金利政策の主要な政策手段はオペレーションである。ゼロ金利政策で行われたオペレーションは、伝統的な金融政策におけるオペレーションと同様の証券を対象として行われ、操作目標も同様に短期金利の誘導である。このため、ゼロ金利政策におけるオペレーションは、短期金利を低位に誘導するタイプの政策だといえる（表(A)(a)行の[1]列）。伝統的な金融政策と異なるのは、その操作目標がゼロという低い水準に設定された点にある。

量的緩和政策、包括緩和政策、量的・質的緩和政策においても、短期金利の低位誘導は行われている。しかし、そのために用いられた政策手段と操作目標は異なる（表(A)の(f)、(i)、(l)、(p)行）。まず、量的緩和政策開始時には、ほぼ同時に補完貸付制度が導入され、実質的には政策手段が追加された（表(A)の(c)行）[13]。また、包括緩和政策においてはゼロ金利政策と同様に、金利指標を操作目標とする短期金利操作が行われたが、量的緩和政策と当初の量的・質的緩和政策においては、金利指標ではなく、量的指標である日銀当座預金残高やマネタリーベースに操作目標が設定され、資金供給量の拡大によって短期金利の低位誘導が行われた[14]。さらに、２０１６年以降は政策手段が日銀当座預金口座のマイナス金利付与に変更されている。

こうしたちがいはあるものの、短期金利の引下げによる緩和効果を追求する、という点では、これらの政策と伝統的金融政策との間にちがいはない。このため、これらの政策に期待される効果も、伝統的な金融政策に期待される波及経路、つまり金利チャネル、信用チャネル、資産チャネル、為替チャネルの四つのチャネルを通じたものだといえる（表８－１(B)(i)－(iv)行）。

とはいえ、量的緩和政策と量的・質的緩和政策には、操作目標の量的指標への変更という大きなちがいがある。この変更は、金利指標を用いることの限界を踏まえて行われたものである。短期金利は、十分に下がってしまえばそれ以上低く誘導することが難しく、引き下げられる金利の水準には下限があると考えられる。この下限は実効下限制約と呼ばれている[15]。

経済全体としては一定以下のマイナスの金利水準が望ましいのに、実効下限制約が原因となってそれが実現できないならば、上記四つのチャネルのはたらきは不十分になると考えられる。そこで、

表8－1　非伝統的金融政策の理論的整理

(A)　非伝統的金融政策とそのタイプ

	時期	主な政策手段		操作目標	タイプ			
					[1]短期金利低位誘導	[2]長期金利低位誘導	[3]量的緩和(日銀BS負債側の拡大)	[4]信用緩和(日銀BS資産側の拡大･多様化)
ゼロ金利政策	1999.2-2000.8	(a)	オペレーション	短期金利(無担保コールレート(オーバーナイト物))	○			
	1999.4-2000.8	(b)	フォワード･ガイダンス	長期金利(将来の短期金利)	△	○		
量的緩和政策	2001.3-2006.3	(c)	オペレーション(+補完貸付制度)	日本銀行当座預金残高	○	△	○	△
		(d)	フォワード･ガイダンス	長期金利(将来の短期金利)	△	○		
ゼロ金利政策	2008.12-2010.10	(e)	オペレーション(+補完貸付制度)	短期金利(無担保コールレート(オーバーナイト物))	○			
包括緩和政策	2010.10-2013.4	(f)	オペレーション(+補完貸付制度)	短期金利(無担保コールレート(オーバーナイト物))	○			
		(g)	リスク金融資産の購入(基金方式、長期国債も含む)	各種リスク資産のリスクプレミアム、長期金利		△	△	○
		(h)	フォワード･ガイダンス	長期金利(将来の短期金利)	△	○		
量的･質的緩和政策	2013.4-2016.9	(i)	オペレーション(長期国債買入含む)(+補完貸付制度)	マネタリーベース(+長期国債保有額)	○	○	○	△
		(j)	リスク金融資産の購入(オペレーション含む)	各種リスク資産のリスクプレミアム、長期金利			△	○
		(k)	フォワード･ガイダンス	長期金利(将来の短期金利)		○		

（長短金利操作（イールドカーブ・コントロール）付き）量的・質的緩和政策	2016.9-	(l)	日銀当座預金へのマイナス金利適用(2016.1より)	短期金利	○			
		(m)	オペレーション（長期国債買入含む）（＋補完貸付制度）	10年物国債金利		○	○	○
		(n)	リスク金融資産の購入（オペレーションとして）	各種リスク資産のリスクプレミアム			△	○
		(o)	フォワード・ガイダンス（「オーバーシュート型コミットメント」）	長期金利（将来の短期金利）	△	○		
		(p)	（明記なし）	マネタリーベース	○		○	△

(B)　非伝統的金融政策の波及経路

	チャネル		（期待される経路）	タイプ			
				[1]短期金利低位誘導	[2]長期金利低位誘導	[3]量的緩和（日銀BS負債側の拡大）	[4]信用緩和（日銀BS資産側の拡大・多様化）
波及経路	(i)	金利チャネル	（金利↓→資金調達費用・運用利回り↓→実物投資・消費↑）	○	○		
	(ii)	信用チャネル	（金利↓→貸出供給↑→実物投資・消費↑）	○	○		
	(iii)	資産チャネル	（金利↓→資産価値↑→消費・支出↑）	○	○		
	(iv)	為替チャネル	（金利↓→為替レート減価→輸出↑）	○	○		
	(v)	期待チャネル	（経済主体の期待改善→消費・支出↑）		○	○	○
	(vi)	ポートフォリオ・リバランシング・チャネル	（（大量の資金供給あるいはリスク資産買入による）リスク資産価格↑（プレミアム↓）→投資家のポートフォリオ組み換え→金融取引活発化→資金供給↑→投資・消費↑）			○	○

出所：筆者作成

操作目標を量的指標に変更し、効果の発揮を図ったのがこれらの政策である。

だが、実効下限制約の問題は、政策目標を量的指標に変更するだけで解決するものではない。指標が変わっても、金利水準が下限で下げ止まる限り、短期金利を通じたチャネル自体は結局十分にははたらかないからである。量的緩和政策の重要性は、短期金利操作における操作目標の変更よりもむしろ、その緩和規模の大きさにある。以下、本節(3)項で説明するように、この規模拡大には上記四つとは別の、新たなチャネルを通じた効果があると考えられている。

(2) 長期金利の低位誘導

ゼロ金利政策では、伝統的金融政策の延長線上にあるオペレーションだけでなく、それまでに用いられたことのない新たな(非伝統的な)政策手段も採用された。その政策手段が、フォワード・ガイダンスである(表Aの(b)行)。フォワード・ガイダンスとは、その時点の金融市場調節(ここでは金融緩和)方針を一定期間継続することを、政策文書や記者会見等で明記・表明し、将来にわたる政策スタンスを示すことである。[16]

前記の通り、日本銀行は1999年4月にゼロ金利政策を「デフレ懸念の払拭が展望できるような情勢になるまで」継続するものとし、フォワード・ガイダンスを開始した。フォワード・ガイダンスはその後の非伝統的金融政策でもほぼ一貫して用いられている(表Aの(d)、(h)、(k)、(o)行)。フォワード・ガイダンスにおけるこうした「約束」は、その金融市場調節方針へのコミットメントとも呼ばれる。

フォワード・ガイダンスにより低金利継続へのコミットメントが示されると、将来にわたって短期金利が低水準で推移することが予想されるため、現在の短期金利だけでなく、より長期の金利も含めた金利体系の全体的な低下がもたらされる可能性がある。このため、フォワード・ガイダンスは長期（中長期）の金利水準を低位に誘導することを通じて政策効果を発揮しようとするタイプの政策だといえる（表Ⓐの[2]列）。こうした体系的な金利引下げがもたらす効果は、特に時間軸効果と呼ばれている[17]。

量的・質的緩和政策の際には、フォワード・ガイダンスに加え、より直接的な政策手段を用いた長期金利の低位誘導も行われた。オペレーションによる長期国債の大量買入である。日本銀行は、量的・質的緩和政策の当初は長期国債の買入額という量的指標、２０１６年からは10年物長期国債の金利という価格指標に操作目標を設定し、長期国債を大量に買い入れた（表Ⓐの(i)、(m)行）。こうした買入は、長期国債の取引により長期金利に直接影響を与えようとする政策手段である[18]。

長期金利の低位誘導によって生み出されると考えられる効果は、伝統的な四つの波及経路（表８−１Ⓑ[2]列の(i)〜(iv)行）と基本的には変わらない。ただし、伝統的な金融政策の場合、長期金利の変化は短期金利の操作によってもたらされるが、非伝統的金融政策ではフォワード・ガイダンスや長期国債の買入により、短期金利操作とは異なるかたちで長期金利が変化し、四つの波及経路（の残りの部分）をはたらかせると考えられる。このことにより、実効下限制約が原因で短期金利の操作では伝統的な波及経路が十分にはたらかない場合でも、実体経済への効果が生み出されると期待される。

これらに加え、フォワード・ガイダンスを起点とする波及経路は、低金利・金融緩和状態を継続する、というコミットメント自体が市場参加者の期待を変化させることで、長期金利を引き下げる、という、人々の期待にはたらきかける効果を追加的に持つ可能性がある。

期待にはたらきかける効果は、資金調達環境や経済状況に関して実体経済の経済主体が持つ期待（予想）をコミットメントによって改善させることで、金利を通じないかたちで支出（総需要）を促して経済活動を活発化させる、という波及経路を生み出す可能性がある。ここではこの経路を期待チャネル（表Ⓑ[2]列の(v)行）と呼び、伝統的な四つのチャネルと区別することにしたい[19]。

(3) 量的緩和

① 量的緩和の波及経路

量的緩和政策は、その目標として設定された日銀当座預金残高（表8－1Ⓐの(c)行）の大きさから、日本銀行のバランスシートの負債側を膨張させることを通じた政策効果を生むことが期待されている。この「量」の効果に注目する場合、日本銀行の負債膨張は特に量的緩和と呼ばれ、三つめのタイプの政策（表8－1[3]列目）として区別できる。量的・質的緩和政策でも、政策手段や操作目標は多少異なるものの、量的緩和が行われている（表Ⓐの(m)(p)行[20]）。

量的緩和がもたらす効果と考えられるものの一つは、上述の(v)期待チャネルである。これは、日本銀行が大量に資金を供給するという行動自体、あるいはこうした行動とフォワード・ガイダンスとの組み合わせが、金融緩和が予想以上に継続されることを期待させ、人々の期待を改善して実体経済における支出を増加させる、という効果である（表(B)の[3]列(v)行）。

これに加えて量的緩和独自の波及経路として考えられているのが、(vi)ポートフォリオ・リバランシング・チャネルである（表８-１(B)の(vi)行）。一般に、ポートフォリオのリバランシングとは、投資家や金融機関が自ら保有する金融資産の組み合わせ（ポートフォリオ）を変え、リスクとリターンを調整する（リバランスする）ことを表す。量的緩和でのポートフォリオ・リバランシング（効果）とは、日本銀行によるオペレーションによって日銀当座預金を大量に保有することになった金融機関が、当座預金の低いリターンを嫌ってその一部をよりリターン（とリスク）の大きい金融資産に振り向けることを意味している。

この効果を原因として、貸出や債券・株式といった、リスクの高い金融資産を通じた資金供給が増加し、実体経済活動が活発化する、という経路がポートフォリオ・リバランシング・チャネルである。この経路は、投資家や金融機関のポートフォリオ組換えが金融市場における需給に影響を与え、市場の均衡を変化させることを通じて、金融市場を利用する実体経済の経済主体の行動に影響を与えることを期待している。[21]

②「リフレ派」と量的緩和

なお、量的緩和については、いわゆる「リフレ派」の考え方についても触れておく必要があろう。リフレ（リフレーション）は、インフレでもデフレでもない緩やかな物価上昇の状態、という定義を持つ用語である。しかし、少なくとも標準的な経済学の理論では取り扱われることはなく、また「リフレ派」の定義も明確でない。字義からすると、経済政策を通じてリフレを目指す考え方、であるはずだが、そのために必要な拡張的金融政策を提唱する考え方、を指す場合もあり、さらに具体的に、量的緩和や次に述べる信用緩和、あるいは物価目標の設定といった特定の政策を行うべきだとする「べき論」、を指すこともある。

本章では、その中でも非伝統的金融政策に関して主張されることの多い、「日本銀行が資金を供給して貨幣量を増加させれば経済活動が活発化し、デフレから脱却できる」という主張、すなわち量的緩和に注目した「リフレ派」的主張を、「素朴なリフレ派理論」と呼び、その是非を検討することにしたい。

「素朴なリフレ派理論」は理論的根拠を持つのだろうか。この理論がいうような現象が発生する理屈としては、マクロ経済学の教科書に登場するＩＳ－ＬＭモデル（ＡＳ－ＡＤモデル）の説明を援用することができる。[22] すなわち、1量的緩和（マネタリーベースの増加）により貨幣供給量が増大し、その2貨幣供給量の増大が金利を低下させ、この3金利低下が企業の投資を増大させ、実体経済活動を活発化させる、という説明が考えられる。

このうち、1の関係が生まれる理由は、理論的には信用乗数のプロセスとして説明される。最も単純な説明では、貨幣供給量はマネタリーベースの一定倍として決まると考え、その倍数を信用乗数と呼んで、マネタリーベースを増加させると信用乗数倍の貨幣が供給される、と考える。

この単純な想定の理論的な裏づけとしては、以下のような、信用創造プロセスと呼ばれるプロセスが想定されることもある。[23]すなわち、中央銀行が預金取扱金融機関に対して資金供給を行い、その金融機関が保有する日銀当座預金が増加すると、金融機関は金利を生まない当座預金から金利を生む企業向け貸出に資金を振り向ける。[24]借り入れた企業は、その資金の一部を自らの支払いに用いるため、支払を受けた企業等は、その資金を別の銀行の自分の預金口座で（振込などを通じて）受け取る。預金を受け入れた銀行は、その資金を貸出に回し、借り入れた企業はまたその一部を支払いに用いる。

このように貸出と預金の増加が乗数的に繰り返されていくと、貨幣量（預金取扱金融機関セクター全体の預金の合計）は当初供給された日銀当座預金の何倍か（信用乗数倍）に増加することになる。結果として、日本銀行がオペレーション等で日銀当座預金（マネタリーベース）を増加させると、貨幣量が増加することになる。

これに対して2の想定は、債券市場と貨幣市場の関係として説明される。金利が低下すると、債券から得られるリターンが減るため、債券で運用せず貨幣を持つことの費用（貨幣保有の機会費用）が減少する。このため、貨幣に対する需要と金利は負の相関関係を持つことになる。この状況で、貨幣の供給が増加し、それに見合うように貨幣需要が増加して、その増加が債券に対する需要の減少をもたらすのであれば、金利は低下することになる[25]。

最後に[3]の想定は、金利チャネルそのものである。あるいは、信用チャネルとして説明することもできる。

こうした想定は、理論的には明快でわかりやすいものの、あくまで理論的な仮説にすぎないため、前提としている状況が現実と合わない、想定通りの行動を経済主体がとっていない、といった理由で現実に合わない理論である可能性がある。また、少なくとも信用創造プロセスの理論では、信用乗数はあくまでプロセス（経済活動）の結果としてその値が定まるもので、マネタリーベースを供給すれば、あらかじめ定まった特定の値の信用乗数倍の貨幣が自動的に生まれる、という因果関係を示すものではない[26]。

さらに、すでに金利が十分低い状況では債券を保有するメリットがなくなり、貨幣が無限に需要されるが金利はそれ以上下がらない、という、流動性の罠と呼ばれる状況が発生する可能性も指摘されており、[2]のメカニズムがはたらかない可能性がある。

とはいえ、こうした批判自体も所詮は仮説にすぎない。その批判が妥当するかどうかの判断は、説明の尤もらしさや個人的な信念などではなく、実証分析の結果に基づいて行うべきである。本書では次節（4節(4)項の⑦）において、こうした関係が実際に見られるのかどうかを、実証結果に基づき判断する。

(4) 信用緩和

非伝統的金融政策においては、それまで保有することのなかった高リスク金融資産を日本銀行が買い入れて保有する、という政策手段も取られた。こうしたリスク資産の購入は信用緩和と呼ばれ、独自の波及経路を持つと考えられている。

ただし、一般にはリスク資産とはみなされない長期国債の購入に関しても、伝統的な金融政策では少なくとも主要な買取対象ではなく、また理論的には以下で示す信用緩和の効果の多くが発生し得る[27]。そもそも、資金を短期間供給・吸収するためのオペレーションが中心であった伝統的金融政策の時期と異なり、日本銀行は長期国債を含めた金融資産の購入を大幅に増加させている。

そこで、ここではこうした広い意味での日本銀行の「非伝統的な」金融資産購入の増加（に伴う保有増加）を、信用緩和と呼ぶことにする[28]。

日本銀行が行った信用緩和のうち、包括緩和政策において行われたリスク資産の買入は、日本銀行のバランスシート上に設けられた基金を通じて行われた（表8－1(A)[4]列(g)行[29]）。これに対して量的・質的緩和政策では、リスク資産の買入はオペレーションとして行われるようになった（表8－1(A)[4]列(i)、(j)、(m)、(n)行）。このことは、包括緩和政策では信用緩和が特別な（例外的な）手段として位置づけられていたのに対し、量的・質的緩和政策では通常の金融市場調節の枠組みに組み入れられたことを意味する。この変更は、損失が発生する可能性のあるリスク資産の保有を日本銀行が通常の業務として行うことになった、という意味で、大きな変更である。

リスク資産ではなく長期国債に注目すると、長期国債保有の増大という意味での信用緩和は、量的緩和政策の時点ですでに始まっていたといえる。そもそも複式簿記の原理上、量的緩和のために日本銀行のバランスシートの負債側を拡大させるには、資産側も同じだけ拡大させる必要がある。日本銀行が負債としての当座預金残高を増やすには、何らかの金融資産を民間金融機関等から購入する必要があるため、負債側が増加すれば資産側も同じだけ増加するからである。[30] 従来よりも当座預金残高を増やすためには、伝統的な金融政策で購入していた金融資産の買入だけでは限界があるため、量的緩和は必然的に質的緩和を伴うものだといえる（表8－1(A)の(c)、(i)、(p)行）。

ただし、その逆は必ずしも正しくない。信用緩和は、少なくとも理論上は、バランスシートの大きさを変えることなく、資産の構成のみを組み換えることによって（いわゆる「不胎化」を行うことによって）、必ずしも量的緩和を伴わないかたちで実施できる。[31]

信用緩和がもたらす効果としては、量的緩和を伴う場合、つまり買取によって日本銀行のバランスシートが拡大する場合には、量的緩和による期待チャネルやポートフォリオ・リバランシング・チャネルの発揮が期待される（表8－1(B)[4]列(v)、(iv)行）。しかし、信用緩和独自の効果として、別のかたちでポートフォリオ・リバランシング・チャネルがはたらくことも期待される。[32] 具体的には、日本銀行の買取によりリスク資産の需要が増えることで、資産価格が上昇するとともに価格変動が抑えられ、当該資産のリスクプレミアムや流動性プレミアムが減少し、市場取引が活発化することが考えられる。こうした市場取引の活発化や資金調達費用の低下を通じ、金融システム外の実体経済の経済主体による資金の貸借が促進され、経済活動の活発化につながる、という効果も期待される[33]。

ただし、リスク資産の取引の多くは、すでに発行された証券の取引、つまり流通市場での取引である。このため、リスク資産の取引が活発化しても、それが新規証券の発行市場の活発化につながらない限り、実体経済への影響は生じないと考えられる。他方で、たとえ実体経済への効果がなかったとしても、金融市場においてプレミアムの減少が見られる限り、信用緩和によるリスク資産買取は金融危機時に市場の混乱を抑えるプルーデンス政策として評価できる。

(5)　非伝統的金融政策がもたらし得る問題

以上のような波及経路が期待される一方で、非伝統的金融政策は大きな問題（副作用）を引き起こす可能性が指摘されている。その第一は、金融市場あるいは金融システムの機能阻害である。たとえば量的緩和は、金融機関が潤沢な資金供給を受けるため、短期金融市場を使って日々の資金繰りを行う誘因を奪うかもしれない。この場合、市場取引が行われなくなり、金融市場セクターの機能（第２章６節(1)項）が損なわれる可能性がある。

たとえば、金融市場で取引が成立しなければ、証券売買仲介機能やリスク配分機能が損なわれ、発行市場における新たな貸借が難しくなるかもしれない。また、情報を集約し、証券の適正な価値を発見する価格発見機能が発揮されず、資金という資源が効率的に利用されなくなる可能性もある。特に、日本銀行が証券本来の価値とは無関係にオペレーション等を行うならば、価格発見機能は大きく損なわれる。

第二に、量的緩和と信用緩和に関する問題として、日本銀行が損失を負う可能性がある。リスク資産からの収益が十分に得られない場合、日本銀行は損失を負い、政府に対して国庫納付金を支払えず、国民負担を増加させる。また、政府が損失を補填する場合には、より直接的な国民負担が発生する。もちろん、日本銀行は銀行券を発行して損失を補うことができるが、この場合には通貨の過剰発行がもたらす問題、典型的にはインフレーションによる通貨価値の下落が懸念される。

以上は金融システム内の問題であるが、実体経済側の問題も懸念される。第一に、コーポレート・ガバナンスに関する問題が考えられる。金融市場の価格発見機能が低下すると、市場からの規律づけが低下した企業は企業価値の最大化を行う誘因を失うかもしれない。また、ETF購入を通じた日本銀行による実質的な株式保有は、議決権を行使しない「もの言わぬ株主」の増加、というかたちでも、企業に対する規律づけを失わせるかもしれない。

第三に、日本銀行による長期国債の買入増加と国債保有残高の増大により、財政規律が失われる可能性がある。量的・質的緩和政策の導入時には、長期国債の保有残高は日本銀行券の発行残高を上限とすると定めたいわゆる銀行券ルール（2001年3月19日）がその妨げとなった。中央銀行が貨幣の発行と引換えに政府発行の国債を直接購入することは、一般には財政ファイナンスと呼ばれる。財政ファイナンスは、中央銀行が国に対して無尽蔵に資金を供給することで財政規律を歪める、あるいは貨幣の価値を低下させてインフレーションをもたらす可能性がある、といった理由で問題とされる。

(6) プルーデンス政策と金融政策の区別

非伝統的金融政策を評価する上では、プルーデンス政策としての評価との関係、ならびに政策の守備範囲あるいは責任の範囲、の二点にも触れておく必要がある。

第一に、非伝統的金融政策、特にその初期に採られた政策は、実際にはプルーデンス政策として行われたという側面が強い。ゼロ金利政策が行われた１９９０年代後半から量的緩和政策が行われた２０００年代前半は、金融危機により日本の金融システムが機能不全に陥っていた時期である。たとえば白塚・藤木（2001）が示しているように、量的緩和政策における大量の資金供給は、経営危機に陥った金融機関に対して流動性を供給する、金融システムの安定のための資金供給であった。また、信用緩和による日本銀行のリスク資産買取も、リスク資産の価格変動リスクを抑え、価格を下支えすることで、市場リスクを抑えて金融機関の経営を安定化させるとともに、金融市場を安定化させる効果を持つ。

そもそも、日本銀行が行っていることは、金融市場調節に代表されるように、日々の政策運営における、特定の政策手段の操作にすぎない。金融政策とプルーデンス政策との区別は、その操作が何を目的として行われるのかによって決まるものである。同じ手段を用いた政策であっても、物価・景気の安定、完全雇用の達成といったマクロ経済の安定を目的とする場合には金融政策となり、危機時の金融市場の混乱鎮静化や金融機関の経営危機への対処、あるいはこうした危機的な状況の発生を平時から予防することなど、金融システムの安定や資金移動の円滑化を目的とする場合にはプルーデンス政策となる。

非伝統的金融政策の波及経路に関する前々項までの説明は、あくまで金融政策としての波及経路の説明である。この場合に注目するのは、政策手段の操作が金融市場セクター内の短期金融市場から長期金融市場、あるいは金融仲介セクターを通じ、金融システムを超えて実体経済に影響を与える、という経路であり、政策評価はＧＤＰや物価といった実体経済の指標の変化によって判断される。

しかし、同じ政策であってもプルーデンス政策を目的とする場合には、政策手段の操作が金融機関の資金繰り改善やさまざまな金融市場の安定といったかたちで金融システムの安定をもたらす、という経路が注目され、その評価は金融システムが安定しているかどうかという基準で行われる。この場合、たとえ実体経済への効果が見られなかったとしても、金融システム内の問題が解決されているのであれば、プルーデンス政策としては十分評価できることになる。二つの政策の波及経路には共通部門も多いが、金融政策として評価するのか、プルーデンス政策として評価するのかによって、日本銀行の政策評価は異なり得ることには十分注意する必要がある。[34]

(7) 金融政策の守備範囲

関連して触れておくべき第二の点は、金融政策の目的が達成されなかったとしても、その責任は必ずしも政策当局である日本銀行のみに帰するべきものではない、ということである。

金融政策は、その最終的な目的がマクロ経済（実体経済）の安定である以上、実体経済のさまざまな経済主体（家計、企業等）の行動を変化させることで初めて効果を持つものであって、金融システムの中だけで完結するものではない（第２章３節(2)項の図２－２も参照）。

中央銀行にできることは、金融市場調節に代表される日々の政策運営において、操作可能な政策手段を操作することである。金融政策の波及経路のうち、この操作によって直接影響を与えることができる範囲は操作目標であって、金融システムの内部（構成要素）に限られる。つまり、中央銀行が行うことは、あくまで金融システムの状態を変化させ、資金の利用可能性を高めたり低めたりすることであって、それによって間接的に、資金を利用したり資産を保有する実体経済の経済主体の行動を変化させようとしているわけである。この点で、金融政策の効果が波及するかどうかは金融システムのパフォーマンスだけではなく、それを利用する実体経済側の利用者の状態にも大きく左右される。

先に本章３節(3)項では、金融システムの目的達成における説明責任の範囲について触れた。金融政策は金融システムのサブシステムであるため（第２章８節）、同様の議論は金融政策に関してもあてはまる。つまり、仮に金融政策の目的が達成されていない場合、その責任は必ずしも中央銀行（あるいは金融システム）にあるとは限らない。金融政策の有効性は、実体経済の状態に依存するものであり、その達成責任は中央銀行だけでなく、システムの利用者（実体経済の経済主体）も負っている。

4　金融政策は経済停滞を招いたのか

前節でみた通り、非伝統的金融政策にはさまざまな手段が多様な経路を通じて効果を発揮することが期待されている。こうした効果が実際に見られたかどうかを確認するために、ここからは実証研究の結果（エビデンス）を整理してみよう。

失われた30年における金融政策に関しては、膨大な実証研究の蓄積があるが、分析の対象はデータが利用可能で研究者の興味関心が高い部分に集中しがちであり、前節で整理した多様な経路について、その一つひとつのはたらきがすべて明らかにされているわけではない。また、学術論文では厳密性を追求するために、往々にして波及経路の特定部分のみに注目し、他の部分や経路に触れないことが多い。他方で、多くのチャネルではそもそも効果が波及する経路（の一部）が共通しており、ある部分だけを見ても、どのチャネルを通じて効果が生じたのか特定することは難しいという問題がある。[35]

こうした限界を頭に置きつつ、以下ではこれまで実証研究で明らかにされている部分と明らかにされていない部分を明確にし、されていない部分については行間を補いながら、日本における非伝統的金融政策の全体像を、できる限り浮き彫りにしてみたい。

そのための拠り所は、表８－１に示した理論的整理である。エビデンスが不完全なため、これらの理論の全体像を完全に評価することは難しいが、以下では各実証研究がどの時期のどの指標の関係に注目しているのか、得られた結果は理論が予想するどの関係を支持するのかしないのか、を整理し、非伝統的金融政策の評価を行うことにしたい。

なお、本書は研究者ではない一般の読者を想定しており、また関連する研究は膨大な数にのぼるため、以下では関連する実証研究を包括的に紹介するのではなく、特に代表的な研究と判断したものを中心に紹介している。本節執筆のために参照した研究論文のリストは、引用しない判断をしたものも含め、筆者のホームページで公開している[36]。

(1)　長短金利・リスク資産価格への効果はあったのか

最初に、表８－１の[1]短期金利操作と[2]長期金利操作に関わる結果を確認してみよう。図３－４で確認したように、短期金利は１９９０年代前半以降低下し、後半以降は一貫して（ほぼ）ゼロ水準に張りついている。この動きは金融政策によってもたらされたものだろうか、そして金融政策は長期金利やリスク資産の価格や収益率にも影響を与えたのだろうか。

こうした疑問に答えるために、ここでは波及経路の出発点に近い、政策手段から操作目標、そして長期金利やリスク資産の価格までの部分（図２－10も参照）についての実証結果を見てみることにしたい。

①　１９９０年代の結果

まず、１９９０年代のデータを用い、失われた30年の当初、主として伝統的金融政策の時期に関する分析を行った研究は、金融政策のスタンスを表すコールレートの操作目標水準の引下げが、対象となる短期のコールレートはもちろんのこと、より長期のコールレートも引き下げたことを示している。しかも、１９９５年３月の大幅な緩和時には、その効果がより長期の金利にも及ぶようになったことも示されている[37]。

他方で、同じ研究からは、１９９０年代後半においては、日本銀行に預けられた準備預金の残高が少ないほど、あるいは法定準備預金制度の下で必要とされる所要準備額の不足額が多いほど、コールレートは上昇することも示されている。これらの指標は金融機関の流動性を表す指標であるため、得られた結果は、１９９０年代後半の金融危機時に短期金融市場における資金調達が困難になり、金融機関が流動性制約に直面したことを示唆している。１９９０年代後半は、プルーデンス政策が必要とされた時期であったことを示唆する結果といえる。

②　金利水準の低下と波及経路

ゼロ金利政策以降に関する研究としては、さまざまな残存期間の債券の金利の関係を示す、金利の期間構造を分析した研究が多数行われている。長期金利の低位誘導が効果を持つための大前提は、実際に短期だけでなく長期の金利まで低位に誘導され、期間構造全体が低下することである。実証結果を見ると、予想通りに低下が見られることが示されている[38]。

個々の波及経路に関連した、より踏み込んだ研究も行われている。第一に、期待チャネルに関連する分析として、市場がどの程度ゼロ金利が継続されると予想しているかを推定する研究が行われている。その結果によると、予想されるゼロ金利継続期間の長さは、量的緩和政策の導入により長期化したが、終了直前に短期化したこと、しかしその後、特に量的・質的金融政策の時期にさらに長期化していることがわかっている[39]。

第二に、フォワード・ガイダンスの効果を抽出する研究も行われている。ゼロ金利政策時と量的緩和政策期前半の分析を行った研究は、フォワード・ガイダンスがなければ金利は実際の値よりも高く、その差は分析期間の終わりにかけて拡大したことを示しており、量的緩和期に経済が好転して金利が上昇してもよいところを、フォワード・ガイダンスが抑え込んでいたことを示唆している[40]。

関連して、ゼロ金利政策から包括緩和政策開始時までの期間における、日本銀行のさまざまな政策（変更）発表が国債の利回りに与えた影響を分析した研究もある。その結果では、実際に政策が実施されなくても、その発表が行われただけで、予想通りの変化が利回りに生じており、期待チャネルが実際にはたらいていたことを示唆している[41]。

ただし、短期金利の操作目標の水準変更の発表のみに注目し、また量的緩和期以前の期間のみを分析した別の研究では、政策変更のうち事前に予想された部分と予想されなかった部分を分けた場合、後者だけが長期金利に影響を与えることが示されている[42]。他の政策発表ではこうした比較は行われていないが、同様の結果が得られる可能性は否定できない。

量的緩和が長期金利に与えた影響に注目した研究も行われている。量的・質的緩和政策初期の、日本銀行による長期国債買入の影響を分析した研究は、買入を行った日には国債の利回りが低下したことを発見し、またイールドカーブ・コントロールの時期の長期国債買入を分析した研究は、買入が長期国債利回りを低下させたことを明らかにしている[43]。これらの分析は、量的緩和のポートフォリオ・リバランシング・チャネルに関する結果とも、信用緩和のポートフォリオ・リバランシング・チャネルに関する結果とも解釈できる。

③ リスク資産価格への効果

以上は安全資産とされる長期国債の金利に関する結果であるが、リスク資産の価格や金利についてはどうだろうか。まず、期待チャネルに関連する結果として、先に挙げた政策発表の効果を分析した研究では、ゼロ金利政策開始から包括緩和政策開始までの時期の、金融緩和方向への政策発表が、株価指数を引き上げ、社債の利回りを低下させたことがわかっている[44]。また、同様の効果を2

020年1月の政策発表まで見た研究でも、株価への影響は発見されている。[45] 政策が発表されるだけでリスク資産の価格等に影響が出る、という結果は、先に示した国債利回りに関する結果と同様に、期待チャネルが存在する可能性を示している。

ただし、先にも触れたように、こうした効果は予想された政策変更には見られない可能性がある。実際に、量的緩和期以前に関する分析ではあるものの、短期金利の操作目標引下げの影響を分析した研究で、下げ幅のうち予想されなかった部分は株価を引き上げるが、予想された部分は株価に影響を持たないことを報告しているものがある。[46] 予想された部分の効果は、目標引下げ以前に株価に反映されていた可能性も否定できないが、少なくとも引下げ時点では前者のみが効果を持っている。

次に、量的緩和（あるいは信用緩和）によるポートフォリオ・リバランシング効果に関する分析として、金融機関のポートフォリオの変化を直接調べたものがある。[47] ゼロ金利政策期から量的・質的緩和政策が始まった直後までの時期について、金融機関の業態別の集計データを用いて日本銀行による長期国債買入の影響を見た結果によると、買入が増えると国内銀行や中小企業金融機関等のその後の長期国債保有が減少していた。この結果は長期国債の買入が銀行部門から行われたことを示唆している。[48] しかも、国内銀行に絞った場合には、買入が増えると同部門の現預金、株式・投資信託の保有が増加していた。これらの結果は、量的緩和政策がリスク資産の価格や利回りを変化させることで、ポートフォリオ・リバランシング効果を生じさせたことを示唆している。

量的緩和政策の前半期に限るが、ポートフォリオ・リバランシングをより詳細に分析した研究もある。長期国債はリターンの景気感応度が低いため、日本銀行による買入により長期国債保有が減少した投資家は、景気変動リスクに対応するために、他の景気感応度の低い（高い）資産保有を増加（減少）させるはずである。このため、長期国債の買入により景気感応度の低い（高い）資産のリスクプレミアムは減少（増加）すると予想される。量的緩和政策期前半の日次データを用いた研究の結果によると、この予想の通り、国内景気への感応度が高い低格付債や株式はリスクプレミアムが増加し、感応度が比較的低い高格付社債や外国為替先渡のリスクプレミアムは低下していた[49]。

④ 量的・質的緩和期の効果

量的・質的緩和政策期のポートフォリオ・リバランシングに関しては、少なくとも上記の研究の中でカバーされていた2014年よりも後の時期に関する限り、同様の研究は行われていない。この期間の長期国債買入は、証券会社などがいったん国債を購入した後すぐに日本銀行の買入オペレーションに応じて売却し、利ザヤを稼ぐ、という、日銀トレードと呼ばれる取引が行われているといわれ、いわゆる財政ファイナンス批判の根拠となっている。

この場合、長期国債は実質的には金融機関の手を通過していくだけであり、そのポートフォリオに実質的な変化は見られないため、そもそもポートフォリオ・リバランシングは発生しないはずである。実際に検証してみる必要はあるが、量的・質的緩和政策期の量的緩和の効果は小さい可能性が高い。

とはいえ、量的・質的緩和政策がポートフォリオ・リバランシング効果を持つことと整合的なエビデンスは存在する。量的・質的緩和政策期の長期金利低下をさまざまな要因に分解した研究は、より長期の金利ほどその低下はリスクプレミアムの縮小によってもたらされていること、マイナス金利が導入される前からプレミアムの値がマイナスになっていることを示している[50]。

こうした結果は、金融機関等がポートフォリオ・リバランシングを行うための前提条件であるリスクプレミアムの縮小が、実際に見られたことを意味している。ただし、この縮小を受けて金融機関等が実際に資産選択行動を変化させたかどうかについては研究がなく、不明である[51]。

⑤　長短金利・リスク資産価格への効果に関する検討結果

以上、本項で検討した長短金利・リスク資産価格への効果に関する結果をまとめておこう。まず１９９０年代は、伝統的金融政策における短期金利の低下によって長期金利が低下したが、後半からは金融機関が流動性制約に直面し、プルーデンス政策の意味で短期金融市場を通じた資金供給が重要であった可能性が高い。ゼロ金利政策期以降は、短期金利のゼロ近辺への誘導やフォワード・ガイダンス、量的緩和やイールドカーブ・コントロールがそれぞれ長期金利を低下させ、また市場が期待するゼロ金利継続期間は、量的緩和政策期や量的・質的緩和政策期に長期化している。さらに、包括緩和政策期までの金融政策は、その発表のみで長期金利を低下させ、株価を上昇させる効果も持っていた。ただしその効果は、少なくとも政策発表の時点では、事前に予想されなかった部分に限られる。

ポートフォリオ・リバランシング・チャネルの想定通りなら、こうした長期金利やリスク資産価格の変化によって、金融機関の資産選択行動が変化するはずである。実際に、こうした変化は量的緩和政策期には見られたことが示されている。しかし、量的・質的緩和政策期に関しては、長期金利のリスクプレミアムが低下したことはわかっているが、金融機関の行動変化については分析されていない。

(2) 銀行貸出への効果はあったのか

非伝統的金融政策の波及経路としては、銀行貸出を通じた経路も重要である。銀行貸出は信用チャネル（表8－1(B)の(ii)）の経路上最も重要な指標であり、長短金利操作（同表[1][2]）によって影響を与えようとする対象であるだけでなく、量的緩和や信用緩和（同[3][4]）を通じたポートフォリオ・リバランシング・チャネル（同(vi)）においても、金融機関のポートフォリオの中で貸出のウエートが増加することが期待されている。

国内銀行の貸出残高は、1990年代後半から2000年代前半にかけて減少したが、その後はほぼ一貫して増加傾向にある（第5章図5－1を参照）。こうした動きは、どの程度金融政策の影響を受けているのだろうか。どのタイプの政策のどの経路を通じた影響か、といったところまで具体的に特定することは難しいが、データが比較的容易に利用可能であり、しかも期待される効果も大きいことから、銀行貸出に関する実証研究は数多く行われている。

①　資金調達コストの低下

まず、政策により銀行の資金調達コストが下がれば、貸出の増加が期待できる。この点に関し、コールレートが低下したことは先に触れたが、これに加えて、１９９０年代後半から２０００年代前半において、ゼロ金利政策あるいは量的緩和政策によって、ＴＩＢＯＲ（東京銀行間取引金利）や譲渡性預金、銀行社債のプレミアムが低下したことも示されている[52]。非伝統的金融政策は、銀行の資金調達コストを低下させたといえる。

ただし、先にも述べた通り、同時期は金融危機への対処が行われていた時期であり、健全性に対する懸念から、金融機関は資金調達において過大なリスクプレミアムを要求され、流動性制約が問題となっていた（前章２節も参照）。上記の研究も、その関心は金融政策よりもむしろプルーデンス政策にあり、金融危機以降の状況において、ゼロ金利政策あるいは量的緩和が金融機関の資金調達におけるプレミアムを低下させ、流動性不足の解消につながったと解釈している。この点で、日本銀行による潤沢な資金供給は、危機収束の大きな要因の一つであった可能性がある。

②　貸出額の変化

貸出額を分析した研究も、当初の関心は、やはりこうした流動性制約にあった。まず、失われた

30年の当初の10年ほどを含む、１９９９年までの長期の個別銀行データを用いた研究では、コールレートが貸出に与えた影響が分析されている。そこでは、コールレートが高いほど貸出は減少するが、この効果は小規模あるいは財務面で劣っている銀行ほど大きいことが示されている。しかも、金融引締め期と緩和期とに分割すると、この結果は緩和期でのみ発見される。[53] 小規模・財務面で劣っている銀行が、流動移動性制約に直面したが、金融緩和による金利引下げによってその制約が緩和されたことが示唆される。

これらと整合的な結果として、上場企業の１９５６－99年のデータを用いた研究では、流動性資産の保有が少ない企業ほど投資が少ないが、その効果は金融緩和期には緩んでおり、１９９０年代の金融緩和が銀行貸出の促進を通じて企業活動を活発にした（あるいは落ち込みを抑えた）可能性を示している。[54] ただし、これらの研究の分析対象期間にはバブル期以前も含まれているため、得られた結果は失われた30年以前の状況を表している可能性もある。

同様の分析は、その後の時期についても行われている。量的緩和政策の時期については、（量的緩和により）日銀預け金が多い銀行ほど貸出が多い（あるいは減少が少ない）こと、その効果は緩和の終了により見られなくなったことが示されている。[55] このため、量的緩和政策時にも日本銀行による資金供給が銀行の流動性制約を緩和し、プルーデンス政策としての役割を果たしたと考えられる。この解釈と整合的に、量的緩和政策時の政策変更（緩和の強化）により、不良債権の多い銀行のみ株式の超過リターンが増加したことも報告されている。[56]

ただし、プルーデンス政策の重要性が低下したと考えられる包括緩和政策や量的・質的緩和政策の時期に関しては、このように明確なエビデンスは得られていない。同様の分析を、これらの期間を含むデータで行った研究では、日銀預け金が貸出を増加させる効果は量的緩和政策時のみで見られており、その他の期間については見られないか、見られたとしても頑健性が低い(57)。２０１５年３月までのミクロデータを用い、金融政策の効果が銀行や企業の特徴によって異なるかどうかを見た研究もあるが、特徴にかかわらず一般的な効果があったかどうかは分析されていない(58)。また、２０１４年までのミクロデータを用いた研究では、長期金利が低下すると銀行貸出が増加するが、その効果は定量的に小さいことも示されている(59)。

他方で、日銀預け金ではなく、長期国債に注目した研究は、異なる結果を示している。集計データを用い、量的緩和政策期を含む期間のデータを分析した研究では、日本銀行が長期国債の買入れを増やした後に、国内銀行の貸出が増加することが示されており、長期国債買入がポートフォリオ・リバランシング・チャネルを通じて貸出を増加させた可能性が示唆される(60)。

ただし、この結果に対しては、ミクロデータを用いても、また量的・質的緩和政策期に限っても、同じ効果がみられるのかという疑問が湧く。この疑問について、２０２１年までの地方銀行のミクロデータを用い、量的・質的緩和政策期とそれ以前を区別した研究では、量的緩和政策期にはむしろ、長期国債買入が多い時期ほど各銀行の貸出が減少しているのに対し、量的・質的緩和政策期においては逆に増加する、という結果が得られている(61)。この研究も、国債買入額としては銀行別の買入額ではなく総買入額（集計データ）を用いているため、得られた結果は個別銀行のポートフォリオ・リバランシングをとらえていない可能性がある。しかし、もし適切にとらえていたとしても、上記の日銀預け金に注目した分析の結果とは矛盾する。

量的緩和の効果をより直接的にとらえるのは日銀預け金であるため、量的緩和が貸出に与える影響は、包括緩和政策や量的・質的緩和政策の時期には見られなかった、あるいは特定の銀行に限られたと判断すべきだろう。何よりも、結果として日銀預け金の残高が大きいままであることは、量的緩和により金融機関に対して大量に供給された資金が、日本銀行への預金というかたちのまま金融システム内にとどまっていることを意味している。2000年代半ば以降、銀行の貸出残高はほぼ一貫して増加しているが（第5章　図5－1参照）、大量の資金を投入した量的緩和はこの増加には貢献していないと考えられる。

これに対して国債買入の効果に関しては、非伝統的金融資産としての長期国債の買入、つまり信用緩和の効果をとらえている可能性がある。得られている結果からすると、包括緩和政策や量的・質的緩和政策の時期にも、信用緩和としての長期国債買入にポートフォリオ・リバランシング効果が見られた可能性がある。

③　銀行経営への影響

量的・質的緩和政策が銀行に与えた影響としては、むしろ経営に対する（負の）影響のほうが懸念されている。低金利下では銀行が利ざやを稼ぐことが難しくなるためである。金利水準が低いことは自明であるからか、あるいは実務家による数多くのレポートで扱われているからか、この点を直接扱った学術研究は少ない。ただ、その例外として、２００９年から２０２０年までのデータを用いて銀行の利益率（ＲＯＡ）を分析し、マイナス金利（ならびにイールドカーブ・コントロール）導入時期以降にＲＯＡが低下したことを報告している研究がある[62]。

ただし、マイナス金利は銀行による日銀当座預金の残高の一部のみに適用され、別の一部には逆にプラスの付利が行われている。このため、銀行は日銀当座預金からの利子収入がマイナスにならないよう残高を調整していることが知られている[63]。したがって、マイナスの金利付利そのものから銀行が直接損失を負っているとは考えにくい。銀行の収益性への悪影響は、マイナス金利の導入ではなく、イールドカーブ全体の低下から資金運用益が減少したことを原因としていると考えるのが自然だろう。

④　銀行貸出への効果に関する検討結果

以上、本項で検討した銀行貸出への効果に関する結果をまとめておこう。まず１９９０年代後半からゼロ金利政策・量的緩和政策期にかけては、これらの政策が銀行の資金調達コストを低下させた。また、１９９０年代までの金利引下げと量的緩和は、銀行貸出を促進したと判断できる。しかし、この効果は経営悪化や資金制約に直面していた銀行に顕著にみられ、プルーデンス政策の効果だと考えられる。

包括緩和政策期や量的・質的緩和政策期については、結果が明確でない。貸出を促進する効果は、なかったか、あったとしても小規模、あるいは特定の特徴を持つ銀行・企業に関してしか発見されていない。包括緩和政策と量的・質的緩和政策の時期に行われた大量の資金供給は、量的緩和の意味では銀行貸出を促進したとは言い難い。ただし、信用緩和としての銀行保有国債の買入が貸出を促進した可能性は否定されていない。他方で、大規模な金融緩和は銀行の収益性を大きく悪化させている。非伝統的金融政策の評価においては、こうした副作用の考慮が不可欠である。

(3) 信用緩和には効果があったのか

非伝統的金融政策のうち、最も多くの実証研究が行われているのが、表8－1[4]の信用緩和であり、中でも、ETF（上場株式投資信託）買入に関しては膨大な数の研究が行われている。(64) こうした研究を整理するのは容易ではないが、ETF購入に主として期待されるのもポートフォリオ・リバランシング・チャネルを通じた効果であるため、ここでもこの波及経路を手掛かりに整理してみたい。以下の整理はミクロレベルから順に行う。具体的には、買入対象のETFに含まれる個別株式の株価（リターン）やリスクへの影響、対象となる企業の財務パフォーマンスと資金調達への影響、金融市場に対する影響、そして実体経済への影響、の順に整理してみたい。

①　ＥＴＦ購入の株価・リターン・リスクへの影響

ＥＴＦに注目して信用緩和を分析した実証研究の中心は、購入対象となるＥＴＦに含まれる株式の価格やリターンへの影響を見たものである。そこで得られている結果はほぼ一貫しており、買入によって株価が上昇し、リターンが増加する、というものである[65]。

また、株式のリスクに対する影響を分析した研究は、買入が当該株価の変動を抑え、リスクプレミアムを減少させることを示している[66]。こうした結果は、日本銀行のＥＴＦ買入が、ポートフォリオ・リバランシングの前提となる株式のリターン・リスクへの影響を持ったことを示している。ただし、ＥＴＦ買入は包括緩和政策の時期から始まっているのにもかかわらず、株価やリスクへの効果はその後の量的・質的緩和政策以降、あるいはイールドカーブ・コントロールの導入以降に限られる、という結果も得られている[67]。

他方で、株価やリターンに対する正の効果は午後（後場）の取引でしか観察されず、午前（前場）ではむしろ買入の有無と株価が負の関係を示すこともわかっている[68]。これらの結果は、前場で株価が下落した日に日本銀行がＥＴＦを買い入れ、株価を上昇させていることを予想させる。実際に、日本銀行の行動を直接分析した研究は、こうした行動がとられていることを示唆する結果を得ている[69]。

こうした日本銀行の行動が事前に予想できるなら、投資家はその行動がもたらす将来の価格変動を先取りして売買するはずなので、予想される価格変動は日本銀行が実際に買入を行う前に実現しているかもしれない。こうした行動を考慮して価格やリターンを分析した研究からは、買入時点の政策効果に否定的な結果が得られている。そこでは、日本銀行による買入額を、過去の買入行動から予想される部分と予想されない部分に分け、それぞれの効果を調べており、価格に影響を与えるのは後者のみであったことが示されている[70]。

このことは、少なくとも買入時点において、日本銀行は過去のＥＴＦ買入行動から推測される行動とは異なる、予想されない規模の買入を行わない限り、株価やリターンに影響を与えられないこと、すなわちＥＴＦ買入はいわゆる「サプライズ」の部分しか効果を持たないことを意味している。もちろん、サプライズではない部分の効果があらかじめ価格に織り込まれているのであれば、その部分も（買入前に）効果を持ったといえるかもしれないが、この効果の有無を検証することは難しい[71]。

②　企業の財務パフォーマンスと資金調達への影響

ＥＴＦ買入が、買入対象企業の財務パフォーマンスに与えた影響も分析されている[72]。そこでは、買入対象となるＥＴＦ収録銘柄の企業は、ＥＴＦ買入により総資産や現金保有比率が増加し、負債比率が減少し、収益性が改善し、倒産リスクが減少したことがわかっている。また負債比率の減少と整合的な結果として、ＥＴＦ買入対象企業は新規に株式を発行する確率が増加した、という結果も得られている[73]。ただし、これらの分析対象期間はそもそも新株発行が活発に行われていない時期であるため、得られた結果が実体経済にまで影響を及ぼす大きさであったとは言い難い[74]。

これらの結果は、日本銀行によるＥＴＦ買入が企業の財務を改善するとともに、新たな資金調達を多少促進したことを示している。リスク資産（株式）への新たな資金供給が行われたという結果は、ポートフォリオ・リバランシング・チャネルの想定の通りである。ただし、その効果は定量的には実体経済にまで影響を与えるような大きさでなかった可能性が高い。前項の結果も併せて考えると、ＥＴＦ買入は株式流通市場におけるリスクやリターンに影響を与えた可能性は高いが、この効果が発行市場にまで波及したとはいえそうにない。

③　金融市場と実体経済への影響

ＥＴＦ買入は、市場に歪みをもたらす可能性も指摘されていた。こうした金融市場への影響についてはどうだろうか。市場のパフォーマンスに対するＥＴＦ買入の影響に関しては、市場の流動性に対する影響、裁定取引に対する影響、市場全体のリスクに対する影響、市場の効率性に対する影響などが分析されている[75]。

まず流動性に関しては、ＥＴＦ買入による日銀の株式保有が、当該株式の流動性を低下させる、つまり取引を不活発にすることが示されている。また、日本銀行による株式保有が裁定機会を増大させ、各株式の流動性やリターンの同調性を高めることも示されている。

さらに、日本銀行による株式保有によって、価格調整のスピードが落ちるといった意味で、市場の効率性が損なわれるという結果も得られている。これらの結果は、ＥＴＦ買入を通じて日本銀行が株式を大量に保有することにより、市場取引が歪められ、市場本来の機能が損ねられていることを意味している。

ＥＴＦ買入が実体経済に与えた影響を明らかにした研究もある。２０１２年から14年までの時期に限られているが、日次データを用いてＥＴＦの買入、短期金利（レポ市場の金利）、実体経済活動を表す電力消費量、インフレ率、株価、為替レートという6つの変数の関係を明らかにした結果によると、日本銀行によるＥＴＦの購入は、短期金利、電力消費量、株価、為替レートにいずれも正の影響を与えている。ただし、電力消費量、株価、為替レートへの影響は数日で消えてしまい、その効果は持続性を持たない[76]。

また、２００１年から２０１５年までのデータを用い、ＥＴＦに加えてＪ－ＲＥＩＴや社債等も含めたリスク資産保有に注目して、実質ＧＤＰ、インフレ率、国債利回り、株価を含めた5変数の関係を調べた研究もある[77]。その結果からは、２００３年から２００６年まで、ならびに２０１１年以降の期間においてのみ、日本銀行のリスク資産保有が増加すると実質ＧＤＰが増加するが、インフレ率には統計的に有意な影響がみられないことがわかっている。

④　信用緩和の効果に関する検討結果

以上、本項で検討した信用緩和の効果に関する結果をまとめると、包括緩和政策期と量的・質的緩和政策期の日本銀行のＥＴＦ買入による信用緩和は、個別株式の価格やリターンを増加させ、リスクを減少させ、対象企業の財務を改善し、資金調達を多少容易にした。他方で、資金調達への影響は定量的に小さく、またこれらの効果は量的・質的緩和政策期以降の、大規模で予期せぬ買入（サプライズ）にしか見られないという結果も得られている。さらに、金融市場のはたらきに対しては望ましくない影響を与えるとともに、実体経済への影響も限定的である。

こうした結果を総合する限り、信用緩和は株式流通市場には大きなインパクトを与えたが、株式発行市場や実体経済には大きな影響をもたらしていない可能性が高い。ポートフォリオ・リバランシング・チャネルが想定する経路のうち、一部は実証結果によって支持されるが、その中盤から終盤にかけて、経路は先細りしているといえる。また、ＥＴＦ購入はあらかじめ予想される規模の買入では大きな効果をもたらさない可能性があるとともに、市場の機能を歪めるという問題を持っている。

(4)　金利操作・量的緩和は実体経済への効果を持ったのか

ここまで、非伝統的金融政策の波及経路の特定部分に注目した研究を取り上げてきた。しかし、これらは一部を除いて実体経済への影響をとらえていないため、最終目標に対する効果があったかどうか、という最も重要な疑問には答えていない。最終目標を表す経済指標を見ると、日本経済は失われた30年を通じて、経済停滞とデフレーション（あるいはゼロインフレ）の状態にあった（第３章図３－１参照）。特に、日本銀行が２０１３年１月に導入した「消費者物価の前年比上昇率２％」

という最終目標は、少なくとも本書が分析対象とする２０２０年までには達成されなかった。詳細な実証結果を見るまでもなく、少なくともこの目標に関する限りにおいて、非伝統的金融政策は失敗だったと評価せざるを得ない。

しかし、たとえそうだとしても、非伝統的金融政策の実体経済への影響を実証的に評価することには、依然として重要な意味がある。たしかに最終目標は達成されなかったが、非伝統的金融政策が行われていなければ、経済状態はさらに悪化していた可能性があるからである。また、実体経済の状態は金融政策だけではなく、さまざまな要因から影響を受ける。このため、金融政策の効果だけを取り出せば、効果が見られる可能性も排除できない[78]。

こうした点に留意しつつ、ここでは実体経済への影響を評価する上で重要な手がかりを提供してくれる研究結果を紹介することにしたい。ここで注目するのは、構造ＶＡＲ（ベクトル自己回帰）と呼ばれるモデルを用い、インパルス応答というかたちで金融政策の効果を明らかにする研究である。

① 構造ＶＡＲモデルとインパルス応答

構造ＶＡＲモデルは、さまざまな経済指標の間の、時間を通じた相互依存関係を表すモデルである。構造ＶＡＲモデルでは、どの指標もその現在の値が自らの過去の値、他の変数の過去および現在の値、そしてそれ以外の予期せぬショックによって決定される、という関係をモデル化したもので、各指標を変数とする数式の体系として表現される[79][80]。このモデルに基づくと、ある指標に与えられたショックの影響を、その指標の変化が他のさまざまな指標にどのように波及し、評価対象となる指標に最終的にどのような変化がもたらされたか、というかたちで表すことができる。この変化を表すのが、インパルス応答である。

例として、金融政策の操作目標とされている変数X（コールレートなど）、波及経路の途中にある経済指標A（株価指数など）、最終目標を示す実体経済の指標B（インフレ率など）という３つの変数の関係を考える場合、インパルス応答は図８－３のように表すことができる。この図では、３つの経済指標が互いに影響を与えながら変化していく様子を、特にt＝−1, 0, 1, 2という四つの時点に注目して示したものである。金融政策の効果の検証に用いる場合でいえば、ある時点（t＝0）で実施された金融政策は、操作目標となる経済指標（たとえば図のX）に対するショック（図ではX_0に向かう「（ショック）」：金融政策ショックと呼ばれる）として表され、政策効果はこのショックが最終目標を表す指標（たとえば図のB）の将来の値（B_1、B_2など）に与えた影響として表される。この影響を表すのがインパルス応答である[81]。

インパルス応答の大きさや符号は、金融政策ショックが操作目標をどのように変化させるか（「（ショック）」からX_0への矢印）、ならびに操作目標の変化がどのように他の指標へと波及していくか（X_0からX_1やA_1などへのさまざまな矢印）、によって決まることになる[82]。実証分析では、各変数のさまざまな時点のデータを用い、それぞれの変数が他の変数に与える影響（図中の矢印の太さや符

図8－3　インパルス応答（イメージ）

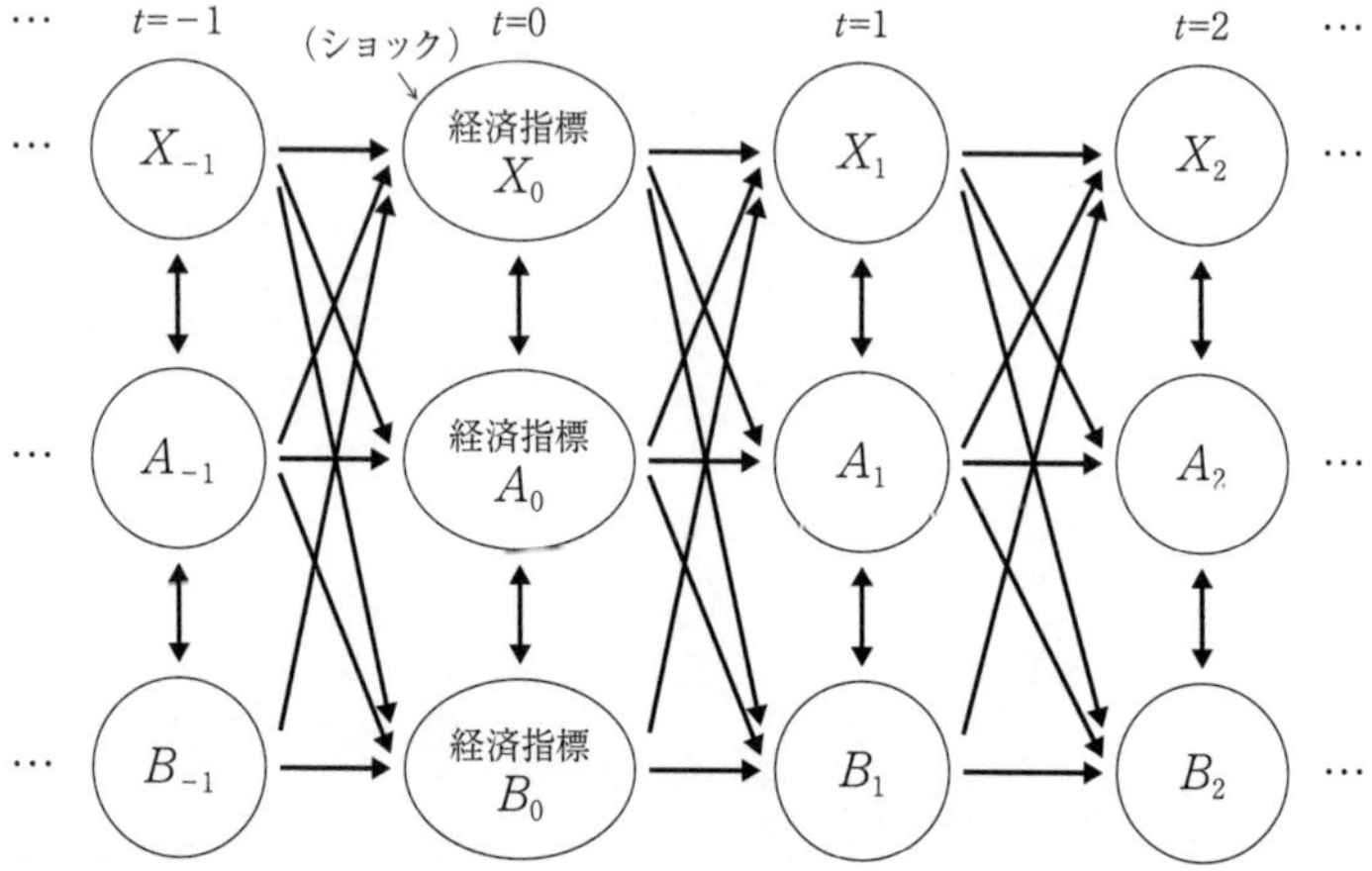

出所：筆者作成

号［プラスかマイナスか］）を推定し、その結果に基づいて政策効果を表すインパルス応答を求める。

このような複雑なことを考えなくても、金融政策の効果は操作目標と最終目標との関係、たとえば（1期後に表れる効果を見る場合には）図のX_1とB_2、あるいはX_2とB_3、などの関係だけを見ればわかるようにも思える。しかし、図から明らかなように、B_2やB_3は他の変数からも影響を受けており、またX_1やX_2の値は金融政策だけで決まるわけではない。

特に、金融政策ルールと呼ばれるように、日本銀行は実際の政策運営において、経済指標の変化（たとえば景気の悪化）に応じた政策変更（たとえば金融緩和）を行っており、金融政策自体が他の経済指標に対する受動的な反応として行われている部分がある。[83] インパルス応答は、金融政策のうちこうしたルールでは表されない部分、すなわち金融政策ショックがとらえる、予期せぬ政策変更の効果を取り出すことのできる分析方法である[84]。

なお、インパルス応答として得られた結果は、前節で整理した理論（金融政策の波及経路）に基づいて解釈できるのが理想である。実際に、図８－３のさまざまな矢印の中には、特定の波及経路と対応するものもあるだろう。しかし、複数の波及経路が同じ矢印を表すこともあるなど、その対応は不完全である。

また、構造ＶＡＲモデルでは、注目する変数を分析者が最初に決めた上で分析が行われ、その他の要因はすべてショックとして扱われてしまうため、実際の政策効果や経済構造をとらえるには単純すぎる、という限界もある。こうした制約のため、インパルス応答による金融政策の分析は、どのような経路を通じて影響が出たかを厳密に問うのではなく、経済構造を少数の指標間の関係に単純化した上で、操作目標の変化が最終目標にどのような影響を与えたかを明らかにする分析だといえる。

②　参照する実証研究の選択

インパルス応答によって金融政策の効果を明らかにするといっても、実際の分析には変数や分析手法などに関してさまざまな選択肢がある。現に、本項執筆のために筆者がリストアップした論文だけでも70本程度存在するが、これらにおいては各研究者がそれぞれの興味と目的に応じて選択を行っており、その結果も必ずしも一貫していない[85]。金融政策の評価を行うためには、こうしたちがいがもたらされた理由を踏まえ、得られている研究結果を取捨選択し、総合的に判断して結論を導く必要がある[86]。

そのために以下では、ここでの問題意識に照らして適切な分析が行われている、と判断できる研究結果を一定の基準で選び、分析手法のちがいなども考慮した上で、その結果を比較検討する。判断の基準としては、まず(1)鉱工業生産指数など経済活動の水準と、消費者物価指数など物価水準を表す指標の両方、あるいは一方に対する政策効果を求めた研究に注目する。また、(2)信頼区間が示され、統計的有意性を判断できる研究、(3)金融政策ショックの効果を抽出する方法に過度な恣意性がないと判断される研究に注目する[87]。

さらに、金融政策のタイプ（時期）ごとに評価を行うため、(4)伝統的な金融政策（１９９０年代）、ゼロ金利政策、量的緩和政策、量的・質的緩和政策の四つに注目し、該当する時期のデータを用いた研究に絞った。関連して、(5)伝統的な金融政策とゼロ金利政策については短期金利操作（表8－1の[1]）の効果、量的緩和政策と量的・質的緩和政策については量的緩和（同[3]）の効果に注目することとし、それぞれ短期金利の指標、量的緩和の指標をモデルに含み、それらに対するショックへのインパルス応答を分析した研究に注目する[88]。

なお、長期金利操作（イールドカーブ・コントロールなど）や信用緩和（包括緩和政策）（表8－1の[2][4]）に注目しないのは、前者については短期金利操作の効果（本節(1)項参照）と区別することが難しいから、後者については構造ＶＡＲモデル以外の手法を用いてより詳細な分析が数多く行われている（本節(3)項参照）からである。なお、以上の基準は絶対的なものではなく、研究者によっては異なる基準を設定することもあり得るだろう。

③　金融政策と構造変化

インパルス応答に関する実証結果を整理するための準備として、まず構造ＶＡＲモデルによってとらえることのできる、構造変化に関する結果に注目してみたい。ここでいう構造変化とは、図８‐３のさまざまな矢印で表されるような変数間の関係の大きさや符号が、変化することを意味している。

構造ＶＡＲモデルを用いた最も単純な分析では、分析期間を通じてこうした変化がない、という仮定を置いて、インパルス応答を求めるが、時期によって構造変化が起こったかどうかを確かめる研究も行われている。特に、非伝統的金融政策は、さまざまな種類や規模の政策が、時期によって異なったかたちで用いられたため、政策が経済構造を変化させているかもしれないし、また金融政策とは無関係に、実体経済側で経済構造が大きく変化し、それによって金融政策の効果が変化したかもしれない。

構造変化に関する代表的な研究の結果をまとめたのが、図８‐４である。このうち、量的緩和政策期までのデータを用いた研究（図中(a)から(c)）の結果は、ほぼ一貫している。それによると、経

図8−4　経済構造の変化に関する実証結果

		用いられている指標				
		短期金利	量的指標	金融変数	実体経済活動指標	物価指標
(a)	宮尾([2006]第2章5節)	Call	MB	株価指数	IIP	(なし)
(b)	Inoue and Okimoto (2008)	Call	MB	為替レート	IIP	CPI(水準)
(c)	Girardin and Moussa (2011)	(なし)	MB	長期金利	IIP	CPI(水準)
(d)	Miyao and Okimoto (2017)	(なし)	MB	為替レートまたは株価指数	GDP	CPI(インフレ率)
(e)	Matsuki *et al.* (2015)	Repo	CAB	株価指数、為替レート	電力消費量	日次インフレ率
(f)	Shibamoto *et al.* (2021)	Call(対数値)	(なし)	長期金利、株価指数、MS	GDP ギャップ	CPI(水準)

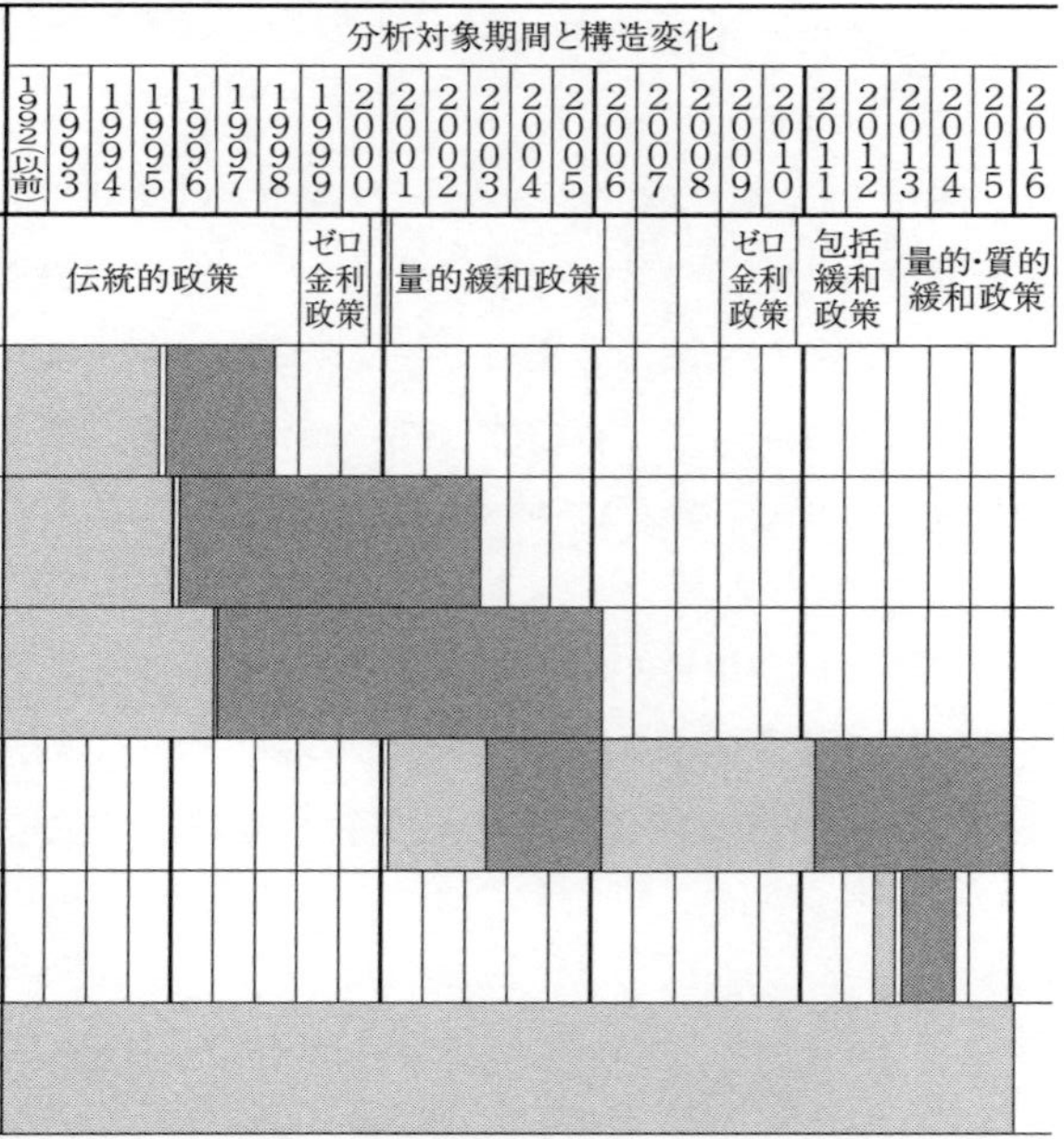

注：長方形の幅が分析対象期間を、色分けは構造が同じ時期を表す。Call＝コールレート、Repo＝レポ市場金利、MB＝マネタリーベース、CAB＝日銀当座預金残高、MS＝マネーストック統計(M2)、IIP＝鉱工業生産指数、CPI＝消費者物価指数。
出所：各論文の結果に基づき筆者作成

済構造の変化は１９９０年代の中ごろに発生しており、またこの変化によって金融政策の効果が低減したことも示されている[89]。構造ＶＡＲ分析では構造変化の原因まで特定することはできないが、これらの研究の一つは、１９９５年に発生した円高の進行、政策金利のゼロ％への接近、不良債権問題の顕在化、の三つが効果低減の原因ではないかと推測している[90]。

量的緩和政策以降の時期に関しては、２００１年から２０１５年までのデータを分析した研究（図中(d)）において、２００３年８月から２００６年３月まで、ならびに２０１１年５月以降の時期が、それ以外の時期と構造がちがう、という結果が得られている[91]。多少時期はずれるものの、量的緩和政策ならびに量的・質的緩和政策の時期と、それ以外の時期とで、経済構造や金融政策の有効性にちがいがあったことが示唆される。

また、他の多くの研究と異なり、月次や四半期ではなく日次の細かいデータを用いた研究（図中(e)）によると、２０１２年１月から２０１４年８月までの期間の中で、２０１３年３月ごろに構造変化が起こったことがわかっている[92]。この結果は、包括緩和政策の時期と、量的・質的緩和政策の時期とで、経済構造や政策効果にちがいがあることを示している。

他方で、量的緩和政策期以降の時期も含め、１９８５年から２０１６年までという非常に長い期間の分析を行った研究（図中(f)）は、この期間中に構造変化は発生していない、という結果を得ている[93]。この結果は上記の結果とは整合的でなく、現実に照らしても意外である。しかし、同研究は変数間の関係の非線形を考慮することで、長期の経済構造をできる限り単純なモデルでとらえることができることを示そうとした研究であり、量的緩和を表す指標を用いず、短期金利指標としてはコールレートの対数値が用いられ、結果的に構造変化が検出されにくいモデル選択を行っている。もし他の研究と同様の変数に変更すれば、少なくとも金利の変動が大きかった時期とそれ以降との間で、経済構造が変化したという結果が得られる可能性は高い(94)。

以上の結果をまとめると、経済構造ならびに金融政策の政策効果は、少なくとも短期金利の変動が大きかった時期と、小さくなった時期とで変化している。さらに細かく分ける場合には、五つの時期、すなわち(1)1990年代前半までの伝統的金融政策の時期、(2)1990年代後半からゼロ金利政策・量的緩和政策期、(3)量的緩和政策の解除から包括緩和政策の前までの時期、(4)包括緩和政策の時期、(5)量的・質的緩和政策の時期、に分けることができる。

こうした変化は、実際に採られた非伝統的金融政策のタイプの変化ともおおむね整合している。以下ではこの細かい時期区分を念頭に置いて、実証研究の結果を整理することにしたい(95)。

なお、量的緩和政策期の途中で構造変化が起こったという結果（図8－4の研究(d)）には注意が必要かもしれない。りそな銀行の実質国有化に象徴されるように、2003年は不良債権問題が収束に向かっていた時期にあたる。このため、同研究が発見した構造変化は、短期金利操作から量的緩和政策への変化をとらえているのではなく、日本経済が金融危機モードを脱したことを表している可能性がある。日本銀行の政策としても、危機対応のプルーデンス政策から、平時の金融政策に移行したことをとらえている可能性がある。

④　短期金利操作には効果があったのか

インパルス応答によって示される金融政策の効果について、まずは、伝統的金融政策からゼロ金利政策までの時期に行われていた、短期金利操作の効果に関する研究に注目してみよう。

ここで注目する研究は、金融政策ショックを受ける短期金融市場金利としてコールレート（無担保オーバーナイト物）、実体経済活動については鉱工業生産指数やＧＤＰギャップ、物価・インフレ率については消費者物価指数やその指数から求められるインフレ率を用いた研究である。(96) このうち、１９９０年代の伝統的金融政策に関しては、ゼロ金利政策期以前のデータのみを用いていること、あるいはその後のデータも含むが構造変化や時期による効果のちがいを考慮しているため、伝統的金融政策の効果を適切に抽出できていると考えられる研究に注目する。

こうした条件を満たす研究の結果を見ると、短期金利操作が実体経済活動に与える効果については結果が一致している。すなわち、コールレートを引き下げる方向にはたらく金融政策ショックに対する鉱工業生産指数、あるいはＧＤＰギャップのインパルス応答は、どの研究でもプラスである。(97) また、物価水準やインフレ率に与える影響についても、１９９０年代前半までの状況をとらえていると考えられる研究では、プラスの効果が報告されている。(98)

ただし、分析対象期間をその後の量的緩和政策期まで延長した研究や、１９９０年代半ばに注目した研究では、規模は小さいものの、長期にわたって物価を逆に引き下げる効果があったことが示されている。また、時期別の効果を明示的に取り出した研究では、１９９０年代半ば以降は効果がなくなったことが示されている[99]。

ゼロ金利政策期の状況をとらえていると考えられる研究でも、鉱工業生産指数や消費者物価指数への影響が、なくなっていることを示す結果が得られている[100]。また、物価に対する効果は弱まったこと、生産に対してはむしろ負の効果が見られることを示した研究もある[101]。以上の結果は、金利引下げの効果が90年代後半以降失われたことを示している。

こうした結果を総合すると、ゼロ金利政策期までの短期金利操作は、伝統的金融政策の下で金利がプラスの値を取っていた1990年代半ばまでは、実体経済活動を活発化させ、物価を押し上げたといえる。しかし、ゼロ金利の下限に近づいた1990年後半以降、特にゼロ金利政策が開始されてからは、効果が失われたと判断できる。

⑤ 量的緩和政策期の量的緩和には効果があったのか

では次に、量的緩和政策期における量的緩和の効果について見てみよう。量的緩和の効果を表すインパルス応答としては、操作目標となった日銀当座預金の残高を増加させるような金融政策ショックが実体経済指標に与えた効果を分析するのが自然である。また、日銀当座預金に市中に出回っている現金通貨を加えた、マネタリーベースに関するショックに注目した研究も多い。

得られている結果はしかし、必ずしも一貫していない。日銀預け金を増加させる金融政策ショックが鉱工業生産指数に与える影響を見た研究では、ショックの発生後数カ月後に、ごく短期間のみ指数が増加したとする結果、あるいは同程度のプラスの効果が1年先くらいまで継続してみられるという結果が得られている[102]。これに対してマネタリーベースを増加させるショックの効果をみた研究は、同様のプラスの効果がむしろ、2、3年先以降に、より小さく、しかしやや永続的に表れることを示している[103]。マネタリーベース変化の効果は、日銀預け金の変化の効果よりも遅れて現れるのかもしれない。

これに対して、鉱工業生産指数ではなく、GDPやGDPギャップのインパルス応答をみた研究によると、日銀預け金を増加させるショックは、数カ月後から1、2年後までの間に多少のプラスの効果を持つことが報告されている[104]。しかし、そうした効果が見られなかったことを報告している研究もある[105]。

以上の研究にはしかし、分析手法上の問題があるかもしれない。短期金利操作の場合には、操作目標となる金利指標は日々変動するフロー変数であるため、金融政策ショックの影響は即座に表れると考えられる。これに対して量的緩和の場合、操作目標である日銀預け金などは残高ベースのストック変数であるため、相対的に変化が少なく、金利指標に比べて影響が表れるのに時間がかかる可能性がある。特に、同時点の経済指標に即座に影響を考えるとは考えにくい[106]。

この点を考慮して、量的緩和を将来の変数のみに影響する金融政策ショックとして定式化した研究では、マネタリーベースを増加させる金融政策ショックが、数カ月先までGDPギャップを減少させ、2年以上先にのみ多少のプラスの効果を持つことを示している[107]。しかもこの研究では、予期された金融政策ショックと予期されない金融政策ショックを区別した分析を行い、前者は有意な効果を持たず、後者のみが多少大きな効果を持ったことも報告している。

生産ではなく、物価やインフレ率に対する影響についてはどうだろうか。上記の研究の多くは、物価指標である消費者物価指数、あるいは同指数を用いたインフレ率にも注目しており、得られている結果は比較的一貫している。すなわち、日銀預け金やマネタリーベースを増加させる金融政策ショックは、これらの指標に対して統計的に有意な効果を持たなかった、とする研究が多い[108]。量的緩和は、物価には影響を与えなかった、と判断するのが適当だろう。

これらの結果を総合すると、量的緩和は生産活動に対しては多少の効果を持ったが、物価には影響しなかった、と結論づけることができる。このため、金融政策としての量的緩和の効果は不十分だったといえる。しかし、量的緩和政策の時期は、金融危機が収束に向かっていた時期であり、量的緩和による金融機関への資金供給は、危機対応の流動性供給という側面を持っていたことに注意する必要がある。前項までの結果も踏まえると、量的緩和は金融機関の資金繰りを支え、そのことから間接的に実体経済活動を下支えしていた可能性が高く、プルーデンス政策として十分な意味を持っていたと考えられる。

⑥ 量的・質的緩和政策期の量的緩和には効果があったのか

最後に、量的・質的緩和政策期における量的緩和の効果を見てみよう。量的緩和政策期と比べ、量的・質的緩和政策期の量的緩和の効果を分析した研究は少ない。その理由は、量的緩和はすでに量的緩和政策の際に採用されていた政策手段であるため、研究上の関心が薄れたから、あるいは信用緩和やイールドカーブ・コントロールなど、同時期に採用された他の政策に関心が集まったからかもしれない。

行われている少数の研究としては、まず第一に、2012年から14年の日次データを用い、包括緩和政策期と量的・質的緩和政策の前半期を分析した研究がある。同研究は、後者の時期において、日銀預け金を増加させる金融政策ショックが経済活動（電力消費量）をむしろ減少させたこと、日次のインフレ率にはごく短期のマイナスの影響以外に影響がなかったことを報告している[109]。

第二に、1996年から2015年までの、長期の四半期データを用いた研究では、2014年第3四半期の時点で日銀預け金を増加させた場合のインパルス応答を求め、GDPに対する影響は見られず、消費者物価指数は長期にわたって引き上げられる、という結果を得ている[110]。また、第三の研究として、2001年から15年までの月次データを用いた研究では、量的緩和政策期と量的・質的緩和政策期に対応する期間（2003-2006年と2011年以降）において、マネタリーベースを増加させる金融政策ショックがもたらすインパルス応答を求め、GDPに対しては小さいが長期にわたるプラスの効果、消費者物価指数については1年後以降にプラスの効果がみられることを報告している[111]。

以上のように、量的・質的緩和政策期の量的緩和の効果に関しては、一貫した結果は得られていない。上記三つの研究は、分析データの細かさや対象時期、分析方法が異なるため、結果のちがいはこれらのちがいからもたらされている可能性が高い。本来であれば、ちがいをもたらす原因を特定し、より望ましい方法で分析を行うべきであるが、そうした作業は今後の研究に任せ、ここでは三つの研究が得た結果の範囲で政策効果の定量的な評価を行ってみることにしたい。

まず、第一の研究の結果は、量的・質的緩和政策期の量的緩和には望ましい効果がまったくなかったことを意味している。これに対して第二、第三の研究は何らかの効果があったことを示している。このうち、第二の研究の結果を詳しく見ると、日銀預け金を1%増加させる金融政策ショックが発生した場合、消費者物価指数が次第に上昇し、その水準は約2年後にショック前の約1・002倍(0・2%増)に達することが示されている。[112]

また、第三の研究の結果によると、マネタリーベースを1%増加させる金融政策ショックが発生した場合、実質GDPの水準は1年後に約1・0005倍(0・05%増)、3年後には約1・001倍(0・1%増)に増加し、また消費者物価指数の増加率(インフレ率)も1年後に0・012%ポイント増、3年後には0・02%ポイント増となる。[113]

ここで、この時期の日銀預け金の実際の動きを見てみると、2013年4月の量的・質的金融政策開始により、2013年末時点の日銀預け金の残高は、前年比で126・6%増加している(日本銀行時系列統計より)。厳密性には欠ける試算であるが、この増加がすべて、第二の研究が示す定量的な効果をもたらしたとすると、消費者物価指数は2年後に25・32%(=0.2×126.6)も増加することになる[114]。しかし、実際の消費者物価指数（年平均値）の２０１３年から２０１５年にかけての増加率は３・48％でしかなく、しかもこの増加率には２０１４年４月の消費税率引上げ（５％から８％）の影響も含まれている[115]。

また、もしこの試算が正しければ、量的・質的緩和政策が行われていなければ物価は20％以上下落していたことになる。第二の研究が示唆するこうした結果は現実的ではなく、元となった分析結果自体に何らかの問題があると考えざるを得ない。

これに対し、第三の研究についても同様の検討を行うと、２０１３年末時点のマネタリーベースの残高は前年比で46・６％増加している（日本銀行時系列統計より）。この増加がすべて、第三の研究が示す効果をもたらしたとすると、消費者物価指数の増加率（インフレ率）は１年後には０・56％ポイント（＝0.012×46.6）、３年後には０・93％ポイント（＝0.02×46.6）増加することになる。実際の消費者物価指数の増加率は、２０１３年から14年で２・74％、２０１３年から16年で３・90％である。こうした値は、消費税増税の効果（３％ポイント）を除いて考えると試算よりやや小さいが、第二の研究が示唆する値よりは現実的な大きさである。

他方で、こうした効果がなかったとしても、消費者物価指数は１年後には２・18％（＝2.74－0.56）、３年後には２・97％（＝3.90－0.93）であったことになり、落ち込みはそれほど大きくない。実際に取られた政策の規模が未曾有のものだったことを考えると、量的・質的緩和政策は十分な効果をもたらしたとはいえない。

このように、実証分析によって得られている結果からは、量的・質的緩和政策における量的緩和の効果は、限定的であった、と結論づけることができる。物価やインフレ率に関する限り、インパルス応答を求めた研究は長期的にプラスの効果があった可能性を示している。しかし、その効果は上記の意味で限定的であり、未曾有の規模の資金供給に見合ったものではない。

⑦「素朴なリフレ派理論」の想定は正しかったのか

量的緩和の効果に関する検討の最後として、素朴なリフレ派理論が主張する「日本銀行が資金を供給して貨幣量を増加させれば経済活動が活性化し、デフレから脱却できる」（前節(3)項の②）という効果を検証してみよう。こうした主張の根拠となり得る、ＩＳ－ＬＭモデルを用いた説明の通りに量的緩和が効果を持つためには、先に説明した通り(1)量的緩和（マネタリーベースの増加）により貨幣供給量が増大する、という信用乗数の関係、(2)「貨幣供給量の増大が金利を低下させる」（流動性の罠は発生していない）という貨幣需要関数の関係、ならびに(3)「金利低下が企業の投資を増大させ、実体経済活動を活発化させる」という投資関数の関係がいずれも見られる必要がある。

このうち、(1)の関係が実際に見られたかどうか、という現実妥当性のチェックは、構造ＶＡＲモデルなどを用いるまでもなく、マクロ統計を用いて簡単に行うことができる。図８－５は、信用乗数の関係を検討するために、貨幣量（ここではＭ２＋ＣＤ）をマネタリーベースで除すことで定義した信用乗数をプロットしたものである。

図からわかるように、この信用乗数は、２００６年の量的緩和政策解除時に水準が上昇していることを除き、一貫して低下傾向にある。特に、２０１３年以降の量的・質的緩和政策の開始以降、信用乗数は大きく落ち込んでいる。

素朴なリフレ派の考えでは、日本銀行がオペレーション等で大量に資金を供給すれば、貨幣量が増大するはずであるが、マネタリーベースが急増した２０１３年以降も、貨幣量の伸びは大きく変化していない。むしろ、資金を供給すればするほどそれに伴う貨幣の増加の程度は減少している。「素朴なリフレ派理論」は現実妥当性を持たないと判断される(116)。

⑧　金利操作・量的緩和の実体経済への効果に関する検討結果

ここまで本項では、構造ＶＡＲモデル分析等の数多くの研究結果に基づき、実体経済に対する金利操作や量的緩和の効果に関する実証結果を整理してきた。その結果をまとめてみよう。

第一に、構造変化に関する実証結果からは、経済構造ならびに金融政策の政策効果は、失われた30年の間に何度か変化しており、細かくみると、(1)１９９０年代前半までの伝統的金融政策の時期、(2)１９９０年代後半からゼロ金利政策・量的緩和政策期、(3)量的緩和政策の解除から包括緩和政策の前までの時期、(4)包括緩和政策の時期、(5)量的・質的緩和政策の時期、の五つの時期に分けることができる。これらは実際に採られた政策の変化と整合しているが、(3)の時期にはプルーデンス政策の重要性の低下を表す可能性のある変化もとらえられている。

図8−5　信用乗数

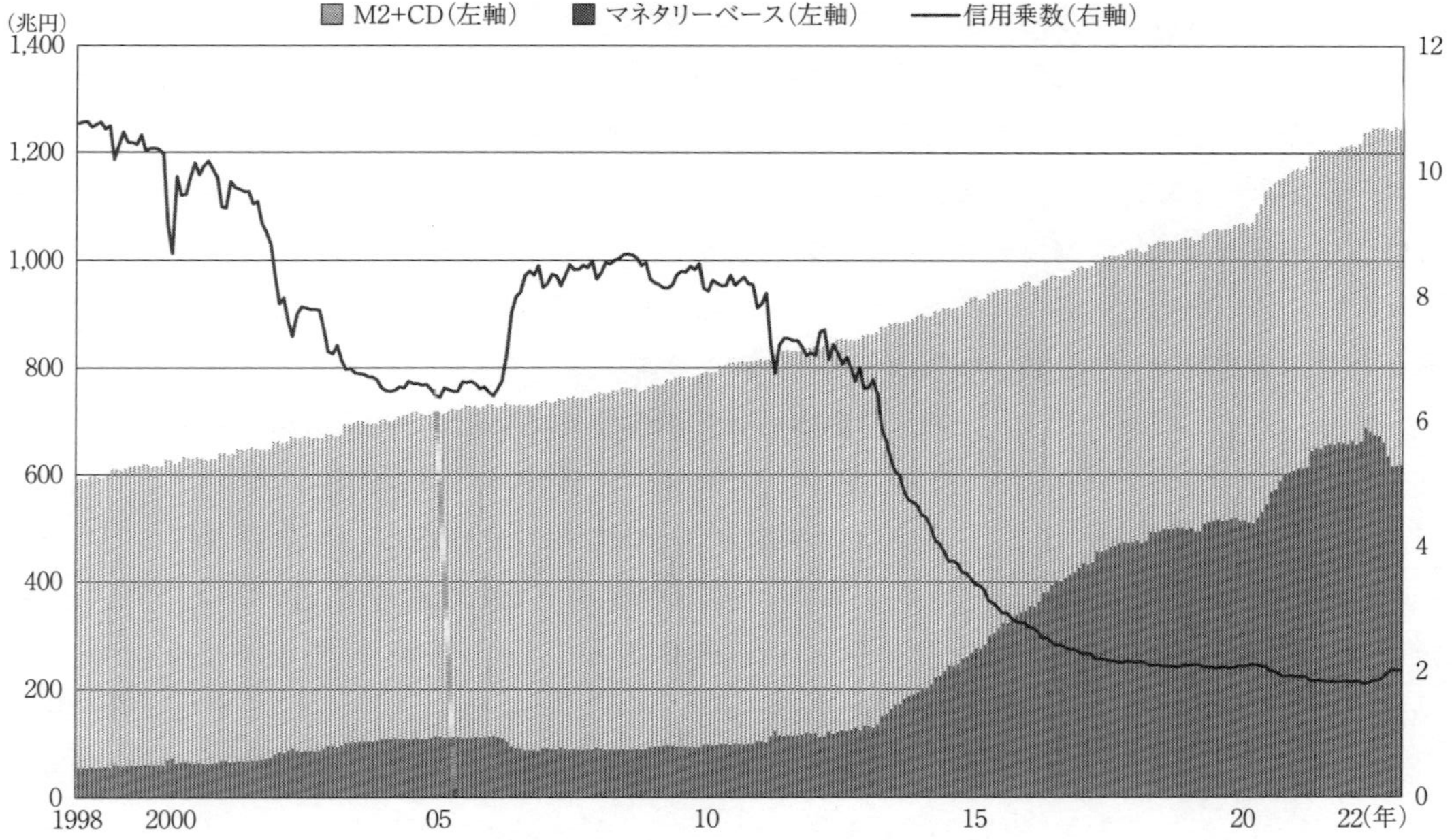

注：信用乗数=M2+CD/マネタリーベース。M2+CDは、2003年3月まではマネーサプライ、2003年4月以降はマネーストック。
出所：日本銀行時系列統計より筆者作成。1998年4月から2022年12月までの月次

各時期の政策効果に関しては、１９９０年代半ばまでの伝統的な金融緩和では、短期金利を低下させる政策が実体経済活動を活発化させ、物価を押し上げていたが、その効果は１９９０年後半以降失われた。そこで導入された量的緩和政策は、物価を引き上げる効果は持たなかったものの、生産活動を活発にした可能性は示されている。

これに対して、量的・質的金融緩和期の量的緩和（大量の資金供給）は、物価に対しては多少のプラスの効果を持った可能性が示されているが、経済活動水準については結果が一貫しておらず、また得られている効果は定量的にみて非常に小さい。

最後に、失われた30年を通じて信用乗数を見てみると、量的緩和政策解除時の変化を除けばほぼ一貫して減少している。「素朴なリフレ派理論」が予想するような、資金を供給すれば貸出が増えて経済活動が活発になる、といった単純な意味での量的緩和の効果は、実証研究からは支持されない。

5　金融政策と経済停滞に関する検討結果と考察

結局のところ、失われた30年に対して、金融政策はどのような役割を果たしたのだろうか。本章では、理論的根拠（波及経路）も踏まえ、さまざまな観点から実証結果を整理してきた。ここではその整理を踏まえ、失われた30年に採られた金融政策について、得られているエビデンスを鳥瞰して解釈し、またエビデンスが不足している場合は補いながら、金融政策に関する総合的な評価を行うことにしたい。なお、ここまでの実証結果を踏まえると、評価は量的緩和政策までと、包括緩和政策以降とで分けて行うのが適切である。金融危機の爪痕が残る前者の時期と、経済停滞が続く後者の時期とでは、政策の性質が異なることが示されているからである。

(1) 実証結果に基づく金融政策評価：1量的緩和政策まで

量的緩和政策までの金融政策は、伝統的金融政策の時期を含んでおり、また非伝統的金融政策についてもその後の非伝統的金融政策とは性質が大きく異なる。また、当時は金融危機が発生し、それに対する対応が行われていた時期であり、この時期の政策は金融システムの問題に対処する危機対応、つまりプルーデンス政策の性格が強い（第5章4節(3)項、第6章2節(3)項参照）。本章3節(6)項で触れた通り、日本銀行の政策評価は金融政策とプルーデンス政策のどちらの側面を重視するかで異なる可能性があり、この時期に関して得られているエビデンスは、後者としての意義を示している。

まず、1990年代前半には、伝統的金融政策による短期金利の引下げにより長期金利が低下し（前節(1)項）、実体経済活動は活発化し、物価は押し上げられていた（前節(4)項）。この時期は、経済活動は停滞に向かい、インフレ率も低下傾向にあった時期である（第3章1節図3－1参照）ため、得られている実証結果は、金融緩和がなければ落ち込みがさらに大きかったことを示唆している[117]。

これに対して、１９９０年代後半からは、短期金利がゼロ制約に近づき、より長い期間の金利まで低下する中で、前半に見られていた実体経済への効果が失われ（前節(4)項）、伝統的な金融政策は限界を迎えた。ただし、短期金融市場を通じた日本銀行の資金供給は、金融機関の流動性制約を緩和する、という重要な役割を果たし（前節(1)項）、またコールレートの低下は銀行貸出を増加させる（減少させない）効果を持っていた（前節(2)項）。この時期は、金融危機がピークに達した時期であり、日本銀行の政策は、プルーデンス政策として重要な役割を果たしたといえる。

２０００年代に入って採られたゼロ金利政策と量的緩和政策は、フォワード・ガイダンスや量的緩和（日銀預け金を通じた大量の資金供給）により、ゼロ金利が長期間継続されるという期待を醸成し、長期金利を低下させる効果を持った（前節(1)項）。また、こうした政策を発表（アナウンス）すること自体が長期金利や株価を変化させる効果もあった。ただし、政策発表の効果は（少なくとも発表時点では）事前に予想されないような、いわゆる「サプライズ」の部分に限られていた（前節(1)項）。

銀行貸出に関しては、量的緩和による資金供給が銀行の資金調達コストを低下させ、銀行貸出を増加させる（減少を押さえる）効果を持った（前節(2)項）。この効果はしかし、資金制約や経営悪化に陥った銀行に顕著に見られており、やはりプルーデンス政策として重要な役割を果たしたといえる。

ゼロ金利政策期、あるいは量的緩和政策期には、ポートフォリオ・リバランシング効果も見られた。日本銀行の長期国債買入により、民間金融機関の長期国債保有は減少し、株式等の資産保有は増加しており、リスク資産のリスクプレミアムも低下した（前節(1)項）。ただし、こうした買入も、経済活動の下支えやデフレ阻止を目的とした金融政策ではなく、金融機関に対する資金供給という側面が強い[118]。金融政策として評価するのであれば、実体経済への影響が重要だが、量的緩和政策は、生産活動を活発にした（落ち込みを抑えた）ものの、物価を引き上げる効果は持たなかった。

以上より、「失われた30年」の前半、すなわち1990年代後半から2000年代半ばすぎまでの日本銀行の政策は、金融市場や金融機関には影響を与え、実体経済活動を下支えしたが、物価に対する影響を持たなかったといえる。こうした結果は、経済停滞とデフレ、という失われた30年の問題、あるいは金融政策の最終目標であるマクロ経済の安定（景気・物価の安定）に対し、この時期の政策がある程度の役割は果たしたが、特に物価に関して十分な影響を与えられなかったことを意味している。この点で、金融政策の手段や規模、タイミングが適切だったのか、という批判は、ある程度正当化できる。

この批判をサポートする研究として、仮にゼロ金利政策時において、日銀当座預金（金融機関に対する資金供給）をもっと増加させていたら、生産やインフレ率が高まっていたかもしれないことを報告する研究もある[119]。

ただし、量的緩和政策までの、金融システムに大きな問題が発生していた時期においては、実体経済活動を活発化させる金融政策よりも、金融システムの安定化を目的とするプルーデンス政策のほうが重要である。前節のエビデンスの中で、量的緩和政策期までのものを、危機対応のプルーデンス政策の観点からみた場合には、金融システムに資金を供給して危機の進行を食い止め、実体経済への影響を押さえた、と判断することができ、当時の日本銀行の政策は十分評価に値する。

(2)　実証結果に基づく金融政策評価：②包括緩和政策以後

包括緩和政策以降の金融政策は、それ以前の政策に対する批判を裏づけとして、それまでにはない規模と方法で拡大されていった。危機がすでに沈静化したこの時期は、リーマン・ショックなど実体経済に対する大きなショックは見られたものの、金融システム自体は大きな問題を抱えていない。このため、日本銀行の政策は基本的にはプルーデンス政策ではなく、金融政策の観点から評価すればよい。

まず、この時期の信用緩和について整理すると、日本銀行による長期国債買入は、銀行貸出を促進した（前節(2)項）。また、ＥＴＦの買入は、対象となる株価指数に含まれる個別株式の価格やリターンを増加させ、リスクを減少させ、対象企業の財務を改善し、資金調達を容易にした。しかし、資金調達への影響は小さく、しかもこれらの効果は事前に予期された買入額を超えた部分（サプライズ）にしか見られない。さらに、金融市場のはたらきを歪めるとともに、実体経済への影響も限定的であった（以上、前節(3)項）。

こうした結果を踏まえると、ＥＴＦの買入は、株式流通市場における需要を増加させ、株価を下支えしたが、発行市場を活性化させたとはいえず、市場の機能を歪めるとともに、実体経済にも大きな影響を持たなかった。長期国債買入はある程度正当化できるが、ＥＴＦ買入については望ましい政策として評価することは難しい。

量的・質的緩和政策における長期金利操作や量的緩和に関しては、長期国債買入（イールドカーブ・コントロール）により長期金利が実際に低下し、市場が期待するゼロ金利継続期間も長期化した。また、こうした政策発表（アナウンス）そのものが長期金利を低下させ、株価を上昇させた。しかし、政策発表の効果は事前の予想を超えるサプライズ部分にしか見られず、また長期金利やリスク資産価格の変化が、ポートフォリオ・リバランシング・チャネルの想定通りに金融機関の資産選択行動を変化させたかどうかは、エビデンスがないため判断できない（以上、前節(1)項）。

量的・質的緩和政策について、量的緩和（大量の資金供給）の側面に注目したエビデンスからは、貸出を促進する効果は限定的であり（前節(2)項）、物価に対する効果は多少のプラスであったが、経済活動水準に与えた影響は少なくとも定量的には小さい。素朴なリフレ派理論が想定するように、大量の資金を供給すれば、比例的に実体経済活動が活発化する、という関係は見られない（前節(4)項）。

以上に基づき総合的に判断すると、包括緩和政策における信用緩和や、量的・質的緩和政策における長期金利の誘導・信用緩和・量的緩和は、金融政策に求められる効果を十分に発揮しなかったといえる。特に、量的・質的緩和政策は、空前の規模で行われたにもかかわらず、金融政策の最終目標に対して、それに見合った顕著な効果を持ったとはいえない（前節(4)項の⑥）。どれほど大きな政策を行っても、それが事前に予想される限りは影響を持たない（サプライズ部分しか効かない）という可能性も否定できない。

(3) 金融政策は「失われた30年」の原因か

以上の評価を踏まえると、本章の出発点である、「日本銀行による金融緩和が不十分であったために経済停滞が発生した」、あるいは「より積極的な緩和を行っていれば停滞を脱することができた」、とする「考え方」に対しては、どのような判断を下せるだろうか。

まず、１９９０年代前半までのエビデンスは、伝統的な金融政策が有効であったことを示している。もちろん、この時期にも経済成長は鈍化し、デフレが進行したため、金融緩和の規模をさらに拡大したり、そのスピードを速めていれば、経済活動の停滞をさらに食い止められた、と批判することは可能である。しかし、この時期の金利引下げは、短期間のうちに、大幅に進められており（図８－１参照）これ以上の急激な緩和は簡単ではなかったと考えられる。もちろん、非伝統的金融政策を採用して、より大規模な緩和を進めるべきだった、という批判も可能ではあるが、そうした政策が検討もされていなかった当時において、この批判は現実的とはいえないだろう。政策効果が見られたことからしても、上記の「考え方」は支持できないだろう。

これに対して、１９９０年代後半以降は、伝統的な金融政策の効果が失われ、非伝統的金融政策が採用された時期である。その政策効果は、量的緩和政策期までの時期に関する限り、金融システムに影響を与え、実体経済活動を下支えしたが、物価には影響しなかった。後者の意味では、金融政策は「失われた30年」の原因といえるかもしれない。しかし、この時期の日本銀行の政策は危機対応として行われており、プルーデンス政策としては重要な役割を果たしたといえる。このため、この時期の日本銀行の政策を金融政策の観点から評価するのはそもそも適切でなく、金融政策の効果を問うこと自体がこの時期には適切でないともいえる。

続く2000年代後半以降は、金融システムが危機的状況を脱した後の時期である。リーマン・ショックなど実体経済へのショックに対する危機対応は行われたものの、プルーデンス政策よりも金融政策の役割が重視された時期といえる。しかし、包括緩和政策や量的・質的緩和政策は、実体経済への影響が限定的であり、有効性に乏しい。このため、2000年代後半以降に関しては、上記の「考え方」を完全に否定することはできない。つまり、それまでの金融政策に対する批判に基づき導入されたはずの包括緩和政策や量的・質的緩和政策についてこそ、その有効性は疑問視される。

では、実体経済を活性化させるために、あの量的・質的緩和政策よりもさらに大規模な金融緩和を行うべきだったのだろうか。この問いかけはしかし、大きな違和感をもたらすはずである。この違和感は、そもそもの「考え方」自体を再考する必要があることを意味している。

つまり、「日本銀行による金融緩和が不十分であったために経済停滞が発生した」「より積極的な緩和を行っていれば停滞を脱することができた」といった主張は、大量に資金を供給し、積極的な金融緩和を行えば行うほど景気はいっそう回復し、物価はますます上昇する、という、非常に単純で楽観的な想定に基づいている。

もちろん、この想定に一定の理論的根拠を与えることは可能である。しかし、先に触れた通り、もっとも単純明快な理論的根拠である素朴なリフレ派理論の場合、その主張は極端な仮定の上に初めて成り立つものであり、なによりもその主張はエビデンスによって明確に否定されている（前節(4)項の⑦）。前節で整理した他のエビデンスも、こうした想定は支持されないことを示唆している。

上記のような、単純で楽観的な金融政策像が否定される以上、実体経済活動が活発化しなかった原因は、金融政策が不十分だったという「程度」の問題や、やり方が悪かったという「方法」の問題ではないはずである。そもそも、失われた30年という問題は、実体経済に関する問題であり、金融システムにはたらきかける金融政策（だけ）ではこの問題を解決できなかった、と考えるほうが自然である。つまり、失われた30年は、金融政策によって実体経済活動を活発化できる状況ではなかった、と判断するのが適切である。

では、失われた30年の真の原因は何なのだろうか。この点については、前章までの検討も合わせて次節で詳しく触れることにしたいが、ここでは金融システムの外、つまり実体経済の側に起因している可能性が高いことを指摘しておきたい。第２章３節(3)項で触れた通り、問題が実体経済側で生じている場合、その解決は金融システム（のサブシステムである金融政策）だけでは達成できない（図２－２も参照）。

なお、失われた30年は金融政策で解決できる問題ではなかった、と判断することは、金融政策が無力であることを意味しているように聞こえるかもしれない。しかし、こうした理解は誤りである。たとえ金融緩和が実体経済活動を活発化できなかったとしても、その素地を作ることはできていたといえるからである。

非伝統的金融政策による金融緩和が行われていなければ、あるいはプルーデンス政策としての資金供給が行われていなければ、経済活動はさらに落ち込んでいたと考えられる。たとえ、金融システムが十分な資金提供を可能にしたとしても、それを利用する実体経済側が十分な資金需要を持たなければ、実体経済活動は改善しない（第2章3節(3)項を参照）。だが、いったん資金需要が生まれれば、それに対して十分な資金を供給できる状況をつくり出していた、という意味において、失われた30年の金融政策は、実体経済活動が活性化するための素地を提供していたといえ、意義があったといえる[120]。

(4) 非伝統的金融政策がもたらした問題

以上のような意味では、非伝統的金融政策は一定の意義を持った政策だといえる。だが、評価の観点をさらに広げると、金融政策は大きな問題をもたらす政策だったと判断せざるを得ない。

ここまでの評価はあくまで、本章の目的である、失われた30年の原因としての（金融システムのサブシステムとしての）金融政策の評価である。しかし、ここまでの評価では触れられていない論点の中に、非伝統的金融政策を総合的に評価する上で見逃せない、非常に重要な論点がいくつか存在する。中でも特に重要なのが、本章３節(5)項で触れた、金融システムの機能阻害、日本銀行の財務の健全性、そして実体経済におけるコーポレート・ガバナンスや財政規律の問題である。

包括緩和政策、そして特に量的・質的緩和政策は、これまでにない方法や規模で行われ、効果が見られないにもかかわらず見直されることなく継続され、膨張していった。その結果として、日本の金融構造は大きく変わり、金融システムはもとよりその外側にある実体経済に、大きな問題を生み出している。

こうした問題の中にはすでに顕在化しているものもあり、また今後顕在化する可能性のある大きなものもある。この意味で、包括緩和政策と量的・質的緩和政策、特に後者は日本経済の将来に大きな負の遺産を残した、問題の多い政策だったと評価できる。これらの問題の検討は、金融システムを扱う本書の範囲を超えるところがあるが、ここでは特に重要なこうした問題について、触れておくことにしたい[121]。

①　金融システムの歪み

まず、金融システム内の問題を再度確認しておくと、非伝統的金融政策は、金融システムに大きな歪みをもたらした。たとえば、包括緩和政策と量的・質的緩和政策におけるＥＴＦ買入は、対象となる企業の株式の流動性を低下させるとともに、価格形成の歪みをもたらし、裁定機会を増大させており、各株式のリターンの同調性を高めている。また、日本銀行による株式保有は株価の調整速度を低め、市場の効率性を損ねている（前節⑶項参照）。さらに、量的緩和政策における日本銀行の大量の資金供給（量的緩和）は、民間金融機関に大量の預金（日銀預け金）を保有させる結果となり、余裕資金を抱えた金融機関に短期金融市場を利用する誘因を失わせ、市場の機能を低下させた。[122]

関連して、コーポレート・ガバナンスに関する問題も指摘できる。金融市場の価格発見機能が低下すると、市場からの規律づけが低下した企業は、企業価値の最大化を行う誘因を失うかもしれない。また、ＥＴＦ購入を通じた日本銀行による実質的な株式保有は、議決権を行使しない、もの言わぬ株主の増加、というかたちでも、企業に対する規律づけを失わせるかもしれない。

② 日本銀行の健全性と政策自由度の低下

第二の問題は、日本銀行の健全性と、政策自由度の問題である。包括緩和政策と量的・質的緩和政策における量的緩和・信用緩和により、日本銀行はさまざまな金融資産を大量に買い入れ、結果として残高ベースで巨額の金融資産を抱えるようになっている（図８－２⑵参照）。リスク資産からの収益が十分に得られない、あるいはその価値が毀損する場合、日本銀行は損失を負い、政府に対して国庫納付金を支払えず、国民負担が増加する。また、政府が損失を補填する場合には、より直接的な国民負担が発生する。

リスク資産に限らず、長期国債の保有も含めた日本銀行のバランスシート肥大は、将来の政策対応を難しくする可能性もある。新型コロナウイルス感染症の拡大による経済活動の悪化に対処するため、日本銀行は２０２０年４月以降に大規模な資金供給を行ったが、この結果、量的・質的緩和政策ですでに肥大していた日本銀行のバランスシートは、さらに膨張した（図８－２）。

ショックへの政策対応としての資金供給は、当然必要である。しかし、ショックが起きるたびに同様のバランスシート拡大を繰り返していくことには、損失発生の可能性を増す、という健全性の問題に加え、そのような大規模の資金供給を可能にするだけの金融資産が存在するのか、それだけの資金需要があるのかといった、実行可能性の問題も懸念される。大きな問題が発生していない時期にバランスシートを縮小しておかなければ、将来必要となる政策対応を機動的に行えなくなる可能性もある。

そもそも、量的・質的緩和政策における「マネタリーベースおよび長期国債・ＥＴＦの保有額を2年間で2倍に拡大し、長期国債買入の平均残存期間を2倍以上に延長する」「マネタリーベースが、年間約60～70兆円に相当するペースで増加するよう金融市場調節を行う」「長期国債の保有残高が年間約50兆円に相当するペースで増加するよう買入を行う」といった巨額の資金供給は、「消費者物価の前年比上昇率２％という「物価安定の目標」を、２年程度の期間を念頭に置いて、できるだけ早期に実現する」ための時限的な政策として始まったものである（以上、日本銀行『「量的・質的金融緩和」の導入について』（２０１３年４月４日）参照）。このため、これらの額は、あくまで2年間という期間の中で許容できる額として（それでも巨額ではあるが）設定されたと考えられる。結果的に目標が達成されなかったため、同様の政策が、ときに規模を拡大して継続されたが、この規模の拡大を長期にわたって継続し、残高を積み上げることから生じる問題について、十分検討されていたのだろうか[123]。

もちろん、いったんあのような大規模な政策を始めてしまうと、それを縮小することは、金融引締めと理解されて逆に悪影響を招く可能性もあり、その点では政策変更が難しかったのかもしれない。しかし、もしそうであるならば、そもそも後戻りができない（出口戦略が明確でない）政策を最初から採るべきではなかったといえる。また、小さな失敗は早急に認め、その判断の理由を正確に発信しながら軌道修正を図ったほうが、正当化を抗弁して取り返しのつかない失敗に拡大させてしまうよりも、望ましかったのではないだろうか。

もちろん、今となってはこうした批判を行っても手遅れである。しかし、少なくとも今後の金融政策運営において考慮すべき教訓として、風化させずに記憶に留めておく必要がある。その上で考えるべきは、実際に発生してしまった日本銀行のバランスシート肥大の問題をどう是正するかである。この問題は、単純に資産を売却すれば解決するものではない。大量の資産売却は、金融資産価格の暴落につながり、また金融引締めのシグナルと解されてしまえば実体経済にも悪影響が出るかもしれない。長期的な視野で、残高を徐々に減らしていくこと、とはいえ再び金融緩和が必要な状況が発生した場合にはそのルールに固執しないことなど、いわゆる出口戦略を慎重に取っていく必要がある[124]。

③　財政の問題[125]

第三の、さらに深刻な問題として、日本銀行による国債の大量保有は、政府の財政規律の問題を引き起こしている。一般に、中央銀行が貨幣の発行と引換えに政府発行の国債を直接購入することは、財政ファイナンス、と呼ばれ、中央銀行が国に対して無尽蔵に資金を供給することで財政の規律を失わせる、という理由で問題とされる。量的・質的緩和政策の導入時には、日本銀行による長期国債の保有残高は日本銀行券の発行残高を上限とする、と定めた、いわゆる銀行券ルール（2001年3月19日）がその妨げとなったため、財政ファイナンスを抑止するこのルールを停止してまで買入額を増加させた。

当時、この停止は「一時停止」（日本銀行『「量的・質的金融緩和」の導入について』［2013年4月4日］）とされ、量的・質的緩和政策は、未曾有の規模の介入により短期間で効果を発揮することを狙っていた。しかし、この「一時停止」状態はすでに10年以上続いている。日本銀行は、量的・質的緩和政策における国債買入は財政ファイナンスではない、と明確に否定しているが、政府債務の膨張を下支えし、財政規律の問題を発生させているという意味で、呼び方はどうあれ、実質的に財政ファイナンスの問題を引き起こしているといわざるを得ない。

もちろん、政府の財政悪化は、災害や感染症の蔓延といったショックに対応するための緊急の支出や、社会保障費の増大など恒常的な歳出増加を理由としている側面が大きい。こうした政策の必要性に、疑問の余地はない。しかし、政府による支出は、政治的な理由によりその規模が実際に必要な額を超えて過剰になりがちであり、一定の制約は必要である[126]。また、ショックが起きるたびに巨額の財政支出が行われ、財政規模が拡大する状態が恒常化している中で、歯止めがかからなくなっている状態も問題である。

さらに、日本銀行の場合と同様に、政府の将来の政策の自由度を低下させる、という問題も懸念される。国が多額の借金を抱える状態では、その利払いの増大により支出が制約される。また、借金を大幅に増加させてでも支出が必要な事態が次に発生した際に、国債を機動的に発行して財政支出を行うことが難しくなるかもしれない。現に、多くの歳出項目は制約を受けているが、その少なからぬ部分は量的・質的緩和政策に支えられた巨額の長期国債に対する利払い負担がもたらしているのではないだろうか。今後大きな経済ショックが発生した場合に備え、また財政政策の自由度を保つためにも、政府のバランスシートの縮小が必要である。

そして、金融システムの観点から筆者が何より懸念するのは、貸手が貸してくれなくなる事態である。資金繰りの観点から見ると、政府は税金により収入（歳入）を得て、国民生活に必要な公的支出（歳出）に充てる、という経済活動を行う経済主体である。ただし、たとえば納税の時期と年金支払日が異なることからわかるように、歳入と歳出のタイミングは一致しておらず、また、長期にわたる大規模な事業の場合には、一度に資金調達することが難しいため、短期・長期の借入（短期・長期国債の発行）を行う必要がある。しかし、これらの借入も、返済原資は結局税収である。予想される税収での返済が見込めないくらいに国債を発行すると、貸手は付かない。

また、問題は新たな国債発行だけに発生するわけではない。償還して借金を減らさない限り、政府は常に、過去の借金を借り換えていく必要がある。国債取引は、金融取引にほかならない。金融取引では、たとえ借手に十分な返済能力があったとしても、ひとたび何らかの理由でその能力（信用）が疑われれば、資金の出し手は急速に手を引き、資金提供を受けられなくなってしまう。もしこうした事態が発生してしまえば、新規の国債発行だけでなく既存国債の借換えも難しくなり、経済は大きなダメージを被ることになる。そして、こうした事例は実際に海外で発生している。

巨額の債務の下での財政の維持可能性に対しては、財政破綻が懸念される、という主張から、そうはいっても結局破綻は起こっていないから大丈夫だ、とする主張まで、さまざまな見方が存在する。しかし、そもそもこうした金融の大原則を踏まえれば、巨額の借金を抱える状態が望ましくないのは明らかである。

借金を借金で返す状態は、少なくともその規模が拡大していかない限りは維持可能かもしれない。しかし、返済を行わず、借金を繰り返している状態は、民間企業でいえばゾンビ企業と呼ばれても仕方のない状態である。また、ねずみ講、あるいはポンジ・ゲームと呼ばれるように、借金返済のために借金を積み上げていく状態は、いつかは限界を迎えることになる。

金融危機と同様に、財政危機は、いったん発生すれば取り返しのつかない悪影響をもたらす問題である。少なくとも本書執筆時点では低金利状態が継続しており、こうした問題は顕在化していないが、問題がないからといって放置してよい問題ではない。その発生のリスクはできる限り減少させる必要がある。時間をかけてでも着実に国債残高を減らすことで、将来の大きな問題の火種を、たとえ少しずつであっても確実に取り除いていく必要がある。

6 小括：「失われた30年」に関する金融システムの評価

以上、前章から本章では、「失われた30年」をもたらした金融面の要因として、(1)健全性の低下した金融機関の貸し渋り、(2)健全性の低下した金融機関による非効率な貸出（追い貸し）、(3)金融政策の失敗、の三つについて、検討を行ってきた。ここでは、これら三つの検討を合わせ、金融システムが「失われた30年」に対してどのような役割を果たしたのか、そして「失われた30年」の真の原因は何なのか、について、本書の検討からいえることをまとめておこう。

まず、要因(1)の貸し渋りに関しては、健全性の悪化した金融機関による資金供給の減少が、バブル崩壊直後ならびに1990年代後半の金融危機時に発生したことが示された（第7章2節）。しかし、金融機関の貸出態度が悪化したのはこれらの時期に限られ、他の期間、特に金融システムが安定化した2000年代の後半までの期間において、資金供給の不足が実体経済の制約条件になっていたとは考えにくい。

次に、(2)の追い貸しに関しては、ゾンビ企業に対する追い貸しが、１９９０年代後半に、大企業向けに行われていたことが示された（第7章3節）。しかし、これも「失われた30年」のすべての時期を通じた問題ではない。

最後に、より全般的な金融環境に関わる(3)に関しても、非伝統的金融政策は期待された効果をもたらしたとはいえないが、プルーデンス政策として重要な役割を果たし、また経済活動を下支えする効果は持ったといえる（本章前節まで）。

こうした結果を踏まえると、失われた30年の主たる原因は、金融システムにはなかった、と判断できる。つまり、失われた30年は、その当初を除き、金融が主導する時代、金融の時代ではなかったのである。このため、経済活動が活発化しなかった理由は、経済の実物面に求めざるを得ない。

金融システムは、資金の流れを円滑にするためのシステムであり、システムを利用する実体経済側の経済主体の活動を支えている。しかし、いくら金融システムで大量の資金が用意されていても、それを利用しようとする経済主体が存在しなければ、実体経済活動は活発化されない。第２章３節(3)項で触れた通り、金融政策の最終目的であるマクロ経済の安定は、金融システムの外にある目標であり（図２－２参照）、金融システムの改善だけで達成できるものではない。

では、経済停滞・デフレをもたらす実物面の要因のうち、何が問題だったといえるのだろうか。実物面の要因について検討することは、金融システム（経済の金融面）に注目する本章の範囲を超えており、また実物面に関してはすでに多くの著作が著されている（たとえば深尾［2012］、深尾ほか

[2018]、小川［2020］などを参照)。そこで、ここでは最後に、そうした要因を検討する上での参考として、前章と本章で行ってきた金融システムに関する検討の中から示すことのできる、いくつかの示唆についてまとめておくことにしたい。

前章1節（表7－1）で示したように、経済の実物面に関する要因としては、需要サイドの(ii)デフレ予想がもたらす実質金利の上昇と消費・投資低迷、(iii)財政引締めによる政府需要の減少、そして供給サイドの(v)企業部門の生産性の低迷、(vi)産業構造の調整の遅れ、が挙げられる。このうち、まず要因(ii)に関しては、消費・投資の低迷は、貸出市場における資金需要が拡大しなかったこと（第7章2節）や、非伝統的金融政策により供給された資金が十分に貸出等に回らなかった可能性が高いこと（本章3節(2)項など）と整合的である。このため、要因(ii)は重要な要因である可能性が高い。

また、実物面の要因の中で、特に注目されているものの一つである要因(v)（企業部門の生産性低迷）に関しては、第7章3節でみた通り、金融面の問題（追い貸し）に帰因する部分は小さい。しかし、企業部門の生産性低迷自体は、1990年代以降、一貫して指摘されている現象である。[127] (vi)産業構造の調整の遅れ、と合わせ、金融面に起因しないかたちで、失われた30年の重要な要因の一つであった可能性は高い。このため、失われた30年に対する政策対応として、企業部門の生産性向上や産業構造の転換促進は特に重要だと考えられる。

【第8章　注】

(1) なお、この検討では、金融政策の実体経済に対する影響を評価することになるため、本書の主眼である金融システム（のサブシステムを構成する公的介入のシステム［第２章８節］）の評価を超えた内容を含むことになる。

(2) 論理の整合性のチェックは、その理論が数式で表される経済モデルによって表されたものであれば、数学的に間違いのない結果に基づいているかどうか、という基準で判断できる。これに対して理屈の尤もらしさや蓋然性のチェックは、実在する経済主体が採り得ると考えられる行動を表しているかどうか、という基準から判断できる。この判断は、経済学においてはミクロ的基礎づけを持つかどうか、すなわちその理論が利潤最大化や効用最大化を目指した合理的行動に基づいているかどうか、というチェックによって行われる。

(3) 日本銀行法の改正は、バブル崩壊後の金融の枠組み全体に対する見直し気運の高まり、諸外国における中央銀行の独立性強化の動き、経済の市場化・国際化といった金融経済環境の大きな変化を背景として、中央銀行の独立性と透明性を高めるために行われたものである。その際には、政策目的（物価の安定と金融システムの安定）の明確化や政策委員会の位置づけと権限の明確化などが行われ、金融政策に関する情報開示も進められた。

(4) 量的緩和政策開始直前には、金融機関の申し込みに対して受動的に貸出を行う補完貸付制度が導入され、その金利である公定歩合（当時、その後基準貸付利率と改称）が短期金利の上限の役割を果たすようになった。

(5) 期間が短いためここでは特に取り上げないが、２００６年３月から同年７月までの時期は操作目標が０％であり、厳密にはゼロ金利政策の時期といえる。

(6) 厳密には、包括緩和政策開始まで操作目標は０・１％のままであり、０％ではない。

(7) ＣＰや社債の買入は２００９年からすでに行われていた。

(8) ただし、実際には残高の別の部分に対してプラスの金利が付与されるため、金融機関は全体として残高が減らないよう調整を行っていると考えられる。

(9) イールドカーブは金利の期間構造を図示した曲線で、金利の期間構造とは短期から長期まで期間の異なる貸借あるいは債券の金利の水準と、それぞれの満期までの期間との関係を指す。イールドカーブは、横軸に貸借・債券の満期、縦軸にその満期の貸借・債券のその時点での金利を取る図として描かれる。

(10) ２０２０年以降では、コロナ禍での規模拡大が見て取れ、特に貸出金が増加している。これは、日本銀行による危機対応の流動性供給を表しており、金融政策ではなくプルーデンス政策として行われたものといえる。

(11) ここでは考慮しないが、厳密には２０００年代後半の包括緩和政策開始前（２００８年10月以降）においても短期金利が操作目標とされ、ゼロ近辺に誘導されており、ゼロ金利政策の時期と考えることができる。

(12) この整理はBernanke and Reinhert（2004）、鵜飼（2006）、植田（2012）、小林（2020）を参考にしつつ、金融政策の波及

効果に関する理論的枠組みを踏まえて行った。

(13) 補完貸付は、金融機関にとっては短期金融市場における資金調達と代替的な資金調達手段であるため、オペレーションによる需給の調整とは別に、補完貸付の金利（基準貸付利率）を操作することによって、短期金利の実質的な上限を直接操作することが可能となる。

(14) こうした短期金融市場の需給調整による短期金利の操作と合わせて、補完貸付制度の基準貸付金利の低位設定による短期金利の上限操作も行われていた。

(15) この下限はゼロの名目金利だと考えられることもあるが、短期金利は実際にマイナスの値を取ったため、実効下限制約は短期金利を大幅なマイナスにできないという制約だといえる。

(16) フォワード・ガイダンスは、政策効果を期待して政策スタンスを公表することであり、単に情報として将来の経済見通しを発表するものとは理論的に区別される。

(17) 時間軸効果は、日本銀行が将来の政策スタンスに関するシグナルを発することで生じる効果だ、という意味で、シグナル効果と呼ばれることもある。ただし、シグナル効果は別の意味で用いられることもあり、以下で示す期待チャネルに近い意味（白川［2008］p.359）で用いられたり、日本銀行が発した情報が何らかのシグナルとして受け止められること自体を指す（白川［2008］p.294）こともある。

(18) なお、長期国債は伝統的金融政策の時からすでにオペレーションの対象とされており、量的緩和政策における大規模なオペレーションの中でも（表８－１Ⓐの(c)行）、あるいは包括緩和政策における資産買取の対象としても（表８－１Ⓐの(g)行）買い入れられている。このため、量的緩和政策や包括緩和政策にも長期金利の低位誘導を通じた効果が期待できる。しかし、これらの政策はむしろ、以下で述べる量的緩和や信用緩和を目的としているものである。このため、表ではこれらに関する[2]列の効果を「△」印としている。

(19) もちろん、こうした期待は他の波及経路（表８－１Ⓑの(i)－(iv)行）を通じた効果が発揮されることに対する期待を含んでおり、この意味では期待にはたらきかける効果を他の波及経路の中に含めることもできる。

(20) 包括緩和政策においても規模の拡大は見られたが、主な目的は以下で述べる信用緩和であったため、表Ⓐでは[3]列の(g)行を「△」としている。

(21) ここでのポートフォリオ・リバランシング効果の定義は鵜飼（2006）に従っているが、定義は論者によって異なる。特に、ポートフォリオの組換えが起こったかどうかではなく、以下で説明する信用緩和のポートフォリオ・リバランシングの意味、すなわち組換えを促すような資産価格の変化を政策が生み出したことをもって、ポートフォリオ・リバランス効果と呼ぶこともある（米澤［2016］など）。

(22) ＩＳ－ＬＭモデル（ＡＳ－ＡＤモデル）については、たとえば中谷・下井・塚田（2021）などを参照。

(23) こうした説明としては、書間（［2018］９－２節）などを参照。なお、このプロセスは「信用創造」のプロセス、「信用創造機能」と呼ばれることもあるが、預金取扱金融機関が組織レベルで発揮する機能としての信用創造（第２章６節⑶項②）とは異なるため、区別して考えるのが適当である。

(24)　この想定は、ポートフォリオ・リバランシング・チャネルにおけるポートフォリオのリバランシングの想定と同じであるが、信用創造機能（第２章６節⑶項の②）とは異なる貸出のメカニズムを想定している。

(25)　ＩＳ－ＬＭモデルや総供給（ＡＳ）総需要（ＡＤ）モデルでは、これらの関係からＬＭ曲線が、金利の低下が実物投資を増加させることを表す投資関数からＩＳ曲線が導かれる。そして、ＩＳ－ＬＭ両曲線の均衡状態として短期均衡（総需要）が導出される。さらに、総需要と物価水準との関係から総需要関数（ＡＤ）が想定され、企業の生産活動から導かれる総供給関数（ＡＳ）との間で価格水準による調整が行われ、価格と経済活動水準の均衡状態（長期均衡）がもたらされる。中谷・下井・塚田（2021）などを参照。

(26)　特に、信用乗数のプロセスでは、銀行が貸したいと思えば必ず貸せる状況が想定されているが、現実にはたとえ銀行が貸そうと思っても、借手がいなければ（資金需要がなければ）貸出は行われない。また関連して、資金需要の大きさは状況によって変化するため、過去に信用乗数が大きかったからといって、将来も同じ大きさの効果が発揮されるとは限らない。

(27)　鵜飼（2006）を参照のこと。

(28)　信用緩和は質的緩和とも呼ばれ、日本銀行が金融機関に貸出を行う際の適格担保の範囲の拡大や、オペレーションの対象（取引相手）の範囲の拡大まで含めることもある（東短リサーチ㈱編［2019］）。

(29)　リスク資産の買入としては、包括緩和政策以前にも、企業に向け債権を裏づけとした資産担保証券の買入（２００３－２００６年）や、金融機関保有の株式買入（２００２－２００４年と２００９－２０１０年）も行われている。これらは、金融システムの安定確保のための、プルーデンス政策としての買入である

(30)　このことは、実際の資産と負債の動き（図８－２の⑴と⑵）を比べれば一目瞭然である。

(31)　ただし、完全に不胎化することは難しいと考えられるため、表８－１では(j)、(n)行を△としている。

(32)　鵜飼（2006）や小林（2020）は、量的緩和を原因とするポートフォリオ・リバランシングが生み出す波及経路のみをポートフォリオ・リバランシング・チャネルと呼び、信用緩和を原因とするリバランシングは含めていない。しかし、原因は異なるものの、金融機関等によるポートフォリオ・リバランシングを通じている点にはちがいがないことから、ここではこうした区別を行っていない。

(33)　２００２－２００４年と２００９－２０１０年のプルーデンス政策としての金融機関保有株式の買入でも、民間金融機関のリスク負担を減らし、新たなリスク資産購入や新規の貸出を促すことが期待されていた。これは、日本銀行が金融機関のポートフォリオに直接はたらきかけることによりポートフォリオ・リバランス効果を生み出そうとする政策だったと見ることができる。

(34)　この点については第２章３節⑵項の理論的整理、ならびにバブル期と金融危機時のプルーデンス政策に関する第５章４節

(3)項と第6章2節(3)項も参照されたい。

(35) たとえば、信用緩和が生み出す期待チャネルの効果は、日本銀行の資産買入が実体経済の経済活動を表す指標に直接影響を与えることを予測するが、実際のデータにおける買入と指標の関係には長期金利の変化など他のチャネルを通じた間接的な影響も含まれている可能性がある。また量的緩和も信用緩和も金融市場における価格の変化や金融機関によるポートフォリオの組換えをもたらすという点では共通している。そもそも、金融市場の変化が実体経済に影響するという関係は、多くのチャネルに共通して含まれている。

(36) https://www.b.kobe-u.ac.jp/~uchida/book/monetarypolicy2023.htmlを参照。

(37) 細野・杉原・三平（[2001] 第3章）を参照。他方で、興味深いことに、1999年2月のゼロ金利政策の開始にはこうした効果が発見されておらず、ゼロ金利政策はあらかじめ予想されていた可能性が高い。

(38) たとえば1990年代後半のゼロ金利政策時については白塚・藤木（[2001] 図3、10、11）、2008年以降のゼロ金利政策から量的・質的緩和政策初期まではKoeda（[2017] Figure 1）、イールドカーブ・コントロールの時期を含めた量的・質的緩和期についてはUeno（[2017] Figure 18）を参照。Ueno（[2017] Figure 18）は、量的・質的緩和政策期における長期金利の低下をさまざまな要因に分解しており、マイナス金利導入前から長期金利の低下は始まっていること、マイナス金利導入により大きな負の値を取るようになったことが示されている。

(39) 量的緩和政策期についてはOkina and Shiratsuka（[2004] Figure 5 (a)）やIchiue and Ueno（[2015] Figure 5）、量的・質的緩和政策期については大井・白塚（[2021] 図6(2)）を参照されたい。

(40) Oda and Ueda（[2007] Figure 8, 9）の結果。同論文では、日本銀行当座預金残高が大きいほどこの変化が大きいことも示されており、量的緩和の規模が、期待チャネルの大きさを決めている可能性が示唆される。他方で、長期国債買入額はこうした影響を持たないことも示されている。

(41) 植田（2012）を参照。

(42) 先に挙げたHonda and Kuroki（2006）の結果。

(43) それぞれFukunaga *et al.*（2015）, Hattori and Yoshida（2023b）の結果。ただし、後者においては、同様の利回り低下は同じ満期の他の短期金利には見られず、日本銀行による長期国債買入が裁定機会を生み出したことを示している。Koeda and Sekine（2022）では1990年から2020年までのデータを用い、国債買入が利回りを低下させる具体的なメカニズムを明らかにしている。

(44) 植田（2012）を参照。

(45) Kubota and Shintani（2022）を参照。

(46) Honda and Kuroki（2006）の結果。

(47) 齋藤・法眼（2014）を参照。

（48）量的緩和時には日本銀行は金融機関保有の長期国債をオペレーションで買い入れていたため、この結果は当然の結果ともいえる。

（49）Kimura and Small（2006）の結果。ただし、株式に関する結果は、金融緩和の政策発表が株価を上昇させるという先の植田（2012）らの結果とは矛盾している。

（50）先に紹介したUeno（[2017] Figure 18）の結果。

（51）関連するエビデンスとしては、国内銀行の貸出に占める、中小企業向け貸出の比率が２０１３年から16年あたりにかけて増加していることを示し、銀行がリスクの高い中小企業向け貸出に資金をシフトさせている可能性を指摘した研究がある（柴本 [2018]）。ただし、この変化が中小企業向け貸出のリスクプレミアム減少を原因とするのかどうか、その減少が金融政策によってもたらされたのかどうかは明らかでなく、本当にポートフォリオ・リバランシングが起きたかどうかは不明である。

（52）白塚・藤木（2001）、Baba *et al.*（2006）の結果。

（53）Hosono（2006）（細野 [2006] 第６章）の結果。

（54）細野（[2006] 第7章）参照。

（55）Hosono and Miyakawa（2014）, Bowman *et al.*（2015）の結果。ただし後者は、当座預金の増加は銀行間貸借の減少によって一部相殺され、量的緩和により供給された資金の一部は流動性の増加につながらず、銀行間貸借を代替しただけであることも示している。

（56）Kobayashi *et al.*（2006）の結果。

（57）立花・井上・本多（2017）、Shoji（2019）の結果。

（58）Nakashima *et al.*（2019）の分析。同論文は、政策変更による金利の低下により、負債比率が高い銀行から倒産確率の高い企業への貸出が増加したこと、マネタリーベース増加が貸出に与える効果には銀行間でちがいはないが、信用緩和は流動資産の少ない銀行から倒産確率の高い企業への貸出増加につながったことを明らかにしている。なお、これらの結果はリスクの高い企業に対する貸出増加が見られたことを示唆しているが、関連して量的緩和がシステミックリスクを減少させたことを報告している研究もある（Vu [2020]）。ただし、同論文はこれに加えて、量的緩和が銀行の審査基準を緩めたことも示された、とも主張しているが、その根拠となる結果は量的緩和が拡大すると日銀短観の貸出態度指数が改善する、というものであり、審査基準が緩んだのではなく、単に貸出が促進されたことを示している可能性も高い。

（59）Ono *et al.*（2023）の結果。

（60）齋藤・法眼（[2014] 図表16）の結果。

（61）Harimaya and Jinushi（2023）の結果。

（62）北坂・陳・佐竹（2023）の結果。同論文ではこの効果がマイナス金利導入によるものと解釈しているが、分析自体は導入前後の財務指標の変化を調べたものであるため、マイナス金利と同じタイミングで実施された他の政策、特に長期国債買入によるイールドカーブ・コントロールの効果をとらえている可能性も高い。

（63）東短リサーチ㈱編［2019］Ｂｏｘ１‐７）参照。

（64）データの利用（不）可能性を原因としているからだと考えられるが、ＥＴＦ以外の買入に関する分析は少ない。例外としてNguyen（2021）は、社債買入の効果を分析し、買入対象企業は負債比率が増加し、普通社債の発行確率が高まることを明らかにしている。また、小林（2017）はＪ‐ＲＥＩＴ買入の効果を分析し、日銀による買入がＪ‐ＲＥＩＴのボラティリティーを高めたが、リターンには影響しなかったことを示している。

（65）Aono *et al.*（2022）, Katagiri *et al.*（2022）, Charoenwong *et al.*（2021）などの結果。

（66）小林（2017）, El Kalak *et al.*（2023）, 安達ほか（2021）など。

（67）Chung（2020）, Fukuda and Tanaka（2022）, Fukui and Yagasaki（2022）, ElKalak *et al.*（2023）の結果。

（68）Harada and Okimoto（2021）などを参照。

（69）Koyama（2022）, Hattori and Yoshida（2023a）の結果。Hattori and Yoshida（2022）は、日本銀行が同様の買入行動をＪ‐ＲＥＩＴに対しても行っていることを発見している。

（70）Koyama（2022）, Fukuda and Tanaka（2022）の結果。

（71）以下で説明する構造ＶＡＲ分析を用いれば、この効果だけを取り出せるわけではないが、それを含む結果を得ることができる。

（72）Charoenwong *et al.*（2021）, Gunji *et al.*（2023）, Nguyen（2021）の結果。

（73）Charoenwong *et al.*（2021）の結果。同論文ではさらに、この発行確率の増加はＥＴＦ買入による企業価値（時価簿価比率）増加に起因する可能性があることを示す結果も得られている。

（74）Nguyen（2021）は、ＥＴＦ買入開始により株式発行確率が1・38～2％ポイント増加したという結果を得ているが、同論文の分析対象企業のうち新たに株式を発行した企業は3・4％でしかない。

（75）以下の結果についてはEl Kalak *et al.*（2023）, Chen *et al.*（2019）, 芹田・花枝（2017）, Matsuki *et al.*（2015）を参照。このほかに、Maeda *et al.*（2022）はＥＴＦ買入により貸株市場が拡大したこと、Fukui and Yagasaki（2023）はＥＴＦ買入が長期国債の利回りを増加させたことを発見している。ただし、後者の効果は２０１６年のイールドカーブ・コントロール以降は見られないことも示されている。

（76）Matsuki *et al.*（2015）を参照。

（77）Miyao and Okimoto（［2020］Figure 10）の結果。

（78）この点については第2章8節⑷項も参照されたい。

（79）たとえば三つの指標を表す変数X、A、Bから成る構造ＶＡＲモデルを考える場合、変数Xの時点tの値は次のような（構造形と呼ばれる）数式によって表される。

$$x_{X0}X_t=x_{X1}X_{t-1}+x_{X2}X_{t-2}+\cdots+x_{A0}A_t+x_{A1}A_{t-1}+x_{A2}A_{t-2}+\cdots+x_{B0}B_t+x_{B1}B_{t-1}+x_{B2}B_{t-2}+\cdots+\epsilon_{Xt}$$

この式では、係数（パラメータ）xが変数間の関係の有無や符号（プラスの影響かマイナスの影響か）、ならびにその大きさを表し、ϵ_{Xt}がX_tに対する予期せぬショックを表す。このほかに、AやBに関しても同様の数式を想定し、変数の数だけの方程式の体系として経済指標の関係を表すのが、構造ＶＡＲモデルである。詳しくは、宮尾［2006］第2章第3節）などを参照のこと。

(80)　非伝統的金融政策に関する研究としては、ニューケインジアンモデルなど、経済理論に基づき変数間の関係を構造ＶＡＲモデルよりも具体的に特定化し、政策効果をシミュレーションするような研究も行われている。こうした研究は、政策効果の予測において特に重要な役割を果たすが、ここではすでに行われた政策の評価を行うため、こうした研究には注目しない。また、先に述べたようにマクロ経済指標の間の関係は複雑であるため、関係を特定してしまうと重要な効果を見逃すことにもなりかねない。

(81)　先の注の数式でいえば、政策を原因とするϵ_{Xt}の変化が金融政策ショックである。構造ＶＡＲモデルの下では、ある時点で生じた金融政策ショック（ϵ_{Xt}）は、その時点のX_tだけでなく、時点tを過去とする時点（$t+1$以降）の各指標の値を変えていくことになる。こうした変化の結果、最終目標（B）の将来の値がどう変化するかを表すのがインパルス応答である。

(82)　図のさまざまな矢印の太さや符号（プラスの影響かマイナスの影響か）は、先の注で示した構造ＶＡＲモデルにおける係数（先の式でいうxなど）の値や符号がわかれば求めることができる。照山（2001）などを参照。

(83)　しかも、１９９０年代以降は日本銀行が金融政策をシステマティックに運営するようになった時期であり、それまでの時期に比べて金融政策ルールが確立した時期だと考えられる。金融政策ルールに関しては、小田・永幡（2005）などを参照されたい。

(84)　これに対し、政策のうち予期された部分がもたらす効果は、金融政策ルールも含め、ショック以外の各変数（X, A, B）の相互関係の中に表されることになる。

(85)　こうした論文については筆者ホームページのリスト https://www.b.kobe-u.ac.jp/~uchida/book/monetarypolicy2023.html を参照。

(86)　このうち分析手法に関しては、ショックの識別方法に関する選択が重要である。構造ＶＡＲモデルの分析では、構造形のＶＡＲモデル自体（先の注で示した数式）をデータから直接推定することはできないため、構造形の方程式を解いた結果として求められる、誘導形と呼ばれる式を推定する。たとえば先の数式に対応する誘導形は、

$$X_t=\chi_{X1}X_{t-1}+\chi_{X2}X_{t-2}+\cdots+\chi_{A1}A_{t-1}+\chi_{A2}A_{t-2}+\cdots+\chi_{B1}B_{t-1}+\chi_{B2}B_{t-2}+\cdots+e_{Xt}$$

といったかたちになる（χは係数）。しかし、ϵ_{Xt} は先の ϵ_{Xt} とは異なり、χも先の x とは異なることから、誘導形を単純に推定しても、ϵ_{Xt} からのインパルス応答を得る（ショックを識別する）ことはできない（照山［2001］などを参照）。そこで、構造形の x に対して何らかの仮定を置く（宮尾［2006］第2章第3節などを参照）、あるいは操作変数法といった手法を用いて統計的な処理を施す（Shibamoto［2016］などを参照）、といった対処を行う必要がある。

（87） たとえば、金融政策の効果は時間をおいて現れる、というもっともらしい推測を根拠として、金融政策ショック（先の注の数式でいう ϵ_{Xt}）は当期や1期後の変数には影響せず、2期後の最終目標にのみ影響を与える可能性がある、といった制約をおいた分析、あるいは金融緩和（引締め）は経済活動を活発にする（抑制する）ものであるから、逆の結果が出てこないように最終目標に対するショックの影響の符号を限定する、といった制約をあらかじめ課す分析が行われている。こうした制約は、蓋然性の高い結果を出やすくする反面、それ以外の可能性を最初から排除するという問題がある。ここでは、できる限り制約を課さずにデータ間の関係を明らかにしようとする、という構造VARモデルの趣旨を重視し、こうした研究には注目しない。

（88） このため、たとえば量的緩和政策に注目する場合、たとえ２００１年から２００６年を分析期間としていても、金利変更に対するインパルス応答を分析しているような研究には注目しない。

（89） 宮尾［2006］第2章第5節，Inoue and Okimoto（［2008］Figure 1），Girardin and Moussa（［2011］Figure 3）などの結果。

（90） 宮尾（［2006］第2章第6節）参照。

（91） Miyao and Okimoto（［2020］Figure 2）の結果。

（92） Matsuki *et al.*（［2015］Figure 1）の結果。

（93） Shibamoto *et al.*（［2021］Table 5）の結果。

（94） 中でも金利の対数化は、ゼロ金利政策以降に金利の変動が少なくなった状況においても、そのわずかな変化を拡大して分析するために行われており、これによって金利変動が大きかった時期と小さくなった時期との間の構造変化がとらえにくくなっている可能性が高い。

（95） もちろん、以上の結論は、分析期間や変数、分析手法などが異なる複数の研究の結果を断片的につなぎ合わせ、総合的に判断して得られた結論である。すべての期間のデータを用い、金利指標も量的指標も考慮して、同一変数、同一の分析手法を用いて構造変化を明らかにする研究が必要である。

（96） ここで紹介する研究では、金融緩和（短期金利の引下げ）ではなく引締め（引上げ）を表す金融政策ショックの効果を計算している研究も多い。本節で注目するのは金融緩和の効果であるため、引締めの効果が示されている場合は得られたインパルス応答の符号を逆転させ、金融緩和の効果に統一して紹介する。構造VARモデルやインパルス応答は、基本的には引締めの効果と緩和の効果を対称的に考えているため、こうした解釈は正当化できる。ただし、政策効果には非対称性があるかもしれず、その検討は重要な研究課題として残されている。

(97)　宮尾（[2006] 第2章5節、図２－３、２－４）、Inoue and Okimoto（[2008] Figure 2, State 1の結果）, Iwata（[2010] Figure 4, PIR regime）, Nakajima *et al.*（[2011] Figure 3, １９８６年第１四半期と１９９４年第１四半期）、木村・中島（[2013] 図７(1)右、１９９７年以前）の結果。

(98)　Inoue and Okimoto（[2008] Figure 2, State 1）, Nakajima *et al.*（[2011] Figure 4, １９８６第１四半期）、木村・中島（[2013] 図７(1)左、１９８６－１９９２年あたり）の結果。ただし、金利の引下げ直後に限れば、物価を多少下落させるという結果（Inoue and Okimoto [2008] Figure 2, State 1）も得られている。

(99)　前者の結果はIwata（[2010] Figure 4, PIR regime）やNakajima *et al.*（[2011] Figure 4, １９９４年第１四半期）、後者の結果は木村・中島（[2013] 図７(1)左、１９９３年以降）。同論文は、実体経済活動の水準に対する効果も２０００年前後にはなくなったことを示している（木村・中島 [2013] 図７(1)右、１９９８年以降）。

(100)　Iwata（[2010] Figure 4, ZIRP regime）および木村・中島（[2013] 図７(1)のうち１９９９－２０００年）の結果。

(101)　Inoue and Okimoto（[2008] Figure 2, State 2）の結果。

(102)　それぞれHonda *et al.*（[2013] Figure 2, 3）, Shibamoto and Tachibana（[2013] Figure 3）の結果。

(103)　Girardin and Moussa（[2011] Figure 3）とIwata（[2010] Figure 4, QE regime）の結果。しかし、同じくマネタリーベースに対する鉱工業生産指数のインパルス応答を分析したNakajima *et al.*（[2011] Figure 6）は、２００２年第１四半期時点におけるインパルス応答は何カ月先の効果を見てもプラスだが、統計的に有意でなく（Figure 6（iv））、しかもその大きさは量的緩和期を通じて低減している（Figure 6（i））。

(104)　Miyao and Okimoto（[2020] Figure 2）の結果。

(105)　木村・中島（[2013] 図７(2)（の量的緩和政策期部分））およびMichaelis and Watzka（[2017] Figure 5（QE-1））の結果。

(106)　その他の問題として、先の注で触れた通り、政策ショックを適切に識別できているか、という問題もある。

(107)　Nakashima *et al.*（2023）のFigure 2（ＧＧＡＰに対するQN shock）の結果、ならびにFigure 4（ＧＧＡＰに対するUMB shock）の結果。

(108)　例外的に、プラスの効果を得ているのが、Shibamoto and Tachibana（[2013] Figure 3）、Michaelis and Watzka（[2017] Figure 5（QE-1））である。

(109)　Matsuki *et al.*（[2015] Table 1, Figure 2（b）（Regime 2））の結果。

(110)　Michaelis and Watzka（[2017] Figure 5（Abe））の結果。

(111)　Miyao and Okimoto（[2020] Figure 4左）の結果。同論文では、日本銀行の国債保有を増加させるショックがもたらすインパルス応答も計算しており、マネタリーベースのショックがもたらすインパルス応答と同様の結果を得ている（Miyao and Okimoto [2020] Figure 9）。

(112) より正確には、Michaelis and Watzka（[2017] Figure 5（Abe））の分析結果は、日銀預け金を対数値で1単位増加させる（残高を1%増加させる）ような金融政策ショックが、消費者物価指数の対数値を増加させ、その増加が約2年目以降に0・2に達する（消費者物価指数が0・2%増加する）ことを示している。ただし、インパルス応答の大きさが具体的に数値として報告されていないため、0・2%という数字は図から筆者が読み取ったものであり、正確ではない可能性がある。

(113) Miyao and Okimoto（[2020] Figure 4左）の結果。ただし、ここで示した数値も図から読み取った数値であるため、正確ではない可能性がある。

(114) この試算は、2012年末から13年末までの日銀預け金の増加が、すべて金融政策ショック（図8-3では変数X_0に影響を与えている「ショック」）であったと想定し、その増加がその後の物価あるいはインフレ率（図ではB_1など）をどれだけ変化させたかを求めている。量的・質的緩和政策（2013年4月開始）は、それ以前の政策を大きく逸脱した政策であり、少なくともその開始時にはその内容や規模を事前に予想できるものではなかったと考えられるため、当時の日銀預け金の増加がすべて金融政策ショックであるという想定は、蓋然性の高い想定といえる。これに対して、量的・質的緩和政策の枠組みの下でその後に行われた資金供給は、これも未曾有の規模ではあるものの、すでに示された資金供給ルール（目標）の下で行われたものであるため、予期せぬ金融政策ショックの効果をあらわすインパルス応答を使ってその効果の大きさを試算するのは適当でないと考えられる。

(115) ここで用いた消費者物価指数の増加率は、総務省統計局長期時系列データ「2020年基準消費者物価指数」（品目別価格指数、全国、年平均）より計算した。

(116) また、(2)の「貨幣供給量の増大が金利を低下させる」の関係に関しても、金利はゼロ近辺で動かず、流動性の罠が発生していたと考えられるため、現実妥当性は低い。

(117) ただし、Shibamoto *et al.*（[2021] p.30）は、仮に日本銀行が1990年代前半の金利引下げ幅を拡大していたら、株価やGDPギャップ、消費者物価等がより大きくなっていた（低下が抑えられた）可能性があることを示している。

(118) 関連して、2003-2006年に行われた資産担保証券の買入や、2002-2004年に行われた金融機関保有株式の買入は、実質的には信用緩和と同様のリスク資産買入であるものの、当時は金融機関に対する資金供給（あるいは日本銀行によるリスク負担）として行われたものである。

(119) Hayashi and Koeda（2019）の結果。同論文はこのほかに、2006年7月の量的緩和政策終了を1、2カ月早めていれば、経済活動がより活発化していた可能性があることも示している。ただし、この結果は量的緩和の終了が早すぎたと批判する当時の論調とは矛盾している。

(120) 関連して、失われた30年は金融政策で解決できる問題ではなかった、という判断は、好況期に経済の過熱を抑えるような金融政策の効果を否定するものでもない。好況時の金融引締めの効果と不況期の金融緩和の効果は対称的ではない、という意味で、金融政策には非対称性があるといわれている（第2章8節(4)項を参照）。バブルの崩壊が金融引締めを一因としていることからもわかるように、経済活動が活発な状態において、金融引締めがそれを鎮静化する、という効果は存在する。金融システムは、資金移動の円滑化を通じて実体経済を支えるインフラストラクチャーであり、そのはたらきが滞ると経済活動は抑制される。このため、たとえ失われた30年に対して金融政策が有効でなかったとしても、好況時の引締めの効果が否定されるものではない。

(121) 本書の（金融システムの）視点を超えた視点からの検討としては、齊藤（2023）を参照されたい。

(122) たとえばコール市場の残高でみると、２００１年3月の量的緩和政策導入時において、市場規模が劇的に縮小している。同様の縮小は、２０１６年1月のマイナス金利導入時にも見られる。東短リサーチ㈱編（[2019] 図２-１）などを参照。

(123) 関連して、消費増税やエネルギー価格の下落といった「逆風」が吹かなければ、２％のインフレ率の目標は2年以内に達成できていた、というような主張も行われたが、こうした主張は仮想の現実に関する主張であって、その蓋然性を検証することはできない。また、そうした主張の後でも目標は達成されていないことから、達成できない原因は「逆風」ではない可能性も高い。そして、さまざまな「逆風」が発生し得ることをはじめから想定して政策の設定を行う必要もあったはずである。

(124) さまざまな悪影響を最小化しつつ、こうした処理を進める提案は、いろいろなかたちで示されている。たとえば平山（2021）を参照。

(125) ここで指摘する問題に関しては、齊藤（2023）も参照されたい。

(126) 東日本大震災の復興予算に関する齊藤（2015）を参照のこと。

(127) 第7章3節(5)項、ならびにHayashi and Prescott（2002）、深尾（2012）、深尾ほか（2018）等を参照。

第9章　現代日本金融システムの評価と展望
――これまでの金融システムとこれからの金融システム

ここまで本書では、第2章で理論的枠組みを整理し、第3章で経済環境と金融制度を確認し、第4章で日本の金融システムの構造を確認したあと、第5章から第8章まで四つの章にわたり、1970年代後半から2020年までの時期に、日本の金融システムに発生した大きな問題について、検討を行ってきた。そこで取り上げた問題は、資産価格バブルの形成と崩壊（1980年代後半～1990年代初め）（第5章）、不良債権問題と金融危機（1990～2000年代初め）（第6章）、失われた30年における経済停滞（1990年代～2010年代）（第7、8章）である。

本章では、最後のまとめとして、こうした検討を踏まえて2010年代までの金融システムの全体的な評価を行うとともに、2020年代に入ってから本章執筆時点（2024年3月）までの金融システムの状況も踏まえ、今後の日本の金融システムに関して考慮すべき論点を示すことにしたい。

1　各時代の日本の金融システムの評価

(1)　各章で示された評価

まず、第5章以降における各時代の金融システムに関する検討を振り返っておこう。

1980年代後半から1990年代初めの、資産価格バブル形成から崩壊までの時期の金融システムは、不動産担保貸付を中心として過剰な貸出が信用膨張を助長した。過大な資金需要を生み出した実体経済側にも問題はあるが、金融システム側にも問題があった。金融自由化と金融政策というシステムレベルの制度的・政策的要因も遠因となったが、金融自由化は効率的な金融システムの形成のための制度整備という目的があったことにも注意する必要がある。

1990年代初めから2000年代初めに関しては、バブル期の過剰な貸出やバブル崩壊後の貸出が不良債権問題を引き起こし、金融危機が発生した。その原因としては、借手側の返済能力の低下も大きいが、過大な貸出により信用膨張を引き起こし、バブル崩壊後も非効率な貸出を行った金融機関（金融システム）側の問題も大きい。また、自己資本比率規制による貸し渋りや、問題への抜本的な対処の遅れ、といった点で、行政・政治の対応にも問題があったが、その後の制度整備が行われた点では評価できる。

2000年代以降に関しては、「失われた30年」に対する金融システムの寄与が問題となる。しかし、失われた30年において、金融システムが問題となっていたのは、健全性が悪化した金融機関による貸し渋りが見られたバブル崩壊直後、ならびに1990年代後半の金融危機時であり、追い貸しに関しても、1990年代後半が問題であって、いずれも失われた30年当初の1990年代に限られる。金融政策に関しても、デフレや経済停滞の問題を解決するものではなかったが、金融危機時はプルーデンス政策として重要な役割を果たし、また経済活動を下支えする効果は持っていた。

第2章9節(2)項で示した通り、金融システムの評価の観点としては、望ましくない機能（問題）（2章7節）を発生させたかどうか、という観点と、望ましい機能（2章6節）が発揮されたかどうか、という観点があり、第5章以降の本書の評価の主たる観点は、前者であった。この観点からすると、1990年代までの時期には、金融システムがたしかに問題を起こし、日本経済に望ましくない影響を与えていた。しかし、2000年代以降に関しては、特に大きな問題をもたらしたとはいえない。制度・政策に関しても、1990年代は大きな改革や変化が見られ、急激な変化が問題をもたらしたことを否定できないが、その後、日本の金融システムには同様に深刻な問題は起こっていない。望ましい機能の発揮、という観点はさておき、望ましくない機能の発揮の有無、という観点からすると、2000年代以降の日本の金融システムは、おおむね評価できるといえる。

ただし、この評価は2000年代以降の日本の金融システムに問題がなかったことを意味しているわけではない。第一に、金融システムのサブシステムである公的介入のシステム、具体的には金融政策に関して、包括緩和政策以降の非伝統的金融政策、特に量的・質的緩和政策が、大きな問題を引き起こしたといえる。第8章の終わりで確認した通り、これらの政策は、失われた30年という現象に対してその原因となった、とはいえないが、より広い観点から見た場合、金融システムの歪みや日本銀行と政府の財務上の問題など、日本経済に大きな問題をもたらした政策だったといえる。

第二に、2000年代以降の金融システムに関し、望ましい機能(8章6節)が発揮されたかどうか、たとえば金融機関は効率的だったのか、市場の機能は十分発揮されていたのか、といった観点から、日本の金融システムに問題があったかどうかを評価する必要性は依然として残されている。この点に関する評価においても、本書で採ってきたアプローチは有効だと考えられる。しかし、これまですでに多くの紙幅を費やしてきた本書にとって、さらなる検討は手に余る作業である。望ましい機能の評価は今後の大きな研究課題である。

(2) 金融政策への示唆

このうち、非伝統的金融政策に関しては、評価を単なる批判に終わらせないために、今後に向けての教訓、あるいは示唆を整理しておくべきであろう。第8章における金融政策の評価からは、特に目新しくないものも含め、実際の政策運営においては軽視されがちな、いくつかの重要な示唆が得られているといえる。[1]

第一に、最も重要な示唆と考えられるのは、(i)特定の経済理論への過信を避けること、であろう。金融政策は、想定された状況で、想定された政策効果が得られる可能性があることが、理論によってたしかに示されている場合、つまり理論的根拠を持つ場合にのみ実施されるべきである。しかし、単純でわかりやすく、政治的にもアピールしやすい理論は、往々にして、十分な理論的妥当性を持たない「素朴な」理論でしかない可能性がある。また、理論は仮説、つまりあくまで仮の説であり、その示唆通りに政策効果が発揮されることを保証しているものではない。その理論の現実妥当性は、別途チェックされる必要がある。

金融政策において依拠すべき理論は、予想される政策効果を人々の経済行動の結果として示している（つまりミクロ的基礎づけを持つ）理論である。しかも、そうした理論であっても現実妥当性が低ければ依拠するべきではない。金融政策は、「必ず目標が達成される」といった安易な主張ができるものではないのが普通である。

関連して第二に、(ii)政策効果の非対称性の可能性に留意すること、が挙げられる。前章までの検討は、金融引締めによって経済活動を鎮静化することは容易であるが、緩和すれば必ず経済活動が活性化するわけではないことを示している。金融緩和は経済活動活性化の下地を作るが、実際に活性化するかどうかは実体経済側の問題である。

第三に、本書の検討からは、(iii)危機時と平時の政策のちがいに留意すること、が示唆される。危機対応のプルーデンス政策の性格が強い、量的緩和政策までの政策と、平時の金融政策であるそれ以降の政策とでは、政策の性格が大きく異なる。それぞれの政策は、金融システムの機能回復か、経済活動の活発化（マクロ経済の安定）か、政策目的に照らして評価を行うべきである。

関連して第四に、(iv)短期的な政策と長期的な政策を明確に区別して政策運営を行うこと、が必要である。危機時の資金供給は、十分な資金を速やかに供給する必要があるが、そうした危機対応の応急措置は、金融政策として恒久的に実施すべき政策であるとは限らない。

また、量的・質的緩和政策による大量の資金供給は、「2%の「物価安定の目標」を、2年程度の期間を念頭に置いて、できるだけ早期に実現する」(日本銀行「「量的・質的金融緩和」の導入について」2013年4月4日)という理由で、それまでにない大量の資金供給を正当化したが、目標が実現しなかったために、想定した効果が見られないにもかかわらず2年を超えても継続され、結果的には残高ベースで日本銀行に大量の金融資産が積み上がり、大きな問題を引き起こすことになった。銀行券ルールの停止も、一時的な措置だったはずである。短期的、として採られた措置を、約束通りに短期で終わらせるのは、政治的にも難しい。そうであるならば、最初からその難しさを踏まえた政策判断を行う必要がある。

さらに関連して第五に、(v)金融政策は劇的な変更を伴うべきものではない。金融政策は、最終的には実体経済に望ましい変化をもたらすことを目的としているため、政治的に華々しい効果を謳って極端な主張が展開される。しかし、実際の政策は、経済システムのインフラストラクチャーとしての金融システム(の構成要素である金融市場)で日々行われている金融取引の調整にすぎない。そこに急激な変化を引き起こすと、経済のさまざまな部分に大きな影響が波及し、金融システム、あるいは経済システムにおいて、望ましくないはたらきを招く可能性がある。

1998年施行の新日本銀行法は、政策委員会の位置づけを明確にし、総裁や委員の任命方法を改めるなど、政治介入からの独立、という意味での日本銀行の独立性を高めるために改正されたはずである。しかし、手続的にはたしかに独立性が高まったものの、量的・質的緩和政策では結果的に政権寄りの意見を反映した政策運営が行われ、さまざまな弊害をもたらした。(vi)金融政策は多様な意見を取り入れた上で、総合的に判断されるべきものであり、これを第六の示唆とすることができるが、今後同様の問題が起きないよう、十分な検討が必要である(2)。

2024年3月19日、日本銀行は金融政策を大幅に変更し、新たな政策運営を行うことを発表した。これは、（長短金利操作付き）量的・質的緩和政策の終了を意味している。発表された新たな政策の中心は、

[1] 無担保コールレート（オーバーナイト物）の0～0.1％程度への誘導

[2] これまでとおおむね同程度の長期国債の買入の継続（長期金利が急上昇する場合には、予定額にかかわらず機動的にオペレーションを実施）

[3] 長期国債以外の資産買入の（段階的）終了

である（日本銀行「金融政策の枠組みの見直しについて」2024年3月19日参照）。第8章3節の理論的枠組みに基づいて整理すると、[1]は、伝統的金融政策で行われてきた、オペレーションを政策手段とする短期金利の低位誘導の復活を意味する。[2]は、長期金利の低位誘導を目的としていることが明記されているが、量的緩和の側面も持つ。[3]は、長期国債以外のリスク資産についての信

用緩和の終了を意味している。

この政策変更は、発表時には「マイナス金利の終了」「利上げ」「普通の金融政策への回帰」などと表現されたが、こうした表現は必ずしも正確ではない。①は、たしかに政策手段と操作目標については「普通」に戻ったといえるが、操作目標の水準からすると、ゼロ金利政策への回帰と位置づけるべきである。また③は、たしかに非伝統的な政策手段の利用の終了を意味するが、②は依然として伝統的ではない。結局、新しい政策は「ゼロ金利政策＋量的緩和による長期金利操作」であり、非伝統的金融政策の一つとして位置づけるのが適当である。(3)

ただし、問題を抱えたまま長い間継続されてきた量的・質的緩和政策がついに終了した、という意味で、この政策変更は、非伝統的金融政策からの出口戦略の第一歩として大きな意味を持っている。この変更にあたっては、政策変更が「サプライズ」ではないかたちで受け入れられるための情報発信が事前に時間をかけて行われたため、発表時には大きなニュースとなったものの、金融システムに混乱が発生することはなかった。上記のような教訓は、十分に活かされたといえる。ただし、金融資産の残高というストック面で見てみると、非伝統的金融政策が残した負の遺産はいまだに大きな問題として残されている。今後も時間をかけて、金融政策を適正化していくことが求められている。

2　日本の金融構造をどう評価するか――「貯蓄から投資へ」の検討

(1)　繰り返し指摘される「貯蓄から投資へ」の必要性

以上は、第5章から第8章までで行ってきた評価のまとめであるが、本書には第4章から積み残されていた課題として、金融構造に関する評価が残されている。同章の終わりで触れた通り、日本の金融構造は1970年代後半以降、一貫して間接金融依存であり、それ以前と比べても変わっていない。

この点を問題視し、日本の金融構造を変える必要性がある、との指摘が長らく行われてきた。具体的には、高度成長下の恒常的な資金不足状態において、政策的に重要な産業に円滑に資金を供給するための従来型金融システム（間接金融）が時代遅れになる中、1990年代後半の金融ビッグバン以降、従来型の産業金融（間接金融）から市場型金融への移行が必要だとされ（蠟山編著［2002］）、その後は間接金融の中でも（金融仲介機関が）市場を利用する市場型間接金融（第2章4節(5)項②）への移行が必要だと指摘された（池尾・柳川編［2006］）。こうした考え方は、一般には「貯蓄から投資へ」という言葉で表現されることが多い。

こうした状況を表す例として、「貯蓄から投資へ」の用語検索で抽出された、新聞記事の数を示してみたのが、図9-1である。[4]金融ビッグバン（1997～1998年）の際に用いられ始めて以

図9−1　「貯蓄から投資へ」の記事件数

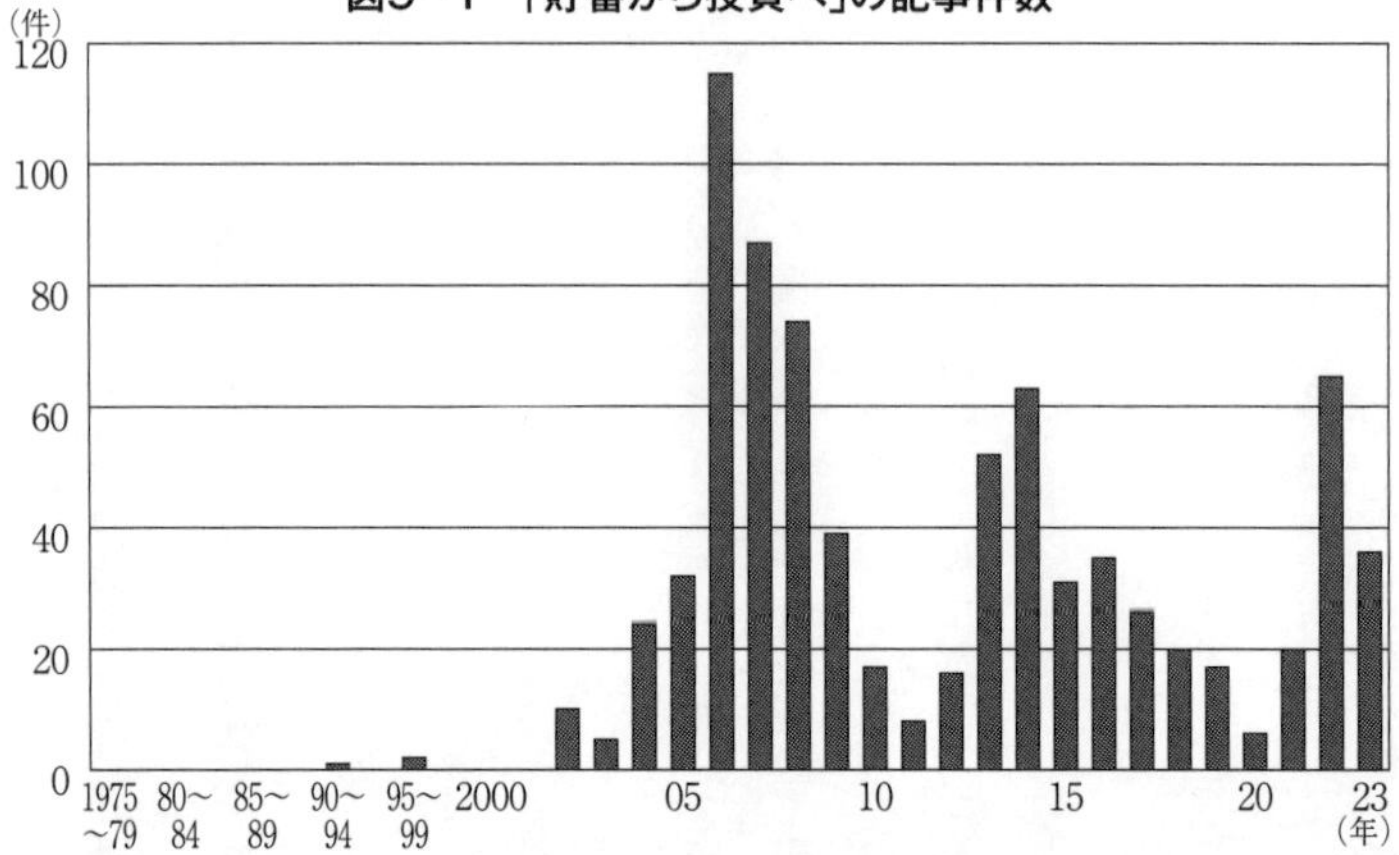

注：縦軸は、1975年から2023年までの各年ごとに、「貯蓄から投資へ」というキーワードで検索された日本済新聞朝刊の記事数。
出所：日経テレコン記事検索より筆者作成

降、金融システムの将来ビジョン構想（「日本型金融システムと行政の将来ビジョン懇話会」（蠟山編著［2002］））発表や証券税制の改革（2002年）、不良債権処理と活力ある金融システムの構築を目指した「金融改革プログラム」（金融庁）の策定や金融商品取引法の施行（2006年）、NISA（個人投資家のための税制優遇制度）開始（2014年）といった動きと合わせ、「貯蓄から投資へ」は繰り返し注目を集めてきた。

図には、2021年以降の数値も示している。2022年に政府が打ち出した「新しい資本主義」における「資産所得倍増プラン」の下で、「貯蓄から投資へ」は近年再び注目されていることがわかる。

(2)「間接金融脱却」「貯蓄から投資へ」は何を問題視しているのか

間接金融依存を問題視し、「貯蓄から投資へ」が必要だとする考え方は、このように長年にわたって指摘されている。ただし、こうした考え方を個別に見てみると、具体的に問題とされているものは一様ではない。前章までで見たように、この間金融システムや経済システムは大きく変化しており、間接金融や貯蓄偏重を問題視する根拠も、時代背景を反映して変化しているといえる。代表的な論考や文書に基づいてこうした根拠を整理すると、完全に区別することは難しいものの、具体的には以下に示す四つ、すなわち①リスク負担の変更の必要性、②市場機能の向上、③新たな投資機会の発見、④金融資産所得の増大、に大別できる[5]。

①　リスク負担の変更

間接金融依存に対する当初の問題意識は、金融システムにおけるリスク負担の問題にあった。たとえば、２００２年の金融システムの将来ビジョンにおいては「強靭で高度なリスクシェアリング能力を持った金融システムへと再構築」するために、市場機能を中核とした複線的金融システムへの再構築が必要だとしている（蠟山編著［2002］p.4）[6]。その後も、経済・社会にリスクが増大する中、間接金融依存の日本では政府・最終的貸手・最終的借手・金融仲介機関（集団投資スキーム）の間でリスク負担が適正化されていない（池尾［2004］）、金融システムに付加されるリスク量が増大し、銀行部門にリスク負担が集中している（池尾・柳川［2006］p.19）、といった指摘がなされている。

この根拠は、1990年代後半の日本の金融危機を背景としたものである。すでに見たとおり、日本の金融危機は、銀行部門が過大なリスクを抱え、不良債権問題を引き起こしたことに起因している。このリスクの集中を避けるため、間接金融以外の資金循環の流れが必要だ、と考えるのが上記の主張である。

その方法としては、間接金融の構造を大きく変えることなく、金融仲介機関が負担するリスクを経済全体で広く分担することのできる仕組み、として、市場型金融の資金の流れを生み出すこと、そして従来からの間接金融と複線化することが提案された。具体的には、預金取扱金融機関が証券化等の仕組みを通じて市場型金融を利用することや、最終的貸手が投資信託を利用して資金供給を行うことなどが挙げられている。

② 市場機能の活用

第二の根拠は、市場機能活用の必要性である。たとえば池尾・柳川（［2006］p.18）は、実体経済が高度化・複雑化する中で、「経済活動の相互調整を適切に実現するため」には信頼できる価格シグナルの利用が不可欠であるが、相対《あいたい》型の金融取引が行われる金融システムでは、価格に情報を集約して発信する、というはたらきが貧弱になる、という問題を指摘している。

この根拠も、それが主張された2000年中ごろの時代背景を反映している。当時は金融危機に対する対処が一段落し、危機時を振り返りつつ、平時の望ましい金融システムが検討された時期である。池尾・柳川（2006）は、危機に関する検討に基づき第一の根拠を示す一方で、その後の金融システムのあり方を展望する上で第二の根拠を示したといえる。

③　新たな投資機会の発見

第三の根拠は、新たな投資機会の発見である。たとえば池尾・柳川（［2006］p.19-20）は、経済の成熟化が進み、新たな投資機会を見出すことが難しくなる中で、経済活性化のためには新たな投資機会を発見する能力が必要であり、複眼的な評価を可能にするため市場型金融を拡大する必要があるとしている。そこでは、間接金融（銀行貸出）は「悪い借手を選ばない」という評価には長けているが、「良い借手を選ぶ」という評価が難しいため、多様な観点から評価が行われる市場型の金融が望ましい、とされている。

第二の根拠と同様に、この指摘も金融危機後の新しい金融システムを展望する中で示されたものである。キャッチアップ型経済成長が終焉し、経済が成熟化する中で、経済成長を維持するためには成長をもたらす可能性のある新たな投資機会、たとえば急成長するスタートアップ企業等を発見し、資金提供を行う必要がある。こうした根拠は、のちの「資産所得倍増プラン」（2022）にも一部引き継がれており、家計の資金がリスクマネーとして企業の成長投資の原資に用いられるようになることで、企業の成長を促進し、「成長と資産所得の好循環」により企業価値を向上させる必要性が示されている。

④ 金融資産所得の増大と運用効率の改善

ただし、「資産所得倍増プラン」の主眼はむしろ、第四の根拠である金融資産所得の増大にある。たとえば同プランでは、家計が保有する金融資産の半分以上はリターンの少ない現預金であるのに対し、米国や英国では中間層でも気軽に上場株式・投資信託に投資できる環境が整備されており、投資環境のちがいにより日本の金融資産の伸びが少ないこと、わが国の「家計に眠る現預金を投資につなげ」て金融資産所得を増やすことが重要であること、が指摘されている。類似の根拠は、「金融システムの将来ビジョン」（蠟山編著［2002］）の中でも多少言及されているが（同書p.14など）、過去にはあまり重視されてこなかった根拠といえる。

なお、上記の通り、資産所得倍増プラン（あるいは「新しい資本主義」）は経済成長につながる「人・スタートアップ・GX・DXといった重要分野への投資」を重視しており、この「投資」に向けて「わが国の家計に眠る現預金」「企業部門に蓄積された325兆円の現預金」などの「貯蓄」から資金を供給することで「直接金融への転換を推進」し、「ベンチャーキャピタルから資金を調達するスタートアップのエコシステムを構築」したり、「企業の成長を支えるリスクマネーを円滑に供給する」ことにつなげる、としている。この点で、同プランは「投資」の具体的な中身にも言及している。しかし、同プランで具体的な政策として示されているのはＮＩＳＡの拡大やiDeCo（個人型確定拠出年金）の改革、家計に対する金融アドバイスや金融教育などであり、投資される側ではなく投資する側の対策、つまり最終的貸手の金融所得増大に絞られている。

(3)　四つの「貯蓄から投資へ」仮説

一般に「何かを変えるべきである」という、いわゆる「べき」論は理念が先行しがちであり、何を、何のために、どう変えるべきかが具体的でないことが多く、実態を踏まえた検討が十分行われないことも多いため、本質的な解決につながらない可能性がある。「間接金融依存」や「貯蓄偏重」も、その注目度からすると、是正すべき大きな問題のように思えるが、その妥当性については冷静な検討が必要である。

そこで、この問題を金融構造の問題としてとらえ、本書の金融システム評価のアプローチにあてはめてみよう。そのために、まず上記の考え方や根拠が理屈としての妥当性を持つかどうかチェックできるよう、それぞれを具体的な仮説として表してみることにする。上記の考え方はいずれも、金融システムの目的あるいは評価基準から見て、現在の「間接金融」あるいは「貯蓄偏重」の金融構造が何らかの問題（望ましくないはたらき）を発生させているため、何らかのかたちの「投資」に移行する必要がある、と主張する仮説としてとらえることができる。この「貯蓄から投資へ」仮説は次のように表すことができる。

仮説

「貯蓄」、あるいは（その手段である預金を預金取扱金融機関が（間接証券として）発行して資金を集め、貸出（という本源的証券）により資金を供給するような）**間接金融に依存する金融構造では、**

「問題」□という問題（望ましくないはたらき）が発生するため、

「目的」□という目的のために、

「方法」□（する）ことで（という意味で）、

「投資」に移行する必要がある。

ただし、三つの□の中身はそれぞれの根拠により異なる。先に整理した根拠（①から④）を踏まえると、このちがいは次の表9－1のように、それぞれに対応する仮説（[1]から[4]）として整理することができる。[7]

仮説[1]が問題視しているのは、預金取扱金融機関セクターにリスクが集中する、という問題であり、そのリスクを分散させるために、市場型間接金融が必要だとしている。仮説[2]は、相対《あいたい》型取引中心の間接金融では価格による情報集約・発信が不十分であるため、価格に情報を集約して発信する、というはたらきを促進することを目的として、市場型間接金融が必要だ、としている。仮説[3]は、経済を活性化するような新たな投資機会を発見するために、リスクを負っても高いリターンを求める市場型金融取引を促進するため、市場型間接金融が必要だ、としている。最後に仮説[4]は、最

表9－1　さまざまな「貯蓄から投資へ」

仮説	[問題]	[目的]	[方法]
1	預金取扱金融機関セクターにリスクが集中する	そのリスクを分散させる	市場型金融取引（投資信託や証券化など）を利用する（市場型間接金融）
2	価格による情報集約・発信が不十分である	価格発見機能を発揮されやすくする	
3	新たな投資機会を発見できない	新たな投資機会を発見しやすくする	
4	最終的貸手のリターンが小さい	最終的貸手のリターンを大きくする	最終的貸手が上場株式・投資信託で資産運用を行う

出所：筆者作成

終的貸手のリターンが小さい、という問題に対し、そのリターンの増大のために、最終的貸手がリターンの高い上場株式・投資信託で資産運用を行うことが必要だ、としている。

(4) 四つの仮説の妥当性を検討する

①「投資へ」とは何か

では、この四つの仮説の妥当性を検討してみよう。最初に、理論的な妥当性に関する検討として、問題を解決する方法として主張されている「投資へ」、あるいはそれに対応する「市場」が何を指すのかを見てみよう。

各仮説が示す「投資へ」は、実は具体的に何を指すのか明確でない。この点を示すため、ここでは資金循環の概念を示した第2章の図2－6（図9－2として再掲）を手掛かりに検討してみたい。

まず、仮説1から3は、市場型間接金融の提唱として示された仮説であるため、解決の方法として示されてい

図9−2　金融仲介セクターと金融市場セクター（図2−6再掲）

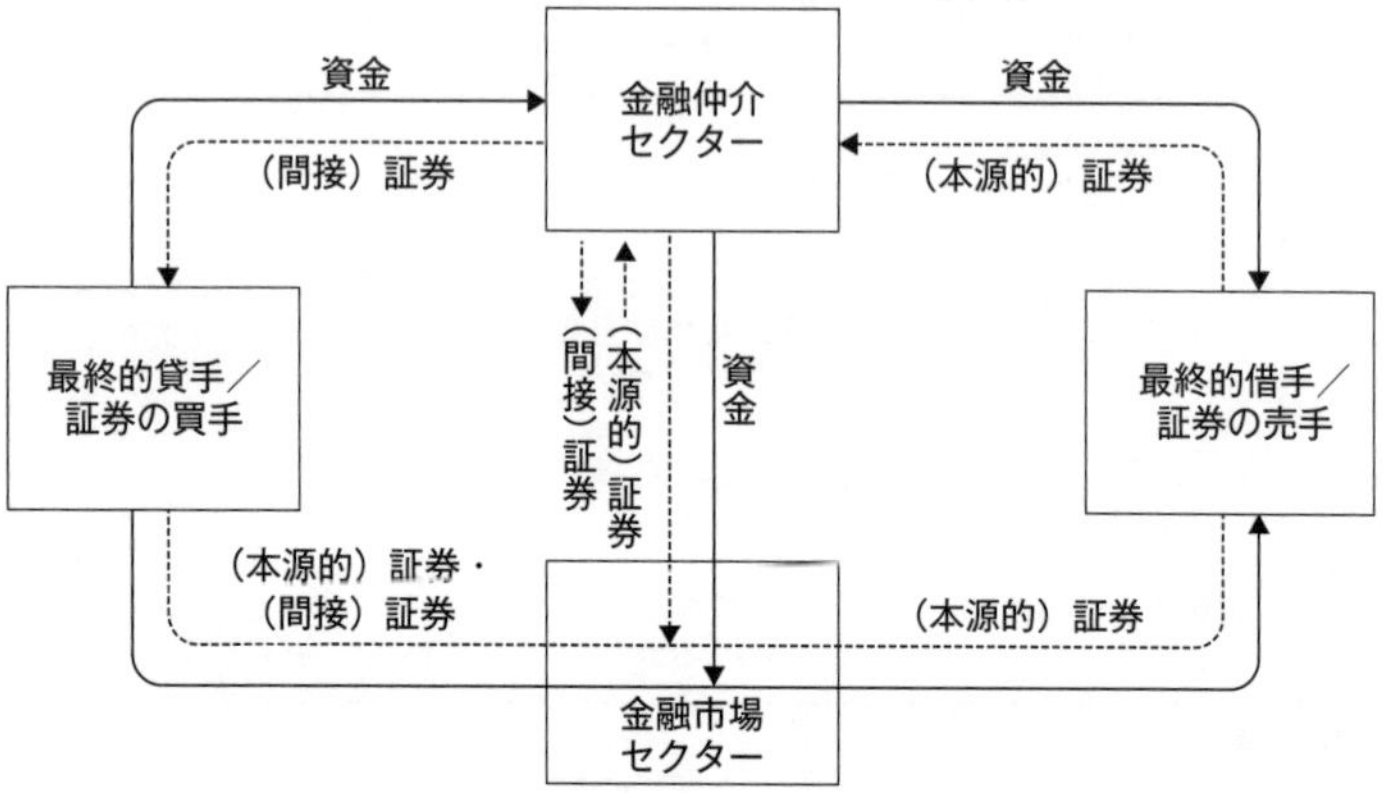

出所：筆者作成

るのは市場型間接金融である。しかし、この市場型間接金融という概念自体が実は曖昧である。第2章（4節⑸項②）で触れた通り、市場型間接金融は一般に市場型金融を活用する間接金融、あるいは「金融仲介機関が資金の調達側、あるいは運用側において市場を利用する」こと（池尾・柳川［2006］）として定義される。問題となるのはこの「市場型金融」が具体的に何を表すか、である。

「市場型金融」が金融市場セクターでの金融取引を意味するのであれば、上記の定義は資金循環（最終的貸手（図左）から最終的借手（図右）への資金の流れ）のうち、図中央の下向きの矢印（実線）、あるいは上向きの矢印（実線）を含むものを意味することになる。しかし、これでは銀行が株式を発行して資金を調達するケースや、銀行が企業の株式に投資して運用するケースも含まれてしまう。前者は少なくとも仮説3では想定されておらず、また後者は仮説1では想定されていないだろう。

仮説1から3の元となる主張を踏まえると、市場型間接金融における「市場型金融の活用」は、こうした広い意味での金融市場セクターの利用ではない。このことは、市場型間接金融の典型例として実際に挙げられてきたものが、投資信託や証券化であることを踏まえると理解しやすい。これらはいずれも集団投資スキームによって提供される金融商品である。市場型間接金融における「市場型金融の活用」は、集団投資スキームの利用を意味していると考えるべきである。

そして、その「利用」の方法として仮説1が主に想定しているのは、リスク負担を軽減させるために、金融仲介機関が証券化を利用するケースである。これに対し、仮説2や3が主に想定しているのは、投資信託を通じて金融市場セクターを通じた資金の流れを増加させることだろう。

図９－２（本書の理論的枠組み）でいえば、前者は金融仲介機関（預金取扱金融機関）と集団投資スキームの間で、つまり金融仲介セクターの内部で取引が行われることにあたる。これに対して、後者は集団投資スキームが最終的貸手から得た資金を金融市場セクター経由で投資する場合（図中央下向きの矢印を経由する資金循環）にあたる。後者の場合、必ずしも預金取扱金融機関が介在する必要はない。

このように考えるとわかるように、市場型間接金融という概念は、市場型金融を利用する間接金融、という表現からして間接金融と直接金融の中間物のような印象を与えるものの、資金循環の観点から考えると単純に表現することが難しいものであり、誤解を招きやすい概念だといえる。少なくとも、直接金融や間接金融と並列して論じられるものを表しているわけではなく、仮説①などで主張されていた間接金融との「複線化」という表現も、実際に何を表すのか明確でない。

他方で、仮説①から③と、仮説④を比較すると、前者が市場型間接金融に関する仮説であるのに対し、後者は資金循環の中でも最終的貸手の資金提供の方法の部分に注目する仮説である、というちがいがある。後者で主張されているのは、最終的貸手による、本源的証券（株式）（の金融市場セクターでの取引）を通じた（図9－2下から右への）資金供給を増加させることである。ただし、資産所得倍増プランでは、最終的貸手による株式と投資信託の保有促進がともに示されている。このため、そこには金融市場セクターを通じて直接最終的借手に資金が提供されるケース（図左↓下↓右）だけでなく、集団投資スキームを通じた資金の流れ（図左↓上↓下↓右）も含まれる。後者は市場型間接金融であるが、前者は直接金融への移行を提唱するものである。しかも、資産所得倍増プラン（あるいは「新しい資本主義」）では、経済成長につながる「人・スタートアップ・GX・DX」といった重要分野への投資」を重視しており、対象となる最終的借手も限定されている。

② リスクの集中の解消（仮説①）の妥当性

こうした「投資」のちがいも踏まえつつ、個々の仮説の妥当性を検討してみよう。まず仮説①に関しては、問題視しているのは金融システムの中でも特に預金取扱金融機関セクターにリスクが集中する、という問題である。この問題は、リスク配分の非効率性（第2章5節(1)項③）あるいは金融システムの安定性（同節(2)項）という基準から見た問題（望ましくないはたらき）といえ、理論的根拠を持つ問題である。また、預金取扱金融機関セクターが実際に過大なリスクを抱えて1990年代後半に金融危機を起こしたことは明らかであり、問題の存在についての現実妥当性もある。

しかし、第6章の検討を踏まえると、間接金融がこの問題を引き起こした、というとらえ方は必ずしも妥当とはいえない。日本の金融危機におけるリスクの集中の問題は、直接的には預金取扱金融機関セクターの不良債権問題と金融機関の破綻であり、その原因は資産価格の上昇（バブル）と貸出の増加（信用膨張）であった。このうち少なくとも前者は間接金融の問題ではない。

後者に関しても、金融機関がバブル期に十分な審査を行わず、過剰な貸出を行ったという問題はみられたが、これは個々の預金取扱金融機関が信用創造を過剰に行ったという組織、あるいはセクターレベルの問題であり、間接金融かどうかというシステムレベルの金融構造のちがいに起因しているわけではない。現に、第6章の3節で述べた通り、世界的金融危機の際には直接金融中心といわれるアメリカにおいても、預金取扱金融機関セクターによる過剰な信用創造（信用膨張）が発生している。

関連して、貸出増加は資金需要の増大も反映している、という点で、問題は実体経済側にもあり、また金融自由化と金融政策という制度的・政策的要因も遠因となっていた。こうした点からも、間接金融の問題という単純なとらえ方は適切とはいえない。

他方で、不良債権問題はバブル崩壊後の貸出の問題（追い貸し）にも起因していた。しかし、これも預金取扱金融機関の個別取引レベルの問題であり、間接金融の問題とは言い難い。さらに、世界的金融危機の経験からは、金融機関のリスクを減少させるはずの証券化が必ずしもリスク削減をもたらさず、またリスクを転嫁された先の証券化の仕組み（集団投資スキーム）において銀行取付が発生した。このように、懸念されている問題は市場型間接金融にも発生する。

結局、仮説[1]が懸念する問題は、金融構造を変化させることによって解決するような問題ではなく、バブルと信用膨張を抑えるマクロプルーデンス政策、あるいは預金取扱金融機関による過剰な貸出や追い貸しを防ぐようなミクロプルーデンス政策などの公的介入によって対処すべき問題である。そして、日本の金融危機や世界金融危機の経験などを踏まえ、こうした介入のための制度の整備は、仮説[1]が示された当時と比べれば、すでにある程度進んでいる。

もちろん、仮説[1]がいうように、預金取扱金融機関に集中するリスクを分散するためデリバティブや証券化などの仕組みを利用すること自体は、理論的には否定されるものではない。とはいえ、これらは上記の公的介入に比べれば間接的な対処である。

なお、仮説[1]が問題視しているのは、結局は金融システムのリスクが誰（どの組織・セクター）にどの程度集中しているか、というリスクの配分の問題である[8]。しかし、金融構造の観点から見てもう一つ重要な問題は、その総量・大きさである。いくら証券化（あるいはデリバティブ）などの仕組みを用いてリスクの負担を変更しても、経済全体のリスクの総量が変わるわけではない[9]。そして、総量で考えた場合、そもそも負債（貸借）を通じた資金調達が中心となる間接金融では、信用膨張のようなケースを除けばリスクの高い事業等には資金提供が行われにくいはずである。市場型金融を取り入れれば、経済全体のリスクはむしろ増加する可能性がある。

③　市場機能の活用（仮説2）の妥当性

次に仮説2は、相対型取引中心の間接金融では価格による情報集約・発信が不十分である、という点を問題視し、価格に情報を集約して発信する、というはたらきを促進するために、市場型金融取引が必要だ、としている。理論的に考えれば、この仮説は資金配分の効率性（第2章5節(1)項②）の問題を、価格発見機能（同章6節(1)項③）の向上により改善することを示したものだといえる。また、実体経済が高度化・複雑化している、という見方も妥当性を持っている。

ただし、この問題への対処方法が市場型間接金融である、という結論には、理論的に飛躍がある。間接金融は本来、価格に集約しやすい財務等の情報が十分に得られない借手に対する、情報生産機能（同章6節(2)項①）が重視されるような資金の提供、たとえば中小企業金融などに強みを発揮するものである。価格発見機能は金融市場セクターが比較優位を持つ機能であって、直接金融によっても発揮され、市場型間接金融だからこそ信頼できる価格シグナルの利用が可能となるとは考えにくい。しかも、世界金融危機の経験からわかるように、金融危機時には市場型取引においても価格発見機能が失われる。危機時の市場機能の喪失の影響は、直接金融あるいは市場型間接金融のほうが大きいとも考えられる。

このように考えると、仮説2が懸念する問題は、間接金融という金融構造の問題としてとらえるべきものではなく、むしろ日本における金融市場セクターの機能向上、あるいは金融仲介セクターと金融市場セクターの適切な役割分担の必要性という、一般的な問題意識を示していると考えるほうが適切である。この場合、行うべきは市場型間接金融の促進よりもむしろ、金融市場セクターの機能を阻害するさまざまな制度的要因を取り除くような取組みであろう。

④ 新たな投資機会の発見（仮説3）の妥当性

仮説3は、その背後にある考え方、つまり経済の成熟化が進む中で、新たな投資機会を見出す必要がある、という問題意識の下では現在でも示されており、重要である。また、新たな投資機会を発見すること、リスクを負っても高いリターンを求める市場型の資金供給を行うことは、資金配分とリスク配分の効率性（第2章5節(1)項②③）の観点からしてたしかに重要である。さらに、市場型金融取引、特に株式型証券を用いた取引であれば、リスクを負っても高いリターンを求めるような資金提供が行われやすいため、新たな投資機会の発見は促進されるだろう。

これに対して間接金融（銀行貸出）では、負債型証券が用いられるため、貸出先は相対的に低リスク先にならざるを得ない。現に、間接金融（銀行貸出）は保守的・安全志向であり、担保依存で事業性が評価されないためリスク資金が供給されない、といった見方は、仮説3が示された200

0年代半ば以降も、たとえば失われた30年の原因とされる企業セクターの生産性低下とも関連するかたちで主張され、現在でも示されている[10]。

しかし、ここで問題となるのは、誰が、どのように、どの程度リスクを取るか、である。間接金融中心の金融システムに、市場型（株式型）の資金供給を取り入れる方法は多様である。理論的に最も極端なかたちとしては、預金取扱金融機関が市場を通じて直接リスク投資を行うことが考えられるが、預金取扱金融機関（セクター）は経済のインフラストラクチャーである決済システムを支える一方で、いつ引き出されるかわからない預金を預かっているため、大きなリスクテイクを行うべきではない金融機関（セクター）である。

しかも、預金取扱金融機関（セクター）が市場を通じてリスク投資を行うことは、仮説1が問題視するリスクの集中を招くことになる。この点で、仮説3と仮説1は互いに矛盾する部分があることがわかる。また、金融危機時には信用膨張が過大なリスクテイクにつながったが、そこで用いられたのは担保付貸出であったことにも注意が必要である。このように、担保に過度に依存する間接金融でも、大きなリスクテイクは行われる可能性があるのである。問題となるのはやはり、金融構造ではなく、誰（どのセクター）がどの程度リスクを負担すべきか、である。

他方で仮説3は、新たな経済成長の源泉としての、ハイリスク・ハイリターンのスタートアップ企業の発見と資金供給を重視している。これは、負債型証券による資金提供を行う金融仲介機関・預金取扱金融機関セクターの主な役割ではない。ベンチャーキャピタルなどの集団投資スキームがファンドを組成し、株式型証券（エクイティー）でリスクを取って資金供給を行うほうが比較優位があるため、市場型金融の役割である。求められるのは、金融仲介機関（預金取扱金融機関）よりもむしろ、そうしたファンド、あるいは集団投資スキームを運用する金融機関の目利きや運用能力の向上だろう。金融仲介機関（預金取扱金融機関）も、運用資金の分散化の中で、こうしたファンドへの投資を行うことは考えられ、それを市場型間接金融と呼ぶことはできるが、上記の通り、預金取扱金融機関についてては過度なリスクテイクは抑制されるべきである。

さらに、前章までの検討から示唆されるように、金融システムがいかにリスク資金を提供できる舞台を整えても、投資対象となり得る実体経済のプレーヤーがそれを利用しようとしない限り、新たな投資機会は発見されない。必要なのはむしろ、そうしたプレーヤーを増加させる実体経済側の取組みであろう。

⑤ 資産所得の増加（仮説④）の妥当性

最後に、仮説④についてはどうだろうか。家計が保有する金融資産の半分以上を現預金が占めること、現預金はリターンが低いこと、アメリカやイギリスでは家計部門の資産保有に占める上場株式・投資信託の比率が日本よりも高いこと、などはいずれも事実である。また、金融資産所得を増やすことは、一般論として望ましい。たとえば、過去の高齢者に比べて現在の高齢者の所得、特に財産収入と公的年金が減少していることなどからしても、日本の金融システムは、最終的貸手に対して十分なリターンを提供できていないと考えられる[11]。この、最終的貸手のリターンが小さい、という問題は、理論的には効率的な資金配分（第２章５節⑴項②）が行われていないという問題としてとらえることができる。

ただし、資産所得倍増プランではあまり触れられていないが、リターンを上げると必然的にリスクも増大する。このため、リスク回避的な投資家であれば、リターンの小さな運用のほうが望ましい場合もある。つまり、リスク配分の効率性も考える必要がある。

また、資金配分の効率性の観点から見て問題といえるのはむしろ、投資機会が限られている、十分な情報が得られない、といった制約によって、本来行われるべき投資が実行できていない場合、あるいは金融仲介機関や集団投資スキームの運用能力に問題があり、より高いリターンを生み出すことができるはずができていない場合だろう。

このうち投資機会の問題に関しては、資産所得倍増プランでは「中間層でも気軽に上場株式・投資信託に投資できる環境」が「整備されていない」ことを問題視している。とはいえ、投資信託の窓口販売解禁（１９９８年12月）やＮＩＳＡの導入（２０１４年１月）、つみたてＮＩＳＡの導入（２０１８年１月）など、環境の整備はすでにある程度行われている。同プランで具体的施策として示されているのも、ＮＩＳＡやiDeCoの拡大・拡充、そのためのアドバイス・教育の拡充であり、過去の制度整備の延長線上にある。

こうした整備がいまだに十分でないのであれば、問題はたしかに金融システム側にあるといえる。

その場合には、利用すべき利用者がうまく利用できるような制度改革が必要であろう。しかし、利用を大きく進める最も効果的な誘因となるのは、運用リターンの向上である。そのためには運用会社の運用能力向上が求められる。

なお、資産所得倍増プランには「我が国の家計に眠る現預金」「企業部門に蓄積された325兆円の現預金」といった表現が見られる。こうした表現は、これらの部門の現預金（「貯蓄」）があたかも有効利用されておらず、無駄に蓄積されているような印象を受けるが、その主張の根拠は不明である。第4章2節⑶項②で見た通り、少なくとも企業部門に関する限り、現預金が多いからといって資金が有効に利用されていないことを意味してはいない。

以上のように、四つの仮説を理論あるいは実態から見た妥当性の観点から評価すると、それぞれが指摘している問題は一定の妥当性を持つが、その問題への対処として指摘されている「投資へ」や「市場型間接金融化」は、理論的に見れば具体的でなく、適切な対処といえない部分も多い。そもそも、見ている問題は間接金融、直接金融、あるいは市場型間接金融といったシステムレベルのちがいに起因するのではなく、個別取引レベルや組織、セクターレベルの問題であり、金融構造のちがいだけを見て金融システムのパフォーマンスを評価することには問題があるといえる。

また、各仮説はその時どきの時代背景を踏まえて指摘されたものであるが、仮説①や②が指摘するような問題は、現在では喫緊に対処すべき課題だとは考えにくい。これに対して仮説③や④が指摘する問題は対処が必要だといえるが、やはりその方法が金融構造の変更だとは考えられない。必要な対処は、問題の源泉が金融システム（あるいは金融システム外）のどの部分にあり、どのような望ましくないはたらきを抑える、あるいは望ましいはたらきを発揮させる必要があるか、という点から検討されるべきである。金融構造の変化は、その結果としてもたらされることはあるかもしれないが、目指す目標として設定すべきものではないといえる。

⑥　「投資へ」の実行可能性

関連して、実行可能性の問題についても触れておこう。その是非はさておき、金融構造を変える必要がある、という「べき論」的主張は長らく行われ、さまざまな制度改革も行われてきたが、結局のところ、日本の金融構造は大きくは変わっていない（第4章2節、図4－9）。また、他国の状況を考えても、金融構造は容易に変更できるものだとは考えにくい。上記のように、そもそも金融構造の変化を目標とすること自体が適切とはいえないが、たとえ適切であったとしても、金融構造の変更は、実行可能性という点で大きな問題があるといえる。

金融構造が大きく変化しない理由の一つは、金融政策における最終目標のコントロールと同様に、金融構造が多様な経済活動の結果として定まり、実施可能な個別の介入によって自在に操作できる対象ではないことが考えられる。金融構造の変化を生み出そうとして一部の制度変更を行ったとしても、実際に変化させることができる部分は限られ、大きな構造変化を促すことは難しい(12)。

もちろん、本書の分析対象期間である現代を超え、第二次世界大戦前、あるいは近代にまで遡ると、日本の金融構造は大きな変化を経験している。このため、国のあり方を変えるような大きな変化が社会状況、経済構造に生じた場合には、金融構造も大きく変化する可能性がある。そして、そうした歴史的な比較から示唆を得ることは、今後の重要な研究課題である。しかし、少なくとも現状の社会状況、経済構造の下では、多少の制度変更によって金融構造が大きく変わることは考えにくい。

しかも、たとえ制度を変更できたとしても、その制度が意図した通りに利用されるとは限らない。利用者にとって利用するメリットがなければ意図したかたちでは利用されず、また意図せざるかたちで利用される可能性もある。適当な舞台を整えたからといって自然と踊りが始まるわけではない。利用者の誘因を考えた制度設計が必要である。

⑦ 投資信託の動き

実は、以上のような注意点を踏まえ、金融構造というシステムレベルではなく、金融システムの特定の部分（構成要素）に注目すれば、漸進的な制度変化によって上記仮説が示す方向性に向けての変化が実際に起こっている可能性があることを確認することができる。図9－3は、日本における投資信託の純資産総額の変化を示したものである。2010年代に入ってその額は大きく増加しており、この増加は公募株式にも私募株式にも見られる。

図9−3　投資信託の純資産総額

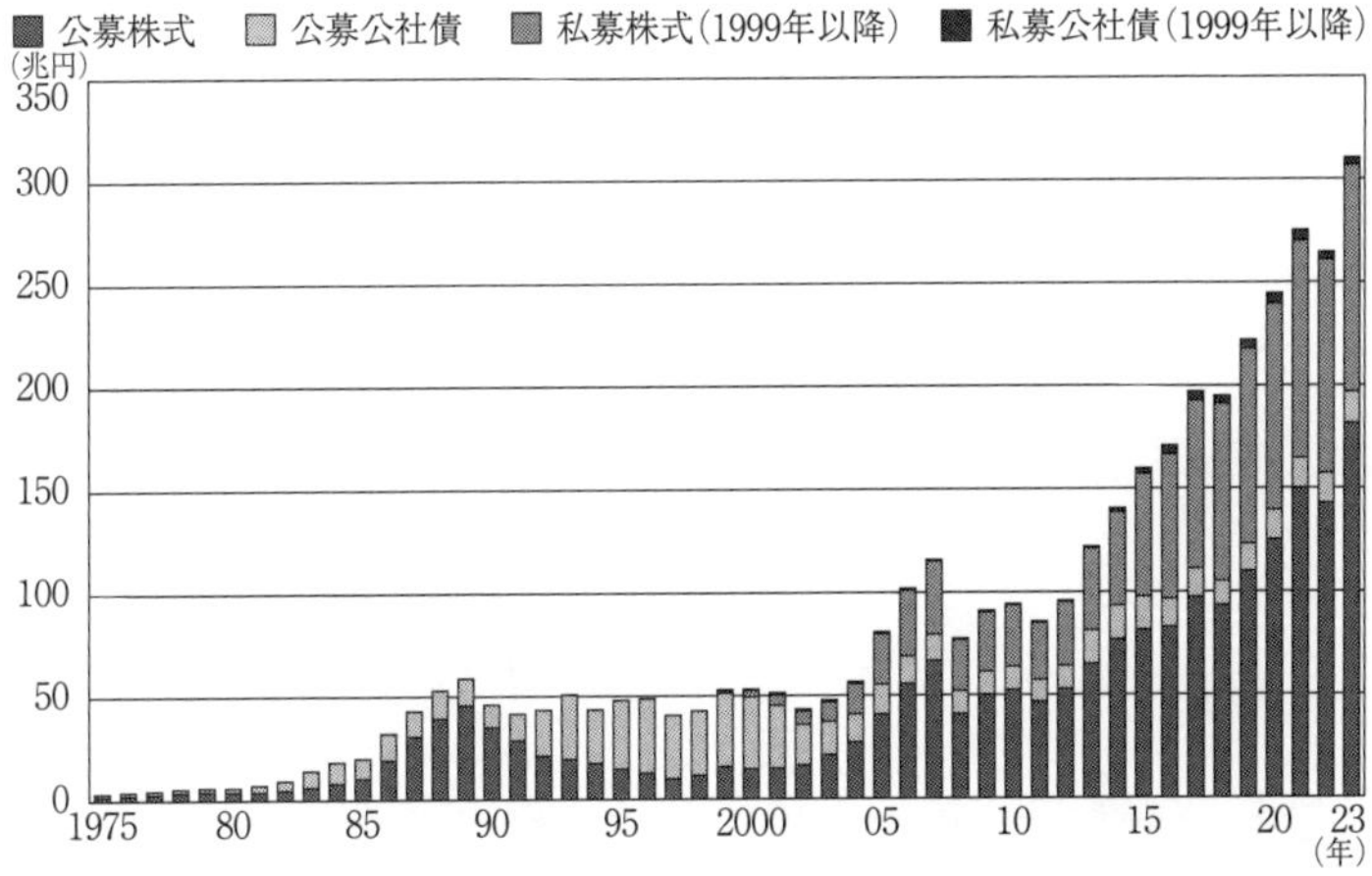

第4章（2節(4)項の①）において、金融構造というシステム（マクロ）レベルの視点で家計の保有資産をとらえた図4－9では、投資信託のシェアは大きく変化していなかった。これは、資金循環統計において、巨額の預金の存在により、投資信託の伸びが相対的に目立たなかったものと考えられる。しかし、焦点を絞って絶対的にみてみると、投資信託の利用は実際に増加している。

こうした変化は、「投資へ」あるいは「市場型間接金融」に向けた変化としてとらえることができる。具体的には、公募の株式投資信託の増加は家計部門が（間接的に）株式保有を増やしていることを意味するため、仮説4が目指す方向性（図9－2の左から上、上から下、下から右を順に通る資金の流れ）が増加していることを意味する。また、私募の株式投資信託の増加は機関投資家による市場型金融の利用が増加していることを意味し、仮説1から3が目指す市場型間接金融の資金の流れ（金融仲介セクター内での金融仲介機関による集団投資スキーム利用）の増加に対応している。

こうした変化の原因を、因果関係を特定して明らかにすることは難しいが、少なくとも公募投資信託の残高増加の背景には先に触れた税制変更が関与した可能性が高い。こうした流れをさらに加速させるためには、投資信託の利用を阻害している要因は何か、制度変更や金融教育がどの程度こうした増加に寄与したのか、資産運用側の運用能力は十分か、といった分析に基づく政策判断が必要だろう。

3　金融システム・制度評価と設計への示唆

以上、前項では本書の金融システム評価のアプローチを用いて日本の金融構造に関する評価を行った。第5章から第8章まで行った個別問題の評価も併せて振り返ってみると、金融システムあるいは金融制度の評価とその設計に関しては、その検討を行う方法について、多少一般的な手順を示すことができる。先に（本章1節(2)項）、これからの金融政策に対する示唆を示したのと同様に、ここでは今後の金融制度設計において踏むべき手順をまとめることで、本書の結びとしたい。

(1) 理論的妥当性のチェック

金融制度の設計においてまず重要なのは、理論的妥当性のチェックである。制度変更は何らかの問題に対する対応として行われるが、その際にはまずなぜ、どのような対応が必要なのかを、本書第2章で示した理論的枠組みに基づき判断する必要がある。具体的には、その問題は金融システムのどの部分にどのように（どのような望ましくないはたらきの発揮、あるいは望ましいはたらきの喪失として）発生したのか、その問題に対してどのような対処が必要だったのか、というチェックが必要である。

また、すでに示されている制度変更の考え方や主張を評価する場合には、その考え方や根拠が第2章の理論的枠組みから見て筋が通っているか、示されている問題への対処方法が論理的で齟齬がないか、といったチェックが必要である。そのためには、主張されている内容を、具体的な仮説のかたちで表し検討することも有効である。

こうしたチェックの際に重要なのは、金融システムの「構成要素」「目的」「機能」「評価基準」を踏まえ、注目すべき部分を正しくとらえて評価することである。示されている問題が理論的に見ても解決すべき問題といえるのか、解決の方法として示されているものが本当にその問題の解決につながるのか、といったチェックが必要である。また、金融システムの問題は、どのレベルの問題なのかを理解して検討すべきである。上空から森を見ても、個々の木々に起こっている問題がわからないように、金融構造のようなマクロ的で操作が難しい指標を見ても、組織レベルや個別取引レベルの具体的な問題や適切な対処は見えてこない。問題を具体的にとらえ、その部分に合った対処を行うべきであろう。

ただし、部分最適は全体最適とは限らない。木を見て森を見ず、とならないように、評価では金融システムの全体像を理解する必要がある。特に、特定の問題に囚われて迷走するあまり、より重要な問題の解決が疎かにならないよう、常に金融システムの目的を踏まえ、どの目的に照らして問題なのか、何のために変更を行う必要があるのか、という視点が重要である。第2章3節(1)項で示した通り、金融システムの本来の目的は「マクロレベルの資金移動の円滑化」であり、効率性や安定性の観点から評価すべきである。

他方で、第2章3節(2)項で触れた通り、金融システムには本来の目的を超えた目的として、経済成長・発展やマクロ経済の安定といった経済システムに関わる目的、さらには社会的・環境的課題の解決という社会・地球環境のシステムのレベルでの目的もある。特に近年は、経済偏重ではなく、持続的な経済・社会の維持発展に向け、社会的・環境的課題の解決に金融が寄与することが求められるようになっている。どの目的を優先するか、という選択も必要となろう。

目的を踏まえることは、望ましい金融システムのあり方に関するビジョンを持つことにほかならない。しかし、近年の金融行政ではこうしたビジョンを踏まえた改革が行われなくなってきている印象がある。

明確なビジョンが示された例としては、筆者の理解では「金融システムの将来ビジョン」（蠟山編著［2002］）まで遡る必要がある。この将来ビジョンでは、金融システムの設計において目指すべき目標として、以下が示されている（蠟山編著［2002］14ページ）。

① **利用者（第一義的には日本国民（個人と企業））の豊かさと利便性の向上**
　個人：運用（リターン）の向上
　企業：将来の不確実性が増す中リスクマネーを効率的かつ積極的に供給
② **日本の金融システムそのものの機能強化・発展**
③ **日本の金融業の機能強化・発展**

そして、そのために金融システムの構成要素である金融仲介機関（本書のとらえ方でいえば金融仲介セクター）が目指すべき方向性として、以下が示されている（蠟山編著［2002］15ページ）。

(1) **金融仲介機関が資金のコストを明確に認識し、資金調達者に要求すること**
(2) **金融仲介機関そのものの機能分化、専門化を推進すること**
(3) **金融仲介機関が資金供給者である個人のリスク選好やライフサイクルに応じてタイプの異なる多様な金融商品を提供すること**

こうしたビジョンは、現在でも十分通用するビジョンである。ただし、金融システムのとらえ方として、特に構成要素やレベルに関して、曖昧なところがある。また、ここには社会的・環境的課題の解決、といった近年金融システムに求められるようになった目的は含まれていない。ビジョンは時代に合わせて更新していく必要があり、そうしたビジョンを第2章のような理論的枠組みに落とし込み、その枠組みを用いて現実の問題をとらえ、適切な制度変更を検討していく必要がある。ただし、本来の目的（「マクロレベルの資金移動の円滑化」）に向けた金融システムの理解に比べると、社会的・環境的課題の解決に金融システムがどのように貢献できるのかに関しては、理論的な示唆を与えることができるほど十分な研究が蓄積されているとは言い難い。これからの金融システムは、こうした問題の解決に向けた貢献を一層求められることになるだろう。そのために必要な金融システムのあり方を検討するために、金融システムが社会的・環境的課題の解決に向けてどのようなはたらきを発揮できるのか・できないのか、という理論的理解を深めていく必要がある。

(2) 現実妥当性のチェック

理論的妥当性のチェックは、示された理屈が理屈として尤《もっと》もらしいかというチェックであるが、理屈は現実妥当性のチェックも受ける必要がある。現実妥当性の判断は、実際の制度や実態、あるいはデータや実証研究の結果に照らして、その理屈通りの問題が実際に起こっており、現実にも意味のある解決方法が示されているといえるか、というチェックである。いくら理論的に妥当な制度変更も、こうした妥当性がなければ現実には机上の空論に基づく的外れな変更でしかない。

中でも、どのような問題がなぜ起こっているのか、示された変更が現実に意味を持つのかを明らかにするために、問題発生あるいは政策効果のメカニズムとして理論的妥当性を持つものを、その理論通りの現象が起こっているか、という観点から実証的にチェックする必要がある。このチェックはＥＢＰＭ（Evidence-Based Policy Making：エビデンスに基づく政策形成）が目指すものと同じである。

しかし、問題はどのようなエビデンスに基づいて、どのような政策を形成するかである。本書の検討からわかるように、収集可能なエビデンスは断片的であり、すべてが網羅されているわけではない。このため、できる限りのエビデンスを集めるとともに、そのエビデンスが何を表しているのかを適切に判断し、エビデンスによって示されていない部分はその行間を補うことにより、現実妥当性を持つ政策が示されているか判断する必要がある。

(3)　実行可能性のチェック

現実妥当性のチェックと完全に分けられるものではないが、実行可能性のチェックも必要である。実行可能性の判断においてまず重要なのは、操作可能な目標が設定されているかどうかである。金融政策が最終目標を直接操作できないのと同様に、金融制度も目標を直接操作できないことが多いだろう。目標に影響を与えられるような、具体的で変更可能な制度を特定する必要がある。

そして、マクロ経済の状態や経済・金融構造を変えるといった大きな目標の場合、さまざまな外的要因によって影響を受けるため、想定通りの変化が生まれないこと、意図せぬ影響を生み出す可能性があることも踏まえる必要がある。こうした点を事前に把握することは難しいが、理論的にある程度は予測することは可能かもしれない。

また、実行可能性の検討においては、制度の硬直性を考慮する必要がある。制度はまったく白地の状態から描くことができるものではなく、既存の制度を所与として変更せざるを得ない。どのような変更も、その恩恵を享受する経済主体と損失を被る経済主体を生み出し、利害調整を困難にする。このため、経済制度や経済構造には履歴効果がはたらき、少なくとも漸進的にしか変化させられない。

現実の社会においては、理論の世界のように、経済合理性だけで物事が決まっているわけではなく、理論が示す理想的な状態をそのまま現実に落とし込むことは難しい。また、利用者、対象者にとって意味のある、意図通りの行動を誘発するインセンティブを与えるような制度変更である必要がある。

他方で、制度設計において、現実の制約に囚われすぎるのも問題である。行政の現場は人的資源が不足し、喫緊の問題への対処にとらわれがちである。問題の火種となりそうな制度であっても、当面問題が発生しそうになければ、その対処は後回しにされる可能性がある。

また、公的な制度は基本的に、複数の会計年度の予算を一括して議決することはできない、という予算単年度主義、歳入歳出を会計年度ごとに区分して各年度の歳入を歳出に充てる、という会計年度独立の原則に制約されている。[13] こうした制約からも、行政当局は近視眼的にならざるを得ない面がある。システム全体のはたらきを踏まえた制度を設計するために、大きなビジョンの下で、金融システムの全体像を踏まえた検討が不可欠である。

(4) 制度と理論のバランスの重要性

このような議論は、金融制度設計に対する、いわゆる機能アプローチと制度アプローチの対比とも関連している。この対比を示したMerton（1995）は、既存の制度を所与とし、既存の制度が存続繁栄するのを助けることが公共政策の目的である、と考えて制度設計を行うアプローチを制度アプローチと呼び、これに対して金融システムの経済的機能を所与とし、その機能が発揮されるために最適な制度はどのようなものか、と考えて制度設計を行うアプローチを機能アプローチと呼んだ。

このうち、Merton（1995）が重視するのは後者である。制度は硬直性を持ち、過去の環境に基づいてつくられた制度はしばしば時代遅れとなり、本来の機能の発揮を阻害して大きな問題を引き起こす。これに対し、金融システムが発揮している機能は、長い歴史を通じて実質的に大きく変化していない。[14] このため、金融システムの機能とは何かを踏まえた上で、その時代や状況に応じて機能が適切に発揮される制度はどのようなものかを検討すべきだ、というのがMerton（1995）の考え方である。

しかし、Merton（1995）のいう機能アプローチは、本書の理論的検討（第2章）から見れば、十分なものではない。Merton（1995）が「機能」として整理しているものは、本書でいう機能（第2章6節の「望ましいはたらき」）と直接対応しているが、すべてではなく、また望ましくないはたらき（第2章7節）についてはほとんど考慮されていない。また、Merton（1995）では金融システムをシステムとしてとらえる視点がなく、どのような目的のための、どのような基準で測ることのできる、どのレベルのどの構成要素が発揮する機能か、といった整理が十分でない。

しかも、Merton（1995）のいう機能アプローチは理論の世界に閉じた考え方である。そこで示されているのは、あくまで理論的に発揮されることが期待される機能であり、理論的妥当性は持つが、現実妥当性や実行可能性を持つわけではない。いかに理想的な機能であっても、その機能の理論的根拠となる状態が現実に存在しなければ発揮されず、そうした状態になっているかどうかの判断には実証的な検討が必要である。また、既存の制度をまったく無視してゼロから制度設計を行うことは不可能であり、この点で、機能アプローチは現実には実現可能性の低い提言を生み出す可能性も高い。

(5) 望ましい金融システム・制度設計のためには何が必要か

結局、望ましい制度設計のためには、法律などによって制度上金融システムがどのように規定されているのか、その下で実際にどのような経済主体がどのような組織で業務を行っているのか、といった理解が不可欠である。制度や実態に関する十分な理解と、理想的な機能に関する理解の両方を踏まえて金融システムの設計を行う必要がある。

そのためには、学界側では経済学の知見（ただし理論だけでなく実証も）をさらに蓄積するだけでなく、法学、政治学や行政学、公共政策学、さらには哲学や倫理学など、さまざまな学術分野の知見が必要である。しかも、そうしたアカデミックな知見をベースに、官界・実業界・政界が協働し、実現可能で望ましい制度を設計していく必要がある。金融システムの目的を踏まえ、多くの専門家が互いの強みを理解し、対話を通じて望ましい日本の金融システムのあり方を探っていく必要がある。

経済学に関しては、本書で整理した金融システム評価のアプローチは、経済学の金融・ファイナンス分野の知見の蓄積の厚みと、経済学のアプローチの力を示している。他方で、経済学のアプローチの限界も明らかにしたのではないかとも考えている。

深刻な社会的・環境的課題がさまざまなかたちで顕在化している現代において、金融システムはその解決に向けた資源の配分に関しても重要な役割を果たすはずである。経済学のアプローチは、潜在的にはそうした役割に関して一定の示唆を示すことができるだろう。しかし、結局は資源配分の効率性という判断基準しか持たない現代の経済学のアプローチだけでは、どの問題を解決すべきか、そもそも何が問題なのか、といった、効率性を超えた問題に対して十分な解答を与えることはできない。経済学のアプローチの有効性と限界を明らかにし、その守備範囲と適切な使い方を明らかにした上で、経済学以外の学問分野と協働しながら問題の解決に取り組んでいく必要がある。

【第9章　注】

(1) 以下で触れるもの以外にも、政策は予期せぬショックによる不確実性に晒されていること、効果が遅れて（ラグを持って）現れる可能性があるなど効果発現のタイミングが明確でないこと、意図せざる効果を生む可能性があること、予期された政策と予期されない政策（サプライズ）の効果にちがいがあるかもしれないこと、などに留意する必要がある。

(2) この点については高橋（2022）参照。

(3) その後、2024年6月14日には、長期国債買入を減額していく方針が決定され、②に関しても伝統的な政策に向けての修正がはじまった。

(4) なお、こうした記事の多くは直接・間接に日本の金融システムが間接金融依存から脱却する必要性に触れているが、一部はそうでないものも含まれる。たとえば、この中には、預金者の預貯金を企業部門の実物投資に振り向ける、というマクロ経済学の解説や、他国に関する記事も含まれている。

(5) ここでの整理は、蠟山編著（2002）、池尾・柳川（2006）、内閣官房・新しい資本主義実現会議「資産所得倍増プラン」(2022) に基づいている。なお、マクロ経済学における「貯蓄から投資へ」はこれらとはさらに意味が異なり、家計部門が消費せず貯蓄した資金が、企業部門による実物投資に回ることを意味する。

(6) ただし同書には、不良債権処理の原資を提供するために、市場型金融の一種である証券化のプロセスを推進する、という記述もある。

(7) この表の内容は、各主張の中から最も主要な部分と考えられるものを、筆者の判断で抜き出したものであり、細部を含めてあらゆる内容を網羅的に整理したものではない。

(8) たとえば、池尾（2004）は経済・社会にリスクが増大している中、政府・最終的貸手・最終的借手・金融仲介機関（集団投資スキーム）の間でリスク負担を適正化する必要がある、と指摘している。

(9) 分散投資が行われるという点で、リスクの総量が減少するようにも思えるが、減少するのは分散投資を行った貸手にとっての（間接証券の）リスクであって、個々の貸出や投資（本源的証券）のリスクが減少しているわけではない。

(10)　たとえば金融庁は、検査・監督方針などにおいて、銀行を中心とした預金取扱金融機関が「担保・保証に過度に依存」し、「貸出先の事業の理解」ができておらず、「目利き力が低下」しており、「リスクテイクに消極的」だという判断を示している。

(11)　第4章2節(3)項の①で紹介した宇南山・大野（2018）を参照。

(12)　また、金融構造を変えるために理論的に考えられる方法は、実際には劇的な変化を伴ったり、実行が難しいものかもしれない。「市場型金融を利用する間接金融」への移行という市場型間接金融の提言も、こうした制約を念頭に置いて、漸進的で現実的な改革として提言されたものである。この点で、資産所得倍増プランの「直接金融への転換を推進」するという表現は現実的とはいえない。

(13)　木村（2004）参照。

(14)　もちろん、競争環境や技術的な環境の変化などにより、機能が発揮される方法は日々変化している。しかし、どのような方法を採るにせよ、発揮される機能自体は大きくは変わっていない。

あとがき

本書は、2010年までを対象として現代日本の金融の実態を簡潔にまとめた論文（内田［2018］）を出発点としている。本書では、紙幅の制限により同論文には収録できなかった多くの内容を追加し、大幅に加筆修正するとともに、同論文執筆時にはなかった新たな章や節などを書き下ろして追加した。このため、扱っているトピックとしては同論文から変わっていない部分も散見されるが、本書は同論文とはまったく様相を異にする、圧倒的に深みを増した研究成果である。

特に重要なちがいとしては、上記論文では日本の金融システムの実態をある程度描き出すことはできたものの、その評価に立ち入ることができなかった。そうせざるを得なかった理由の一つは紙幅の制約にあったが、より本質的な理由は、評価の方法が明確でなかったことにある。表面的な現象を取り上げて個別に評価を行うことは可能であるが、経済学の道具立てはもっと体系的で包括的な評価を行うだけの材料を揃えており、それらをうまく適用する必要があった。

とはいえ、経済学の評価も往々にして、特定の現象に対する特定の基準から見た評価に留まることが多く、大局的な観点から評価を行うための、体系的な枠組みが整えられていたわけではない。そこで、経済学の道具立てをかき集め、整理して、著者なりの枠組みを整えたのが本書第2章である。

本書では、この枠組みを用いてすでに執筆した内容を書き直すだけでなく、分析対象期間を2020年まで延長し、また非伝統的金融政策の評価（第8章）、金融構造の評価（第9章）も加えている。結果的に、本書の執筆作業は、筆者が長年続けてきた研究の中でかたちづくってきた、金融システムという研究対象の姿を、筆者のこれまでの知識の蓄積を総動員して可視化する作業となった。その作業は、理論面でも実証面でも、欠けたピースを補いながら不完全なジグソーパズルを完成させるようなもの、著者自身の頭の中で漠然と存在していたイメージを言葉にして可視化するようなものであった。

内田（2018）を書き上げたあと、本書の執筆に本格的にとりかかったのは2022年8月のことである。この間、ほぼ毎日といえるくらいにファイルを更新し、倍以上の文章を書いては削り、文章のつながりや「てにをは」をチェックし、伝えるべきメッセージを結晶化する作業を繰り返した。その作業は、関連しそうな材料を大量にかき集め、大きなビジョンを頼りに整理して選別し、その意味を深く検討して文字に起こす作業でもあった。こうした作業はアート作品の制作に通じるところがあるようにも感じる。奇しくも、多くの読者の共感を呼ぶ漫画（『3月のライオン』）の作者・羽海野チカ氏が同様の作業をされている旨発言されており、本質に迫るために必要な作業だと励まされたところがある。

とはいえ、個々の整理には不十分な点が残されており、扱えなかったトピックも多い。読者からの批判にどこまで耐えられるものか、筆者には甚だ心許ない。ただし、読者による批判的検討の対象となり得る包括的な体系化の出発点を示した、という点では、少なくとも一定の意義は示せたのではないかと考えている。

また、執筆を進めれば進めるほど構想が膨らみ、結果的に完成までには予想外の時間と労力を要した。当初は内田（2018）を拡張して簡単に書き上げられると思っていたが、振り返ってみると、上記のような作業はその一つひとつが簡単なものではなく、各パートごとに単独の論文を執筆するほどの膨大な作業であった。このため、今となっては当初の見通しの甘さを否定できない。筆者の他の仕事にも支障を来し、直接間接にご迷惑をおかけした方もおられる。ここに記してお詫び申し上げる。

他方で、この遅延は十分な研究時間が取れないという現在の大学を取り巻く社会的な問題に起因していることも否定できない。近視眼的に常に何か新しい（「おカネになる」「事業化できる」……）取組みを求められ、毎年の予算申請と報告などの書類作成に忙殺され、疲弊している大学の現場は、第9章で触れた行政・実務の現場の状況と変わることはない。

その半面、学界での評価は査読付き学術雑誌が中心で、狭いトピックに対して考え得るあらゆる分析を、徹底的に、時には不必要なまでに行うことが求められ、その過程を経たことをもって初めて評価の対象とされる。こうした評価を受け、一人前の研究者としてのお墨付きを得ることは、筆者も必要不可欠だと考える。ただし、そうした研究ばかりでは、社会にとって真に必要な研究は生まれにくいかもしれない。学界から大きなビジョンの発信が減っているのは、こうした状況を背景としているのではないだろうか。望ましい研究のあり方に関するビジョンを持ち、大学の研究・教育システムについてもその再設計を検討する必要性があるのでは、と感じている。

謝辞

本書執筆にあたっては、多くの方々にお世話になった。ここに記して感謝申し上げたい。まず、本書は筆者を研究代表者とする日本学術振興会科学研究費補助金（基盤研究B：課題番号22H00860）の研究プロジェクト『銀行業の将来像：銀行理論に基づく現代・近代比較実証分析による検討』の研究成果である。同プロジェクトの研究分担者・研究協力者である鎮目雅人先生、寺西重郎先生、藤木裕先生、結城武延先生、山田和郎先生、播磨谷浩三先生、神吉正三先生には、研究会において本書の内容に対して貴重なコメントをたくさんいただいた。特に鎮目先生、寺西先生、藤木先生、そして研究会にご参加いただいた戸村肇先生、榎本雄一郎氏からは、本書全体のデザインにもかかわる貴重なコメントやご意見をいただいた。

柴本昌彦先生からは、金融政策に関する研究の動向を踏まえてさまざまなご教示をいただくとともに、何度も有益なディスカッションをさせていただいた。マクロ経済学や時系列分析の専門家ではない筆者が非伝統的金融政策に関する研究を何とか整理することができたのは、柴本先生のご教示のおかげである。また、内田（2018）の執筆に際してコメントをくださった先生方、特に、執筆本書の構想は、書籍の執筆をお勧め頂いた深尾先生、筆者の主張を込めよと背中を押して下さった尾高先生のお言葉から始まっている。

このほかにも、多くの方々にお世話になった。齊藤誠先生・上田晃三先生には第8章に対して貴重なコメントを頂戴した。本田朋史先生には図7-5のデータを提供いただいた。玉置久先生、柳原光芳先生からは、システム工学、経済発展論に関する貴重な情報を頂いた。さらに、神戸大学大学院経営学研究科内田ゼミの伍一昌、川上雄大、楮本優貴の各氏からは統計データの整理に関する補助を、德澤咲絵氏には適確な研究補佐をいただいた。ここに記して感謝申し上げる。

内田（2010）に引き続いての編集をご担当いただいた増山修氏にも感謝申し上げる。増山氏からは、教科書（内田［2024］の初版）執筆後の次回作を是非、とかねてよりお声がけいただいていたが、上記の通り、思いのほか時間がかかり、結果的にこれだけの期間お待ちいただくこととなった。

最後に、筆者の仕事をいつも温かく支えてくれる妻・子どもたち、筆者をずっと支えてくれている母、亡き父、兄への感謝を記すことをお許しいただきたい。

2024年7月　梅雨明け間近で学期末の慌しさを感じる六甲の麓で

内田　浩史

参考文献

【邦文文献】

安達孔・北村冨行・平木一浩（2021）「日本銀行のETF買入れが株式市場のリスク・プレミアムに及ぼす影響」日本銀行ワーキングペーパーシリーズ、No.21-J-6.

池尾和人（1985）『日本の金融市場と組織』東洋経済新報社。

――（1990）『銀行リスクと規制の経済学』東洋経済新報社。

――・岩佐代市・黒田晁生・古川顕（1993）『金融［新版］』有斐閣。

――（2004）「日本の金融システムはなぜ機能不全に陥っているか」堀内昭義・池尾和人編『日本の産業システム9　金融サービス』第2章、NTT出版。

――・柳川範之（2006）「日本の金融システムのどこに問題があるのか―市場型間接金融による克服―」池尾和人・財務省財務総合政策研究所編著『市場型間接金融の経済分析』第1章、日本評論社。

伊藤修（2022）『バブル後の金融危機対応』有斐閣。

伊藤秀史（2003）『契約の経済理論』有斐閣。

伊藤正直（2013）「金融危機の歴史」日本金融学会編『金融経済研究特別号　なぜ金融危機は起こるのか』第3章。

井上雅裕・陳新開・長谷川浩志（2011）『システム工学―問題発見・解決の方法―』オーム社。

岩田規久男・堀内昭義（1985）「日本における銀行規制⑴」『経済学論集』第51巻、1－33ページ。

植杉威一郎（2022）『中小企業金融の経済学』日本経済新聞出版。

――・内田浩史・小倉義明・小野有人・胥鵬・鶴田大輔・根本忠宣・平田英明・安田行宏・家森信善・渡部和孝・布袋正樹（2009）「金融危機下における中小企業金融の現状：『企業・金融機関との取引実態調査（2008年2月実施）』、『金融危機下における企業・金融機関との取引実態調査（2009年2月実施）』の結果概要」*RIETI Discussion Paper Series* 09-J-020.

――・小野有人・本田朋史・荒木祥太・内田浩史・小野塚祐紀・川口大司・鶴田大輔・深沼光・細野薫・宮川大介・安田行宏・家森信善（2022）「コロナショックへの企業の対応と政策支援措置―サーベイ調査に基づく分析―」『経済研究』Vol.73、133－159ページ。

植田和男（２００１）「１９９０年代における日本の不良債権問題の原因」星岳雄・ヒュー・パトリック編、筒井義郎監訳『日本金融システムの危機と変貌』第３章、日本経済新聞社。

――（２０１２）「非伝統的金融政策の有効性：日本銀行の経験」大垣昌夫・小川一夫・小西秀樹・田渕隆俊編『現代経済学の潮流２０１２』第１章、東洋経済新報社。

植村修一（２０１２）「マクロプルーデンス政策の観点からみた１９９０年代の不動産業向け融資の総量規制―クロノロジーと政策的含意―」*RIETI Policy Discussion Paper Series* 12-P-019.

鵜飼博史（２００６）「量的緩和政策の効果：実証研究のサーベイ」日本銀行ワーキングペーパーシリーズNo.06-J-14.

内田浩史（２００６）「市場型間接金融と金融機関の機能」池尾和人・財務省財務総合政策研究所編著『市場型間接金融の経済分析』第３章、日本評論社。

――（２０１０）『金融機能と銀行業の経済分析』日本経済新聞出版社。

――（２０１８）「金融：低成長下の日本の金融システム―バブル・危機・停滞化の安定」深尾京司編『岩波講座　日本経済の歴史　第６巻　現代２』第２章、岩波書店。

――（２０２０）「金融制度設計に対する機能アプローチと銀商分離規制の検討」金融庁金融研究センターディスカッションペーパーシリーズ、DP 2020-4.

――（２０２４）『金融（新版）』有斐閣。

――・植杉威一郎・小野有人・細野薫・宮川大介（２０１２）「経済学的視点から見た二重債務問題―企業の問題を中心に―」『金融経済研究』Vol. 34, 1－27ページ。

――・――・――・――・――（２０１３）「被災地企業の資金調達」東北大学大学院経済学研究科　地域産業復興調査研究プロジェクト編『東日本大震災復興研究Ⅱ　東北地域の産業・社会の復興と再生への提言』第２章、河北新報出版センター。

――・――・――・――・――（２０１４）「被災地企業の資金調達」東北大学大学院経済学研究科　地域産業復興調査研究プロジェクト編『東日本大震災復興研究Ⅲ　震災復興政策の検証と新産業創出への提言―広域的かつ多様な課題を見据えながら「新たな地域モデル」を目指す―』第２章、河北新報出版センター。

――・――・――・――・――（２０１５ａ）「被災地企業の資金調達」東北大学大学院経済学研究科　地域産業復興調査研究プロジェクト編『東日本大震災復興研究Ⅳ　新しいフェーズを迎える東北復興への提言―「創造的復興」は果たせるか、４年目をレビュー―』第２章、南北社。

――・――・――・――・――（２０１６）「被災地企業の資金調達」東北大学大学院経済学研究科　地域産業復興調査研究プロジェクト編『東日本大震災復興研究Ⅴ　震災復興は東北をどう変えたか』第２章、南北社。

――・堂目卓生（２０２３）『ＳＤＧｓの時代における価値と経済的価値』神戸大学 V. School ブックレット Vol. 1, 神戸大学出版会。

――・宮川大介・植杉威一郎・小野有人・細野薫（２０１５ｂ）「担保価値と資金制約：東日本大震災後の企業データを用いた分析」『経済研究』Vol. 66, ２２４－２４１ページ。

宇南山卓・大野太郎（２０１７）「貯蓄率の低下は高齢化が原因か?」『経済研究』Vol. 68, ２２２－２３６ページ。

――・――（２０１８）「日本の世帯属性別貯蓄率の動向について：アップデートと考察」*RIETI Discussion Paper Series* 18-J-024.

エプスタイン、マーク・J.、クリスティ・ユーザス（２０１５）『社会的インパクトとは何か』鵜尾雅隆・鴨崎貴泰監訳、松本裕訳、英治出版。

大井博之・白塚重典（２０２１）「超低金利環境下でのイールドカーブ変動の再検証：動学的ネルソン＝シーゲル・モデルの応用」*IMES Discussion Paper Series* No. 2021-J-3.

岡村秀夫・田中敦・野間敏克・播磨谷浩三・藤原賢哉（２０１７）『金融の仕組みと働き』有斐閣。

小川一夫（２０２０）『日本経済の長期停滞　実証分析が明らかにするメカニズム』日本経済新聞出版。

――・北坂真一（１９９８）『資産市場と景気変動―現代日本経済の実証分析』日本経済新聞社。

翁邦雄（２００９）「バブルの生成・崩壊の経験に照らした金融政策の枠組み―Fed viewとBIS viewを踏まえて」吉川洋編『デフレ経済と金融政策』第1章、慶應義塾大学出版会。

――・白川方明・白塚重典（２０００）「資産価格バブルと金融政策：１９８０年代後半の日本の経験とその教訓」『金融研究』（日本銀行金融研究所）第19巻、２６１－３２２ページ。

翁百合（２０１０）『金融危機とプルーデンス政策』日本経済新聞出版社。

小田信之・永幡崇（２００５）「金融政策ルールと中央銀行の政策運営」『日銀レビュー』2005-J-13.

貝塚啓明・池尾和人（１９９２）『金融理論と制度改革―シリーズ現代金融２』有斐閣。

ガーレイ、ジョン・G、エドワード・S. ショー（１９６７）『貨幣と金融』改訳版、桜井欣一郎訳、至誠堂。

河田皓史・倉知善行・寺西勇生・中村康治（２０１３）「マクロプルーデンス政策が経済に与える影響：金融マクロ計量モデルによるシミュレーション」日本銀行ワーキングペーパーシリーズNo.13-J-2.

神取道宏（２０１４）『ミクロ経済学の力』日本評論社。

北坂真一・陳菲・佐竹光彦（２０２３）「低金利・マイナス金利と銀行の収益性」『金融経済研究』第46号、１－20ページ。

木村琢麿（２００４）「予算・会計改革に向けた法的論点の整理」『会計検査研究』No. 29, 51－69ページ。

木村武・中島上智（２０１３）「伝統的・非伝統的金融政策ショックの識別―潜在閾値モデルを用いた実証分析―」日本銀行ワーキングペーパーシリーズNo.13-J-5.

金榮愨・権赫旭・深尾京司（２００７）「経済産業研究所企業・事業所の参入・退出と産業レベルの生産性」*RIETI Discussion*

Paper Series 07-J-02.

グレーバー、デヴィッド（２０１６）『負債論』酒井隆史・高祖岩三郎・佐々木夏子訳、以文社。

香西泰・寺西重郎（編）（１９９３）『戦後日本の経済改革』東京大学出版会。

公社債引受協会編（１９９６）『公社債市場の新展開』東洋経済新報社。

小塚荘一郎（２００５）「90年代の金融法制改革による競争的な市場の実現」『社会科学研究』（東京大学社会科学研究所）、Vol. 56, 93－１０８ページ。

小林毅（２０１７）「量的・質的金融緩和政策が株式・J－REIT市場に与えた影響」『生活経済学研究』Vol. 46, １－10ページ。

小林照義（２０２０）『金融政策（第２版）』中央経済社。

齊藤誠（２０１５）「東日本大震災の復興予算はどのように作られたのか？」齊藤誠編『震災と経済』（日本学術振興会東日本大震災学術調査報告書第４巻）第６章、東洋経済新報社。

――――（２０２３）『財政規律とマクロ経済』名古屋大学出版会。

齋藤雅士・法眼吉彦（２０１４）「日本銀行の国債買入れに伴うポートフォリオ・リバランス：銀行貸出と証券投資フローのデータを用いた実証分析」*BOJ Reports & Research Papers*, ２０１４年６月。

櫻川昌哉（２０２１）『バブルの経済理論―低金利、長期停滞、金融劣化』日経ＢＰＭ（日本経済新聞出版本部）。

佐々木百合（２０００）「自己資本比率規制と不良債権の銀行貸出への影響」宇沢弘文・花崎正晴著『金融システムの経済学』第４章、東京大学出版会。

鹿野嘉昭（２００１）『日本の金融制度』東洋経済新報社。

――――（２００６）『日本の金融制度（第２版）』東洋経済新報社。

――――（２０１３）『日本の金融制度（第３版）』東洋経済新報社。

篠原二三夫（２００８）「サブプライム問題の震源・米国住宅ローン市場の現状と課題（その１）」ニッセイ基礎研究レポート11月26日。

柴本昌彦（２０１８）「ＥＴＦ・ＲＥＩＴ購入は有効―先行きの指針　意図の明示を」日本経済新聞社編『黒田日銀：超緩和の経済分析』第６章、日経ＢＰＭ（日本経済新聞出版本部）。

白川方明（２００８）『現代の金融政策：理論と実際』日経ＢＰＭ（日本経済新聞出版本部）。

白塚重典・藤木裕（２００１）「ゼロ金利政策下における時間軸効果：１９９９－２０００年の短期金融市場データによる検証」*IMES Discussion Paper* No. 2001-J-20.

杉原茂・笛田郁子（２００２）「不良債権と追い貸し」『日本経済研究』No.44, 63－87ページ。

スティグリッツ、Ｊ．Ｅ．（２００３）『公共経済学（上）公共部門・公共支出（第２版）』東洋経済新報社。

関雄太（２００７）「サブプライム問題からＡＢＣＰ問題へ」『資産市場クォータリー』２００７秋号、18－25ページ。

関根敏隆・小林慶一郎・才田友美（2003）「いわゆる『追い貸し』について」『金融研究』3号、129－156ページ。

関村正悟（2009）「サブプライム危機における投資銀行とヘッジファンド：リーマン破綻とレポ取引及び証券貸借の役割」『年報財務管理研究』第20巻、38－45ページ。

芹田敏夫・花枝英樹（2017）「ETFが現物株式市場に与える影響」『月刊資本市場』No. 387, 28－37ページ。

高橋亘（2022）「中央銀行の独立性と「この国のかたち」～中央銀行の協業的独立性の提案～」ニッセイ基礎研究レポート 10月14日。

舘龍一郎・蠟山昌一編（1987）『日本の金融[I]新しい見方』東京大学出版会。

立花実・井上仁・本多佑三（2017）「量的緩和策の銀行貸出への効果」『経済分析』第193号、161－195ページ。

田村坦之（1999）『システム工学』オーム社。

筒井義郎（2005）『金融業における競争と効率性』東洋経済新報社。

――（2013）「金融危機、バブルと行動ファイナンス」金融経済研究特別号『なぜ金融危機は起こるのか―金融経済研究のフロンティア―』第5章。

寺西重郎（2003）『日本の経済システム』岩波書店。

寺野寿郎（1985）『システム工学入門』共立出版株式会社。

照山博司（2001）「VARによる金融政策の分析：展望」『フィナンシャル・レビュー』September 2001, 74－140ページ。

東短リサーチ㈱編（2019）『東京マネー・マーケット』（第8版）有斐閣。

中谷巌・下井直毅・塚田裕昭（2021）『入門マクロ経済学』（第6版）日本評論社。

西村吉正（2003）『日本の金融制度改革』東洋経済新報社。

――（2009）「不良債権処理政策の経緯と論点」吉川洋編『デフレ経済と金融政策』第8章、慶應義塾大学出版会。

日本銀行（2018）『金融システムレポート』4月。

日本銀行金融研究所（1986）『わが国の金融制度』日本銀行金融研究所。

――（1988）『日本金融年表（明治元年～平成四年）』日本銀行金融研究所。

――（1995）『わが国の金融制度（新版）』日本銀行金融研究所。

日本銀行決済機構局（2013）「わが国決済システム等に関する主な動き（年表）」(https://www.boj.or.jp/research/brp/psr/psrref.pdf, 2023年2月1日アクセス)。

日本銀行百年史編纂委員会編（1986）『日本銀行百年史　第6巻（1960年～1982年：高度成長期から創立百周年まで）』日本銀行。

播磨谷浩三（2003）「わが国銀行業の費用効率性の計測―単体決算と連結決算との比較―」『会計検査研究』No.28（9月）201－215ページ。

平田英明・墨昌芳（2010）「世界金融危機：事実整理と危機の背景」『経済志林』（法政大学）第77号、219-273ページ。

平山賢一（2021）『日銀ETF問題』中央経済社。

晝間文彦（2018）『基礎コース　金融論　第4版』新世社。

広田真一（2009）「日本のメインバンク関係：モニタリングからリスクヘッジへ」*RIETI Discussion Paper Series* 09-J-023.

深尾京司（2012）『「失われた20年」と日本経済―構造的原因と再生への原動力の解明』日本経済新聞出版社。

――・山崎福寿・原野啓（2018）「構造変化と生産性停滞」深尾京司編『岩波講座日本経済の歴史6　現代2』第4章、岩波書店。

福田慎一（2018）『21世紀の長期停滞論―日本の「実感なき景気回復」を探る』平凡社。

――・粕谷宗久・中島上智（2005）「非上場企業に「追い貸し」は存在したか？」日本銀行ワーキングペーパーシリーズ No.05-J-9.

福田祐一（2000）「ファンダメンタルズと合理的バブル」筒井義郎編『金融分析の最先端』第8章、東洋経済新報社。

星岳雄（2000）「なぜ日本は流動性の罠から逃れられないのか」深尾光洋・吉川洋編『ゼロ金利と日本経済』第8章、日本経済新聞社。

――（2011）「日本の金融システムに隠されたリスク」NIRAオピニオンペーパー No. 4.

――・アニル・カシャップ（2006）『日本金融システム進化論』鯉渕賢訳、日本経済新聞社。

細野薫（2006）『金融危機のミクロ経済分析』東京大学出版会。

――・杉原茂・三平剛（2001）『金融政策の有効性と限界』東洋経済新報社。

堀内昭義（1994）「金融国際化と金融規制」堀内昭義編『講座・公的規制と産業⑤　金融』第10章、NTT出版。

ホリオカ、チャールズ・ユウジ（2009）「日本の貯蓄率―高齢化の影響」樋口美雄・財務省財務総合政策研究所（編）『日本経済の構造変化と景気回復』第4章、日本評論社。

――（2021）「日本でライフ・サイクル仮説は成り立っているか？」宇井貴志・加納隆・土居潤子・西山慶彦編『現代経済学の潮流2020』第2章、東洋経済新報社。

マスグレイブ、リチャード・A.（1983）『財政学』木下和夫監修、大阪大学財政研究会訳、有斐閣。

三平剛（2005）「追い貸しと経済の生産性」経済財政分析ディスカッション・ペーパー（内閣府）DP/05-4.

宮尾龍蔵（2006）『マクロ金融政策の時系列分析』日本経済新聞社。

――（2009）「デフレ期の物価動向とマネーの役割」吉川洋編『デフレ経済と金融政策』（内閣府・経済社会総合研究所『バブル／デフレ期の日本経済と経済政策』シリーズ第2巻）第5章、慶應義塾大学出版会。

美並義人・湯山智教・宮地理陽（2011）「リーマン・ショック後の経済金融危機における財政投融資の対応（上）」『ファイ

ナンス』２０１１年９月、19－27ページ。

宮島英昭・新田敬祐（２０１１）「株式所有構造の多様化とその帰結：株式持ち合いの解消・「復活」と海外投資家の役割」ＲＩＥＴＩディスカッションペーパーシリーズ11-J-011.

森川正之（２０１６）『生産性―誤解と真実』日本経済新聞出版社。

山田和郎（２０２２）「日本企業は現金保有を増加させているのか」日本ファイナンス学会第４回秋季研究大会報告論文。

預金保険機構（２００５）「平成金融危機への対応」『預金保険研究』第４号。

―――（２０２２）「機構50年通史」『預金保険研究』第24号所収。

吉川洋・安藤浩一・宮川修子（２０１０）「プロダクト・イノベーションと経済成長」*RIETI Discussion Paper Series* 10-J-006.

米澤康博（２０１６）「ポートフォリオリバランスとその効果」『証券経済研究』第93号、１１３－１２５ページ。

蠟山昌一（１９８２）『日本の金融システム』東洋経済新報社。

―――（１９８６）『金融自由化』東京大学出版会。

―――編著（２００２）『金融システムと行政の将来ビジョン』財経詳報社。

渡瀬義男（２００９）「国債累増をめぐる諸問題」『レファレンス』第59号、３－22ページ。

【欧文文献】

Ahearne, A. and N. Shinada (2005) "Zombie firms and economic stagnation in Japan," *International Economics and Economic Policy,* Vol. 2, pp. 363–381.
Allen, L., S. Chakraborty and W. Watanabe (2011) "Foreign direct investment and regulatory remedies for banking crises: Lessons from Japan," *Journal of International Business Studies,* Vol. 42, pp. 875–893.
Aoki, M. and H.T. Patrick (1994) *The Japanese Main Bank System: Its Relevance for Developing and Transforming Economies,* Oxford University Press.
Aono, K., H. Gunji and H. Nakata (2022) "Did the bank of Japan's purchases of exchange-traded funds affect stock prices? A synthetic control approach," *Applied Economics Letters,* Vol. 29, pp. 1859–1863.
Baba, N., M. Nakashima, Y. Shigemi and K. Ueda (2006) "The Bank of Japan's monetary policy and bank risk premiums in the money market," *International Journal of Central Banking,* March, 2006, pp. 106–135.
Banerjee, R. and B. Hofmann (2022) "Corporate zombies: anatomy and life cycle," *Economic Policy,* Vol. 37, pp. 757–803.
Berglöf, E. and G. Roland (1997) "Soft budget constraints and credit crunches in financial transition," *European Economic Review,* Vol. 41, pp. 807–817.

Bernanke, B.S. and M. Gertler (1989) "Agency costs, net worth, and business fluctuations," *American Economic Review,* Vol. 79, pp. 11–31.

———, ——— (1999) "Monetary policy and asset price volatility," *Economic Review,* Federal Reserve Bank of Kansas City, Fourth Quarter, pp. 17–51.

———, ——— and S. Gilchrist (1996) "The financial accelerator and the flight to quality," *Review of Economics and Statistics,* Vol. 78, pp. 1–15.

——— and V.R. Reinhert (2004) "Conducting Monetary Policy at Very Low Short-Term Interest Rates," *American Economic Review* (Papers and Proceedings) Vol. 94, pp. 85–90.

Bó, E.D. (2006) "Regulatory capture: A review," *Oxford Review of Economic Policy,* Vol. 22, pp. 203–225.

Bowman, D., F. Cai, S. Davies and S. Kamin (2015) "Quantitative easing and bank lending: Evidence from Japan," *Journal of International Money and Finance,* Vol. 57, pp. 15–30.

Brunnermeier, M.K. (2009) "Deciphering the Liquidity and Credit Crunch 2007–2008," *Journal of Economic Perspectives,* Vol. 23, pp. 77–100.

Caballero, R.J., T. Hoshi and A.K. Kashyap (2008) "Zombie lending and depressed restructuring in Japan," *American Economic Review,* Vol. 98, pp. 1943–1977.

Cargill, T.F. (2000) "What caused Japan's banking crisis? Crisis and change in the Japanese financial system," in Hoshi, T. and H.T. Patrick eds., *Crisis and Change in the Japanese Financial System,* Ch. 2, Kluwer Academic Publishers.

Charoenwong, B., R. Morck and Y. Wiwattanakantang (2021) "Bank of Japan Equity Purchases, The (Non-) Effects of Extreme Quantitative Easing," *Review of Finance,* Vol. 25, pp. 713–743.

Chen, Z., K. Ito, T. Yamada and B. Zhang (2019) "Monetary Policy Through the Stock Market: Central Bank Purchase of Equity Index ETFs," Available at SSRN: https://ssrn.com/abstract=3458250.

Chung, J.C. (2020) "The Bank of Japan's Exchange-Traded Fund Purchase Program and its Impact on Daily Stock Market Returns," mimeo.

Demirgüç-Kunt, A. and R. Levine (2004) *Financial Structure and Economic Growth: A Cross-Country Comparison of Banks, Markets, and Development,* MIT Press.

El Kalak, I., W. S. Leung, H. Takahashi and K. Yamada (2023) "The Bank of Japan's equity purchases and stock illiquidity," *Journal of Financial Markets,* Vol. 63, 100770.

Fukao, K. and H. U. Kwon (2006) "Why did Japan's TFP growth slow down in the lost decade? An Empirical Analysis Based on Firm-Level Data of Manufacturing Firms," *Japanese Economic Review,* Vol. 57, pp. 195–228.

Fukuda, S. and M. Tanaka (2022) "The Effects of Large-scale Equity Purchases during the Coronavirus Pandemic," *CIRJE Discussion Papers,* CIRJE-F-1186.

———, M. Kasuya and J. Nakajima (2005) "Bank health and investment: An analysis of unlisted companies in Japan," *Bank of Japan Working Paper Series* No. 05-E-5.

———, and J. Nakamura (2011) "Why did 'zombie' firms recover in Japan?" *World Economy,* Vol. 34, pp. 1124–1137.

Fukui, M. and M. Yagasaki (2023) "The Impact of Central Bank Stock Purchases: Evidence from Discontinuities in Policy Rules," mimeo.

Fukunaga, I., N. Kato and J. Koeda (2015) "Maturity structure and supply factors in Japanese government bond markets," *Monetary and Economic Studies,* Vol. 33, pp. 45-95.

Gerschenkron, A. (1962) *Economic Backwardness in Historical Perspective: A Book of Essays,* Harvard University Press, Cambridge, MA.

Gibson, M. S. (1995) "Can bank health affect investment? Evidence from Japan," *Journal of Business,* Vol. 68, pp. 281–308.

——— (1997) "More evidence on the link between bank health and investment in Japan," *Journal of the Japanese and International Economies,* Vol. 11, pp. 296–310.

Girardin, E. and Z. Moussa (2011) "Quantitative easing works: Lessons from the unique experience in Japan 2001–2006," *Journal of International Financial Markets, Institutions and Money,* Vol. 21, pp. 461–495.

Gorton, G.B. (2010a) "Questions and answers about the financial crisis," *NBER Working Paper Series,* #15787.

——— (2010b) *Slapped by the Invisible Hand: The Panic of 2007,* Oxford University Press.

Goto, Y. and S. Wilbur (2019) "Unfinished business: Zombie firms among SME in Japan's lost decades," *Japan and the World Economy,* Vol. 49, pp. 105–112.

Gunji, H., K. Miura and Y. Yuan (2023) "The Effect of the Bank of Japan's ETF Purchases on Firm Performance," Available at SSRN: https://ssrn.com/abstract=3798098.

Harada, K. and T. Okimoto (2021) "The BOJ's ETF purchases and its effects on Nikkei 225 stocks," *International Review of Financial Analysis,* Vol. 77, 101826.

Harimaya, K. and T. Jinushi (2023) "The effects of quantitative easing policy on bank lending: Evidence from Japanese regional banks," *Japan and the World Economy,* Vol. 67, 101193.

Hattori, T. and J. Yoshida (2022) "The Bank of Japan as a real estate tycoon: Large-scale REIT purchases," Chapter 2 of *Handbook of Real Estate and Macroeconomics* (Edward Elgar Publishing), pp. 21-38.

———, ——— (2023a) "The impact of Bank of Japan's exchange-traded fund purchases," *Journal of Financial Stability,* Vol.

65, 101102.

———, ——— (2023b) "Yield curve control," *International Journal of Central Banking*, December, pp. 403–438.

Hayashi, F. and J. Koeda (2019) "Exiting from quantitative easing," *Quantitative Economics*, Vol. 10, pp. 1069–1107.

——— and E.C. Prescott (2002) "The 1990s in Japan: A lost decade," *Review of Economic Dynamics*, Vol. 5, pp. 206–235.

Hirano, T. and N. Yanagawa (2017) "Asset bubbles, endogenous growth, and financial frictions," *Review of Economic Studies*, Vol. 84, pp. 406–443.

Honda, Y. and Y. Kuroki (2006) "Financial and capital markets' responses to changes in the central bank's target interest rate: The case of Japan," *Economic Journal*, Vol. 116, pp. 812–842.

———, ——— and M. Tachibana (2013) "An injection of base money at zero interest rates: Empirical evidence from the Japanese experience 2001–2006," *Japanese Journal of Monetary and Financial Economics*, Vol. 1, pp. 1–24.

Horiuchi, A. and K. Shimizu (1998) "The deterioration of bank balance sheets in Japan: Risk-taking and recapitalization," *Pacific-Basin Finance Journal*, Vol. 6, pp. 1–26.

———, ——— (2001) "Did amakudari undermine the effectiveness of regulator monitoring in Japan?" *Journal of Banking and Finance*, Vol. 25, pp. 573–596.

Hoshi, T. (2001) "What happened to Japanese banks?" *Monetary and Economic Studies* (Bank of Japan), Vol. 19, pp. 1–29.

——— (2002) "The convoy system for insolvent banks: How it originally worked and why it failed in the 1990s," *Japan and the World Economy*, Vol. 14, pp. 155–180.

——— and A.K. Kashyap (2000) "The Japanese banking crisis: Where did it come from and how will it end?" in *NBER Macroeconomics Annual*, edited by B. S. Bernanke and J.J. Rotemberg, pp. 129–201. Cambridge and London: MIT Press.

———, ——— (2001) *Corporate Financing and Governance in Japan: The Road to the Future*. Cambridge and London: MIT Press（日本語訳：星・カシャップ [2006]）.

———, ——— (2004) "Japan's financial crisis and economic stagnation," *Journal of Economic Perspectives*, Vol. 18, pp. 3–26.

———, ——— (2010) "Will the U.S. bank recapitalization succeed? Eight lessons from Japan," *Journal of Financial Economics*, Vol. 97, pp. 398–417.

———, D. Kawaguchi and K. Ueda (2023) "Zombies, again? The COVID-19 business support programs in Japan," *Journal of Banking and Finance*, Vol. 147, 106421.

Hosono, K. (2006) "The transmission mechanism of monetary policy in Japan: Evidence from banks' balance sheets," *Journal of the Japanese and International Economies*, Vol. 20, pp. 380–405.

——— and A. Masuda (2005) "Bank health and small business investment: Evidence from Japan," *RIETI Discussion Paper*

Series 05-E-030.

——— and D. Miyakawa (2014) "Business cycles, monetary policy, and bank lending: identifying the bank balance sheet channel with firm-bank match-level loan data," *RIETI Discussion Paper Series* 14-E-026.

———, M. Takizawa and K. Tsuru (2016) "International transmission of the 2007–2009 financial crisis: Evidence from Japan," *Japanese Economic Review,* Vol. 67, pp. 295–328.

Ichiue, H. and Y. Ueno (2015) "Monetary policy and the yield curve at zero interest," *Journal of the Japanese and International Economies,* Vol. 38, pp. 1–12.

Imai, K. (2016) "A panel study of zombie SMEs in Japan: Identification, borrowing and investment behavior," *Journal of the Japanese and International Economies,* Vol. 39, pp. 91–107.

Inoue, T. and T. Okimoto (2008) "Were there structural breaks in the effects of Japanese monetary policy? Re-evaluating policy effects of the lost decade," *Journal of the Japanese and International Economies,* Vol. 22, pp. 320–342.

Ito, T. (2000) "The stagnant Japanese economy in the 1990s: The need for financial supervision to restore sustained growth," in T. Hoshi and H. Patrick eds., *Crisis and Change in the Japanese Financial System,* Kluwer Academic Publishers, pp. 85–107.

——— and Y.N. Sasaki (2002) "Impacts of the Basle capital standard on Japanese banks' behavior," *Journal of the Japanese and International Economies,* Vol. 16, pp. 372–397.

Iwata, S. (2010) "Monetary policy and the term structure of interest rates when short-term rates are close to zero," *Monetary and Economic Studies,* Vol. 28, pp. 59–77.

Kashyap, A.K. (2002) "Sorting out Japan's financial crisis," *Economic Perspectives* (Federal Reserve Bank of Chicago) 4Q/2002, pp. 42–55.

Katagiri, M., J. Shino and K. Takahashi (2022) "Bank of Japan's ETF purchase program and equity risk premium: a CAPM interpretation," *BIS Working Papers* No. 1029.

Kato, K., M. Li and D.J. Skinner (2017) "Is Japan really a 'buy'? The corporate governance, cash holdings and economic performance of Japanese companies," *Journal of Business Finance & Accounting* Vol. 44, pp. 480–523.

Kimura, T. and D. Small (2006) "Quantitative monetary easing and risk in financial asset markets," *B.E. Journal of Macroeconomics,* Vol. 6, pp. 1–54.

Kiyotaki, N. and J. Moore (1997) "Credit cycles," *Journal of Political Economy,* Vol. 105, pp. 211–248.

Kobayashi, T., M.M. Spiegel and N. Yamori (2006) "Quantitative easing and Japanese bank equity values," *Journal of the Japanese and International Economies,* Vol. 20, pp. 699–721.

Koeda, J. (2017) "Bond supply and excess bond returns in zero-lower bound and normal environments: Evidence from Japan," *Japanese Economic Review,* Vol. 68, pp. 443–457.

——— and A. Sekine (2022) "Nelson–Siegel decay factor and term premia in Japan," *Journal of the Japanese and International Economies,* Vol. 64, 101204.

Konishi, M. and Y. Yasuda (2004) "Factors affecting bank risk taking: Evidence from Japan," *Journal of Banking and Finance* Vol. 28, pp. 215–232.

Koyama, K. (2022) "The Bank of Japan's equity exchange-traded funds purchasing operation and its impact on equity returns," *Cogent Economics & Finance,* Vol. 10, 2111782.

Kubota, H. and M. Shintani (2022) "High-frequency identification of monetary policy shocks in Japan," *Japanese Economic Review,* Vol. 73, pp. 483–513.

Kwon, E. (1998) "Monetary policy, land prices, and collateral effects on economic fluctuations: Evidence from Japan," *Journal of the Japanese and International Economies,* Vol. 12, pp. 175–203.

Luintel, K.B., M. Khan, P. Arestis and K. Theodoridis (2008) "Financial structure and economic growth," *Journal of Development Economics,* Vol. 86, pp. 181–200.

Maeda, K., J. Shino and K. Takahashi (2022) "Counteracting large-scale asset purchase program: The Bank of Japan's ETF purchases and securities lending," *Economic Analysis and Policy,* Vol. 75, pp. 563–576.

Manove, M., A.J. Padilla and M. Pagano (2001) "Collateral versus project screening: A model of lazy banks," *Rand Journal of Economics,* Vol. 32, pp. 726–744.

Matsuki, T., K. Sugimoto and K. Satoma (2015) "Effects of the Bank of Japan's current quantitative and qualitative easing," *Economics Letters,* Vol. 133, pp. 112–116.

Merton, R. C. (1995) "A Functional Perspective of Financial Intermediation," *Financial Management,* Vol. 24, pp. 23–41.

Michaelis, H. and S. Watzka (2017) "Are there differences in the effectiveness of quantitative easing at the zero-lower-bound in Japan over time?" *Journal of International Money and Finance,* Vol. 70, pp. 204–233.

Miyao, R. and T. Okimoto (2020) "Regime shifts in the effects of Japan's unconventional monetary policies," *Manchester School,* Vol. 88, pp. 749-772.

Montgomery, H. and S. Shimizutani (2009) "The effectiveness of bank recapitalization policies in Japan," *Japan and the World Economy,* Vol. 21, pp. 1–25.

Mora, N. (2008) "The effect of bank credit on asset prices: Evidence from the Japanese real estate boom during the 1980s," *Journal of Money, Credit and Banking* Vol. 40, pp. 57–87.

Motonishi, T. and H. Yoshikawa (1999) "Causes of the long stagnation of Japan during the 1990's: Financial or real?" *Journal of the Japanese International Economies,* Vol. 13, pp. 181–200.

Nakagawa, R. and H. Uchida (2011) "Herd behaviour by Japanese banks after financial deregulation," *Economica,* Vol. 78, pp. 618–636.

Nakajima, J., M. Kasuya and T. Watanabe (2011) "Bayesian analysis of time-varying parameter vector autoregressive model for the Japanese economy and monetary policy," *Journal of the Japanese and International Economies,* Vol. 25, pp. 225–245.

Nakamura, J.-I. (2023) "A 50-year history of 'zombie firms' in Japan: How banks and shareholders have been involved in corporate bailouts?" *Japan and the World Economy* Vol. 66, 101188.

Nakashima, K., M. Shibamoto and K. Takahashi (2019) "Risk-taking channel of unconventional monetary policies in bank lending," *RIEB Discussion Paper Series,* DP2017-24.

———, ———, ——— (2023) "Identifying quantitative and qualitative monetary policy shocks," *RIEB Discussion Paper Series,* DP2019-09.

Nakaso, H. (2001) *The Financial Crisis in Japan during the 1990s: How the Bank of Japan Responded and the Lessons Learnt,* BIS Papers No. 6.

Nguyen, T.L. (2021) "The Impact of the Bank of Japan's Exchange Traded Fund and Corporate Bond Purchases on Firms' Capital Structure," *RCESR Discussion Paper Series,* No. DP21-1.

Nicholls, A. and J. Emerson (2015) "Social finance : Capitalizing social impact," in A. Nicholls, R. Paton and J. Emerson eds., *Social Finance,* Oxford University Press, pp. 1–41.

Nishimura, K. G., T. Nakajima and K. Kiyota (2005) "Does the natural selection mechanism still work in severe recessions? Examination of the Japanese Economy in the 1990s," *Journal of Economic Behavior and Organization,* Vol. 58, pp. 53–78.

Oda, N. and K. Ueda (2007) "The effects of the Bank of Japan's zero interest rate commitment and quantitative monetary easing on the yield curve: A macro-finance approach," *Japanese Economic Review,* Vol. 58, pp. 303–328.

Ogawa, K. and S.-I. Kitasaka (2000) "Bank lending in Japan: Its determinants and macroeconomic implications," in T. Hoshi, and H. Patrick, eds.: *Crisis and change in the Japanese financial system,* Kluwer Academic Publishers.

———, ———, H. Yamaoka and Y. Iwata (1996) "Borrowing constraints and the role of land asset in Japanese corporate investment decision," *Journal of the Japanese and International Economies,* Vol. 10, pp. 122–149.

——— and K. Suzuki (2000) "Demand for bank loans and investment under borrowing constraints: A study of Japanese firm data," *Journal of the Japanese and International Economies,* Vol. 14, pp. 1–21.

Okina, K. and S. Shiratsuka (2004) "Policy commitment and expectation formation: Japan's experience under zero interest rates," *North American Journal of Economics and Finance,* Vol. 15, pp. 75–100.

Ono, A., K. Aoki, S. Nishioka, K. Shintani and Y. Yasui (2023) "Long-term interest rates and bank loan supply: Evidence from firm-bank loan-level data," mimeo.

———, H. Uchida, S. Kozuka and M. Hazama (2015) "A new look at bank-firm relationships and the use of collateral in Japan: Evidence from Teikoku Databank data," in T. Watanabe, I. Uesugi and A. Ono (Eds.) *The Economics of Interfirm Networks,* Springer Japan.

———, ———, G.F. Udell and I. Uesugi (2021) "Lending pro-cyclicality and macro-prudential policy: Evidence from Japanese LTV ratios," *Journal of Financial Stability,* Vol. 53, 100819.

———, I. Uesugi and Y. Yasuda (2013) "Are lending relationships beneficial or harmful for public credit guarantees? Evidence from Japan's Emergency Credit Guarantee Program," *Journal of Financial Stability,* Vol. 9, pp. 151–167.

Peek, J. and E.S. Rosengren (2005) "J.M., Unnatural selection: Perverse incentives and the misallocation of credit in Japan," *American Economic Review,* Vol. 95, pp. 1144–66.

Peia, O. and K. Roszbach (2015) "Finance and growth: Time series evidence on causality," *Journal of Financial Stability,* Vol. 19, pp. 105–118.

Rajan, R.G. and L. Zingales (1995) "What do we know about capital structure? Some evidence from international data," *Journal of Finance,* Vol. 50, pp. 1421–1460.

Shibamoto, M. (2016) "Source of Underestimation of the monetary policy effect: Re-examination of the policy effectiveness in Japan's 1990s," *Manchester School,* Vol. 84, pp. 795–810.

——— and M. Tachibana (2013) "The effect of unconventional monetary policy on the macro economy: Evidence from Japan's quantitative easing policy period," *RIEB Discussion Paper Series* DP2013-12.

———, W. Takahashi and T. Kamihigashi (2021) "Japan's monetary policy: a literature review and empirical assessment," *Journal of Computational Social Science,* Vol. 6, pp. 1215–1254.

Shiller, R.J., F. Kon-Ya and Y. Tsutsui (1996) "Why did the Nikkei crash? Expanding the scope of expectations data collection," *Review of Economics and Statistics,* Vol. 78, pp. 156–164.（邦語版は筒井義郎・平山健二郎編（2009）『日本の株価』東洋経済新報社，第4章所収）。

Shioji, E. (2019) "Quantitative 'flooding' and bank lending: Evidence from 18 years of near-zero interest rate," *Journal of the Japanese and International Economies,* Vol. 52, pp. 107–120.

Shrieves, R.E. and D. Dahl (2003) "Discretionary accounting and the behavior of Japanese banks under financial duress," *Journal of Banking and Finance* Vol. 27, pp. 1219–1243.

Sonoda, K. and N. Sudo (2023) “Is macroprudential policy instrument blunt? Empirical analysis based on Japan's experience from the 1970s to the 1990s,” *Journal of Money, Credit, and Banking,* https://doi.org/10.1111/jmcb.13052.

Spiegel, M. M. and N. Yamori (2003) “The impact of Japan's financial stabilization laws on bank equity values,” *Journal of the Japanese and International Economies,* Vol. 17, pp. 263–282.

Teranishi, J. (2020) “Bills of exchange and financial development of premodern Japan; A comparative perspective with Europe,” mimeo.

Tsuru, K. (2001) “The choice of lending patterns by Japanese banks during the 1980s and 1990s: The causes and consequences of a real estate lending boom,” *IMES Discussion Paper Series* (Bank of Japan) No. 2001-E-8.

Uchida, H. and R. Nakagawa (2007) “Herd behavior in the Japanese loan market: Evidence from bank panel data,” *Journal of Financial Intermediation,* Vol. 16, pp. 555–583.

——— and, G.F. Udell (2019) “Banking in Japan: A post-financial crisis perspective,” in A. Berger, P. Molyneux and J. Wilson eds., *Oxford Handbook of Banking, 3rd edition,* Ch. 33, Oxford University Press.

Udell, G.F. (2009) “Wall street, Main street, and a credit crunch: Thoughts on the current financial crisis,” *Business Horizons,* Vol. 52, pp. 117–125.

Ueda, K. (1994) “Institutional and regulatory frameworks for the main bank system,” in M. Aoki and H. Patrick eds., *the Japanese Main Bank System,* Oxford University Press.

Ueno, Y. (2017) “Term Structure Models with Negative Interest Rates,” *IMES Discussion Paper Series* No. 2017-E-1.

Vu, A. N. (2020) “On the impact of quantitative easing on credit standards and systemic risk: The Japanese experience,” *Economics Letters,* Vol. 186, 108520.

Watanabe, W. (2007) “Prudential regulation and the ‘credit crunch’: Evidence from Japan,” *Journal of Money, Credit and Banking,* Vol. 39, pp. 639–665.

Williamson, O.E. (1985) *The Economic Institutions of Capitalism: Firms, Markets, Relational Contracting.* Free Press.

Woo, D. (2003) “In search of ‘capital crunch’: Supply factors behind the credit slowdown in Japan,” *Journal of Money, Credit, and Banking,* Vol. 35, pp. 1019–1038.

【著者略歴】

内田 浩史（うちだ・ひろふみ）

神戸大学大学院経営学研究科・V.School教授

1993年、大阪大学経済学部卒業。96年、同大大学院経済学研究科博士後期課程中途退学。99年、博士（経済学）（大阪大学）取得。京都大学経済研究所、和歌山大学経済学部を経て2009年、神戸大学大学院経営学研究科准教授、11年、同教授、現在に至る。03年、インディアナ大学訪問研究員（フルブライト研究員）、16年、スタンフォード大学訪問研究員（安倍フェロー）。日本金融学会理事、日本ファイナンス学会理事。Journal of Money, Credit and Banking 誌・Economic Notes誌Associate Editor。日本学術会議連携会員。

主な業績

『金融機能と銀行業の経済分析』日本経済新聞出版社、2010年

『金融』［新版］有斐閣、2024年

“The Repository of Soft Information within Bank Organizations,” *Journal of Money, Credit and Banking* vol.47, pp. 737-770, 2015. など

現代日本の金融システム

――パフォーマンス評価と展望

2024年9月20日　初版第1刷発行

著　者 ―――― 内田浩史

発行者 ―――― 大野友寛

発行所 ―――― 慶應義塾大学出版会株式会社

〒108-8346　東京都港区三田2-19-30

TEL〔編集部〕03-3451-0931

〔営業部〕03-3451-3584〈ご注文〉

〔　〃　〕03-3451-6926

FAX〔営業部〕03-3451-3122

振替　00190-8-155497

https://www.keio-up.co.jp/

装　丁 ―――― 坂田政則

組　版 ―――― 株式会社シーエーシー

印刷・製本 ―― 中央精版印刷株式会社

カバー印刷 ―― 株式会社太平印刷社

Printed in Japan　ISBN978-4-7664-2983-1

現代経済解説シリーズ◆好評の既刊書

失業なき雇用流動化　山田久著　2750円［2500円］

金融政策の「誤解」　早川英男著　2750円［2500円］
◎第57回エコノミスト賞受賞

国民視点の医療改革　翁百合著　2750円［2500円］

アジア都市の成長戦略　後藤康浩著　2750円［2500円］
◎第6回岡倉天心記念賞受賞

日本の水産資源管理　片野歩　阪口功著　2750円［2500円］

（定価。[ ]内は本体価格。）